Michael Konarsky

Entwicklung eines IT-gestützten Kosteninformationssystems als Instrument des Produktkostenmanagements in der Auftragsfertigung

Konzeption und Umsetzung am Beispiel des Werkzeug- und Formenbaus

disserta Verlag

Konarsky, Michael: Entwicklung eines IT-gestützten Kosteninformationssystems als Instrument des Produktkostenmanagements in der Auftragsfertigung. Konzeption und Umsetzung am Beispiel des Werkzeug- und Formenbaus, Hamburg, disserta Verlag, 2018

Buch-ISBN: 978-3-95935-430-1
PDF-eBook-ISBN: 978-3-95935-431-8
Druck/Herstellung: disserta Verlag, Hamburg, 2018

Bibliografische Information der Deutschen Nationalbibliothek:
Die Deutsche Nationalbibliothek verzeichnet diese Publikation in der Deutschen Nationalbibliografie; detaillierte bibliografische Daten sind im Internet über http://dnb.d-nb.de abrufbar.

© disserta Verlag, Imprint der Diplomica Verlag GmbH
Hermannstal 119k, 22119 Hamburg
http://www.disserta-verlag.de, Hamburg 2018
Printed in Germany

Technische Universität Chemnitz
Institut für Konstruktions- und Antriebstechnik
Prof. Dr.-Ing. Erhard Leidich

Entwicklung eines IT-gestützten Kosteninformationssystems als Instrument des Produktkostenmanagements in der Auftragsfertigung
–
Konzeption und Umsetzung am Beispiel des Werkzeug- und Formenbaus

Von der Fakultät für Maschinenbau
der Technischen Universität Chemnitz

genehmigte

- Dissertation -

zur Erlangung des akademischen Grades

Doktor der Ingenieurwissenschaften
(Dr.-Ing.)

vorgelegt von

Dipl.-Wirt.-Ing. Michael Konarsky
geboren am 23. Dezember 1981 in Dresden

Gutachter: Prof. Dr.-Ing. Erhard Leidich, TU Chemnitz
                Prof. Dr. Prof. h. c. Uwe Götze, TU Chemnitz

Tag der Verteidigung: 05. Mai 2017

KURZFASSUNG

Im Spannungsfeld zwischen zunehmendem Kostendruck, kürzeren Produktlebenszyklen und einem steigenden Bedarf nach kundenindividuellen Leistungen ist bei Auftragsfertigern von komplexen Produkten eine deutliche Verschlechterung der Ertragslage zu beobachten. Kostensteigerungen können nur noch eingeschränkt an Kunden weitergereicht werden, so dass die Relevanz des Produkt- und Projektkostenmanagements für den Unternehmenserfolg deutlich zugenommen hat.

Die vorliegende Dissertation beschäftigt sich mit der Entwicklung eines IT-gestützten Kosteninformationssystems als Instrument eines projektbegleitenden und projektübergreifenden Produktkostenmanagements. Damit werden Unternehmen der Auftragsfertigung befähigt, Angebote effizient, verursachungsgerecht und transparent zu erstellen, erfolgskritische Kostenabweichungen frühzeitig zu erkennen und proaktiv gegenzusteuern. Die dadurch erzielbaren Effekte tragen mittel- bis langfristig zu einer Steigerung der Wettbewerbsfähigkeit bei.

Vor dem Hintergrund methodischer und instrumenteller Defizite in Wissenschaft und Praxis hinsichtlich einer geeigneten Kalkulationsmethodik, der Verfüg- und Verwendbarkeit von Kostenwissen, einer komfortablen IT-Unterstützung sowie einer praxistauglichen Vorgehensweise zur Ausgestaltung und Umsetzung des Produktkostenmanagements in der Industrie wurde ein allgemeingültiges Rahmenkonzept für das Produktkostenmanagement in der Auftragsfertigung erarbeitet. Als dessen instrumenteller Kern wurde in Anlehnung an Expertensysteme ein modulares und wissensbasiertes IT-gestütztes Kosteninformationssystem konzipiert, welches die verschiedenen phasenspezifischen Formen der Produkt- bzw. Projektkalkulation sowie die damit verbundenen Managementaktivitäten mit dazu benötigen Informationen versorgt. Für den Transfer in die Praxis wurde ein aus den praktischen Erfahrungen beim industriellen Forschungspartner Siebenwurst Werkzeugbau GmbH ein Vorgehensmodell entwickelt und erprobt. Als typischer Vertreter des Werkzeug- und Formenbaus und der Auftragsfertigung wurde das Produktkostenmanagementkonzept hinsichtlich seiner instrumentellen und technischen Facetten ausgestaltet und das Modul I – Angebotskalkulation als datenbankgestützte Softwarelösung umgesetzt. Mit einer Amortisationszeit von unter drei Jahren, einer Übertragbarkeit auf andere Produkte und Prozesse von Auftragsfertigern im Maschinen- und Anlagenbau leistet das System einen substantiellen Beitrag zur Unterstützung des Produkt- und Projektkostenmanagements in der Auftragsfertigung.

ABSTRACT

In the field of conflicting priorities between increasing cost pressure, shorter product life cycles and a growing need for customer-specific services, the profit situation of contract manufacturers of complex products has deteriorated substantial in recent years. Cost increases can only be passed on to customers to a limited extent. Therefore the relevance of product and project cost management for corporate success has increased significantly.

This dissertation deals with the development of an IT-supported cost information system as an instrument of a project-accompanying and cross-project product cost management. This enables contract manufacturing companies to prepare quotations in an efficient, cause-oriented and transparent manner. In addition it enables them to identify cost reductions potentials at an early stage and to take proactive countermeasures. The resulting effects contribute to a medium to long term increase in competitiveness.

Against the background of methodological and instrumental deficits in science and practice with regard to an appropriate calculation methodology, the availability and usability of cost knowledge, convenient IT support as well as a practice-oriented approach to the design and implementation of product cost management in industry, a general framework concept for product cost management in contract manufacturing was developed. Based on expert systems, a modular and knowledge-based cost information system was designed as its instrumental core. It provides the various phase-specific forms of product and project calculation as well as the associated management activities with the necessary information. For the transfer into practice a process model was developed and tested on the basis of practical experience gained from the industrial research partner called Siebenwurst Werkzeugbau GmbH. As a typical representative of the tool and mould making industry and contract manufacturing, a special product cost management concept with regard to the instrumental and technical facets oft the research partner was designed. Furthermore a database-supported quotation calculation system was implemented as a software solution. With a payback period of less than three years, transferability to other products and processes of contract manufacturers in the mechanical and plant engineering sector, the system makes a substantial contribution to supporting product and project cost management in contract manufacturing.

VORWORT

Die vorliegende Dissertationsschrift ist während meiner Zeit als wissenschaftlicher Mitarbeiter an der Professur Konstruktionslehre des Instituts für Konstruktions- und Antriebstechnik (IKAT) der Technischen Universität Chemnitz entstanden. Die Arbeit basiert auf den Forschungsvorhaben „Produktkostenkalkulation im Werkzeugbau" und „Produktkostenmanagement im Werkzeug- und Formenbau", welches in Kooperation mit der Professur Unternehmensrechnung und Controlling sowie der Siebenwurst Werkzeugbau GmbH und der Christian Karl Siebenwurst Modellfabrik und Formenbau GmbH & Co. KG bearbeitet wurde.

Mein besonderer Dank gilt meinem Doktorvater Herrn Prof. Dr.-Ing. Erhard Leidich, dem Leiter der Professur Konstruktionslehre, für das mir entgegengebrachte Vertrauen, für die wertvollen Ideen und die konstruktive Kritik und dafür, dass er mich in der fachlichen und persönlichen Entwicklung vorangetrieben hat.

Herrn Prof. Dr. Prof. h. c. Uwe Götze danke ich herzlich für die kritischen Hinweise aus Sicht der Wirtschaftswissenschaften, für die fruchtbare Zusammenarbeit in Forschungsprojekten sowie für die Übernahme des Koreferats.

Ein großer Dank gilt der Firma Siebenwurst Werkzeugbau GmbH für die jahrelange Unterstützung bei den Forschungsarbeiten bedanken. Die Möglichkeit meine Ideen und Konzepte am praktischen Beispiel erarbeiten und validieren zu können trug maßgeblich zum Erfolg dieser Arbeit und zu meiner heutigen beruflichen Tätigkeit im Cost Engineering bei.

Ebenso möchte ich bei den Mitarbeitern/innen der Professur Konstruktionslehre sowie der Professur Unternehmensrechnung und Controlling für den fachlichen und persönlichen Austausch, der zum Gelingen dieser Arbeit beigetragen hat.

Mein ganz herzlicher Dank geht an meine Freunde und an meine Familie. Sie haben mich während des Studiums und der Promotionszeit motiviert, mir den Rücken freigehalten, mich bei der Korrektur der Dissertation unterstützt und bisweilen für den nötigen Abstand zur Arbeit gesorgt. Ein ganz besonderer Dank gebührt hierbei meiner Ehefrau Kristina für das Verständnis in der entbehrungsreichen Bearbeitungszeit der Dissertationsschrift, ihre Geduld, ihr Vertrauen und ihre Liebe.

Ahrensburg, November 2017

INHALT

VERWENDETE FORMELZEICHEN UND ABKÜRZUNGEN

Formelzeichenverzeichnis

Kurzzeichen	Einheit	Bedeutung
φ_L	[-]	Stufensprung
a_p	[mm]	Schnitttiefe
ΔB	[€]	Beschäftigungsabweichung
B	[mm]	Schleifbreite
d_a	[mm]	Außendurchmesser
d_e	[mm]	Ersatzdurchmesser
d_f	[mm]	Fräserdurchmesser
d_i	[mm]	Innendurchmesser
f	[mm/mm^{-1}]	Vorschub (je Umdrehung)
f_z	[mm]	Vorschub je Schneide
g	[-]	Gangzahl
i	[-]	Anzahl Schnitte
i	[-]	Laufvariable Bearbeitungsobjekte
j	[-]	Laufvariable Arbeitsgänge
ΔK	[€]	Kostenabweichung
k	[-]	Laufvariable Anzahl Features
l	[-]	Laufvariable Anzahl Teilbearbeitungen
L	[mm]	Vorschubweg, Gesamtlänge
l_a	[mm]	Anlaufweg
n	[min^{-1}]	Drehzahl
P	[mm]	Gewindesteigung
q_1	[-]	Exponent zur Berechnung der Toleranzobergrenze
q_2	[-]	Exponent zur Berechnung der Toleranzuntergrenze

Kurzzeichen	Einheit	Bedeutung
t	[mm]	Schleifzugabe
t_a	[s]	Ausführungszeit
t_e	[s]	Zeit je Einheit
t_{er}	[s]	Erholzeit
t_g	[s]	Grundzeit
t_h	[s]	Hauptzeit
t_n	[s]	Nebenzeit
TOG	[€]	Toleranzobergrenze
t_r	[s]	Rüstzeit
t_v	[s]	Verteilzeit
TUG	[€]	Toleranzuntergrenze
ΔV	[€]	Verbrauchsabweichung
V	[mm³]	Volumen
VB	[mm³]	Volumen Bearbeitungsobjekt mit Bearbeitungsaufmaß
v_c	[mm/min]	Schnittgeschwindigkeit
v_f	[mm/min]	Vorschubgeschwindigkeit
VF	[mm³]	Volumen Fertigungsfeatures
VFT	[mm³]	Volumen Fertigteil
VZ	[mm³]	Zerspanvolumen
z	[Stk]	Anzahl Schneiden
ZKA	[%]	Zielkostenanteil

Abkürzungsverzeichnis

Abkürzung	Bedeutung
AEF	Auftragseinzelfertigung
BDE	Betriebsdatenerfassung
BMWi	Bundesministerium für Wirtschaft und Energie
CAD	Computer Aided Design
CAM	Computer Aided Manufacturing
CAP	Computer Aided Planning
CAQ	Computer Aided Quality
CKS	Christian Karl Siebenwurst Modellfabrik und Formenbau GmbH & Co. KG
DMU	Digital Mock UP
EBK	Entwicklungsbegleitende Kalkulation
ERM	Entity Relationship Modell
ERP	Enterprise Ressource Planing
EVA	Earned-Value-Analyse
F&E	Forschung und Entwicklung
FBSS	Fallbasiertes Suchsystem
FEM	Finite Elemente Methode
FHM	Fertigungshilfsmittel
FT	Fertigstellungswert
IKIS	IT-gestütztes Kosteninformationssystem
IKT	Informations- und Kommunikationstechnologie
IT	Informations- und Kommunikationstechnik
i. V. m.	in Verbindung mit
KBK	Konstruktionsbegleitende Kalkulation
KE	Kosteneffizienz
KI	IST-Kosten

Abkürzung	Bedeutung
KMU	Kleine und mittlere Unternehmen
KRTV	Kostenträgerrechnungsverfahren
KS	Soll-Kosten
MKK	Materialkostenkalkulator
NURBS	Non Uniform Rational Basic-Splines
OEM	Original Equipment Manufacturer
PBK	Projektbegleitende Kalkulation
PDM	Produktdatenmanagement
PEP	Produktentstehungsprozess
PK	Produkt- und Projektkalkulation
PKI	Prognostizierte Ist-Kosten
PKM	Produkt-/Projektkostenmanagement
PKR	Prozesskostenrechnung
PLM	Product Life Cycle Management
PPS	Produktions-, Planungs- und Steuerungssystem
QG	Quality-Gate
SCM	Supply Chain Management
SQL	Structure Query Language
SWZ	Siebenwurst Werkzeugbau GmbH
TC	Target Costing
TCPM	Team Center Product Cost Management
UDB	Unternehmensdatenbasis
UML	Unified Model Language
WPKK	Wertschöpfungsprozesskostenkalkulator
WuF	Werkzeug- und Formenbau
ZE	Zeiteffizienz
ZK	Zielkosten

1 EINLEITUNG

1.1 Problemstellung

Der zunehmende internationale Wettbewerb und die steigende Nachfrage nach zeitnah zu liefernden, individualisierten Produkten mit niedrigen Lebenszykluskosten gefährden bei vielen Unternehmen des produzierenden Gewerbes die Ertragslage. Speziell in der Auftragsfertigung hochkomplexer kundenindividueller Produkte mit Einzelfertigungscharakter ist die Weitergabe von Kostensteigerungen an Kunden immer seltener möglich [Frau11] – und daher das Kostenmanagement (und -controlling) zunehmend relevant.

Auftragsfertiger des Maschinen- und Anlagenbaus befinden sich derzeitig in einem angespannten Wettbewerbsumfeld. In diesem ergeben sich für die Auftragsfertiger drei zentrale Herausforderungen: Ein zunehmender Bedarf nach Kundenorientierung, Verkürzung der Produktlebenszyklen und günstigere Produktionskosten von globalen Wettbewerbern [SBK12]. Die Verkürzung der Produktlebenszyklen und der zunehmende internationale Wettbewerb hat bei vielen deutschen Auftragsfertigern die Ertragslage in den letzten Jahren deutlich verschlechtert. So haben im Werkzeug- und Formenbau, welcher als typischer Vertreter der Auftragsfertigung angesehen werden kann, günstigere Produktionskosten der vorwiegend asiatischen Konkurrenz [KSSF06] i. V. m. mit ansteigenden Budgetrestriktionen ihrer Kunden zu einem Rückgang der Erzeugnispreise im Zeitraum von 2009 bis 2010 um über 12 % geführt [BoGe10]. Selbst Rationalisierungs- und Differenzierungsmaßnahmen konnten diesen Umstand in vielen Betrieben des Werkzeug- und Formenbaus nicht ausreichend kompensieren. Demnach stellen neben der Entwicklung innovativer Produkte und Dienstleistungen mit geringen Lebenszykluskosten eine verursachungsgerechte und effiziente Kostenplanung, die Kontrolle der Einhaltung von Kostenzielen und eine proaktive Kostengestaltung Ansatzpunkte zur Steigerung der Wettbewerbsfähigkeit dar.

Aus der zunehmenden *Kundenorientierung* resultiert u. a. eine verstärkte Produktdifferenzierung. In Verbindung mit der Verkürzung der Produktlebenszyklen spiegelt sich diese in individualisierten Produkten und Dienstleistungen und beschleunigten Innovationskreisläufen wider. Ohne entsprechende Standardisierungsbemühungen nimmt damit die Produkt- und Prozesskomplexität zu [FrSc12]. Diese wirken sich

u. a. negativ auf die Erträge, die Plan- und Steuerbarkeit der Wertschöpfungsprozesse sowie auf die Daten-/Informationsqualität aus [GKKL14b]. Durch Unvollständigkeiten, Inkonsistenzen, Redundanzen und Ungenauigkeiten in den Daten, verbunden mit einer oftmals bestehenden Unkenntnis über den Informationsbedarf, ist deren Verfügbar- und Verwendbarkeit für das Produktkostenmanagement stark eingeschränkt. Demnach nimmt das Management von Kostenwissen eine Schlüsselrolle im Bereich des Produkt- und Projektkostenmanagement, nachfolgend synonym als *Produktkostenmanagement* bezeichnet, ein.

Im Rahmen der *Kostenplanung* vor Auftragserteilung werden bei den meisten Auftragsfertigern Angebote bereits vor den eigentlichen Entwicklungs- und Konstruktionsaktivitäten erstellt. Hier fordern die Einkäufer großer Unternehmen größtmögliche Transparenz und Detailliertheit der Kalkulation bei gleichzeitig kurzen Reaktionszeiten [Mumm04]. Den vornehmlich in der Auftragsfertigung unentgeltlich durchgeführten Angebotskalkulationen, in denen i. d. R. eine auf die individuelle Problemstellung eines Kunden zugeschnittene Angebotsspezifikation erstellt wird, stehen eine Umwandlungsquote von Angeboten in Aufträgen von lediglich 5 – 10 % gegenüber [Brun95], [Bron08], [AsOv10], [Schü11]. Aktuell werden in der Angebotskalkulation vorwiegend die Expertenschätzung sowie parametrische oder analoge Kalkulationsverfahren eingesetzt. Die Effizienz, Genauigkeit und Detailliertheit der Kalkulationen hängt dabei stark vom Erfahrungswissen der Kalkulatoren, der zur Verfügung stehenden Zeit und der IT-Unterstützung ab. Demzufolge besteht hier ein Zielkonflikt zwischen geringem Kalkulationsaufwand und hoher Kalkulationsgenauigkeit. Letztere hat einen großen Einfluss auf die Wirtschaftlichkeit von Kundenprojekten und stellt damit ein Schlüsselfaktor für den Unternehmenserfolg dar [GLK12], [Kümp96].

Ähnlich wichtig wie die Erstellung einer effizienten, verursachungsgerechten und transparenten Kostenplanung in der Angebotsphase ist die *Kontrolle* und *Steuerung* von Produkt- und Projektkosten zur Einhaltung der aus der Angebotskalkulation abzuleitenden Kostenziele in der Auftragsbearbeitung. Budgetüberschreitungen, wie sie im Werkzeug- und Formenbau aktuell bei jedem vierten Projekt auftreten [SBG09], stellen mittelfristig eine existenzielle Bedrohung für das Unternehmen dar. Daraus und aus der Notwendigkeit, eine Wissensbasis mit Kosteninformationen aufzubauen, resultiert der Bedarf nach einem in sich geschlossenen projektbegleitenden und projektübergreifenden *Produktkostenmanagement*. Um die Planungs-, Kontroll- und Steuerungsaktivitäten im Rahmen eines Produktostenmanagements mit den erforderlichen Kosteninformationen zu versorgen und miteinander zu verzahnen ist ein darin eingebettetes IT-gestütztes Kosteninformationssystem zweckmäßig. Diesen Bedarfen stehen in der Wissenschaft und Praxis methodische und instrumentelle Defizite gegenüber. So bilden beispielsweise die in der Literatur anzutreffenden Kostenprognosemodelle und Kalkulationsverfahren die betriebliche Realität nur stark vereinfacht ab. Sie greifen auf in der Praxis nicht vorhandene oder nur stark eingeschränkt nutzbare Daten/Informationen (z. B. Fertigungsfeatures) zurück [GLK12], [Hein95], [Scho98], [Reis01] [West02]. Aus diesem und weiteren Gründen fehlt es schon im Konstruktionsprozess an einer praxistauglichen Kalkulationsmethodik. Auch eine umfassende und komfortable IT-Unterstützung ist derzeit kaum verfügbar bzw. nur eingeschränkt in die vernetzen IT-Systeme der Unternehmen integriert. Eine eingehende Analyse der Defizite und daraus abgeleitete Handlungsbedarfe ist Bestandteil des zweiten Kapitels.

Die Auswertung von 134 Befragungen zur Ist-Situation des Stammdaten- und Geschäftsprozessmanagements in KMU (davon über 80 % Auftragsfertiger) sowie die Auswertung von 26 daraus hervorgegangenen Analyseprojekten im Verbundprojekt *eBEn* (eBusiness Engineering) an der TU Chemnitz bestätigen die dargestellten Probleme. So zeigte sich u. a. ein hoher Handlungsbedarf in der Kostenplanung (in 40 % der untersuchten Unternehmen) und in der Planung und Steuerung der Wertschöpfungsprozesse (~80 %) [GLWK14]. Als Ursachen wurden hierfür meist eine mangelhafte Datenqualität (Verwend- und Verfügbarkeit von Daten zur Erfüllung betrieblicher Aufgaben), eine fehlende IT-Unterstützung, eine heterogene IT-Landschaft mit vielen Insellösungen sowie fehlende Instrumenten zur Prozessplanung und -steuerung genannt. Daraus ergibt sich insbesondere für die Auftragsfertiger mit ihren hohen Anforderungen an die Flexibilität des Produktions- und Planungssystems ein dringender Handlungsbedarf nach geeigneten Planungs-, Kontroll- und Steuerungsinstrumenten für das Management von Produkt- und Projektkosten.

Um schließlich ein allgemeingültiges Produktkostenmanagementkonzept an den unternehmensspezifischen Anforderungen und Rahmenbedingungen auszurichten und erfolgreich umzusetzen existieren in der Literatur zwar zahlreiche *Vorgehensmodelle* wie z. B. in den Bereichen der Software- und Produktentwicklung und dem Projektmanagement; diese decken jedoch jeweils nur Teilaspekte der vorliegenden Thematik ab. So bleibt beispielsweise die zur effizienten Erfüllung von Produktkostenplanungs- und kontrollaufgaben notwendige Verfüg- und Verwendbarkeit von (Kosten-)Wissen i. d. R. außen vor.

1.2   Zielsetzung und Forschungsfragen

Das Ziel dieser Arbeit besteht in der Entwicklung eines IT-gestützten Kosteninformationssystems als Instrument eines in sich geschlossenen projektbegleitenden und -übergreifenden Produktkostenmanagements für die Auftragsfertigung hochkomplexer, kundenindividueller Produkte des Maschinen- und Anlagenbaus. Damit sollen Unternehmen der Auftragsfertigung befähigt werden, Angebote effizient, verursachungsgerecht und transparent zu erstellen sowie die Einhaltung von Kostenzielen zu erreichen. Die dadurch erzielbaren Effekte sollen mittel- bis langfristig zu einer Steigerung der Wettbewerbsfähigkeit beitragen.

Um das o. g. Ziel zu erreichen sind zunächst die für den Untersuchungsbereich geltenden Anforderungen an die methodische und instrumentelle Unterstützung der Kostenmanagementaktivitäten herauszuarbeiten und an dem Stand der Forschung zu spiegeln. Auf Grundlage des sich daraus ergebenden Handlungsbedarfs ist zunächst ein Rahmen des Produktkostenmanagementkonzepts zu definieren. Als dessen Kernstück ist ein *IT-gestütztes Kosteninformationssystem* zu entwickeln, welches die verschiedenen phasenspezifischen Formen der Produkt- bzw. Projektkalkulationsowie die damit verbundenen Kosten-planungs-, Kostenkontroll- und -Kostensteuerungsaktivitäten entlang des Produktentstehungsprozesses miteinander verzahnt und mit den benötigen Kosteninformationen versorgt. Zur Gewährleistung der Informationsversorgung soll als Teil des Kosteninformationssystems eine kostenbezogene *Wissensbasis* modelliert werden, die die Verwend- und Verfügbarkeit sowie die Weiterentwicklung und die Verteilung von benötigten Kosteninformationen sicherstellt.

Darüber hinaus ist ein praxistaugliches *Vorgehensmodell* zu entwickeln, mit der die theoretische Konzeption des IT-gestützten Kosteninformationssystems auf einen praktischen Anwendungsfall in der Auftragsfertigung übertragen werden kann. Dieses soll Auftragsfertiger bei der Analyse ihrer Bedarfs- und Ist-Situation zum Produktkostenmanagement, bei der konkreten Ausgestaltung des Kosteninformationssystems sowie bei der Umsetzung in die betriebliche Praxis unterstützen.

Abgeleitet aus den genannten Zielen soll die Beantwortung der nachfolgenden wissenschaftlichen Fragestellungen zur Zielerreichung beitragen (Tabelle 1-1):

Tabelle 1-1: Wissenschaftliche Fragestellungen

Frage	Wissenschaftliche Fragestellung	Kapitel
1	Welche Anforderungen und Defizite bestehen in Wissenschaft und Praxis in Hinsicht auf die methodische und instrumentelle Unterstützung von produktkostenbezogenen Planungs-, Kontroll- und Steuerungsaktivitäten in der Auftragsfertigung? Welcher Handlungsbedarf ergibt sich daraus?	2
2	Wie ist der Rahmen für ein in sich geschlossenes, projektbegleitendes und -übergreifendes Produktkostenmanagement und wie ein in dieses eingebettete Kosteninformationssystem für die Auftragsfertigung zu konzipieren?	3
3	Welche Vorgehensweise ist geeignet, um das Produktkostenmanagementkonzept auf einen praktischen Anwendungsfall in der Auftragsfertigung zu übertragen und umzusetzen?	4

Die in Tabelle 1-1 genannten wissenschaftlichen Forschungsfragen zielen auf die Erstellung einer normativen Handlungsanleitung zur Konzeption und Umsetzung eines IT-gestützten Kosteninformationssystems ab. Aufgrund des problem- bzw. handlungsorientierten Charakters der Forschungsfragen erscheint zur Beantwortung der Forschungsfragen der *gestaltungsorientierte Forschungsansatz* aus der Wirtschaftsinformatik am erfolgversprechendsten. Ziel des gestaltungsorientierten Forschungsansatzes ist die Erarbeitung (Gestaltung und Bewertung) eines Lösungsvorschlags für ein bestehendes praktisches Problem [Ulri06]. Die Wirtschaftsinformatik stellt dazu auf die Konstruktion bzw. Gestaltung, Inbetriebnahme und organisatorischen Implementierung von Informationssystemen ab [ÖBF10]. Die Informationssysteme stellen in diesem Zusammenhang ein Mittel zur Festigung und Förderung der Wettbewerbsfähigkeit von Organisationen dar [Ulri09]. Diesem gestaltungsorientierten Forschungsansatz folgend, soll mit der Beantwortung der Forschungsfragen aufgezeigt werden, welche gestalterischen Maßnahmen (Methoden/Instrumente) geeignet sind, um die produktkostenbezogenen Planungs-, Kontroll- und Steuerungsaktivitäten effizient und effektiv zu unterstützen. Damit wird Beitrag zur Steigerung der Wettbewerbsfähigkeit von Auftragsfertigern angestrebt. Damit ordnet sich die Arbeit in den Bereich der angewandten Forschung ein; diese fokussiert auf die Entwicklung neuer, verallgemeinerbarer Lösungen für relevante praktische Probleme.

1.3 Abgrenzung des Untersuchungsbereichs

Die interdisziplinäre Thematik des Produktkostenmanagements in der Auftragsfertigung tangiert insbesondere die Bereiche des Kostenmanagements, der Ingenieurwissenschaften sowie das Management von Kostenwissen. Eine Abgrenzung des Untersuchungsbereichs ist daher zweckmäßig.

Innerhalb der Auftragsfertigung liegt der Betrachtungsschwerpunkt auf dem Bereich der *Einzel- und Kleinserienfertigung* von komplexen und mehrteiligen Erzeugnissen. Hier stellen insbesondere die geringe Gleichteileverwendung, der zunehmende Kosten- und Termindruck sowie die Planung und Steuerung von Kapazitäten und Kosten unter großer Unsicherheit hohe Anforderungen an die Kostenplanung und Kostenkontrolle. Zudem existiert ein vergleichbares Spektrum an geeigneten Methoden, Instrumenten und IT-Systemen zur Unterstützung des Produktkostenmanagements, wie sie im Bereich der Serien- und Massenfertigung vorliegt, aktuell nicht.

In Bezug auf das *Auftragsspektrum* von Einzel- und Kleinserienfertigern in der Auftragsfertigung fokussiert die vorliegende Arbeit auf das Management von produktbezogenen Kosten in der Entwicklung, Herstellung und Erprobung von neuartigen, mehrteiligen, komplexen und kundenspezifischen Erzeugnissen. Produktkostenmanagementaufgaben für Änderungs-, Reparatur- und Instandhaltungsaufträge sind dadurch implizit abgedeckt.

Wird ferner den Erzeugnissen der Auftragsfertigung der für diese Investitionsgüter geeignete Systemlebenszyklus, bestehend aus den fünf zeitlich aufeinanderfolgenden Phasen Initiierung, Planung, Realisierung, Betrieb und Stilllegung [Wübb84], zugrunde gelegt, zielt die Arbeit auf die Phasen Initiierung, Planung und Realisierung ab; sie sind Bestandteil des *Produktentstehungsprozesses*. Dieser beschreibt die Gesamtheit an Prozessen von der Produktidee bis zu dessen Herstellung und Erprobung. Die Abgrenzung erfolgt zum einen aufgrund eines fehlenden Zugriffs vieler Auftragsfertiger auf Prozess- und Kostendaten aus der Betriebsphase [SSPK13b]. Zum anderen sind die Einfluss- und Gestaltungsmöglichkeiten von Herstell-, Selbst- und Lebenszykluskosten in den frühen Phasen des Lebenszyklus am größten; hier werden bis zu 70 % der Herstellkosten und 80 - 90 % der Produktlebenszykluskosten festgelegt [Fisc03], [EKLM14]. Bild 1-1 zeigt den typischen Verlauf der Festlegung, Entstehung und Beeinflussbarkeit von Produktkosten im Systemlebenszyklus.

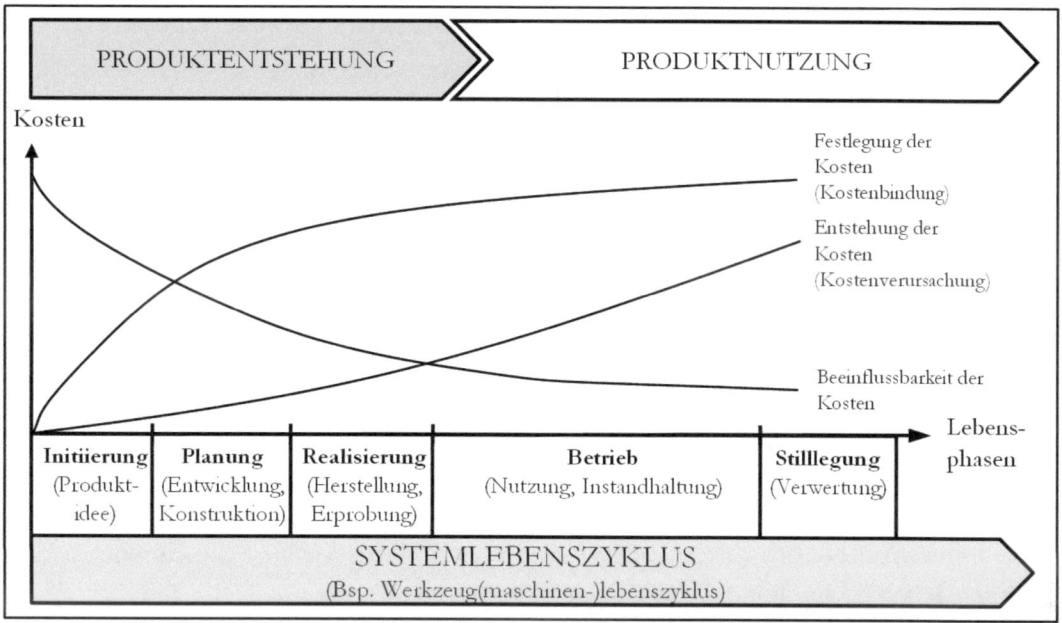

Bild 1-1: Abgrenzung des Betrachtungshorizonts im Systemlebenszyklus[1]

Zusammenfassend liegt der Schwerpunkt der Entwicklungsarbeiten auf der Unterstützung von produktbezogenen Kostenmanagementaktivitäten in den frühen Phasen des Systemlebenszyklus (Initiierung, Planung, Realisierung) von neuartigen, kundenspezifischen Erzeugnisse der Auftragsfertigung.

1.4 Aufbau der Forschungsarbeit

Zur Beantwortung der in Abschnitt 1.2 genannten Forschungsfragen i. V. m. der Erreichung der Zielsetzung wird ein vierstufiger Erkenntnisprozess verfolgt: Nach der Einführung in die Thematik und Abgrenzung des Untersuchungsbereichs (*Kapitel 1*) erfolgt in Stufe 1 des Erkenntnisprozesses eine deduktive Ermittlung des Forschungsbedarfs. Dazu werden im *Kapitel 2* zunächst die relevanten Begrifflichkeiten definiert und eine Charakterisierung des im Abschnitt 1.3 abgegrenzten Untersuchungsbereichs vorgenommen. Daraus werden Anforderungen an die methodische, instrumentelle und technologische Unterstützung von produktkostenbezogenen Planungs-, Kontroll- und Steuerungsaktivitäten abgeleitet. Diese werden anschließend am Stand der Forschung in den Bereichen CAD-Technologien, Methoden und Instrumente des Kostenmanagements und der diese unterstützenden wissensbasierten Informationssysteme gespiegelt. Daraus wird ein konkreter Handlungsbedarf für diese Arbeit formuliert und damit die erste Forschungsfrage beantwortet.

---

[1] Quelle: in Anlehnung an [Wübb84], [Götz10]

Aufbauend auf dem ermittelten Handlungsbedarf, wird in *Kapitel 3* induktiv ein allgemeingültiges Rahmenkonzept für das Produktkostenmanagement erarbeitet (Stufe 2). Dazu werden die Facetten eines Produktkostenmanagements sowie das Zusammenspiel von Kostenplanungs-, Kostenkontroll- und Kostensteuerungsaufgaben skizziert. Anschließend erfolgt eine Konzeptionierung eines IT-gestützten Kosteninformationssystems; dieses stellt den instrumentellen Kern des Produktkostenmanagementkonzepts dar. Damit wird die zweite Forschungsfrage beantwortet.

Zur Beantwortung der dritten Forschungsfrage erfolgt im *Kapitel 4* die Erarbeitung eines Vorgehensmodells zur konkreten Ausgestaltung des Produktkostenmanagementkonzepts und zu dessen Umsetzung in einem Unternehmen der Auftragsfertigung (Stufe 3).

In der vierten Stufe des Erkenntnisprozesses werden im *Kapitel 5* die Anwendbarkeit und die Effekte des Produktkostenmanagementkonzepts sowie die Praxistauglichkeit des Vorgehensmodells mittels der Forschungsmethodik „Fallstudie" deduktiv auf eine exemplarische Anwendung an einem (Fall-)Beispiel aus dem Werkzeug- und Formenbau zurückgeführt und in Teilen validiert. Der Fokus liegt hierbei auf der konkreten Ausgestaltung des IT-gestützten Kosteninformationssystems für das (Fall-)Beispiel.

Abschließend werden in *Kapitel 6* die Ergebnisse der Arbeit zusammengefasst und ein möglicher induktiver Schluss vom Fallbeispiel auf andere Branchen in der Auftragsfertigung erörtert sowie weiterführender Forschungsbedarf aufgezeigt.

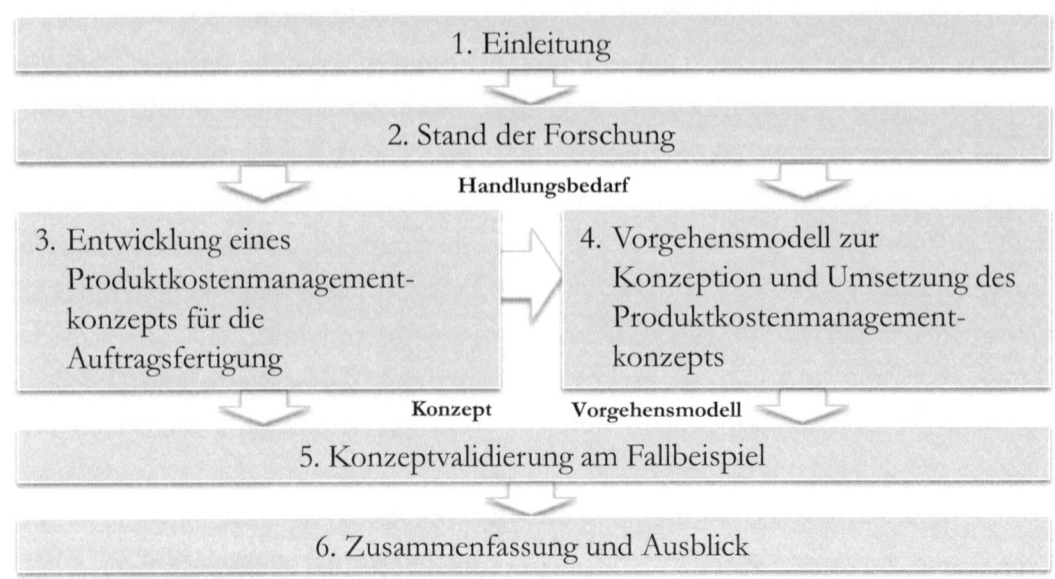

Bild 1-2: Aufbau der Arbeit

2 STAND DER FORSCHUNG

2.1 Allgemeine Begriffe und Definitionen

(Kunden-)Artikel – Abguss – Werkstück

Die mit den Produkten (Werkzeuge) des WuF erzeugten Bauteile werden in der vorliegen Arbeit als „*Kundenartikel*" bezeichnet. Dazu gehören auch sog. *Abgüsse,* die als Ergebnis der Abformung eines Gegenstandes mit Hilfe von flüssigen, aber bald erstarrenden Substanzen im Bereich der Druckguss- und Spritzgusstechnologien entstehen. Solange sich die Kundenartikel noch im Herstellungsprozess befinden werden sie in Anlehnung an die Fertigungstechnik als *Werkstücke* benannt.

Werkzeug – Betriebsmittel – Fertigungshilfsmittel

Im Allgemeinen wird unter dem Begriff „*Werkzeug*" ein für einen bestimmten Zweck von Menschenhand geschaffenes oder geformtes Arbeitsmittel verstanden, mit dessen Hilfe physische Objekte, wie z. B. Werkstücke mechanisch bearbeitet (handwerklich) oder hergestellt werden [Dude14]. Die begriffliche Verwendung und die betriebliche Einordnung des Betrachtungsobjektes „Werkzeug" erfolgt in der Praxis und in der Wissenschaft uneinheitlich. So werden sie in der Praxis beispielsweise vom Verband Deutscher Maschinen- und Anlagenbau e.V. (VDMA) Werkzeuge dem Sammelbegriff „Präzisionswerkzeuge" zugerechnet. Der Verein Deutsche Werkzeug und Formenbauer verwendet den Sammelbegriff „Werkzeuge und Formen". Der VDI ordnet sie sie den als „Fertigungsmitteln" zu. Im marktführenden ERP-System *SAP* werden sie als „Fertigungshilfsmittel" bezeichnet.

In der Wissenschaft zeichnet sich ein ähnlich differenziertes Bild. Ausgehend von den häufig in der Praxis genutzten Begrifflichkeiten des VDI und von SAP kommt in der Wissenschaft die Definition und Einordnung des Werkzeugbegriffs von WIENDAHL ET AL am nächsten: Hier werden die Werkzeuge im Kontext des WuF den *Betriebsmitteln* zugeordnet [WRN09]. Sie sind in einem Arbeits-/Produktionssystem direkt oder indirekt daran beteiligt eine bestimmte Arbeits-/Produktionsaufgabe - in diesem Zusammenhang die Herstellung von Kundenartikeln – zu erfüllen [DIN04], [WRN09], [KMOW09]. Aus betriebswirtschaftlicher Sicht gehören sie damit neben der menschlichen Arbeitsleistung zu den Potenzialfaktoren [Wien12] bzw. neben der menschlichen Arbeitsleistung und Werkstoffen zu den Elementfaktoren [FFS11] – sie werden über einen längeren Zeitraum hinweg dazu genutzt, betriebliche Leistungen zu erbringen ohne selbst Bestandteil der erzeugten Leistung zu sein.

Aufgrund er hohen Bandbreite von Betriebsmitteln (u. a. Anlagen, Maschinen, Werkzeuge, Vorrichtungen) unterteilt WIENDAHL die Betriebsmittel weiter nach funktionalen Gesichtspunkten in Fertigungs-, Montage- und Logistikmittel [WRN09]. Da Werkzeuge zum Zwecke der Form- und Substanzveränderung in mechanisch bzw. physikalisch chemischer Art auf ein Werkstück einwirken werden sie den Fertigungsmitteln zugerechnet sie [WRN09], [VDI 78]. In dem Cluster der Fertigungsmittel erfolgt weiter eine Differenzierung in Fertigungsmaschinen und *Fertigungshilfsmittel* [Wien12]. Im Gegensatz zu den ortsgebundenen Fertigungsmaschinen, wie z. B. Transferpressen, Druckguss- bzw. Spritzgussmaschinen, in denen die Werkzeuge als Produkte des WuF eingesetzt werden, sind diese beweglich und können an dem jeweiligen Arbeitsort/Fertigungsmaschine gerüstet werden. Diesen Überlegungen folgend, werden nachfolgend unter dem Begriff „Fertigungshilfsmittel" (FHM) sowohl urformende als auch umformende Werkzeuge des WuF zusammengefasst. Sie dienen der Herstellung von Serienprodukten (Kundenartikeln) aus Metallen, Blechen oder Kunstoffen [EvKl98].

Werkzeuge, die als Fertigungsmittel für trennende Verfahren, wie das Bohren, Drehen, Fräsen und Schleifen verwendet werden, um z. B. die Komponenten eines Werkzeugs bzw. Fertigungshilfsmitttel (FHM) herzustellen, als „Zerspanungswerkzeuge" bezeichnet.

Kalkulationsmodelle/Kostenmodelle – Kostenträgerrechnungsverfahren – Kalkulationsmethoden/ Kalkulationsverfahren

Kalkulations- bzw. Kostenmodelle bedienen sich im Rahmen eines festgelegten Kostenträgerrechnungsverfahren ein oder mehrerer Kalkulationsverfahren um den Ressourcenverzehrs in Abhängigkeit ausgewählter, verfügbarer Eingangsgrößen zu bestimmen. Meist liegt der dabei durchlaufenden Schrittfolge eine ausführliche Kalkulationsmethodik zugrunde. [HGS97] Die dazu genutzten *Kostenträgerrechnungsverfahren* charakterisieren den strukturellen Aufbau der Kalkulation (Kalkulationsschema), den Umfang der zu berücksichtigten Kostenkomponenten (Kostenarten) sowie die Art und den Umfang der Zurechnung von Gemeinkosten (Teil- oder Vollkostenrechnung) zu einem Kostenträger. *Kostenträger* sind erzeugte Güter und andere betriebliche Leistungen, die einen Wertverzehr auslösen bzw. bereits verursacht haben, zusammengefasst [CFG09]. Dem Rechnungsverfahren untergeordnet beschreiben *Kalkulationsmethoden/-verfahren* das Zusammenspiel ein oder mehrerer planmäßiger Verfahren zur Erreichung von festgelegten Kalkulationszielen (Angebotspreisermittlung, Kostenvergleich, Bilanzierung etc.). Im Gegensatz zur Kalkulationsmethode ist ein Kalkulationsverfahren meist im Anwendungsspektrum enger gefasst und beschreibt ein genaues Vorgehen zur Kalkulation eines Kalkulationsobjektes; es trägt durch das in der Kalkulationsmethode definierte Zusammenspiel zur Erreichung der Kalkulationsziele bei.

Kalkulationsobjekte

Kalkulationsobjekte sind Bezugsobjekte einer Kalkulation. Bezugsobjekte sind Objekte, denen Kosten zugerechnet werden können. Dazu gehören im Kontext der Auftragsfertigung z. B. Kundenanfragen, Projekte, Produkte, Baugruppen, Bauteile, Prozesse.

Weitere in der Arbeit verwendete Begrifflichkeiten werden an den jeweils relevanten Stellen erläutert.

2.2 Beschreibung des Untersuchungsbereichs

2.2.1 Charakterisierung der Auftragsfertigung

Für die *Auftragsfertigung* existiert in der Literatur keine allgemeingültige Definition. Aus produktionswirtschaftlicher Sicht erfolgt die Abgrenzung der Auftragsfertigung einerseits anhand des Zusammenhangs zwischen Produktion und Absatz sowie andererseits anhand der Auslösungsart der Produktion.

Nach HAX und GUTENBERG liegt Auftragsfertigung vor, wenn der Absatz zeitlich der Produktion vorgelagert ist [Hax56], [Gute83]. Eingehende Aufträge bestimmen demnach sowohl die Produktionsart als auch die Art und Menge der Erzeugnisse. RIEBEL stellt auf den Absatz und die Programmplanung ab [Rieb65]: Er spricht von Kundenfertigung, wenn sich die Programmplanung anhand der Aufträge von tatsächlichen Kunden auf die zu fertigenden Erzeugnisse an der Art, Menge und zeitlicher Verteilung innerhalb eines definierten Planungshorizontes orientiert. SCHÄFER versteht unter Auftragsfertigung eine Produktion auf Bestellung [Schä78]; d. h. es erfolgt keine Produktionstätigkeit ohne Auftrag. ZÄPFEL und CORSTEN stellen auf die Produktionsprogrammbildung ab [Zäpf82], [CoGö09]. Für sie liegt Auftragsfertigung vor, wenn das Auftragsprogramm mit dem Produktionsprogramm übereinstimmt; sie sprechen dann von kundenauftragsbezogener Programmbildung.

Bei GROßE-OETRINGHAUS, NEBL, HOITSCH, KISTNER und EVERSHEIM wird in der Auftragsfertigung die Produktion unmittelbar durch einen Kundenauftrag ausgelöst [Gros74], [Hoit93], [Ever96a], [KiSt01], [Nebl11]. Zusätzlich zum Abgrenzungskriterium Auslösungsart ist für GROßE-OETRINGHAUS und HOITSCH der fertigungsauslösende Personenkreis relevant. Für HOITSCH ist entscheidend, in welchem Maße mit dem Kunden die Produktgestaltung Mengen und Liefertermine vereinbart werden. GROßE-OETRINGHAUS differenziert dagegen nach der Determiniertheit der Fertigungsprogrammdaten. So ist die Auftragsfertigung indeterminiert, da für zukünftige Kundenwünsche und Neuaufträge keine sicheren Rahmendaten über die Produktspezifikation, Menge und Liefertermin vorliegen. Für EVERSHEIM ist neben der Auftragsauslösungsart die Auftragsart von Bedeutung. Zur Auftragsfertigung gehören demnach der Einzelauftrag, der Rahmenauftrag sowie die kundenanonyme Vor- und kundenauftragsbezogene Endproduktion; Lageraufträge gehören nicht dazu.

Nachdem die unterschiedlichen Abgrenzungskriterien in Bezug auf das Verhältnis zwischen Produktion und Absatz sowie anhand der Auftragsauslösungsart und/oder Auftragsart dargestellt wurden, ist festzustellen, dass grundlegend alle genannten Ansätze den gleichen Sachverhalt beschreiben, jedoch aufgrund variierender Zielsetzungen unterschiedliche Terminologien und Abstufungen verwenden. In Anlehnung an GROßE-OETRINGHAUS und HOITSCH werden im Folgenden unter Auftragsfertigung sämtliche Fälle verstanden, bei denen die Entwicklung und Produktion erst durch einen namentlich bekannten Kunden mittels Auftrag ausgelöst wird. Zudem wird aufgrund der kundenspezifisch zu produzierenden Erzeugnisse der Kundenauftrag erst durch die gemeinsame Vereinbarung der Produktgestaltung/-qualität, Mengen und Liefertermine mit dem Kunden charakterisiert.

Die Auftragsfertigung im Maschinen- und Anlagenbau ist in Bezug auf die Häufigkeit der Wiederholung eines Produktionsprozesses typischerweise als Einmal- oder auch als Einzel- und Kleinserienfertigung organisiert [ScSt12], [Hans06]. STÄRK spricht daher von *Auftragseinzelfertigung* (AEF) [Stär11]; in dieser sind alle Fälle subsumiert, in denen Auftrags- und Einzelfertigung vorliegen. Die Einzelfertigung selbst ist nahezu ausschließlich auftragsgebunden. Ausnahmen bilden lediglich das Kunsthandwerk oder das Baugewerbe.

Charakteristisch für einen *Auftragseinzelfertiger* ist u. a. ein sporadischer Auftragseingang. Das hat zur Folge, dass hohe Anforderungen an die Flexibilität des Produktionssystems und Passfähigkeit der für die Planung und Steuerung eingesetzten IT-Systeme (z. B. PPS) gestellt werden [Habe93]. Des Weiteren sind in der AEF häufig lange Durchlaufzeiten anzutreffen. Dies ist u. a. darauf zurückzuführen, dass die benötigten Komponenten i. d. R. erst im Rahmen der Produktentwicklung konstruktiv bestimmt werden. Demnach liegen in den frühen Phasen der Produktentwicklung meist nur sog. Rumpfstücklisten vor [ScSt12], [Schm08]. Komponenten mit langen Durchlaufzeiten sollten daher frühzeitig beschafft bzw. in die Produktion eingesteuert werden. In Bezug auf den sog. Kundenentkopplungspunkt, welcher den Übergang zwischen kundenauftragsbezogenen und prognosegetriebene Lieferketten bildet, liegt in der AEF üblicherweise Engineer-to-order vor: Es erfolgen über den gesamten Auftragsabwicklungsprozess i. d. R. mehrere, meist kundengetriebene Änderungsschleifen zur Auftrags- und Produktspezifikation. Der Kunde hat demnach einen hohen Einfluss auf die Produktgestaltung. Daraus resultieren u. a. hohe Anforderungen an Flexibilität, Planung und Steuerung. Um diese Anforderungen zu erfüllen, ist der Ablauf in der Produktion üblicherweise nach dem Werkstatt- bzw. Werkbankprinzip organisiert. Die Fertigungsmittel sind örtlich und objektbezogen nach dem Verrichtungsprinzip zusammengefasst und der Materialfluss findet örtlich ungerichtet zwischen den Fertigungsmitteln statt [ScSt12], [Adam13].

Wie aus den obigen Ausführungen hervorgeht, ist die Auftragsfertigung dadurch charakterisiert, dass die Produktion und die damit verbundene Produktionsplanung erst mit Vorliegen eines konkreten Kundenauftrags ausgelöst werden. Die eingehenden Aufträge beinhalten jeweils kundenspezifische Anforderungen hinsichtlich Qualität, Kosten und Termine. Damit haben die Anforderungen einen großen Einfluss auf die Wahl der Produktionsart sowie auf die Art, Menge und zeitliche Verteilung der Erzeugnisse in einer Planperiode. Daraus resultieren wiederum hohe Anforderungen an die Qualifikation des Personals und an die Planungs- und Steuerung von Ressourcen im Unternehmen. Eine gleichmäßige Ressourcenauslastung und damit eine kostengünstige Produktion ist daher nur selten realisierbar [Gute83].

Anhand der beschriebenen typischen Anforderungen an die AEF wird deutlich, dass die in der Serien- und Massenfertigung erprobten Kostenmanagementinstrumente für die AEF nicht in jedem Fall geeignet sind. Zum einen ist aufgrund des geringen Wiederholcharakters, der hohen Produktkomplexität und dem geringen Konkretisierungsgrad der Informationen zur Produktgestaltung und zum Produktherstellungsprozess in der Angebotsbearbeitung die Vorhersagefähigkeit von zu erwartenden Kosten eines Auftrags stark eingeschränkt. Liegt dazu noch eine geringe Umwandlungsquote von Angeboten in Aufträge (im WUF unter 5 %) vor, sind Entwicklungs- und Konstruktionsaktivitäten erst nach Auftragserteilung wirtschaftlich lohnend [GLK12]. Kenntnisse über die tatsächlich verursachten Kosten liegen meist erst nach Auftragsabschluss vor.

Da die beschriebenen Anforderungen in Summe auch auf den WuF zutreffen, wurde dieser als Repräsentant für die Auftragsfertigung ausgewählt. Als typischer Vertreter der Auftragsfertigung ist dieser für eine Übertragbarkeit der Ergebnisse auf andere Branchen der AEF geeignet. Welche charakteristischen Merkmale der WuF hinsichtlich seiner Stellung in der Gesamtprozesskette des verarbeitenden Gewerbes, seines

Erzeugnis- und Auftragsspektrums sowie der typischen Prozesse in der Auftragsabwicklung hat und welche Anforderungen an das Produktkostenmanagement bestehen, wird nachfolgend erläutert.

2.2.2 Charakterisierung des Werkzeug- und Formenbaus

2.2.2.1. <u>Position in der Wertschöpfungskette des verarbeitenden Gewerbes</u>

Der Werkzeug- und Formenbau ist ein typischer Vertreter der Auftragsfertigung mit
Einzel- bzw. Einmalfertigungscharakter. Als Schnittstelle zwischen der Produktentwicklung und der Serienproduktion (siehe Bild 2-1) nimmt er eine Schlüsselposition
im verarbeitenden Gewerbe (z. B. der Automobilindustrie) ein [Schu09]. Für eine
Vielzahl von Industrien in Deutschland hat er damit eine immense Bedeutung für
die Innovationskraft und die Beschäftigung [SSS05].

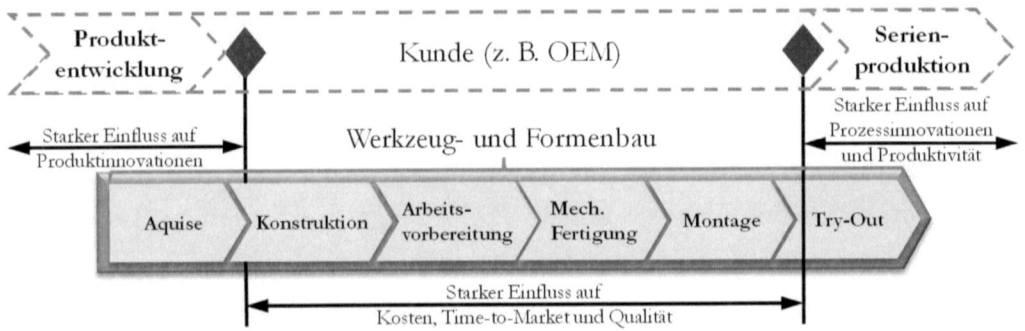

Bild 2-1: Position des WuF in der industriellen Wertschöpfungskette[2]

Innerhalb der industriellen Wertschöpfungskette stellt der Werkzeug- und Formenbau FHM für produzierende Unternehmen bereit [EvKl98], damit diese prozesssicher und möglichst kostengünstig ihre Produkte herstellen können. Die FHM haben
dabei einen direkten Einfluss auf die Produkt- und die Prozessqualität [DNSK11]
sowie auf die Markteinführungszeit beim Kunden und die Produktkosten [EvKl98].
In Bezug auf die Produktkosten bestimmen FHM bis zu 30 % der gesamten Lebenszykluskosten und bis zu 60 % der Produktionskosten eines Kundenartikels [EKS02],
[Schu09], [SBKR10a]. Aufgrund der zunehmenden Produktindividualisierungs- und
Produktdiversifizierungstendenzen werden sich zukünftig die Werkzeugkosten auf
eine geringere Stückzahl von Kundenartikeln verteilen: Der Anteil der FHM-Kosten
nimmt daher in der industriellen Wertschöpfungskette tendenziell zu.

---

[2] Quelle: [SBKR10a]

2.2.2.2.   Branche und Kunden

Die rund 5.000 Betriebe des WuF erzielten im Jahr 2014 einen Umsatz von insgesamt 4,7 Milliarden Euro [VDMA14]. Die *Branche* ist durch mittelständische Unternehmen geprägt [SBRS10b] und weist eine starke Fragmentierung und Heterogenität auf. [SVKP13]. Die Mehrzahl der WuF-Betriebe sind klassische KMU mit handwerklich geprägten Strukturen [Klot07], d. h. sie sind nach dem Werkbank- und Werkstattprinzip organisiert und weisen einen hohen Anteil an manuellen Tätigkeiten in der Produktion auf. Der Personalstamm beläuft sich auf durchschnittlich 40 Mitarbeiter [SBKR10a].

Hinsichtlich des Marktzugangs kann grundsätzlich in *interne und externe WuF-Betriebe* unterschieden werden. Ein interner WuF-Betrieb ist i. d. R. in die Aufbauorganisation eines Mutterunternehmens, wie z. B. eines OEMs integriert. Dort werden fast ausschließlich FHM für die eigene Produktion hergestellt. Demzufolge ist dessen Produktportfolio sehr stark von der Produktpalette des Mutterunternehmens abhängig. Ein externer WuF-Betrieb agiert dagegen eigenständig auf dem Markt [Gans13], [EvKl98].

Die *Kunden* des WuF haben meist ein eingeschränktes aber hochgradig spezialisiertes Produktportfolio, beliebige Kapitalgeber und ein weitgefächertes Kundenspektrum [Gans13], [EvKl98]. Gemäß einer globalen Studie zur Situation des WuF wird hier der Großteil der Umsätze mit Kunden aus der Automobilindustrie (30 %) erzielt [SBGS09]. Dahinter rangieren Kunden aus der Elektro-/Elektronikbranche (21 %), Konsumgüterproduktion (16 %), Medizintechnik (14 %) und Hausgerätetechnik (ca. 11 %) sowie Kunden aus der Luft- und Raumfahrtbranche (7 %) [SBGS09].

Im deutschen Werkzeug- und Formenbau zeichnet sich ein ähnliches Bild ab: Auf Grund der herausragenden Bedeutung der Automobilindustrie in der industriellen Produktion werden mit ihr ca. 50 % der Umsätze generiert. Demzufolge hängt die Ausrichtung des deutschen WuF in hohem Maße von den Entwicklungen in der Automobilindustrie ab. Da diese überwiegend im Premiumsegment verortet sind, werden höchste Ansprüche an die Qualität der FHM und Termintreue gestellt.

2.2.2.3.   Erzeugnisspektrum

Die primären Ergebnisse der Leistungserstellung (Produkte) im WuF sind *Werkzeuge*, die zur Herstellung von spezifischen Kundenartikeln eingesetzt werden. Dazu gehören vorwiegend Hohlformwerkzeuge für die mehrmalige Anwendung urformender (z. B. Spritz- und Druckguss) und massivumformender (z. B. Gesenkschmieden) Fertigungsverfahren sowie Umform- und Schneidwerkzeuge. Darüber hinaus zählen

Bearbeitungs- und Montagevorrichtungen, Prüfmittellehren, Prototypenwerkzeuge, Modelle und einzelne konturgebende Elemente, wie z. B. Kerne zum Erzeugnisspektrum des WuF (siehe Bild 2-2) [EvKl98].

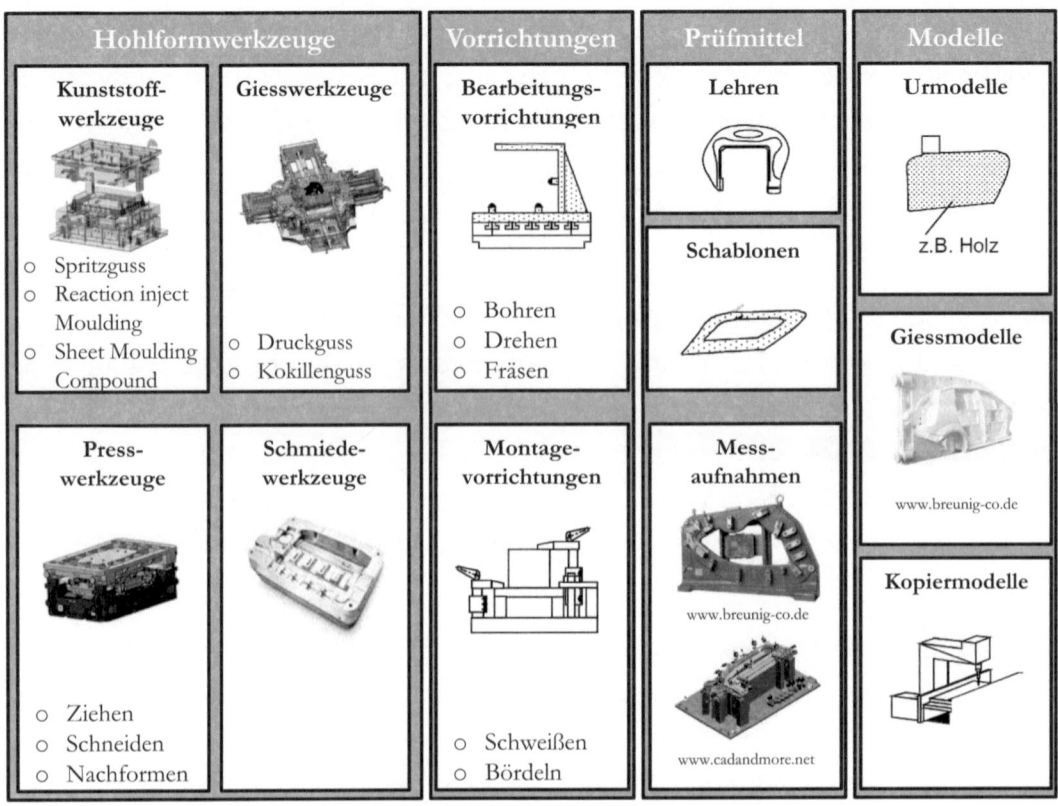

Bild 2-2: Erzeugnisspektrum des Werkzeug- und Formenbaus[3]

In Anlehnung an BRUNKHORST und AWISZUS werden im Folgenden die Hauptwerkzeugarten Spritzguss-, Druckguss, Umform- und Schneidwerkzeuge unterschieden [Brun95], [Awis07]. Mit ihrer Komplexität und Verschiedenartigkeit stehen diese stellvertretend für die typischen Erzeugnisse in der Auftragsfertigung.

Erfolgt die Herstellung von Kundenartikeln mit urformenden Verfahren – Schaffung eines (festen) Stoffzusammenhalts aus einem formlosen Stoff [DIN03] – werden diese bei Einsatz von synthetischen Polymerwerkstoffen (plastischer Zustand) die FHM nachfolgend als Spritzgusswerkzeuge bezeichnet. Bei der Verwendung von Leichtmetallen (z. B. Aluminium, Magnesium, Zink) wird von Druckgusswerkzeugen gesprochen. Kommen dagegen umformende und/oder trennende Fertigungsverfahren zum Einsatz, so erfordert die Herstellung der komplexen Werkstücke meist eine Zerlegung der Fertigungsprozesse in mehrere, voneinander getrennte Arbeitsstufen. Dies ist u. a. auf verfahrenstechnische Zwangsbedingungen, wie z. B. ein

---

[3] leicht modifiziert übernommen aus [EvKl98]

max. möglicher Umformgrad, Anforderungen an die Oberflächenbeschaffenheit und Wirtschaftlichkeit zurückzuführen. In jeder Arbeitsstufe werden eine oder mehrere Fertigungsoperationen durchgeführt. Die Realisierung der Arbeitsstufen erfolgt i. d. R. durch ein System von mehreren aufeinander abgestimmten Umform- und Schneidwerkzeugen (siehe Anlage 1) [DoBe10]. Aufgrund einer weitgehenden Übereinstimmung des Grundaufbaus von Umform- und Schneidwerkzeugen sind Verfahrenskombinationen in einem FHM in einer Arbeitsstufe, wie z. B. im Pressbeschnittwerkzeug (umformen und trennen) umsetzbar. Des Weiteren können die Arbeitsstufen in Abhängigkeit der Anzahl der pro Hub erzeugten Teile, Anzahl von Fertigungsoperationen an einer oder mehreren Arbeitsstellen sowie in Abhängigkeit des Werkstücktransports in Einfach-, Mehrfach-, Folge- und Gesamtwerkzeuge realisiert werden (siehe Anlage 2). Demgegenüber kommen zur Erzeugung der Kundenartikel im Bereich der urformenden Fertigungsverfahren überwiegend Einzelwerkzeuge zum Einsatz. Nachgelagerte Fertigungsoperationen, wie z. B. das Ent- bzw. Abgraten erfolgen i. d. R. mit separaten Werkzeugen.

Beim Einsatz von Verfahren mit abformender Gestalterzeugung (z. B. Gesenkschmieden) stehen die formgebenden Elemente (Aktivteile) in direktem Kontakt mit dem Werkstück und bilden je nach Anzahl der Arbeitsstufen den größten Teil des Werkstücks ab. Bei Verfahren mit kinematischer Gestalterzeugung (z. B. Pressen, Drücken, Ziehen) ist die Form des Werkstücks nicht im formgebenden Werkzeugelement gespeichert; sie entsteht erst durch eine Relativbewegung zwischen den Aktivelementen und dem Werkstück.

Eine mögliche Untergliederung einzelner Werkzeugkomponenten kann anhand ihrer Konturabhängigkeit erfolgen. Zu den konturabhängigen Komponenten zählen die sog. Aktivteile bzw. primären Funktionselemente (z. B. Kontureinsätze, Kerne, Stempel); sie haben einen direkten Einfluss auf die Kundenartikelgeometrie. Sekundäre Funktionselemente haben dagegen einen mittelbaren Bezug zur Kundenartikelgeometrie. Zu ihnen gehören beispielsweise Formrahmen, Niederhalter, Blechhalter. Tertiäre Funktionselemente sind unabhängig von der Kundenartikelgeometrie und realisieren Hilfsfunktionen, wie z. B. Medienbereitstellung, Werkstücksicherung. [Kona08]

2.2.2.4. Auftragsspektrum

Das Auftragsspektrum von WuF-Betrieben umfasst i. d. R. Neu-, Änderungs-, Reparatur- und Instandhaltungsaufträge. Neuaufträge werden meist langfristig von den Kunden ausgeschrieben und mit entsprechendem zeitlichen Vorlauf in der Kapazitäts- und Terminplanung berücksichtigt. Änderungs- und Reparaturaufträge werden dagegen meist kurzfristig eingesteuert und mit hoher Priorität behandelt, da der Kunde ein vitales Interesse an der Minimierung von Produktionsstillstandzeiten hat. Durch Überschneidungen von parallellaufenden Neuaufträgen, Instandhaltungsaufträgen beim Kunden sowie Änderungs- und Reparaturaufträgen unterliegt das Auftragsvolumen im WuF einer hohen Volatilität [SVKP13]. Die Planbarkeit von Kapazitätsbedarfen und Terminen ist daher stark mit Unsicherheiten behaftet. Daraus resultieren u. a. ein hoher Anteil an organisatorisch bedingten Warte- und Liegezeiten [GRM07] und ein hoher Planungs- und Steuerungsaufwand.

Mit dem Ziel der Existenzsicherung und der Erschließung neuer Märkte orientieren sich WuF-Betriebe zunehmend auf die Geschäftsfelder Dienstleistung, Service und Wartung (nachgelagerte Kundenintegration). Zudem haben sie sich als Entwicklungspartner für die Kundenartikel (vorgelagerte Kundenintegration) etabliert. Damit sollen einerseits Absatzschwankungen ausgeglichen und andererseits neue Märkte und Kunden erschlossen werden. Viele WuF-Betriebe verfolgen das Ziel, Leistungen von der Produktentwicklung bis zur Einarbeitung und Betreuung der Erzeugnisse anzubieten [VDI 08].

2.2.2.5. Prozesse der Angebots- und Auftragsabwicklung

Mit dem Ziel die Markteinführungszeiten und Produktionszeiten/-kosten zu reduzieren, erfolgt bei vielen Kunden des WuF schon während der Entwicklung der Kundenartikel eine Ausschreibung der Aufträge zur Werkzeugherstellung. Eine daran geknüpfte Kundenanfrage löst den Auftragsabwicklungsprozess im WuF aus. Sie enthält i. d. R. eine technische Beschreibung (Zeichnungen/CAD-Modelle) des Kundenartikels und ggf. nähere Spezifikationen zum Einsatzort (z. B. Art- und Typ der Fertigungsmaschine), Stückzahl je Hub, Standzeit sowie sonstige herstellerbezogene Angaben wie z. B. Werksnormen. Die Auftragsabwicklung beim WuF erstreckt sich üblicherweise von der Angebotsbearbeitung über die Auftragsbearbeitung. Die Auftragsbearbeitung umfasst die Konstruktion, Arbeitsplanung, NC-Programmierung, Fertigung, Montage und das Try-Out (siehe Bild 2-3).

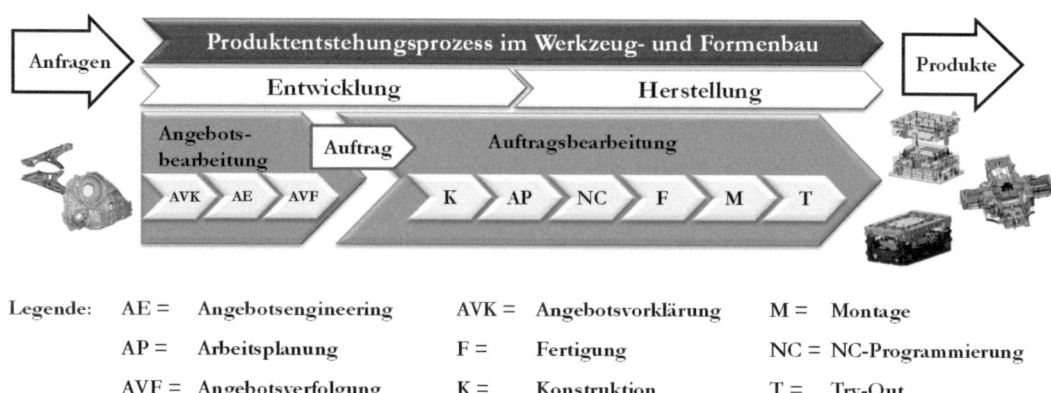

Legende: AE = Angebotsengineering   AVK = Angebotsvorklärung   M = Montage

AP = Arbeitsplanung   F = Fertigung   NC = NC-Programmierung

AVF = Angebotsverfolgung   K = Konstruktion   T = Try-Out

Bild 2-3: Produktentstehungsprozess im Werkzeug und Formenbau

Aufgrund der meist langfristigen Aufträge mit Durchlaufzeiten von bis zu 20 Wochen ist die Auftragsabwicklung im WuF i. d. R als Projektgeschäft organisiert. Ein Projekt umfasst die einmalige Abwicklung eines Auftrags von der Kundenanfrage bis zur Abnahme des FHM durch den Kunden, unter Berücksichtigung von Zwängen bezüglich Zeit, Kosten, Ressourcen. Projekte, die mehrere Aufträge umfassen sind nicht Gegenstand des vorliegenden Untersuchungsbereichs. Deren Planung, Überwachung und Kontrolle erfolgt über die Aggregation der jeweils untergeordneten Teilprojekte.

Ein besonderer Fokus der Arbeit liegt in der Phase Angebotsbearbeitung. Von ihr hängt ab, ob ein Auftrag zustande kommt und inwiefern der Auftrag wirtschaftlich erfolgreich ist.

Angebotsbearbeitung

Auf Basis einer vorliegenden Anfrage eines potenziellen Kunden werden im Prozess der *Angebotsbearbeitung* zunächst Kundenanfragen erfasst, ggf. Informationen nachgefordert bzw. aufbereitet, die Mach- und Herstellbarkeit bewertet sowie im Ergebnis das Problem spezifiziert (Angebotsvorklärung). Entsprechend der Differenzierung der Angebotsbearbeitung nach RÖSLER [Rösl05], liegt im WuF *Angebotsengineering* vor. Das Angebotsengineering ist ein bereichsübergreifender, wissensintensiver Prozess zur technischen und betriebswirtschaftlichen Erarbeitung, Beurteilung und Dokumentation einer auf die individuelle Problemstellung eines Kunden zugeschnittene Angebotsspezifikation [Rösl05].

Die Erstellung eines vollständigen, individuellen Angebots umfasst damit technische und betriebswirtschaftliche Aktivitäten zur Erarbeitung konstruktiv-technologischer Realisierungsmöglichkeiten (Grobmethodenplan, Werkzeugvorentwurf), die Bestimmung des Liefertermins, die Kalkulation, die Preisfindung und Preisbestimmung, eine juristische Abklärung von z. B. Liefer- und Zahlungsbedingungen sowie die Dokumentation der Angebotsunterlagen. Für Umform- und Schneidwerkzeuge erfolgt in einer parallel stattfindenden *Methodenplanung* die Festlegung der Umformoperationen (Arbeitsstufen) zur Herstellung eines Kundenartikels und wie diese durch entsprechende FHM realisiert werden. Im Bereich der urformenden Verfahren erfolgt im Angebotsengineering die Auslegung des Heisskanalsystems (Spritzguss) bzw. des Angusssystems (Druckguss), der Werkzeugkühlung und der Entformung des Werkstücks. Aufgrund überschneidender Aufgaben werden diese Aktivitäten in einigen WuF-Betrieben der Konstruktion zugeordnet. Die technische Lösungsfindung erfolgt meist unter Rückgriff auf Erfahrungswissen zu ähnlichen Problemstellungen.

Diese rückwärtsorientierte Vorgehensweise findet sich auch in der Kalkulation der Produkt-/Projektkosten wieder. Aufgrund des hohen Informationsdefizits im Angebotsengineering werden hier aktuell überwiegend Kalkulationsverfahren der Expertenschätzung- und Ähnlichkeitskalkulation verwendet [SBG09]. Daher sind die Kalkulationsergebnisse mit großen Unsicherheiten behaftet und von den beruflichen Erfahrungen des Kalkulators abhängig [Kona08]. Aspekte der Lebenszykluskostenrechnung spielen trotz ihrer hohen Relevanz bei Investitionsgütern aufgrund der weit verbreiteten Orientierung von Einkäufern an den Anschaffungskosten in der Angebotskalkulation eine untergeordnete Rolle [ReEg06].

In der sich anschließenden Angebotsverfolgung erfolgt der Informationsaustausch mit dem Kunden bzgl. Rückfragen, Änderungswünsche und Preisbestimmung. Führt das Angebot zu einem Auftrag wird die Auftragsbearbeitung ausgelöst.

Auftragsbearbeitung

Die *Auftragsbearbeitung* beginnt analog zum typischen Projektabwicklungsprozess i. d. R. mit einem Kick-Off-Meeting. In diesem werden die Meilensteintermine abgestimmt, Personalkapazitäten zugeordnet.

In der sich anschließenden *Konstruktion* wird zunächst ein Werkzeugkonzept erstellt. Aus diesem werden (Guss-)Modelle zur Beschaffung der Rohmaterialen und Wirkflächen abgeleitet. Nach Freigabe des Werkzeugentwurfs erfolgt die Ausarbeitung der Werkzeugkomponenten. Hierbei wird üblicherweise mit der Konstruktion der konturabhängigen Aktivteile in der Wirkzone (innen) begonnen. Anschließend werden die sekundären Funktionselemente und schließlich die tertiären Funktionselemente (Peripherie) ausgearbeitet.

In der *Arbeitsplanung* erfolgen die Erarbeitung der Arbeitsvorgangsfolge, die Personal- und Fertigungsmittelzuordnung sowie die Feinterminierung über Vorgabezeiten. Auf Basis der vorliegenden Konstruktions- und Planungsdaten wird in der *NC-Programmierung* der konkrete Fertigungsprozessablauf inklusive der zu verwendenden Aufspannungen und Zerspanungswerkzeuge festgelegt und ein CNC-Programmcode zur Durchführung der Fertigungsoperationen auf den Fertigungsmitteln generiert.

In der (mechanischen) *Fertigung* werden i. d. R. zunächst die primären und sekundären Funktionselemente (2.2.2.3) vorbearbeitet. Anschließend erfolgen Wärmebehandlungsprozesse und die Fertigbearbeitung. In der mechanischen Bearbeitung kommen i. d. R. gängige Technologien der Bohr-, Fräs- und Dreh-, Erodier und Schleifbearbeitung zum Einsatz.

Die *Montage* wird überwiegend manuell durchgeführt und nimmt aufgrund des hohen Zeitaufwands für das Montieren, Einpassen, Tuschieren, Vermessen und Prüfen der Komponenten eine kosten- und zeitkritische Rolle ein. Darüber hinaus wird in der Montage die Maßgenauigkeit der Kundenartikel festgelegt, da diese maßgeblich vom Grad der Einhaltung der Maß-, Form- und Lagetoleranzen des FHM abhängig ist.

Das *Try-Out* hat die Aufgabe die fertig montierten FHM hinsichtlich Produktionsfähigkeit und Genauigkeitsanforderungen zu überprüfen. Erst nach der Abnahme der Erstmusterteile (Bemusterung) durch den Kunden erfolgt die Auslieferung der FHM. In einigen Fällen erfolgt die Bemusterung und ggf. weitere externe Prozesse, wie z. B. die Abnahme der Serienreife sowie ggf. Service-, Wartungs- oder Reparaturarbeiten direkt beim Kunden.

Mit der Werkzeugabnahme wird ein Kundenprojekt technisch und nach Eingang der Restzahlungen buchhalterisch abgeschlossen.

2.2.2.6. Probleme und Handlungsfelder

Aufgrund der beschriebenen Charakteristik des WuF ist dieser wie auch andere Auftragsfertiger mit zahlreichen Problemen und Herausforderungen konfrontiert: So sind die Erzeugnisse des WuF Investitionsgüter und demnach abhängig von der wirtschaftlichen Lage und Aussichten seiner Kunden [Schu09]. So hat die Wirtschaftskrise im Jahr 2009, verbunden mit einem Überangebot an Kapazitäten im asiatischen Raum dazu geführt, dass ca. 75 % der WuF-Betriebe einen Nachfragerückgang und einen durchschnittlichen Preisverfall von über 12 % zu verzeichnen hatten [BoGe10]. Dieser konnte trotz Kostensenkungsmaßnahmen und Erschließung neuer

Geschäftsfelder nicht kompensiert werden; die Marge reduzierte sich um durchschnittlich 8 % [SBKR10a]. Um ihre Wettbewerbsfähigkeit insbesondere ggü. der asiatischen Konkurrenz zu erhalten bzw. auszubauen, sind enorme Anstrengungen im Hinblick auf die Kosteneffizienz, die Produktqualität/-innovation, Termintreue erforderlich. Dabei sind die WuF-Betriebe, stellvertretend für die Auftragsfertiger, mit zahlreichen Problemen konfrontiert:

Zum einen liegen die *Probleme* in einer effizienten Unterstützung der Angebotsplanung. Ungeachtet der Zunahme an Kundenanfragen bleibt die Umwandlungsrate von Angeboten zu Aufträgen auf einem niedrigen, meist einstelligen Niveau. Da die Angebotskalkulation i. d. R. unentgeltlich erfolgt, besteht ein Zielkonflikt zwischen geforderter Kalkulationsgenauigkeit und dem Ressourcenaufwand. Darüber hinaus wird bei der Kalkulation überwiegend auf Erfahrungswissen zurückgegriffen, wodurch eine weitere Verwendung in nachfolgenden Wertschöpfungsprozessen eingeschränkt ist und keine adäquate Kostentransparenz besteht. Ferner liegt den meisten Angeboten die Annahme zugrunde, dass Preise für Material, Personal, Energie usw. über die Zeit konstant bleiben; dies entspricht insbesondere bei den meist langen Durchlaufzeiten in der AEF nicht der Realität. Material- und Energiepreise können innerhalb von drei Monaten um bis zu ca. 30 % schwanken [DNSK11]. Zum anderen ist der Informationsfluss zwischen der Angebotsbearbeitung und der Auftragsabwicklung häufig eingeschränkt. Einerseits werden Informationen zur technischen Lösung aus dem Angebotsengineering nicht für die Konstruktion zur Verfügung gestellt. Andererseits erfolgt meist keine Rückkopplung von Ist-Kosteninformationen und Kostenabweichungen aus der Auftragsabwicklung in die Angebotsbearbeitung. Damit stellen sich Lerneffekte nicht ein. Ein Grund dafür ist das Fehlen einer entwicklungsbegleitenden Kalkulation. Eine Erfolgskontrolle ist damit erst am Ende der Wertschöpfungskette möglich, wodurch die Einhaltung von Kostenzielen nicht gewährleistet werden kann. Ein weiteres Problem liegt in der meist mangelhaften Datenqualität der zur Erfüllung der Planungs-, Kontroll- und Steuerungsaufgaben benötigten Daten/Informationen [BiSc14], [LGK14], [SSS14]. Aus Nutzersicht kann sie z. B. durch die Verwendbarkeit (u. a. Vollständigkeit, Strukturiertheit, Aktualität, Konsistenz, Fehlerfreiheit und Eindeutigkeit) und Verfügbarkeit (Zugänglichkeit, Beschaffungsaufwand etc.) von Daten zur Erfüllung von Aufgaben charakterisiert werden [Morb11]. Aufgrund fehlender organisatorischer und technischer Regelungen zum Stammdatenmanagement sowie einer mangelhaften Daten- und Systemintegration der heterogenen IT-Systeme ist die Verwend- und Verfügbarkeit von kalkulationsrelevanten Daten bei vielen Auftragsfertigern stark eingeschränkt [GLWK14].

Nach SCHUH, BOCK und GANSAUGE existieren verschiedene Ansatzpunkte zur Problembewältigung, die in den sechs nachfolgenden Handlungsfeldern eingeordnet wurden:

Tabelle 2-1: Ansatzpunkte zur Problembewältigung im WuF[4]

Strategischer Vertrieb
• Optimale Positionierung am Markt mit überlegenem Geschäftsmodell • Erschließung neuer Kunden und Märkte (z. B. durch hybride Leistungsbündel) • Fokussierung auf die Anforderungen der Kunden
Wertschöpfungsgestaltung
• Erweiterung des Auftrags- und Erzeugnisspektrums • Wertverbesserung für den Kunden durch fundierte, einzigartige und innovative Produkte • Fokussierung auf Kernkompetenzen und Kooperation in Wertschöpfungsnetzen
Produkt- und Prozessgestaltung
• Standardisierung und Modularisierung der Erzeugnisse • Entwicklung intelligenter, vernetzter Erzeugnisse • Standardisierung des Daten-/Informationsaustausches • Standardisierung der Prozesse, Einführung und Nutzung eines Prozesscontrollings • Einhaltung von höheren Anforderungen an Form-, Lage- und Maß-Toleranzen
Synchronisierung
• Synchronisierung der Produktherstellungsprozesse (z. B. Taktung) • Vor- und nachgelagerte Kundenintegration (z. B. Produktentwicklung und Teilefertigung)
Mitarbeiterentwicklung
• Systematische Weiterentwicklung/Qualifizierung des Stammpersonals • Erhöhung der eigenen Attraktivität am Arbeits- und Ausbildungsmarkt • Motivation der Mitarbeiter zur aktiven Mitwirkung und Akzeptanz von Veränderungen
Daten-, Informations- und Wissensmanagement
• Entwicklung und Nutzung einer Wissensbasis zur Entscheidungsunterstützung bei der Planung, Kontrolle und Steuerung des Produkt-/Projektkosten • Daten- und Systemintegration (z. B. Schaffung durchgängiger CAx-Prozessketten)

Die in Tabelle 2-1 herausgegriffenen Ansatzpunkte zur Bewältigung der Probleme im WuF lassen sich ohne Einschränkungen auf die Auftragsfertigung im Allgemeinen übertragen. Daraus lassen sich wiederum konkrete Anforderungen an die Konzeption und Umsetzung eines Produktkostenmanagements für die Auftragsfertigung ableiten.

---

[4] Quelle: In Anlehnung an [Schu09], [BoGe10], [SBKR10a], [SBRS10b], [GrSt11], [Gans13], [SSPK13b]

2.2.3 Ableitung von Anforderungen an das Produktkostenmanagement

In der vorangegangenen Charakterisierung der Auftragsfertigung im Allgemeinen und des WuF im Speziellen konnte u. a. die Notwendigkeit in der Informationsversorgung der Planungs-, Kontroll- und Steuerungsaktivitäten zur Verbesserung der Kostentransparenz, -zurechnung und -effizienz festgestellt werden. Daraus resultiert der Bedarf nach einem in sich geschlossenen projektbegleitenden und -übergreifenden Produktkostenmanagement.

Im Hinblick auf die *Kostenplanung* werden in der Auftragsfertigung geeignete und praxistaugliche Methoden und Instrumente sowohl in der Phase der Angebotsbearbeitung (Angebotskalkulation) als auch während der Auftragsbearbeitung (Projektbegleitende Kalkulation) benötigt. Für die Angebotskalkulation lassen sich unter Berücksichtigung von externen und internen Einflussgrößen nachfolgende externe und interne Anforderungen ableiten (Tabelle 2-2).

Tabelle 2-2: Externe und interne Anforderungen an die Angebotskalkulation

Externe Anforderungen	Interne Anforderungen
• Kurze Reaktionszeiten auf Kundenanfragen • Hohe Detailliertheit der Kostenaufschlüsselung zur Schaffung von Vergleichsgrundlagen • Bewertung von Lebenszykluskosten • Einhaltung von Termin-/Leistungs-/Preisabsprachen	• Verursachungsgerechte Kostenzurechnung • Differenzierte Kostenzurechnung • Berücksichtigung zeitdynamischer Größen • Geringer Ressourcenverbrauch • Hohe Transparenz/Reproduzierbarkeit • Wiederverwendbarkeit der Ergebnisse • Bewertung von Konzeptalternativen

Aus der Gegenüberstellung externer und interner Anforderungen an die Angebotskalkulation geht hervor, dass ein Zielkonflikt zwischen verursachungsgerechter Kostenzurechnung – genaue und verursachungsgerechte Zurechnung von Einzel- und Gemeinkosten – Differenzierung nach Kostenarten und/oder Bestandteilen und hoher Geschwindigkeit bei gleichzeitig geringem Ressourceneinsatz besteht. Daraus und in Verbindung mit kundenabhängigen Auftragswahrscheinlichkeiten und verfügbaren Informationen, resultiert ein Bedarf nach einem kontextbezogenen und flexiblen Einsatz von Kalkulationsverfahren. Eine detaillierte Kalkulation ist aufgrund der geringen Auftragswahrscheinlichkeiten (ca. 5-10 % im WuF) ohne IT-Unterstützung nicht wirtschaftlich. Des Weiteren werden Anforderungen an die

Berücksichtigung zeitdynamischer Größen gestellt, damit z. B. hohe Preisschwankungen beim Rohmaterial in der Angebotspreisbildung berücksichtigt werden. Ferner sind für eine kostenorientierte Produktentwicklung eine frühzeitige Bewertung von Konzeptalternativen sowie die Festlegung von Kostenzielen erforderlich. Mit einer hohen Wiederverwendbarkeit, Transparenz und Reproduzierbarkeit der Ergebnisse soll gewährleistet werden, dass Kalkulationsergebnisse in nachgelagerten Prozessen (z. B. Konstruktion, Arbeitsplanung, Kostenkontrolle) und Projekten weiter genutzt werden können.

In Bezug auf die Anforderungen an eine *projektbegleitende Kostenplanung* dominieren unternehmensinterne Interessen. Zusätzlich zu den für die Angebotskalkulation abgeleiteten Anforderungen verursachungsgerechte und differenzierte Kostenzurechnung, geringer Ressourcenverbrauch sowie Durchgängigkeit und hohe Transparenz/Reproduzierbarkeit werden nachfolgende Anforderungen an eine Projektbegleitende Kalkulation abgeleitet:

- Frühzeitiger Einsatz im Produktentstehungsprozess,

- Zugriff und Nutzung von aktuellen Ist- und Plan-Daten,

- Bewertung von Gestaltungsalternativen,

- Positive Verhaltensbeeinflussung zum kostengünstigen Konstruieren und

- Nutzbarkeit der Kalkulationsergebnisse zur Kostenkontrolle.

Zur Kontrolle der Einhaltung von Kostenzielen werden nachfolgende Anforderungen an die *Kostenkontrolle* gestellt:

- Frühzeitige Erkennung von Kostenabweichungen,

- Verständliche, anwender- und entscheidungsorientierte Informationsaufbereitung,

- Ermittlung Ursache-Wirkungsbeziehungen von Kostenabweichungen,

- Kontrolle der Umsetzung und Wirkung von Kostensenkungsmaßnahmen,

- Nachnutzbarkeit der Ergebnisse für die Ableitung von Best-Practises und der Generierung von Lerneffekten,

- Aktuelle und schnelle Verfügbarkeit der Ergebnisse,

- Zuverlässigkeit der Datenermittlung, -bereitstellung und -dokumentation,

- Geringer Ressourcenverbrauch.

Gemäß dem führungstheoretischen Verständnis von HUNGENBERG ist *Kostensteuerung* die Verknüpfung von Planung und Realisation [Hung11]. Die daraus für die Konzeption des Produktkostenmanagements in der Auftragsfertigung abgeleiteten Anforderungen sind:

- Ableitung von Maßnahmen zur Zielkosteneinhaltung,

- Zuordnung der Maßnahmen zu „Aufgabenträger" und

- Organisation der Maßnahmenabwicklung.

Auf Grundlage der genannten Anforderungen an die Produktkostenmanagementaktivitäten in der Auftragsfertigung wird in den nächsten beiden Abschnitten erörtert, welche Methoden und Instrumente aus dem Bereich der CAD-Technologien für eine entwicklungsbegleitende Kalkulation in der Auftragsfertigung genutzt werden können.

2.3 CAD-Technologien

2.3.1 Relevanz und Abgrenzung

Um eine frühzeitige Abschätzung von Produktkosten auf Basis aktueller Ist- und Plan-Daten zu erreichen und gleichzeitig der hohen Kostenbeeinflussungsmöglichkeiten in der Konstruktionsphase Rechnung zu tragen ist ein Rückgriff auf die geometrischen und technologischen Produkteigenschaften aus dem im Konstruktionsprozess erzeugten Produktdaten zweckmäßig. *CAD-Technologien* unterstützen dabei die Konstruktionsprozesse Produktmodellierung (Dimensionierung, Entwurf, Gestaltung, Zeichnungserstellung) sowie Berechnung und Simulation [Haas95], [StHa05]. Die Produktmodellierung erfolgt mit CAD-Systemen; sie stellen aktuell die am meiste ausgereifte Technologie im Produktentwicklungsprozess dar [Haas95]. In der Auftragsfertigung ist dieser i. d. R. durch eine durchgängige Nutzung von CAD-Daten in Konstruktion, Arbeitsplanung und NC-Programmierung charakterisiert. Eine konstruktionsbegleitende Kalkulation auf Basis von CAD-Daten findet in der AEF dagegen aufgrund fehlender, geeigneter IT-Systeme selten statt. Die dazu in der Literatur entwickelten Kostenprognosemodelle stützen sich vorwiegend auf featurebasierte, parametrisch-assoziative CAD-Modelle (siehe Abschnitt 2.4.4). Daher werden nachfolgend Geometriemodelle, Features und parametrisch-assoziative CAD-Modelle erläutert sowie ein kurzer Marktüberblick zu aktuellen CAD-Systemen gegeben.

2.3.2 Geometriemodelle in CAD-Systemen

Wesentliches Merkmal zur Klassifizierung von CAD-Systemen ist das ihnen zugrundeliegende rechnerinterne Geometriemodell. HAASIS klassifiziert diese nach der Klasse der zu repräsentierenden Geometrieelemente, der Dimensionalität (Punkt, Linie, Fläche, Volumen) und der mathematischen Beschreibung in 2D-und 3D-Linienmodelle, 3D-Flächen- und 3D-Volumenmodelle sowie weiterführend in Produkt- und Feature-Modelle [Haas95].

2D-Linienmodelle nutzen die geometrischen Basiselemente Punkt, Linie, Kreisbogen und Spline (stückweise polynomiale Funktion) sowie geometrische Operationen, wie das Rotieren, Duplizieren oder Spiegeln bereits erstellter Linienzüge zur zweidimensionalen Darstellung von geometrischen Körpern [Haas95]. Im Gegensatz dazu können in *3D-Linienmodellen* sämtliche Linien eine zusätzliche Dimension aufspannen, so dass ein Drahtmodell entsteht. Damit sind numerisch berechenbare Raumkurven, sog. 3D-Splines, verfügbar [Haas95].

Im *3D-Flächenmodell* erweitert sich die Palette an geometrischen Elementen um analytisch berechenbare Grundflächen (z. B. Kegel-, Kugelflächen), analytisch berechenbare Profilflächen (z. B. Translations- und Trajektionsflächen) und sog. Regel- und Freiformflächen (z. B. Spline-Flächen) [Haas95]. Freiformflächen sind Flächen, die in zwei voneinander unabhängigen Richtungen eine nicht konstante Krümmung aufweisen [Stie98]. Sie werden besonders häufig bei der Konstruktion von Wirkflächen im WuF verwendet, um die konturgebenden Wirkzonen eines FHM geometrisch zu beschreiben.

Im *3D-Volumenmodell* werden geometrische Produktmerkmale [Haas95] inklusive der Materialrichtung vollständig erfasst. So sind Daten für z. B. FEM-Analysen, Kollisionsbetrachtungen oder NC-Programmierung verfügbar [Roth90].

Aktuell ist die digitale Konstruktion standardmäßig auf die Verwendung von NURBS ausgerichtet [AbDe08], [CMP10]. NURBS (Non Uniform Rational Basic-Splines) sind derzeitig die am weitesten entwickelte polynominale Beschreibung von CAD-Modellen. Durch die Aneinanderreihung von unendlich nah beieinanderliegenden NURBS ist eine exakte Abbildung von Freiformflächen realisierbar [KoLe11], [Salo06]. Wie in Tabelle 2-3 dargestellt, wird aus Stützpunkten ein Knotennetz generiert, welches durch zwei Richtungsvektoren beschrieben (hier: u und v) wird [HeMö08].

Tabelle 2-3: Erzeugung von Freiformflächen mittels NURBS[5]

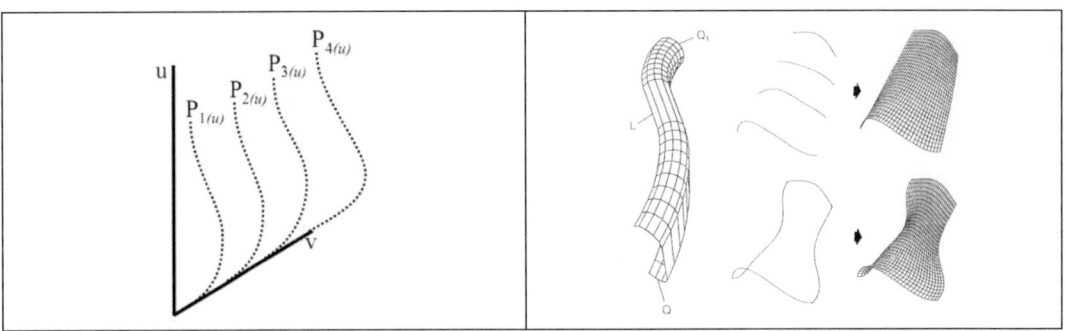

Produktmodell

Ein Produktmodell ist eine rechnerinterne Darstellung sämtlicher relevanter Informationen über ein Produkt. Dazu gehören neben den geometrischen Daten aus der Modellierung auch technisch-funktionale, technologische und baustrukturelle Informationen [FeGr13]. Die Abbildung der Informationsinhalte erfolgt häufig über Partialmodelle, die jeweils aufgabenbezogene Sichten auf das Produkt darstellen (z. B. Funktions-, Geometrie-, Fertigungsmodell etc.) [Haas95]. Die Erstellung von Produkt- bzw. Partialmodellen wird durch den Einsatz der Feature-Technologie unterstützt [VDI 03].

Featuremodell

Unter einem *Featuremodell* wird im Allgemeinen eine Beschreibung eines Objektes verstanden, welches zusätzlich zu den geometrischen Informationen nicht geometrische (semantische) Elemente – sog Features, zu dt. Formelemente – im Produktmodell verankert [Haas95], [Webe96]. Mit dem Einsatz von Features sollen u. a. eine Externalisierung von impliziten Funktions- und Technologiewissen, Verbesserungen des Informationsaustausches zwischen den IT-Systemen und Anwendern entlang des Produktlebenszyklus sowie Durchlaufzeitverkürzungen erreicht werden [Webe96]. Das heutige, weiter gefasste Begriffsverständnis definiert Features als eine Aggregation von funktions- oder technologie-/fertigungsbezogenen Eigenschaften eines Produktes [Webe96]. Die Beschreibung enthält die relevanten Eigenschaften, einschließlich ihrer Attributwerte und ihrer Beziehungen. Sie lassen sich grundsätzlich in Form- und Semantische-Features unterscheiden [WeKr99].

Form-Features sind gruppierte Geometrieelemente, die gemeinsam erzeugt, gespeichert, geändert und gelöscht werden [VDI 03]. Sie kommen insbesondere bei häufig

---

[5] Quelle Bild rechts: [VWSS94]

wiederkehrenden Geometrien (z. B. Langlöcher oder abgesetzte Bohrungen) zum Einsatz und enthalten geometrische Attribute, wie z. B. Oberflächenrauheiten und Toleranzen [WeKr99].

Die Semantischen-Features sind i. d. R. mit Form-Features verbundene Informationseinheiten, die Attribute aus einer Eigenschaftsklasse in Abhängigkeit der betrachteten Produktlebenszyklusphase(n) enthalten [VDI 03]. Damit wirken sie als Integrationsobjekte zwischen den Phasen der Produktentwicklung; d. h. ein Form-Feature wird durch relevante Informationen aus einer Sicht (z. B. Fertigungssicht) angereichert.

Die Nutzung von Features erfolgt entweder durch manuelle oder automatische Feature-Identifikation, durch feature-basiertes Modellieren oder durch eine sog. Feature-Definition.

Bei der *manuellen Feature-Identifikation* werden ausgewählte/selektierte Geometrieelemente im CAD-Modell zu einem Feature gruppiert. Bei der *automatischen Feature-Identifikation* erfolgt die Gruppierung automatisiert durch den Abgleich mit geometrischen Feature-Mustervorlagen. Problematisch sind hierbei u. a. eine meist unvollständige Repräsentation und Abbildung von Beziehungen und Bedingungen der Geometrieelemente [Haas95] sowie die konsistente Erkennung von versteckten Features (z. B. Hinterschnitte, Verschneidungen etc.) und (Frei-)Form-Features. Daher ist die automatische Feature-Erkennung meist nur bei einfachen Geometrien, wie z. B. rotationssymmetrische oder prismatische Körper möglich [Haas95]. Fertigungstechnologische Attribute, wie z. B. Werkzeugweg, Werkzeugwahl, Schnittbedingungen etc., müssen in beiden Fällen manuell ergänzt werden [Haas95].

Beim *feature-basierten Modellieren* erfolgt dagegen eine Beschreibung des Produkts mit Hilfe von bereitgestellten Features aus einer Feature-Bibliothek. Bild 2-4 zeigt beispielhaft einen Ausschnitt aus einer Feature-Bibliothek für Bohr- und Fräsbearbeitungen. Ist ein entsprechendes Feature aus der Feature-Bibliothek ausgewählt, erfolgt anschließend die Skalierung und Lagebestimmung des Features sowie die Auswahl von Betriebsmitteln, Werkzeugen, Aufspannungen, Vorrichtungen etc. [Haas95].

Im Rahmen der *Feature-Definition* legt der Konstrukteur eigene neue Features fest. Dazu werden zunächst die Abhängigkeiten zwischen den Geometrieelementen und den dazugehörigen geometrischen Parametern definiert und als Form-Feature gruppiert. Anschließend erfolgt das Hinzufügen von semantischen Informationen [Haas95].

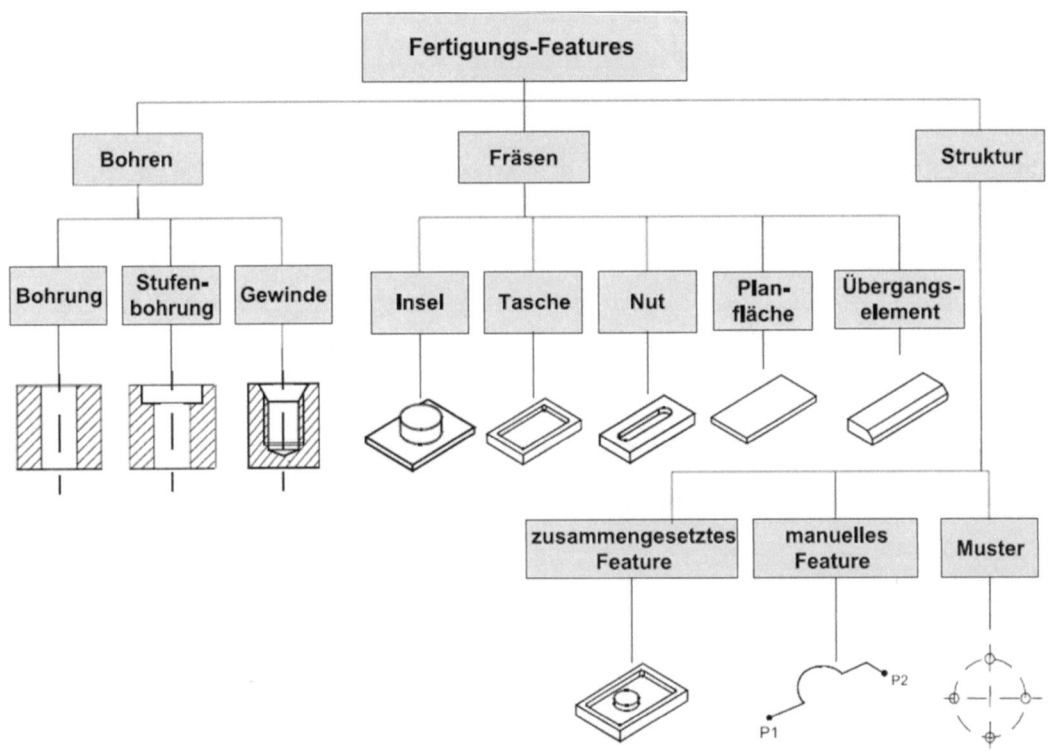

Bild 2-4: Übersicht Fertigungsfeatures für die Bohr- und Fräsbearbeitung[6]

Voraussetzung für die Verwendung von Features sind parametrisch-assoziative CAD-Systeme. Diese kommen im Rahmen des Knowledge based Engineering zur Anwendung.

2.3.3 Knowledge based Engineering

Unter dem Begriff *Knowledge based Engineering* (KBE) sind wissensbasierte Methoden und Werkzeuge zusammengefasst. Durch Integration von Fachwissen, Regeln und Prozessabläufe in Verbindung mit dem Einsatz von Rechentechnik wird eine Automatisierung von nicht kreativen, repetitiven Aufgaben innerhalb des Produktentwicklungsprozesses angestrebt. Hauptanwendungsgebiete sind Konfiguratoren und *parametrisch-assoziative Konstruktionsvorlagen* im Maschinen- und Anlagenbau sowie im Bereich Automotive. [WMKL12]

---

[6] Quelle: [VDI 03]

In Hinsicht auf die Automatisierung der Arbeitsplanung existieren zahlreiche wissenschaftliche Arbeiten: [Jurk04], [GBD09], [KWN09], [Wink12]. Diese basieren häufig auf softwaregestützten Prototypen bzw. Zusatzmodulen für CAD-Systeme. Haupthindernisse einer breiten Anwendung in der Industrie sind die hohe Spezifik einer automatisierten Extraktion fertigungsrelevanter Merkmale aus der Bauteilgeometrie, die unzureichende Abbildung von Freiformflächen sowie der hohe Aufwand zur Erstellung einer unternehmensspezifischen Wissensbasis [WMKL12]. Daher ist die Anwendung der am Markt bestehenden Systeme bisher auf einfache Teile mit hohem Wiederholcharakter begrenzt.

In der Praxis werden zur Prozessbeschleunigung in der Konstruktion vielmals selbst entwickelte parametrisch-assoziative CAD-Modelle genutzt; das bedeutet, dass Änderungen eines Parameters in einer konstruierten Komponente oder in einem generischen (Skelett-/Entwurfs-)Modell(s) sich auf alle mit dieser Komponente verknüpften bzw. referenzierten Elemente (Objekte, Parameter) übertragen lassen [VBHW09]. Durch Wiederverwendung von generischen Skelettmodellen auf Produkt-, Baugruppen- und/oder Komponentenebene sowie einer direkten Steuerbarkeit (z. B. über MS Excel) von Parametern für die Skalierung der Geometrien und Beziehungen ist eine erhebliche Steigerung der Effizienz insbesondere bei Varianten- und Anpassungskonstruktion möglich [Braß08], [AdeQ10]. Ein weiterer Vorteil besteht in der Senkung der Fehleranfälligkeit, da Inkonsistenzen in der Produkterstellung durch einen parametrisch-assoziativen Modellaufbau weitestgehend vermieden werden.

Grundlage der parametrisch-assoziativen Modellierung ist das Top-Down-Prinzip: Dabei erfolgt eine hierarchische Konstruktion beginnend mit dem Produkt, den Haupt- und Unterbaugruppen bis zu den einzelnen Komponenten und Geometrieelementen auf der untersten Ebene. Die Beziehungen zwischen den Komponenten werden mit Hilfe von parametergesteuerten Referenzen zu Ebenen, Achsen, Punkten, Skizzen und Flächen in einem Skelettmodell beschrieben. Für die weitere Verwendung der Konstruktionsdaten in der sich anschließenden Arbeitsplanung und NC-Programmierung sind den Komponenten zusätzlich semantische Informationen, wie z. B. Arbeitsfolgen (als NC-Schablonen), Werkstoffangaben, Bezeichnungsvorgaben etc. zugeordnet. Skelettmodelle stellen damit eine parametrisierte Konstruktionsvorlage bzw. ein Template dar. Damit lassen sich mit wenigen Eingabeparametern komplexe Produkte, u. a. auch Basiswerkzeuge für FHM (siehe Anlage 3), inklusive der zugeordneten semantischen Informationen modellieren.

2.3.4 Marktübersicht zu CAD-Systemen

Aktuelle CAD-Anwendungssysteme ermöglichen i. d. R. eine dreidimensionale, parametergestützte Modellierung von Bauteilen und Baugruppen sowie die Durchführung von komplexen Berechnungen (Festigkeit) und Simulationen (z. B. DMU) [VaWe06]. Etwa die Hälfte von ihnen unterstützen die Feature-Technologie [FFG02]. 2D-Systeme werden heute fast ausschließlich nur noch für die reine Zeichnungserstellung eingesetzt.

Aktuelle Entwicklungstrends gehen in Richtung automatisierter bzw. teilautomatisierter Konstruktion, Fertigungsplanung, NC-Programmierung, Kalkulation, Materialwirtschaft [StHa05]. Zudem wird eine vertikale Integration in übergeordnete PLM-Anwendungssysteme (z. B. PDM) angestrebt. Zu den führenden Anbietern von CAD-Systemen zählen u. a. Dassault Systèmes (*CATIA*), PTC (*CREO*), Siemens PLM Software (*NX*) und Autodesk (*Iventor*) [Moel14]; die genannten Systeme unterstützen alle einen parametrisch-assoziativen Modellaufbau.

2.4 Kostenmanagement

2.4.1 Begriffe und Instrumente des Kostenmanagements

Unabhängig von der Objektklasse Produkt und dessen organisatorisches Aggregat „Projekt" liegt dem Management von Produkt- und Projektkosten der Begriff des *Kostenmanagements* zugrunde. Bevor auf den Begriff des Kostenmanagements näher eingegangen wird, erfolgt zunächst ein kurzer Exkurs zum Kostenbegriff.

Beim Begriff *Kosten* wird in der Literatur grundsätzlich zwischen einem wertmäßigen, pagatorischen und entscheidungsorientierten Kostenbegriff unterschieden. Der *wertmäßige Kostenbegriff* nach SCHMALENBACH und KOSIOL ist definiert als in Geld bewerteter, sachzielbezogener Güterverzehr zur betrieblichen Leistungserstellung [Schm48], [Kosi58]. Ferner können Kosten angesetzt werden, die nicht zwangsläufig zu Auszahlungen führen [Götz10]. Demgegenüber entstehen beim *pagatorischen Kostenbegriff* Kosten erst durch zahlungswirksame Güterverbräuche [ScKü11]; beim *entscheidungsorientierten Kostenbegriff* entstehen sie durch die Entscheidung über ein Kalkulationsobjekt und den damit ausgelösten, zusätzlichen Auszahlungen [Humm93]. Aufgrund dessen, dass der wertmäßige Kostenbegriff in der Literatur und Praxis am häufigsten Anwendung findet und den angestrebten Kalkulationszielen am nächsten kommt, wird dieser nachfolgend zugrunde gelegt.

In Abhängigkeit von Sicht und Zweck existieren in der Literatur zum Begriff des *Kostenmanagements* zahlreiche Definitionen: Nach DELLMANN und FRANZ ist unter Kostenmanagement die Gesamtheit aller Steuerungsmaßnahmen, die der frühzeitigen und antizipativen Beeinflussung der Kostenstruktur, Kostenverlaufs und des Kostenniveaus dienen, zu verstehen [DeFr94]. FRIEDL erweitert die Definition um Verhaltensaspekte, ohne auf konkrete Gestaltungsfelder der Kosten einzugehen: „...Kostenmanagement ist eine auf die wirtschaftliche Effizienz ausgerichtete Verhaltensbeeinflussung von Entscheidungs- und Aufgabenträgern" [Frie09]. Diesen Definitionen folgend, kommt dem Kostenmanagement primär die Aufgabe der Gestaltung von Struktur, Niveau und Verlauf der Kosten zu; ihm können kostenbezogene Planungs-, Kontroll-, Informations-, Organisations-, Personalführungs- und Controllingaufgaben zugeordnet werden [Götz10]. Demgemäß obliegt dem Produktkostenmanagement die Gestaltung der produktbezogenen Kosten [GLK12]. Da diese maßgeblich durch die Produkt- und Fertigungscharakteristika bestimmt werden, besteht ein enger Zusammenhang zum Produktmanagement; beide zielen darauf ab, marktgerechte Produkte zu entwickeln und herzustellen [Hein95]. Darüber hinaus haben u. a. ein verstärkter Wettbewerb sowie eine steigende Vielfalt und Komplexität in Produkten und Prozessen dazu geführt, dass über die traditionelle Kostenrechnung hinausgehende Kostenmanagementinstrumente benötigt werden [Götz10]. Dazu gehören u. a. das Management von Gemein-, Fix-, Prozess-, Qualitäts- und Umweltkosten sowie eine kostenbewusste Verhaltenssteuerung von Entscheidungsträgern in frühen Phasen des Produktlebenszyklus [Günt97], [Götz10].

Kostenmanagementinstrumente werden dazu eingesetzt, Entscheidungen über kostenbeeinflussende Maßnahmen zur Erfüllung der Kostenmanagementaufgaben anzuregen und zu unterstützen [BCP11]. Die Entscheidungsunterstützung erfolgt entweder direkt über die Bereitstellung von Kosteninformationen oder durch Strukturierung von Abläufen. Bild 2-5 gibt einen Überblick zu Instrumenten des Managements von Kostenniveau und -struktur.

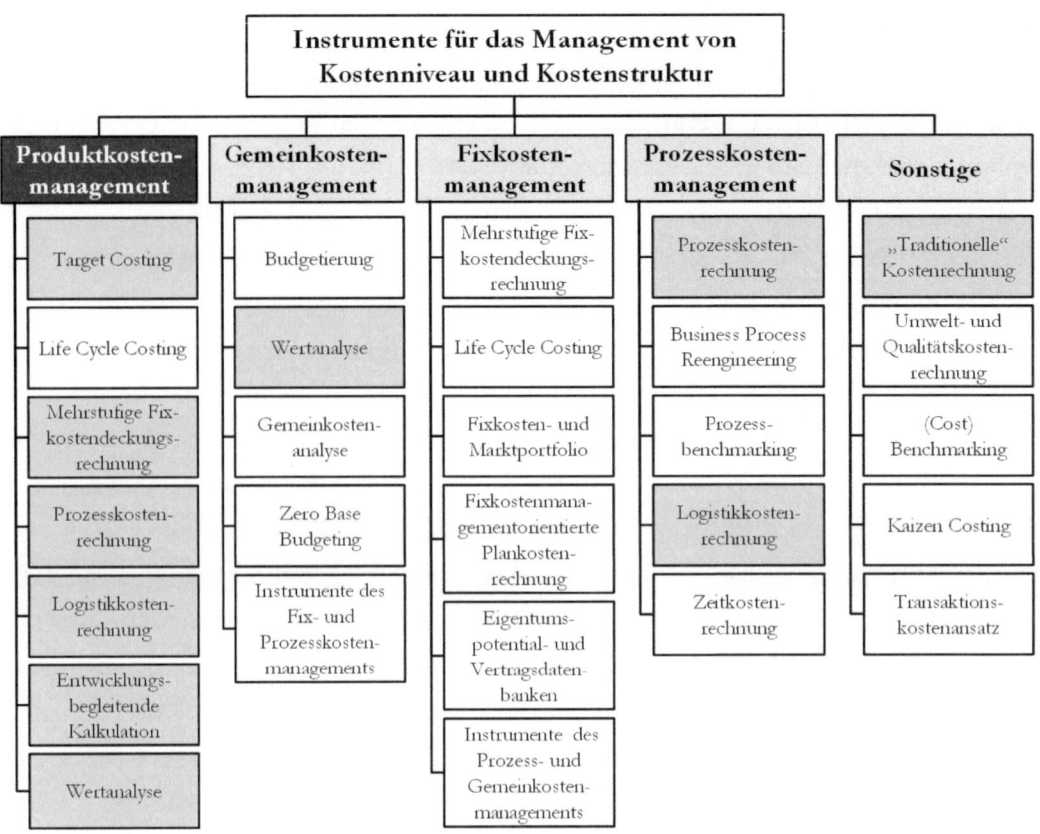

Bild 2-5: Instrumente für das Management von Kostenniveau und Kostenstruktur[7]

Für die vorliegende Problemstellung des Produktkostenmanagements in der Auftragsfertigung sind vor allem die dazugehörenden Instrumente des Produktkostenmanagements von Interesse. Das Life Cycle Costing wurde im Abschnitt 1.3 aus Gründen eingeschränkter Informationsverfügbarkeit abgegrenzt und wird bei vielen Kunden der AEF, insbesondere bei Kunden des WuF bisher als kaum entscheidungsrelevant angesehen, so dass dieses nachstehend nicht weiter betrachtet wird. Damit wird der Fokus der für die Arbeit relevanten Kostenmanagementinstrumente auf die farblich hervorgehobenen Instrumente Target Costing, Prozesskostenrechnung, Logistikkostenrechnung, entwicklungsbegleitende Kalkulation und Wertanalyse gelegt. Des Weiteren wird auf die „Traditionelle Kostenrechnung" zurückgegriffen, da diese die für die ausgewählten Instrumente benötigten Kosteninformationen erfasst, zurechnet und bereitstellt [Götz10].

---

[7] Quelle: leicht modifiziert übernommen aus [Götz10]

2.4.2 Kalkulationsarten

Die Kalkulation wird in der Literatur der Kostenträgerstückrechnung zugeordnet. Neben der Kostenträgerzeitrechnung gehört diese zur Kostenträgerrechnung. Diese bildet zusammen mit der Kostenstellenrechnung sowie der dieser vorgelagerten Kostenartenrechnung die drei Bereiche der Kostenrechnung ab [Götz10].

In der Kostenträgerstückrechnung (Kalkulation) werden die Kosten einzelner oder mehrerer Kostenträger üblicherweise als stück-, los- oder auftragsbezogene Herstellkosten und/oder Selbstkosten bestimmt [Götz10]. Dies dient zum einen der Vorbereitung von Entscheidungen, wie z. B. über das Produktionsprogramm, Eigen-oder Fremdfertigung, Absatz- bzw. Angebotspreise. Zum anderen wird im externen Rechnungswesen die Kalkulation zur Bewertung von Beständen genutzt [Kilg69]. Darüber hinaus ist in Verbindung mit der Kostenträgerzeitrechnung, die Erlöse und Kosten zur Ermittlung des Betriebsergebnisses für einen festgelegten, meist relativ kurzen Abrechnungszeitraum gegenüberstellt, u. a. eine Beurteilung der Ertragskraft der Kostenträger möglich [HuMä95], [ScKü11].

In Hinsicht auf die Differenzierung von Kalkulationsarten unterscheidet KNOBLACH Kalkulationen anhand der zur Verfügung stehenden Informationen und Genauigkeit in Angebots-, entwicklungsbegleitende, Vor-, Zwischen- und Nachkalkulation [Knob99]. HABERSTOCK, BRONNER und PLINKE differenzieren dagegen anhand des Zeitpunktes der Durchführung in Vor-, Zwischen- und Nachkalkulation [HaBr08], [Bron08], [PlRe06]. In Abhängigkeit des Zeitpunktes der Leistungserstellung unterteilt die DIN 32992 in Vor- und Zwischenkalkulation während sowie Nachkalkulation nach Leistungserstellung [DIN89].

Gegenüber den genannten Differenzierungsansätzen erfolgt an dieser Stelle eine davon abweichende Unterteilung, da sich in der Auftragsfertigung sowohl die zur Verfügung stehenden Informationen als auch die Anforderungen an die Kalkulation vom Serienfertiger unterscheiden. In der AEF wird die Vorkalkulation üblicherweise vor Leistungserstellung und nach erfolgter Arbeitsplanung durchgeführt [CFG09]. Zu diesem Zeitpunkt sind bereits alle Konstruktionstätigkeiten abgeschlossen und Informationen über den Fertigungsprozess und Betriebsmitteleinsatz bekannt. Da diese Informationen in Branchen wie der Bauindustrie, dem Sondermaschinenbau oder dem WuF bei Angebotsabgabe nicht ausreichend konkretisiert sind, ist entgegen der Einteilung nach BRONNER ET AL. [Bron08] eine Unterteilung der Vorkalkulation in *Angebotskalkulation* und *entwicklungsbegleitende Kalkulation* (EBK) zweckmäßig. Aufgrund des Projektcharakters in der Auftragsabwicklung ist ferner eine *Projektbegleitende Kalkulation* (PBK) sinnvoll, die sowohl die EBK als auch die Zwischen- und

Nachkalkulation umfasst. In Bild 2-6 sind die ausgewählten Kalkulationsarten anhand des Kalkulationszeitpunktes in der Wertschöpfungsprozesskette eines Auftragsfertigers sowohl den grundlegenden Entscheidungsprozessen Planung, Realisierung und Kontrolle als auch den relevanten Kerngeschäftsprozessen zugeordnet. Die Abgrenzung erfolgt nach dem Kalkulationszeitpunkt. Die sich daraus ergebenden Kalkulationsarten und dabei zum Einsatz kommenden Kalkulationsverfahren (siehe 2.4.3) werden nachstehend kurz erläutert.

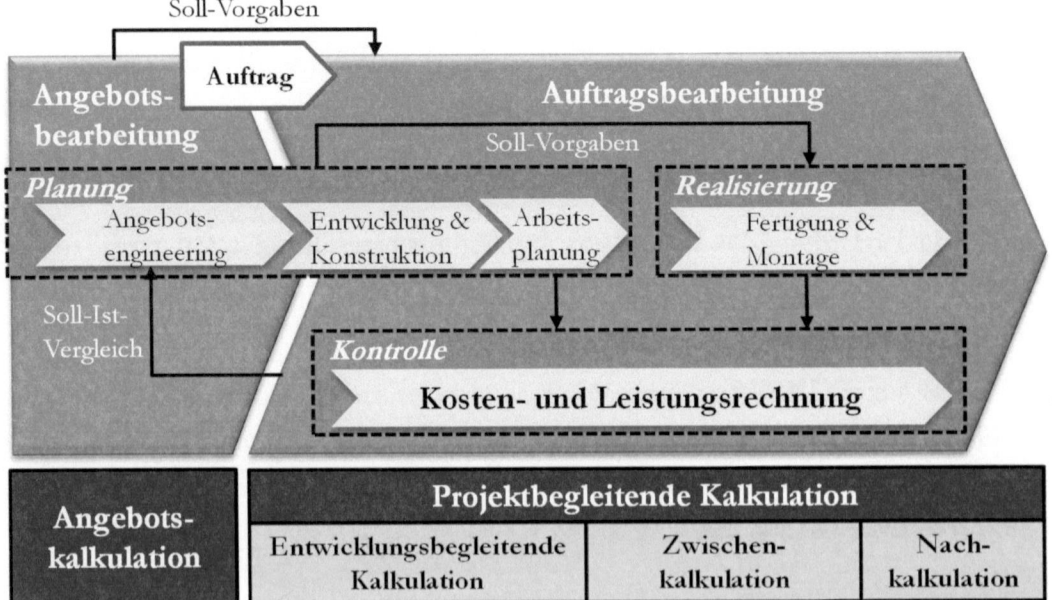

Bild 2-6: Abgrenzung der Kalkulationsarten nach dem Kalkulationszeitpunkt[8]

Die *Angebotskalkulation* erfolgt im Rahmen der Angebotsbearbeitung und zielt auf die Ermittlung von Herstell- und Selbst(plan-)kosten sowie der Preisfindung (interne Preisvorstellung) bei der Angebotsabgabe ab. Sie ist neben der Markt- bzw. Preisstrategie des Unternehmens eine determinierende Entscheidungsgrundlage für die Preisbildung [Kümp96]. Eine Übersicht von Methoden sowie Empfehlungen zur Preisbestimmung und Preisargumentation können bei WESTEKEMPER [West02] detailliert nachvollzogen werden.

In der gängigen Literatur wird die *entwicklungsbegleitende Kalkulation* häufig mit der konstruktionsbegleitenden Kalkulation (KBK) gleichgesetzt. Die (Produkt-)Entwicklung umfasst nach FELDHUSEN ET AL. [FeGr13] alle Aufgaben von der Ideenfindung bis zur Fertigstellung der Fertigungsunterlagen, so dass die EBK im vorliegenden Kontext sowohl die Angebotskalkulation als auch die Konstruktion und Arbeitsplanung

---

[8] Quelle: In Anlehnung an [Schü11]

unterstützt. Damit ist die KBK als Untermenge der EBK anzusehen. Sie erfolgt während der Konstruktion. Ziele sind u. a. eine frühzeitige wirtschaftliche Bewertung von Lösungsalternativen [Bron93], [HGS97], Überprüfung der Erreichung von Kostenzielen, Unterstützung von Make-or-Buy-Entscheidungen sowie Identifizierung von Kostenschwerpunkten/-treibern im Sinne der Gestaltung von Kostenniveau und -struktur. Damit soll der hohen Beeinflussbarkeit der Selbstkosten und der Lebenszykluskosten in der Konstruktionsphase Rechnung getragen und das Kostenbewusstsein der Konstrukteure gesteigert werden [EKLM14]. Zusammenfassend werden nachfolgend unter der entwicklungsbegleitenden Kalkulation sämtliche Kalkulationsaktivitäten im Rahmen der Konstruktion und Arbeitsplanung subsumiert.

Die *Zwischenkalkulation* – häufig „mitlaufende Kalkulation" genannt – dient im Rahmen des Kostenmanagements prinzipiell der Unterstützung von sowohl Bilanzierungs- und Finanzierungsaufgaben als auch von Planungs- und Kontrollaufgaben [CFG09]. Sie kommen üblicherweise bei Kostenträgern mit langer Produktionsdauer, wie z. B. bei Maschinen, Anlagen, Bauprojekte zur Ermittlung von Kostenabweichungen und Kostentreibern zum Einsatz [Bron08], [CFG09]. Entsprechend der zeitlichen Abgrenzung aus Bild 2-6 schließt die Zwischenkalkulation an die EBK an und umfasst alle Kalkulationsaktivitäten im Rahmen der Realisierungsphase. Sie berücksichtigt dabei Planzeiten aus der Arbeitsplanung, Ist-Kosten und Ist-Prozesszeiten aus der Planungs- und Realisierungsphase.

Die *Nachkalkulation* setzt gemäß HABERSTOCK und DIN 32992 nach Abschluss der Realisierungsphase bzw. Leistungserstellung ein [HaBr08], [DIN89]. Sie zeigt in Form einer Ist-Kostenrechnung unter Verwendung von Ist-Kosten und Ist-Prozesszeiten die tatsächlich durch einen oder mehrere Kostenträger verursachten Kosten auf [CFG09]. Damit unterstützt sie Planungsaufgaben, indem Ist-Kosten und Ist-Prozesszeiten bereits abgeschlossener Fertigungsprozesse zur Prognose zukünftig erwarteter Kosten und Leistungen verwendet werden können [Webe03], [KSSH08], [PlRe06].

2.4.3 Kalkulationsverfahren

2.4.3.1. Systematisierung der Kalkulationsverfahren

In der gängigen Literatur existieren zahlreiche Ansätze und Modelle zur Systematisierung der Kalkulationsverfahren: [VDI 87], [DIN89], [Brun95], [Eitr96], [HGS97], [Schu98], [Kajü00], [Reis01], [NDBS06], [HoMö07], [Fisc08], [SBG09], [Götz10], [Schü11]. Sie unterscheiden sich zum Teil erheblich in der jeweiligen Auffassung des Autors, wie z. B. die Auslegung der Begrifflichkeiten „quantitative und qualitative

Verfahren" und auf den vom Autor verfolgten Zweck. Beispielsweise schlagen FI-SCHER ET AL. für Verfahren der konstruktionsbegleitenden Kalkulation eine Kategorisierung nach den Kriterien Bezugsbasis, Anzahl der Einflussgrößen sowie Art der zu berücksichtigenden Eigenschaften vor [FKSH93]. Beispielweise klassifiziert REISCHL die rechnergestützten Verfahren der entwicklungsbegleitenden Kalkulation hinsichtlich des Kalkulationsziels [Reis01]. NIAZI strebt dagegen eine Systematisierung von Kalkulationsverfahren anhand ihrer Merkmale und Kalkulationsobjekte (Produkte) an [NDBS06].

Aus den genannten Ansätzen zur Systematisierung von Kalkulationsverfahren wird deutlich, dass eine allgemeingültige und umfassende Systematisierung aller Kalkulationsverfahren bisher in der Wissenschaft nicht vorliegt. Für den gewählten Untersuchungsbereich erfolgt daher eine an FISCHER [Fisc08], SCHÜRMEYER [Schü11] und FISCHER ET AL. [FKSH93] angelehnte Systematisierung der Kalkulationsverfahren, da sich diese sowohl im Ziel als auch im Anwendungsbereich mit den Zielen der vorliegenden Arbeit deckt. Die gewählte Systematisierung unterscheidet demnach grundsätzlich zwischen qualitativen und quantitativen Verfahren.

Qualitative Kalkulationsverfahren liefern Tendenzaussagen zu Kostenwirkungen von Entscheidungen [Reis01]. Zu Ihnen gehören u. a. die Heuristischen Regeln, die auf Grundlagen von Erfahrungswissen Zusammenhänge zwischen zu erwartenden Kosten und Produktmerkmalen darstellen [Scho98], Kostenstrukturen, Grenzstückzahlen und Gut-/Schlechtbeispiele. Dagegen schließen *Quantitative Kalkulationsverfahren* von Produktmerkmalen eines Kalkulationsobjekts auf quantitative Kostenaussagen und unterstützen damit die monetäre Bewertung alternativer, z. B. konstruktiver Entscheidungen [HGS97].

In Anlehnung an die von SCHÜRMEYER [Schü11] modifizierte international übliche Einteilung sowie der Einteilung nach FISCHER [Fisc08] nach der Verwendung von Vergangenheitsdaten erfolgt eine Systematisierung der Kalkulationsverfahren in Expertenschätzung, parametrische, analoge und analytische Verfahren. Die parametrischen und analogen Verfahren decken dabei einen Großteil der sog. Kurzkalkulationsverfahren (vereinfachte Methoden zur Kostenermittlung [DIN89]) ab. Bild 2-7 zeigt die gewählte Systematisierung von relevanten Kalkulationsverfahren, deren Einordnung in Bezug auf die Nutzung von Vergangenheitsdaten sowie deren Bewertung hinsichtlich der Kalkulationsgenauigkeit und des Kalkulationsaufwands. Im Anschluss daran werden zunächst die den im Bild 2-7 dargestellten Kalkulationsverfahren zugrundeliegenden Kostenträgerrechnungsverfahren erläutert.

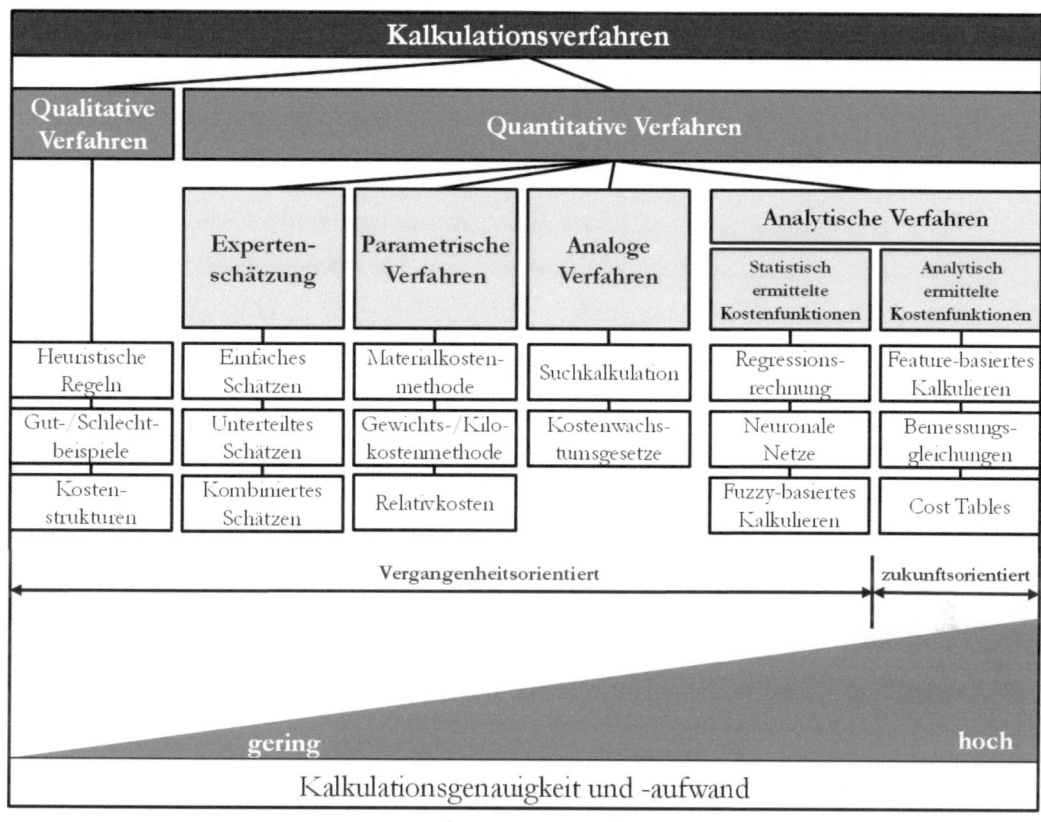

Bild 2-7: Systematisierung der Kalkulationsverfahren[9]

2.4.3.2. Kostenträgerrechnungsverfahren

Kostenträgerrechnungsverfahren (KTRV) sind planmäßige Vorgehensweisen zur Kalkulation eines oder mehrerer Kostenträger. In Hinsicht auf die Kostenzurechnung werden sie nach Voll- und Teilkostenrechnung unterschieden [CFG09]. Wohingegen bei der *Teilkostenrechnung* zumeist nur variable Kostenanteile dem Kostenträger zugerechnet werden, erfolgt bei der *Vollkostenrechnung* die Zurechnung aller erfassten Kosten. Ein weiteres Unterscheidungsmerkmal ist die Verteilung von Einzel- und Gemeinkosten. Einzelkosten können ausgehend vom Verursachungsprinzip (Kostenzurechnung auf den sie einwirkenden Einflussgrößen) oder Identitätsprinzip (Kostenzurechnung, wenn eine Entscheidung die Existenz und die Kosten auslöst) einem Bezugsobjekt (z. B. Produkt, Kostenstelle, Prozess) direkt zugerechnet werden [Götz10], [ScKü11]. Dies ist bei Gemeinkosten nicht möglich; die Verteilung der Gemeinkosten erfolgt vielfach unter Anwendung des Proportionalitätsprinzips (Gemeinkostenverteilung proportional zu bestimmten Bezugsobjekten oder Maßgrößen) [ScKü11]. Alternativ kommt das Durchschnittsprinzip (Gemeinkostenverteilung als Durchschnittsgröße auf alle Bezugsobjekte) oder das Tragfähigkeitsprinzip

---

[9] Quelle: In Anlehnung an [FKSH93], [Fisc08], [Schü11].

(Kostenzurechnung auf Bezugsobjekte in Abhängigkeit ihrer Tragfähigkeit) zur Anwendung [Götz10], [ScKü11]. Im Folgenden werden die in der Auftragseinzelfertigung weit verbreiteten KRTV auf Basis von Vollkosten erläutert. Zu weiteren Verfahren siehe [Götz10] und [CFG09].

Die *Divisionskalkulation* gehört zu den KRTV, bei denen keine Differenzierung der Kostenzurechnung nach Kostenarten und der Art der Zurechenbarkeit von Einzel und Gemeinkosten stattfindet. Sie lässt sich grundsätzlich in ein- oder mehrstufige Divisionskalkulation unterteilen. In der einstufigen Divisionskalkulation werden alle in einer Periode angefallenen Kosten proportional zur hergestellten Menge auf die Kostenträger verteilt (Durchschnittsprinzip). Die mehrstufige Divisionskalkulation bewertet dagegen Herstellkosten auf unterschiedlichen Fertigungsstufen (Durchwälzmethode). Eine verursachungsgemäße Verteilung der Kosten ist nur dann gegeben, wenn das Unternehmen ein homogenes Produkt herstellt und keine Lagerung von Halb- und Fertigfabrikaten aufweist. [CFG09], [Götz10]

Im Gegensatz zur Divisionskalkulation erfolgt bei der *Zuschlagskalkulation* eine getrennte Betrachtung und Zurechnung von Einzel-, Sondereinzel- und Gemeinkosten [CFG09]. Dazu wird eine Kostenstellenrechnung benötigt, um Zuschlagssätze, d. h. Zuschläge auf eine Bezugsbasis (hier: Einzel-/Sondereinzelkosten) für die Verrechnung der Gemeinkosten zu ermitteln. Dem liegt die Annahme einer proportionalen Beziehung zwischen Einzel- und Gemeinkosten (Durchschnittsprinzips) zugrunde. Entsprechend der Aufteilung der Gemeinkosten auf Kostenstellen wird in der Literatur vorrangig zwischen summarischer und differenzierter Zuschlagskalkulation unterschieden [ScKü11], [CFG09], [Götz10].

Die *summarische Zuschlagskalkulation* schlägt die gesamten Gemeinkosten ohne Differenzierung nach Kostenstellen einer Zuschlagsbasis entweder auf die gesamten Einzelkosten oder auf eine bestimmte Kostenart zu [ScKü11]. Da sie relativ ungenaue Ergebnissen liefert, spielt sie in der Praxis nur eine untergeordnete Rolle [Götz10].

Bei der d*ifferenzierten Zuschlagskalkulation* wird von einem proportionalen Zusammenhang zwischen kostenstellenspezifischen Gemeinkosten und den zugehörigen Einzelkosten (z. B. Materialgemeinkosten und Materialeinzelkosten) ausgegangen [CFG09]. Anlage 4 veranschaulicht das Grundschema der differenzierten Zuschlagskalkulation zur Berechnung der Selbstkosten. Die Selbstkosten umfassen die Summe aller im betrieblichen Leistungserstellungsprozess für einen Kostenträger entstandenen Kosten [ScKü11]. Das Verfahren ist aufgrund seiner einfachen Anwendung und der unternehmensindividuellen Anpassbarkeit sowohl in der Einzel als auch in der Serienfertigung weit verbreitet. Oft ist das in Anlage 4 dargestellte

Kalkulationsschema in modifizierter Form anzutreffen (z. B. mehrere Fertigungs-kostenstellen mit unterschiedlichen Zuschlagssätzen). Ein Hauptkritikpunkt ist die Wahl einer geeigneten Zuschlagsbasis. Diese sollte entsprechend der ursächlichen Beziehung zwischen Gemeinkosten und der Zuschlagsbasis als Wert- und/oder Mengenschlüssel bzw. deren Kombination ausgestaltet sein [ScKü11]. In der Praxis liegt dies jedoch meist nicht vor, so dass beispielsweise hochpreisigen Materialien oder einfach zu fertigenden Produkten zu viele Gemeinkosten zugerechnet werden. Diese Effekte werden durch die Zuschläge der Verwaltungs- und Vertriebsgemein-kosten auf die Herstellkosten noch verstärkt. Aufgrund der fortschreitenden Zu-nahme des Gemeinkostenanteils an der Wertschöpfung [MiVo85], [EmNe91], [KüLo91] – durch u. a. höheren Automatisierungsgrad in der Fertigung – verschie-ben sich die Kostenstrukturen; Fertigungslöhne sind dann als Zuschlagsbasis für die Fertigungsgemeinkosten eher ungeeignet. Auch sind keine Abhängigkeiten von Stückzahlen berücksichtigt [Götz10]. An den genannten Schwachpunkten setzen weitere Verfahren, wie z. B. die Bezugsgrößenkalkulation, an.

Die *Bezugsgrößenkalkulation* – in der Praxis häufig als Platzkostenrechnung oder Ma-schinenstundensatzkalkulation bezeichnet – erweitert die Zuschlagskalkulation durch die Verrechnung der maschinenabhängigen Gemeinkosten über Bezugsgrö-ßen, wie z. B. fertigungskostenstellenbezogene Arbeits-, Maschinen- oder Rüstzeiten [Bron08], [Frie09]. Erfolgt die Gemeinkostenverrechnung über Maschinenstundens-ätze, werden dazu die gesamten einem Bezugsobjekt (z. B. Maschine) direkt zure-chenbaren Gemeinkosten (Abschreibungen, Zinsen, Raumkosten etc.) auf die prog-nostizierte Maschinenlaufzeit einer Planungsperiode verteilt. Die Zurechnung erfolgt dann proportional zur vom Kostenträger in Anspruch genommenen Bezugs-größe(n). Sog. „Restgemeinkosten", die nicht direkt einem Bezugsobjekt zugeordnet werden können, werden weiterhin über Zuschlagssätze den Einzelkosten zugeschla-gen [CFG09] oder über weitere Bezugsgrößen auf die Kostenträger verteilt [Götz10]. Treffen die Annahmen bei der Wahl der Bezugsgröße(n) zu führt die Bezugsgrößen-kalkulation im fertigungsnahen Bereich zu exakteren und verursachungsrechteren Ergebnissen als die differenzierte Zuschlagskalkulation.

Die *Prozesskostenrechnung* (PKR) wurde in den 90er Jahren entwickelt, um Informati-onen für das Prozesskosten- und Gemeinkostenmanagement in den indirekten Be-reichen mit repetitiven Tätigkeiten, wie z. B. Materialwirtschaft, Verwaltung und Vertrieb, bereitzustellen. Unter der Annahme eines proportionalen Zusammenhangs zwischen Ressourcenverzehr und Prozessbezugsgrößen (Maßgrößen zur Erfassung der Prozessmengen) werden nach HORVÁTH ET AL. [HoMa89], [HoMa93] in der

PKR die Gemeinkosten der indirekten Bereiche über Prozessbezugsgrößen und Prozesskostensätze auf die Bezugsobjekte verteilt. Entsprechend der in Anspruch genommenen Prozessmenge werden die prozessmengenabhängigen Prozesskosten auf die Kostenträger verrechnet [CFG09]. Die Umlage der prozessmengenunabhängigen Prozesskosten erfolgt weiterhin über Zuschläge auf die leistungsmengenabhängigen Prozesskosten [HoMa89]. Gegenüber der Zuschlagskalkulation ermöglicht die PKR in den indirekten Bereichen eine verursachungsgerechtere Gemeinkostenzurechnung, eine Steigerung der Transparenz bei der Kostenentstehung sowie die Identifikation von Prozessoptimierungspotenzialen [Götz10]. Damit ist sie als sinnvolle Erweiterung zur Bezugsgrößenkalkulation, Grenzplankostenrechnung oder Deckungsbeitragsrechnung anzusehen. Kritisch ist jedoch anzumerken, dass bei der Ermittlung der Prozesskostensätze die Anwendung des Durchschnittsprinzips erfolgt [CFG09]. Des Weiteren entspricht die angenommene Proportionalität zwischen Ressourcenverzehr und Bezugsmengengröße selten der Realität. Trotz ihrer Vorteile findet die PKR in der Industrie bisher wenig Anwendung (unter 25 % [SMB08]). Dies ist u. a. auf den beschränkten Anwendungsbereich sowie den geringen Einsatz von IT (23 % [SMB08]) zurückzuführen [Götz10].

Die *ressourcenorientierte Prozesskostenrechnung* nach SCHUH und KAISER [ScKa95] betrachtet den Ressourcen-/-Werteverzehr je Teilprozess noch differenzierter: So erfolgt in Abhängigkeit von ein oder mehreren Kosteneinflussgrößen (Cost Driver) eine funktionale Beschreibung des Werteverzehrs eines Teilprozesses mit Hilfe von Kosten- und Verbrauchsfunktionen [ScKa95], [EvKü97]. Damit wird der lineare Zusammenhang zwischen Bezugsmengengröße und Prozesskosten, wie bei der PKR, weitgehend aufgehoben. Dem steht ein hoher Aufwand bei der Ermittlung der Kosten- und Verbrauchsfunktionen gegenüber.

Nachdem in den vorangegangenen Ausführungen unterschiedliche Differenzierungs- und Kostenzurechnungsansätze zur Kalkulation von Kostenträgern vorgestellt wurden, erfolgt im nachfolgenden Abschnitt ein Überblick zu den Kalkulationsverfahren, die in der AEF zur Bestimmung von Wert- und Mengengrößen am häufigsten genutzt werden. Zugleich sind die dort erläuterten Kalkulationsverfahren Bestandteil der im Bild 2-7 dargestellten Systematisierung der Kalkulationsverfahren. Der gewählten Systematisierung folgend, werden die Kalkulationsverfahren in Verfahren zur Expertenschätzung sowie in parametrische, analoge und analytische Kalkulationsverfahren gegliedert und anschließend bewertet.

2.4.3.3. Expertenschätzung

Die *Expertenschätzung* ist eine subjektive Methode zur Prognose von Kosten auf Basis meist weniger bekannter Informationen. Die Kalkulationsgenauigkeit hängt im Wesentlichen von der Erfahrung der Experten ab. Damit ist die Reproduzierbarkeit und Transparenz der Ergebnisse stark eingeschränkt. Zur Reduzierung des Prognosefehlers können mehrere unabhängige Schätzungen durchgeführt werden [EKLM14].

2.4.3.4. Parametrische Verfahren

Parametrische Verfahren bilden Zusammenhänge zwischen Kosten und technisch-physikalischen Merkmalen (z. B. Gewicht, Größe) durch einfache Kostenfunktion mit ein oder mehreren Einflussgrößen ab. Die Kostenprognose erfolgt auf einem hohen Abstraktionsniveau ohne Berücksichtigung produktionstechnischer Gegebenheiten [HoMö07], [EKL14]. Die bekanntesten Vertreter sind die Materialkosten-, Gewichts- und die Kilokostenmethode.

Die *Materialkostenmethode* beruht auf der Annahme eines konstanten Verhältnisses von Material- und Fertigungskosten für gleichartige, mit ähnlichen Technologien gefertigte Erzeugnisse [VDI 98]. Die Herstellkosten ergeben sich als Quotient von berechneten Materialkosten – meist unter Einsatz von Relativkosteninformationen – dividiert durch in der VDI 2225 [VDI 98] gesammelte, branchenspezifische Materialkostenanteile.

Bei der *Gewichts- bzw. Kilokostenmethode* wird ein linearer Zusammenhang zwischen Herstellkosten und der Einflussgröße Gewicht unterstellt. Die Herstellkosten resultieren aus der Multiplikation des Produktgewichts mit einem Gewichtskostensatz. Der Gewichtskostensatz ergibt sich i. d. R. aus der Division der Herstellkosten eines Referenzobjektes und dessen Gewicht. Die Anwendung erfolgt bei ganzen, gleichartigen Kalkulationsobjekten mit einem hohen Materiakostenanteil und gleichbleibenden Rahmenbedingungen. [EKLM14]

2.4.3.5. Analoge Verfahren

Analoge Verfahren ziehen anhand von ähnlichkeitsbasierten Merkmalen Analogieschlüsse von Kalkulationsobjekten, deren Kosten bereits bekannt sind. Dem liegt die Annahme der Vergleichbarkeit von Kosten ähnlicher Kalkulationsobjekte zu Grunde (Ähnlichkeitshypothese). Von Ähnlichkeit wird im Rahmen der DIN 32992 [DIN89] gesprochen, wenn die Abweichung der Analogiemerkmale in einen Merkmalsraum einen „gewissen" Schwellwert nicht überschreitet. Innerhalb der KBK unterscheidet KÖNIG zwischen geometrischer, fertigungstechnischer, funktionaler und physikalischer Ähnlichkeit [Köni95]. Aufgrund ihrer einfachen und schnellen Anwendung sind sie in der Praxis weit verbreitet. Die typischen Vertreter sind u. a. die *Suchkalkulation* und *Kostenwachstumsgesetze*.

In der *Suchkalkulation* wird anhand von festlegten konstruktiven und kostenrelevanten Produktmerkmalen in einem Wissensspeicher (z. B. in einer Datenbank) nach ähnlichen und bereits bekannten Kalkulationsobjekten gesucht. Nach Auswahl ein oder mehrerer (erweiterte Suchkalkulation [Wolf94]) ähnlicher Kalkulationsobjekte erfolgt eine Anpassung (z. B. über interpolierte Kostenfunktionen) auf die vorliegende Aufgabenstellung [EKLM14].

In der Suchkalkulation, wie auch in der Expertenschätzung, wird in den meisten Fällen der phasenorientierte Schlussfolgerungsprozess des *fallbasierten Schließens* durchlaufen. Nach MEYER ist das fallbasierte Schließen eine allgemeine Methodik zur Problemlösung mit den Phasen Retrieve, Reuse, Revise und Retain [AaPl94], bei der Erfahrungswissen herangezogen wird [Meye01]. In der Retrieve-Phase wird in der Fallbasis nach ähnlichen Fällen gesucht. Die Reuse-Phase kennzeichnet die Wiederverwertung der für das Kalkulationsproblem passfähigsten Lösung. Sofern notwendig, erfolgt in der Revise-Phase eine Adaption auf den Anwendungsfall. Das mit der neuen Lösung des Kalkulationsproblems hinzugewonnene Wissen wird in der abschließenden Retain-Phase durch kontext- bzw. fallbeschreibende Merkmalsindexierung der Fallbasis hinzugefügt [Meye01], [Rösl05].

Kostenwachstumsgesetze basieren auf Analogiebeziehungen von Folgeentwürfen einer geometrisch-ähnlichen Baureihe – alle geometrischen Maße zwischen zwei benachbarten Gliedern einer Baureihe wachsen in einem konstanten Verhältnis (φ_L = konstant) zueinander – zu bekannten Kosten eines Grundentwurfs [Fisc08]. Die Kalkulation von Material-, Rüst- und Fertigungskosten erfolgt hierbei mit Hilfe von Kostenfunktionen, die entweder technisch-physikalische Abhängigkeiten abbilden oder Ergebnis empirischer Untersuchungen (statistisch ermittelte Kostenfunktionen) sind. Die Zuordnung des Verfahrens zu den analogen Verfahren liegt in der Dominanz der Analogiebeziehungen begründet.

2.4.3.6. Analytische Verfahren

Analytische Verfahren prognostizieren die Kosten detailliert, indem sie mehrere Einflussgrößen über spezifische Kostenfunktionen für z. B. Material- und Fertigungskosten berücksichtigen. Hierbei erfolgt in Anlehnung an FISCHER [Fisc08] und SCHÜRMEYER [Schü11] eine Differenzierung in statistisch und analytisch ermittelte Kostenfunktionen.

Kalkulationen mit *statistisch ermittelten Kostenfunktionen* prognostizieren den zu erwartenden Ressourcenverzehr auf Basis empirisch ermittelter Zusammenhänge von kostenrelevanten Produktmerkmalen und Ist-Kosten. Die bekanntesten statistisch-funktionalen Verfahren sind die Regressionsrechnung und neuronale Netze sowie das fuzzy-basierte Kalkulieren.

In der *Regressionsrechnung* werden auf Basis statistischer (Regressions-)Analysen mathematisch-funktionale Beziehungen der Kosten zu einer oder mehreren Einflussgrößen in Form einer Regressionsgleichung abgeleitet [FeGr13]. Die Verknüpfung zwischen den dazu ermittelten Koeffizienten und Einflussgrößen erfolgt nach Art des funktionalen Zusammenhangs (linear/nicht-linear) additiv oder multiplikativ [Fisc08].

Neuronale Netze werden u. a. als statistische Verfahren zur Kostenprognose unter Rückgriff auf „trainierte" Neuronen und ein neuronales Netz eingesetzt [Wolf94]. Ein neuronales Netz bildet dabei eine gegebene Anzahl an Eingangsdaten bzw. Einflussgrößen n auf m gewünschte Ausgangsdaten ab [Scha92]. Damit lassen sich beliebige nichtlineare Zusammenhänge approximieren. Anwendung finden sie bisher nur in theoretischen Kostenmodellen, wie z. B. bei FELLER [Fell92] zur automatischen Wissensakquisition für die Angebotskalkulation oder bei SCHAAL [Scha92] für die konstruktionsbegleitende Kalkulation.

Das *fuzzy-basierte Kalkulieren* berücksichtigt unscharfe, d. h. mit Unsicherheit behaftete Eingabeparameter, um scharfe Kostenaussagen bzw. einen Wertebereich resultierender Kosten zu erhalten. Hauptanwendungsfelder sind mit Unsicherheit behaftete Entscheidungssituationen – z. B das Finden von falladäquaten Lösungen in einer Fallbasis und in der KBK – in denen das Aufstellen von mathematischen Modellen zu aufwändig ist [Schu01].

Die *analytisch ermittelten Kostenfunktionen* approximieren den Kostenverlauf auf Basis technisch-physikalischer Gesetzmäßigkeiten oder produktionstechnisch fundierter Verbrauchsfunktionen [Fisc07]. Die meist überbetrieblichen Kostenfunktionen greifen auf detaillierte, zukunftsorientierte Kosteninformationen aus CAD-Modellen, Stücklisten und/oder Arbeitsplänen zurück (z. B. Bestimmungsformeln für Fertigungszeiten). Gemäß dieser Definition sind beispielsweise die Verfahren der detaillierten Kostenprognose und analytisch erstellter Kostenfunktionen nach FISCHER [Fisc08], die Kalkulation kostenbestimmender Einzelteile bzw. Detailkalkulation nach SCHUH [Schu98] bzw. die differenzierte Kurzkalkulation sowie Kostenmodelle nach HORVATH ET AL. [HGS97] diesen zuzuordnen. Zu den Kalkulationsverfahren mit analytisch ermittelten Kostenfunktionen zählen u. a. Bemessungsgleichungen, Cost Tables und das feature-basierte Kalkulieren.

Mit *Bemessungsgleichungen* werden mathematische Zusammenhänge zwischen technisch-physikalischen Größen und Kosten eines Kalkulationsobjektes analytisch mit geschlossenen Formeln ausgedrückt [CFG09], [EKLM14]. Sie finden meist Anwendung bei Objekten mit einfachen technischen Zusammenhängen, wie z. B. Rohren, deren Auslegung sich direkt mit Kosten verknüpfen lassen [EKLM14].

Im Gegensatz zu Relativkostenkatalogen enthalten *Cost Tables* absolute Kosteninformationen, wie z. B. Preise für Kauf- und Normteile, Fertigungszeiten etc., die zur Bewertung unterschiedlicher Materialien, Produktions- und Gestaltungsalternativen eingesetzt werden [YIMT90]. Wohingegen *einfache Cost Tables* Kosten mit wenigen Einflussgrößen abschätzen, berücksichtigen *detaillierte Cost Tables* eine große Anzahl an Einflussgrößen und relevanter Kosten [HGS97]. Die Kosteninformationen sind meist in Datenbanken strukturiert abgelegt [Fisc08], so dass dieses explizite Kostenwissen weiter genutzt werden kann. Mit Cost Tables ist entsprechend des Umfangs ein hoher Aufwand in der Erstellung und Aktualisierung verbunden.

Beim *feature-basierten Kalkulieren* erfolgt eine detaillierte und differenzierte Bottom-Up Kalkulation aller kostenrelevanten Features eines Kalkulationsobjekts. Im Rahmen der Produktentwicklung enthalten Features Informationen zu geometrischen und technologischen Eigenschaften eines technischen Objektes bzw. Form-Elements [VaWe06]. Mit Hilfe feature-spezifischer Bestimmungsformeln werden u. a. Materialkosten aus dem Volumen des 3D-Volumenmodells des Kalkulationsobjekts bzw. eines Teils davon sowie Fertigungszeiten unter Berücksichtigung der produktionstechnischen Gegebenheiten (z. B. Vorschub f, Schnittgeschwindigkeit v_c) analytisch (z. B. mit Berechnungsformeln für Bohr- oder Fräszeiten) berechnet. Anwendung findet dieses Verfahren im Rahmen der KBK. Wesentliche Voraussetzung ist eine intelligente und konsistente Feature-Erkennungsmethode oder ein durchgängig mit Features modelliertes 3D-Volumenmodell des Kalkulationsobjektes.

Nahezu alle der angesprochenen Verfahren sind durch EDV-Systeme unterstützt. Die Bandbreite reicht dabei von der Nutzung einfacher Tabellenkalkulationen bis hin zu integrierten Kosteninformationssystemen. Je nach Anwendungszweck werden mit einem Kosteninformationssystem mehrere Kalkulationsverfahren in einen dem zugrundeliegenden Kostenmodell verknüpft.

2.4.3.7. Bewertung der Kalkulationsverfahren

Die Auswahl von geeigneten Bewertungskriterien erfolgt sowohl anhand der in Abschnitt 2.2.3 aufgestellten Anforderungen an die Kostenmanagementaufgaben in der AEF als auch in Anlehnung an HEINEN, FISCHER und HORVÁTH [Hein95], [Fisc08], [HGS97]. Die Autoren stimmen in Bezug auf die Kriterien Anwendungsbereich, Einsatzzeitpunkt, Genauigkeit, Nachvollziehbarkeit der Ergebnisse sowie in Bezug auf den Anwendungs- und Pflegeaufwand überein. FISCHER berücksichtigt zusätzlich die notwendigen Vorrausetzungen zur Kalkulation. HORVATH fokussiert zusätzlich auf die Durchgängigkeit, die Verhaltensbeeinflussung und die Art der Kostenzurechnung. Zur Bewertung der erläuterten Kalkulationsverfahren werden nachfolgende Kriterien herangezogen (Tabelle 2-4).

Tabelle 2-4: Kriterien zur Bewertung der Kalkulationsverfahren

Kriterium	Beschreibung
Verursachungsgerechte Kostenzurechnung	Das zugrundeliegende Kalkulationsverfahren weist eine hohe Genauigkeit (geringe Abweichung der ermittelten Plan-Kosten zu den Ist-Kosten) sowie Stimmigkeit in der Kostenzurechnung auf.
Differenzierte Kostenzurechnung	Es erfolgt eine Differenzierung nach Kostenarten und/oder Bestandteilen (Baugruppen, Bauteile, Prozesse) des Kalkulationsobjektes.
Frühzeitiger Einsatz	Möglichst frühzeitiger Einsatz in der Auftragsabwicklung (z. B. Konstruktion, da dort die Kostenbeeinflussung am höchsten ist.
Breiter Anwendungsbereich	Anwendbarkeit in der Auftragseinzelfertigung sowie für unterschiedliche Kalkulations-/Konstruktionsarten und Objekte.
Transparente und reproduzierbare Lösungsfindung	Die Ermittlung der Kosten ist für Dritte nachvollziehbar/transparent und reproduzierbar.
Positive Verhaltensbeeinflussung	Rückschlüsse auf Einflussgrößen der Kostenverursachung, damit die Entscheidungsträger (z. B. Konstrukteur) Ansatzpunkte zum kostengünstigen Konstruieren bekommen.
Einfachheit und geringer Anwendungsaufwand	Gewährleistung von Akzeptanz bei den Anwendern. Geringer Einarbeitungs- und Anwendungsaufwand.
Geringer Erstellungs- und Pflegeaufwand	Geringer Aufwand für die Erstellung, Informationsbeschaffung und Pflege der Verfahren/Modelle.

Die Bewertung der Kalkulationsverfahren erfolgt qualitativ auf einer Ordinalskala mit Hilfe der Merkmalsausprägung *gegeben, teilweise gegeben* und *nicht gegeben* (siehe Tabelle 2-5).

Tabelle 2-5: Bewertung der Kalkulationsverfahren

Kalkulationsverfahren \ Kriterium	Verursachungsgerechte Kostenzurechnung	Differenzierte Kostenzurechnung	Frühzeitiger Einsatz	Breiter Anwendungsbereich	Transparente und reproduzierbare Lösungsfindung	Positive Verhaltensbeeinflussung	Einfachheit und geringer Anwendungsaufwand	Geringer Erstellungs- und Pflegeaufwand
Expertenschätzung	○	○	●	●	○	○	●	●
Materialkostenmethode	○	◐	●	◐	◐	◐	●	●
Gewichts-/Kilokostenkalkulation	○	○	●	◐	○	◐	●	●
Relativkosten	○	◐	●	◐	◐	●	●	◐
Suchkalkulation	◐	●	●	●	●	●	●	◐
Kostenwachstumsgesetze	◐	◐	●	◐	◐	●	◐	◐
Regressionsrechnung	◐	◐	◐	◐	◐	●	◐	◐
Neuronale Netze	◐	○	◐	◐	◐	○	○	○
Fuzzy-basiertes Kalkulieren	◐	◐	●	◐	◐	●	◐	◐
Bemessungsgleichungen	○	●	◐	○	◐	●	◐	◐
Cost Tables	●	●	◐	◐	●	●	○	○
Feature-basiertes Kalkulieren	●	●	◐	◐	●	●	○	○

Legende: ● gegeben ◐ tw. gegeben ○ nicht gegeben

Aus Tabelle 2-5 geht hervor, dass keines der genannten Verfahren alle Kriterien gleichermaßen gut erfüllt. Daher sind in Abhängigkeit der *Kalkulationsart*, der *Anforderungen* und der zur Verfügung stehenden *Informationen* geeignete Kalkulationsverfahren auszuwählen und ggf. zu kombinieren. In der Angebotskalkulation sind beispielsweise die Expertenschätzung, Material- oder Gewichtskostenmethode bei geringen Genauigkeitsanforderungen, geringem Informationsangebot und Ressourcenknappheit einsetzbar. Liegen bspw. Kosteninformationen zu vergleichbaren Kalkulationsobjekten vor, sind analoge Verfahren wie die Suchkalkulation zweckmäßig. Wird dagegen eine hohe Genauigkeit und differenzierte Kostenzurechnung gefordert, ist – sofern die erforderlichen Informationen und Ressourcen zur Verfügung stehen – der Einsatz von Cost Tables oder der feature-basierten Kalkulation zu empfehlen. Das Verhältnis von Detailliertheit, Genauigkeit und Aufwand durch Verfahrenskombination möglichst optimal zu gestalten, ist daher ein Hauptziel des zu entwickelnden Kosteninformationssystems für die AEF.

2.4.4 Kostenprognosemodelle

Aufbauend auf den zuvor erläuterten und bewerteten Kalkulationsverfahren greifen Kostenprognosemodelle je nach Kalkulationsziel und Eingangsinformationen sowohl auf ein oder mehrere geeignete Kalkulationsverfahren als auch auf Anwendungssysteme und Daten bzw. Informationen zurück.

Nach REISCHL lassen sich die Kostenprognosemodelle anhand des ihnen zugrundeliegenden Kostenrechnungsträgerverfahrens in herstellkosten-basierte und statistisch-basierte sowie prozess-/ressourcenorientierte Ansätze unterscheiden [Reis01]. Die bekanntesten Vertreter werden nachfolgend kurz erläutert und einer betriebswirtschaftlichen Bewertung unterzogen. Die Auswahl der Kostenprognosemodelle beschränkt sich auf relevante Ansätze zur konstruktions- bzw. entwicklungsbegleitenden Kalkulation; aufgrund der hohen Informationsasymmetrie in der Produktentwicklung haben diese eine hohe Bedeutung für ein effizientes und verursachungsgerechtes Produktkostenmanagement in der AEF.

Herstellkosten-basierte Ansätze HKB, XKIS, FEKIS

Das von HUBKA und FERREIRINHA 1990 [Ferr90] entwickelte Kosteninformationssystem *HKB* (Herstellkostenberechnung) zielt auf die Ermittlung von Herstellkosten und Unterstützung bei der monetären Bewertung von Gestaltungsalternativen ab. Die Ermittlung der Herstellkosten erfolgt nach dem Bottom-Up-Prinzip und basiert auf einer detaillierten Berechnung der Material- und Fertigungskosten. Die Fertigungskostenermittlung nutzt Bestimmungsformeln zur Berechnung der Rüst-, Neben- und Hauptzeiten. Die Hauptzeitenermittlung greift dabei auf analytisch ermittelte Kostenfunktionen für Form- und Fertigungsfeatures sowie auf Regelwerke, geometrische und technologische Eigenschaftsmerkmale zurück. Damit wird bereits ein hoher Konkretisierungsgrad des Kalkulationsobjekts vorausgesetzt. Eine Anbindung an CAD-Systeme ist implementiert.

Das Ziel des von EHRLENSPIEL und SCHAAL 1992 [Scha92] entwickelten Expertensystem *XKIS* (extendiertes Kosteninformationssystem) ist eine kostenorientierte Produktentwicklung von Einzelteilen. Über ein integriertes CAD-Modul nutzt *XKIS* Feature-Informationen aus dem 3D-Volumenmodell zur Kostenanalyse. Die Identifikation von Form-Features erfolgt dialoggestützt, so dass Nachbarbeziehungen zw.

den Features fertigungsorientiert abgebildet werden können. Die manuelle Identifikation von Features ist mit der Weiterentwicklung *FEKIS* (Feature-basiertes Kosteninformationssystem) [Wolf94] entfallen. Die Konstruktion hat dabei vollständig durch Verwendung von Features aus einer vorgegebenen Feature-Bibliothek zu erfolgen. Die Informationen werden in datenbankgestützte Attributtafeln abgelegt und vom Anwender mit technologischen Informationen zur Herstellung angereichert. Die Berechnung der Material- und Fertigungskosten erfolgt analog zu *HKB* auf Basis analytischer Kostenfunktionen. Diese werden bei *XKIS* unter Nutzung eines Neuronales Netzes generiert. Damit ist tendenziell eine höhere Genauigkeit als bei konventioneller Anwendung der Regressionsanalyse erreichbar [Schu01].

Statistisch-basierte Ansätze LACKES, *EVKS,* PICKEL, BECKER

LACKES [Lack89] unterschiedet zwischen primären und sekundären Kostenträgern. Die primären Kostenträger stellen das Grundprodukt dar. Dieses wird analog zum Grundentwurf bei den Kostenwachstumsgesetzen detailliert kalkuliert. Die sekundären Kostenträger sind Varianten des Grundproduktes. Sie werden hinsichtlich des Entscheidungsbezugs über absatz- und fertigungsspezifische Merkmale charakterisiert [Eisi97]. In diesem starren Kostenmodell erfolgt die Kalkulation der Varianten entsprechend der technischen Merkmalsausprägungen einer Variante mit statistisch ermittelten Kostenfunktionen durch Auf- oder Abschläge auf die Kosten für das Grundprodukt. Daher kann die Kalkulation erst bei genauer Kenntnis der fertigungstechnischen Merkmale (Arbeitsplanung) erfolgen.

Das auf Grundlage des Kostenmodells nach GRÖNER [Grön91] entwickelte Entwicklungsbegleitende Vorkalkulationssystem *EVKS* zielt auf die Kostenprognose mehrteiliger Stückgüter in den frühen Phasen des Produktentwicklungsprozesses ab. GRÖNER gliedert die Kalkulation in einen Vorbereitungs- und Analyseteil. Im Vorbereitungteil werden die Bestandteile der Kalkulationsobjekte Kostenfamilien zugeordnet und für jede der Kostenfamilien mittels Regressionsanalysen Kurzkalkulationsformeln aufgestellt [Eisi97]. Im Analyseteil erfolgt die Abschätzung der Kosten auf Basis der Inanspruchnahme produktspezifischer und leistungsabhängiger Bezugsgrößen der relevanten Kostenstellen. Die Inanspruchnahme wird durch die Einflussgrößenmenge und -art bestimmt. In Abhängigkeit der verfügbaren Informationen sind verschiedene Verfahren (u. a. Kostenwachstumsgesetze, Kostenstrukturanalyse, Vorgabezeitenrechnung) zur Bestimmung der Planverrechnungssätze für eine Einflussgrößenart verfügbar. Die Ermittlung der Zusammenhänge von Einflussgrößen und Inanspruchnahme der Bezugsgrößen vor der Arbeitsplanung bleibt wie bei LACKES ungelöst [Eisi97]. Die Kalkulation erfolgt auf Basis einer differenzierten Zuschlagskalkulation. Zudem ist eine Kostenträgerzeitrechnung möglich. Zur Erfüllung dieser Aufgaben greift das *EVKS* auf Daten aus PPS-, CAD- und Kostenrechnungssystemen zu.

Das flexible Kostenmodell von PICKEL [Pick89] setzt an der Kritik der starren Kostenmodelle (z. B. LACKES) an, nach denen zum Konstruktionsbeginn bereits Kenntnis über eine festgelegte Anzahl an Merkmalen vorliegt. Der von PICKEL 1989 entwickelte Ansatz hat das Ziel, den Kalkulator bei der Erstellung von Kurzkalkulationsformeln zu unterstützen und diese in bestehende Kostenprognosemodelle einzubinden. Er unterscheidet dabei grundsätzlich zwischen Kalkulationen in und am Ende der Konstruktionsphasen. Dazu nutzt er im Konstruktionsprozess ein wissensbasiertes Transformationsmodul. Dieses bildet dialoggestützt mit Hilfe mathematisch-statistischer Auswertungen aus einer beliebigen Anzahl von Merkmalen unter Rückgriff auf einen Methodenbaukasten zur Erarbeitung von Kosteninformationen für Konstruktion und Arbeitsvorbereitung *(MEKKA)* einen vollständigen Merkmalssatz ab [Eisi97]. Im nachfolgenden Kalkulationsmodul wird dieser zu Kosteninformationen verarbeitet. Darüber hinaus unterstützt *MEKKA* bei der Visualisierung und Validierung der ermittelten Kostenfunktionen [HGS97].

Ähnlich wie PICKEL strebt BECKER [Beck92] eine flexible Kalkulation an. Dazu sind unterschiedliche Kalkulationsverfahren im Einsatz. Auf Basis der Ähnlichkeitshypothese werden fehlende Merkmale sowie diesen zugeordnete und statistisch ermittelte Kosten von ähnlichen Objekten aus einer Wissensbasis zur Kalkulation herangezogen. Des Weiteren werden mit dem Ansatz von BECKER Vorschläge zur kostengünstigen Konstruktion generiert.

Prozess- /Ressourcenorientierte Ansätze KICK, KOMO, TARGET MANAGER, PICANT

Mit dem von KOCH 1994 [KFJK94] entwickelten Konstruktions-Integrierten computergestützten Kosteninformationssystem *KICK* sollen regelbasiert die Vorgänge zur Produktherstellung ermittelt werden. Mit Hilfe eines Regelwerks für Technologieentscheidungen werden den Vorgängen die dazu genutzten Ressourcen zugeordnet. Basierend auf dem Prozesskostenansatz erfolgt in der Kalkulation deren monetäre Bewertung.

Das von EVERSHEIM 1990 [EvCa90] entwickelte Kostenmodell *KOMO* zielt auf eine monetäre Bewertung von Produktvarianten anhand des Ressourcenverzehrs während der Produktherstellung ab. Im Rahmen des zugrundeliegenden ressourcenorientierten Ansatzes erfolgt eine Zuordnung des Ressourcenverzehrs über Verbrauchs- und Kostenfunktionen. Darüber hinaus wird in Verbindung mit der Nutzung eines Variantenbaums eine kostengünstige und zugleich variantenorientierte Produktgestaltung angestrebt [Reis01].

Das Kosteninformationssystem *TARGET MANAGER* wurde als Software-Lösung zur Anwendung des Target Costing entwickelt [Reis01]. Es unterstützt die Phase der Ziel-kostenspaltung und der Zielkostenerreichung. Die KBK ist daher nur ein Teilbereich des Systems. Analog zu KOMO und KICK basiert diese auf dem Prozesskostensatz. Mit dem Zusatzmodul *PM X* als Prozesskostenmanagement-Tool können die für die Produktherstellung notwendigen Teilprozesse identifiziert und monetär bewertet werden [Horv15]. Darüber hinaus sind Werkzeuge zur Prozesskostenanalyse und -optimierung sowie vielfältige Import- und Export Funktionalitäten zur Anbindung an die IT-Struktur vorhanden.

Mit dem von EITRICH 1996 [Eitr96] entwickelten System *PICANT* (Process Integrated Cost Analysis Tool) wird das Abschätzen von hochkomplexen Produkten bei wenig Eingangsdaten angestrebt. Basierend auf dem Prozesskostenansatz werden den Produktherstellungsprozessen über Kostenschätzbeziehungen produktparameterbezogene Kosten zugewiesen. Zur Bildung der Kostenschätzbeziehungen werden kostenrelevante Produktmerkmale bestimmt und mittels multipler Regression zueinander in Beziehung gebracht. Eine automatische Datenübernahme aus beliebigen IT-Systemen ist implementiert.

Bewertung der Kostenprognosemodelle

Aufbauend auf den bereits für die Bewertung der Kalkulationsverfahren festgelegten Bewertungskriterien erfolgt die Bewertung der Kostenprognosemodelle zuzüglich der Kriterien „*Flexibler Verfahrenseinsatz*" und „*IT-Integration*". Der flexible Verfahrenseinsatz gibt an, inwiefern aktuell zur Verfügung stehende Informationen für die Kalkulation berücksichtigt werden. Die IT-Integration ist ein Maß für die Einbindung des Kostenprognosemodells in die IT-Infrastruktur sowie die Verwendung aktuell vorliegender Daten.

Tabelle 2-6: Bewertung der Kostenprognosemodelle

Kostenprognosemodelle \ Kriterium	Verursachungsgerechte Kostenzurechnung	Differenzierte Kostenzurechnung	Frühzeitiger Einsatz	Flexibler Verfahrenseinsatz	IT Integration	Breiter Anwendungsbereich	Transparente und reproduzierbare Lösungsfindung	Positive Verhaltensbeeinflussung	Einfachheit und geringer Anwendungsaufwand	Geringer Erstellungs- und Pflegeaufwand
HKB	◐	◐	○	◐	◐	●	●	◐	◐	○
XKIS	◐	◐	◐	○	◐	●	◐	◐	○	○
FEKIS	●	◐	◐	○	●	●	◐	◐	◐	○
LACKES	◐	◐	◐	○	○	●	●	◐	●	○
EVKS	◐	◐	●	●	◐	◐	○	◐	●	○
PICKEL (MEKKA)	◐	◐	●	◐	◐	◐	◐	●	●	◐
BECKER	●	◐	●	●	◐	◐	●	◐	◐	○
KICK	●	●	◐	○	◐	○	●	●	◐	◐
KOMO	●	●	○	○	◐	◐	●	◐	◐	○
TARGET MANAGER	●	●	◐	○	●	●	◐	●	●	◐
PICANT	●	●	●	○	●	●	◐	◐	○	○

Legende: ● gegeben ◐ tw. gegeben ○ nicht gegeben

Ein Großteil der vorgestellten Kostenprognosemodelle wurde in den 90er Jahren zur Anwendung in der Entwurfsphase des Konstruktionsprozesses entwickelt. Sie setzen auf das Vorliegen detaillierter Informationen über die geometrischen und technologischen Eigenschaftsmerkmale auf (z. B. *XKIS, FEKIS*). Lediglich *EVKS, MEKKA, BECKER* und *PICANT* erlauben einen frühzeitigen Einsatz in der Konzeptphase. In Hinsicht auf die Problematik der Gemeinkostenzurechnung bieten *KICK, KOMO* und *TARGET MANAGER* Lösungsansätze an. Es geht jedoch aus den Ausführungen nicht hervor, wie der Anwender an die dazu benötigten Informationen kommt.

Insgesamt kann keines der genannten Kostenprognosemodelle alle Kriterien vollständig erfüllen. Sie erlauben zwar eine verursachungsgerechtere und differenziertere Kostenzurechnung als einzelne Kalkulationsverfahren, jedoch geht dies zu Lasten eines hohen Erstellungs-, Anwendungs- und Pflegeaufwands. Rückschlüsse auf Einflussgrößen der Kostenverursachung sind insgesamt nur eingeschränkt verfügbar und eine Unterstützung der Kostenplanung und -kontrolle ist nur beim *TARGET MANAGER* möglich.

2.4.5 Plankostenrechnung

Gegenüber den im Abschnitt 2.4.3 erläuterten Kalkulationsverfahren zur Bestimmung von Plan- und/oder Ist-Kosteninformationen zielt die *Plankostenrechnung* primär auf die Vorbereitung von Entscheidungen zur Kostengestaltung und Verhaltensbeeinflussung der Mitarbeiter ab. Den zu erwartenden bzw. geplanten Kosten und Erlösen werden im Sinne der Kosten- und Erlöskontrolle Ist-Kosten gegenübergestellt. Bei erheblicher Abweichung erfolgt eine Abweichungsanalyse. Grundsätzlich wird zwischen starrer und flexibler Plankostenrechnung unterschieden [Götz10]:

Die *Starre Plankostenrechnung* geht von einer konstanten (starren) Beschäftigung (Kapazitätsauslastung oder Produktionsmenge) aus. Die Kostenplanung erfolgt unabhängig von fixen und variablen Bestandteilen [Götz10]. Eine konstante Beschäftigung liegt jedoch in der Praxis selten vor, so dass die Aussagekraft insgesamt stark eingeschränkt ist [Frei01].

Demgegenüber werden bei der *Flexiblen Plankostenrechnung* Sollkosten in Abhängigkeit von der Beschäftigung (flexibel) auf Vollkosten- oder auf Teilkostenbasis geplant. Grundannahme ist hierbei, dass sich die variablen Kosten proportional zur Beschäftigung verändern und die fixen Kosten absolut fix sind. [Götz10]

Bei der *Flexiblen Plankostenrechnung auf Vollkostenbasis* werden Vollkosten auf die Kostenstellen und Kostenträger verteilt. Die Rechnung erfolgt in drei Hauptschritten: Im ersten Schritt sind für die relevanten Kostenarten die Planbeschäftigung, der Planpreis und der Planverbrauch zu prognostizieren sowie eine Bezugsgröße festzulegen, anhand derer die Beschäftigung gemessen wird. Anschließend erfolgt die Istkostenermittlung auf Basis eines Kostenträgerrechnungsverfahrens (siehe Abschnitt 2.4.3.2). Schritt drei sieht eine Abweichungsanalyse vor; sie beinhaltet die Ermittlung der Ursachen von Beschäftigungs- und Verbrauchsabweichungen. Die Verbrauchsabweichung lässt sich oftmals weiter in Preis- und Mengenabweichungen untergliedern. Somit stellt sie hinsichtlich des Umfangs der einbezogenen Kosten und erfassten Abweichungen das umfassendste System der Plankostenrechnung dar. Sie trägt damit im besonderen Maße zur mittel- bis langfristigen Erfüllung der Rechnungsziele, der Kontrolle und der Verhaltensbeeinflussung bei. Die starke Fokussierung auf die Beschäftigung schränkt allerdings die Aussagekraft bei steigender Relevanz anderer Kosteneinflussgrößen ein. [Götz10]

Bei der *Flexiblen Plankostenrechnung auf Teilkostenbasis* (adäquat zur Grenzplankosten- und Deckungsbeitragsrechnung nach KILGER [KVP07]) erfolgt keine Verrechnung von Fixkosten [Götz10]. Somit lässt sich eine Beschäftigungsabweichung nicht ermitteln. Des Weiteren erfolgt gegenüber der starren- und flexiblen Plankostenrechnung auf Vollkostenbasis in der Kostenträgerrechnung eine Trennung in fixe und variable Kostenbestandteile [DäGr09]. Das Hauptanwendungsfeld liegt in den direkten Bereichen der Fertigung sowie zur Vorbereitung kurzfristiger Entscheidungen. Die Wahl von Bezugsgrößen und die damit verbundenen Annahmen einschließlich eines linearen Kostenverlaufs kann zu Ungenauigkeiten in der Aussagekraft der Ergebnisse führen [Götz10].

2.5 Wissensbasierte Informationssysteme

2.5.1 Begriffliche Abgrenzungen

Daten – Information – Wissen

Zur Abgrenzung der Begrifflichkeiten Daten, Information und Wissen wird das in der Wissensmanagementliteratur häufig anzutreffende ontologische Erkenntnismodell – ergänzt um konstruktivistische Aspekte – zugrunde gelegt (siehe Bild 2-8). Obgleich das ontologische Erkenntnismodell zum grundlegenden Verständnis beiträgt, ist diese klare Abgrenzung zwischen den Begrifflichkeiten in der Praxis nicht immer möglich [PRR10].

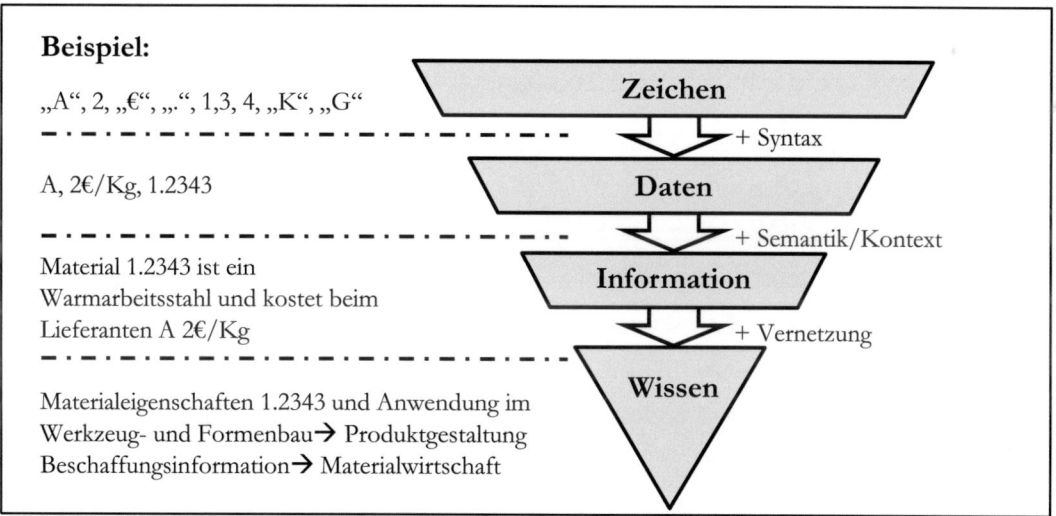

Bild 2-8: Begriffshierarchie Daten – Information – Wissen[10]

Daten sind grundsätzlich wahrnehmbare und verwertbare Abbildungen der Realität, die durch Ordnungsregeln, wie z. B. grammatikalische Regeln oder mathematische Formeln, aus Zeichen (Buchstaben, Ziffern, Sonderzeichen) gebildet werden

---

[10] Quelle: In Anlehnung an [ReKr96], [Bode06], [PRR10], [Nort11]

[Köhl12]. Zeichen selbst stehen für sich alleine und sind zusammenhangslos; sie werden erst zu Daten, wenn sie in einen regelbasierten Zusammenhang (Syntax) stehen [ReKr96]. Sie bilden die Grundlage für die betriebliche Informationsverarbeitung mit IT-Systemen [Sche09]. In Abhängigkeit des Verwendungszecks und der Veränderbarkeit lassen sich Daten in Stammdaten, Bewegungs-, Bestands- und Änderungsdaten unterscheiden [Wede01], [Hans05], [SGZ12].

Stammdaten beschreiben offizielle und grundlegende Geschäftsobjekte (z. B. Kunde, Artikel) eines Unternehmens und sind für diese strukturgebend; sie sind Basis von Geschäftsprozessen und zugleich eine Voraussetzung für die Kommunikation zwischen den IT-Systemen [LGK14]. Stammdaten sind Referenzobjekte für Bewegungs- und Bestandsdaten und daher ein zentraler Bestandteil moderner IT-Systeme [SSS14]. Ihnen kommt damit eine besondere Bedeutung für einen effektiven und effizienten Geschäftsablauf zu [GKKL14a].

Bewegungsdaten sind abwicklungsorientiert; sie haben einen Zeitbezug und eine begrenzte Zeitdauer ihrer Aktualität. Sie fallen bei betriebswirtschaftlichen Vorgängen an, sobald es durch Transaktionen zu Veränderungen in den *Bestandsdaten* kommt. Die Bestandsdaten bilden betriebliche Werte- und Mengenstrukturen von physischen Beständen (z. B. Lagerbestände) oder virtuellen Beständen (z. B. Kreditlinien, Rabattstaffeln) ab [SGZ12]. Sie sind zustandsorientiert [Schm10] und unterliegen einer hohen Änderungsfrequenz. *Änderungsdaten* wiederum umfassen Daten, die ausschließlich zu Veränderungen der Attributwerte von Stammdaten führen (transaktionsorientiert) [SGZ12].

Aus Daten werden *Informationen*, wenn sie in einen Kontext eingebunden und zweckorientiert verwendet bzw. einer Bedeutung (Semantik) zugeordnet werden [ReKr96]. Informationen sind dabei subjektiv und empfängerorientiert; sie werden jeweils entsprechend individueller Relevanzkriterien durch einen Auswahl- und Verarbeitungsprozess aus vorhandenen Daten gewonnen [Köhl12]. In Unternehmen bilden Informationen die Grundlage von Entscheidungen und werden so zu einer wichtigen betrieblichen Ressource [Behr01].

Gemäß Bild 2-8 entsteht *Wissen* aus der Vernetzung, Interpretation und Klassifikation von Informationen. Dabei wird auf Erfahrungen bezüglich des Einsatzes von Informationen zur Problemlösung (handlungsorientiert) zurückgegriffen [GeMü01], [Bode06]. Zur Definition des Wissensbegriffs sind in der Literatur eine Vielzahl an Ansätzen anzutreffen; eine einheitlich, allgemein anerkannte Begriffsauffassung existiert hier auch nicht. Die Definitionen sind im Wesentlichen von der Fragestellung des jeweiligen Autors und des wissenschaftlichen Umfelds abhängig [Amel02]. Mit dem Ziel ein IT-gestütztes Produktkostenmanagementsystem zu entwickeln, sollten möglichst keine potentiellen Wissensträger ausgeschlossen werden und dem Charakter der schlecht strukturierten Probleme in der Planung, Überwachung und Steuerung von Kosten Rechnung tragen. Bei schlecht strukturierten Problemen existieren Zusammenhänge zw. Handlungsalternativen, Handlungsergebnis, Zielbeitrag und Nutzwert, sind aber aufgrund unvollständiger Informationen in ihrer Wirkung und Ausprägung nicht bekannt [Kümp96]. Den weiteren Ausführungen wird daher, der Definition von KÖHLER [Köhl12] folgend, nachstehende Arbeitsdefinition des Wissensbegriffs zugrunde gelegt:

> *„Wissen ist die Gesamtheit der Kenntnisse, die zur Problemlösung eingesetzt werden. Es ist subjektbezogen, kontextspezifisch und wird durch individuelle kognitive Prozesse aus Informationen – unter Beachtung des beim jeweiligen Wissensträger vorhandenen Wissens – gewonnen."*

Damit ist Wissen ein Ergebnis eines Erkenntnisprozesses. Zugleich impliziert diese Definition, dass Informationen Wissensbestandteile darstellen, die in Form menschlicher Sprache (verbal und nonverbal) repräsentiert sind [Bode97]. Wird Wissen formal artikuliert (sog. „expliziertes Wissen"), kann es nur in Form von Daten kommuniziert und gespeichert werden [PRR10], [Köhl12]. Nach AMELINGMEYER werden unter dem Begriff „Wissensträger" diejenigen körperlichen Elemente subsumiert, in denen sich Wissen manifestieren kann[Amel02]. Diese können personeller, kollektiver oder materieller Art sein.

Kostenwissen

Kostenwissen stellt eine inhaltliche Abgrenzung des Wissensbegriffs dar. Es umfasst Kenntnisse und Grundlagen über die Kostenentstehung und Kostenberechnung, Ist-Kosten bereits entwickelter und hergestellter Produkte bzw. Teile sowie Methoden zur Kalkulation und Beeinflussung des Kostenniveaus, der Kostenstruktur und des Kostenverlaufs [FGLK06]. Nach der Natur des Wissens kann Kostenwissen in benötigtes oder entstehendes Regel- bzw. Methodenwissen (Wissen über Vorgänge, Methoden, Abläufe) und Faktenwissen (deklaratives Wissen) unterschieden werden [Köhl12]. Kostenbezogenes Methodenwissen kommt bei Methoden des Kostenmanagements (z. B. Kostenschätzung) zur Anwendung, entsteht wiederum durch Anwendung der Methoden und wird mittels Informations- und Kommunikationssystemen erfasst, verarbeitet, verteilt und entwickelt. Das damit generierte Kostenwissen ist abhängig von den eingesetzten Methoden und Prognosemodellen sowie von der Verfüg- und Verwendbarkeit von Informationen [Köhl12]. Kostenbezogenes Faktenwissen gliedert sich in allgemeines (z. B. Kostenfunktionen) und spezifisches

Faktenwissen aus abgeschlossenen Konstruktionen (z. B. Kosten von Entwurfsvarianten) [KöGö10]. Liegt Kostenwissen in Form von Daten/Informationen repräsentiertes Fakten- und Regelwissen in einer sog. Wissensbasis vor, können durch deren Verwaltung und Verarbeitung Kostenmanagementaufgaben in geeigneten Kosteninformationssystemen unterstützt werden.

Wissensbasis

Analog zur Vielschichtigkeit des „Wissensbegriffs" existiert für den Begriff *Wissensbasis* keine einheitliche Begriffsdefinition. Die Gesamtheit des relevanten Wissens im Unternehmen wird meistens als organisationale Wissensbasis bezeichnet [Amel02]. Sie ist gekennzeichnet durch Art und Umfang des in ihr enthaltenen Wissens, Art und Anzahl von Wissensträgern, Verfügbarkeit von Wissen sowie der Dynamik, mit der die Entwicklungsfähigkeit von Unternehmen sichergestellt wird [Amel02]. Die Wissensbasis enthält individuelle und kollektive Wissensbestände von personellen und/oder materiellen Wissensträgern auf die eine Organisation zur Lösung ihrer Aufgaben zurückgreifen kann [Amel02], [PRR10]. Die Wissensbestände umfassen wiederum Daten- und Informationen, auf welchen individuelle und kollektive Wissensbestände ihrerseits aufbauen [PRR10]. Dieser Definition folgend, kann Wissen zusätzlich zur natürlichen Speicherung in personellen Wissensträgern auch in Daten transformiert und so in künstlichen (z. B. Datenbanken) oder kulturellen Speichersystemen (z. B. Verhaltensmuster) bewahrt werden [PRR10]. Damit ist eine rechnerinterne Abbildung von Regel- bzw. Methodenwissen und Faktenwissen, welches objektiviert und externalisiert in Form von Daten und Informationen vorliegt, möglich. Im Unterschied zu Datenbanken ist das vorhandene Wissen in einer Wissensbasis nicht auf wissenschaftliches bzw. technisches Wissen beschränkt, sondern umfasst ein breiteres Wissensspektrum, wie z. B. auch heuristisches Wissen [Schi02].

2.5.2 Differenzierung von Informationssystemen

Steigende Anforderungen an die Verfüg- und Verwendbarkeit von Daten/Informationen i. V. m. einem wachsenden Potenzial der Informations- und Kommunikationstechnologien führt dazu, dass die Gestaltung eines effektiven und effizienten Informationsmanagements [Krcm10] als strategischer Erfolgsfaktor im Unternehmen angesehen werden kann [Fisc09], [Dein14]. Das Informationsmanagement als betriebliche Führungsaufgabe, hervorgegangen aus der eher technologisch orientierten Datenverarbeitung, übernimmt als Querschnittsfunktion diese Gestaltungaufgaben [EvSc96], [HeSt09]. Ziel ist es, durch geeignete Erfassung, Beschaffung und Steuerung der Informationen den Informationsbedarf sowohl in der Auftragsabwicklung als auch in der strategischen Unternehmenssteuerung zu decken. Dies kann z. B. durch die Einführung eines Informationssystems unterstützt werden [Krcm10]. Im Bereich der Wirtschaftsinformatik existieren in der Literatur unterschiedliche Definitionen für die *Informationssysteme*.

Nach dem weit verbreiteten *systemtheoretischen Ansatz* der Wissenschaftlichen Kommission der Wirtschaftsinformatik (WKWI) werden Informationssysteme als soziotechnisches (Mensch-Maschine) System definiert [WKWI94]. Weitere Definitionen, wie die von HEINRICH ET AL. beziehen zusätzlich den Zweck von Information mit ein [HHR11]. Das Ziel einer optimalen Bereitstellung von Informationen zur Erfüllung von Aufgaben bzw. Funktionen wird hierbei durch eine Interaktion der Systemelemente untereinander sowie einer Interaktion zwischen dem System und seiner Umwelt realisiert. Im Rahmen der Interaktionen werden unter dem Einsatz von Informations- und Kommunikationstechnologien Informationen erfasst, gespeichert, übertragen und transformiert. Damit umfasst das Informationssystem menschliche und maschinelle Komponenten [Krcm10]. Zu den maschinellen Komponenten zählen u. a. Anwendungen, die Daten für interne Prozesse verarbeiten [Krcm10] und von Personen z. B. zur Entscheidungsfindung genutzt werden. Im systemtheoretischen Ansatz stehen damit die Interaktionen der Systemelemente durch den Austausch von Informationen im Fokus der Betrachtung.

Diesem Ansatz folgend stellen die Informationssysteme den Aufgabenträgern (maschinell oder personell) Informationen zur Entscheidungsunterstützung bzw. zur Ausführung einer konkreten betrieblichen Aufgabe bereit. Die Informationssysteme werden in diesem Zusammenhang als Anwendungssysteme bezeichnet. Sie umfassen im Allgemeinen die Gesamtheit an Hardware, Software und Daten, die zur Unterstützung sowie Erfüllung von betrieblichen Aufgaben benötigt werden. [Balz01], [Hans05], [StHa05], [FeSi06], [Krcm10], [HHR11]. Die Anwendungssysteme wiederum lassen sich in Anlehnung an STAHLKNECHT und HASENKAMP [StHa05] nach ihrem Verwendungszweck in Operative, Planungs- und Kontrollsysteme (dispositive Systeme) und Querschnittssysteme unterteilen (sieheBild 2-9).

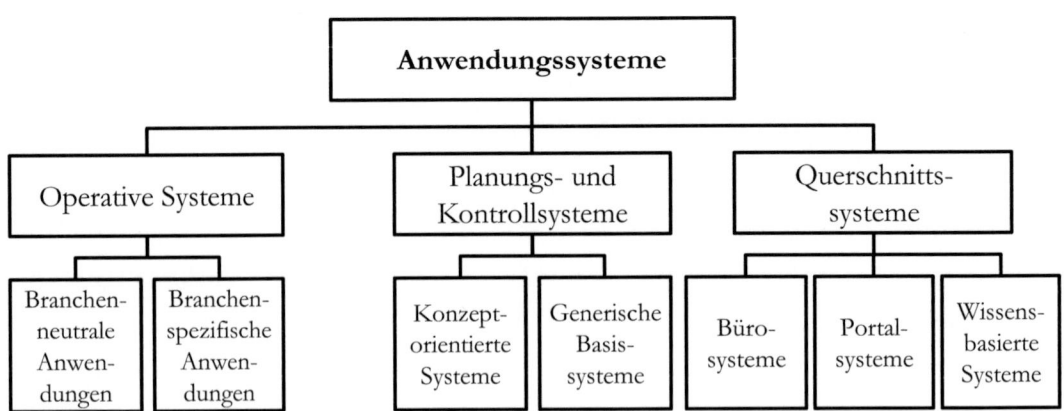

Bild 2-9: Einteilung betrieblicher Anwendungssysteme nach dem Verwendungszweck[11]

Zu den *operativen Systemen* gehören Administrations- und Dispositionssysteme; mit ihnen ist eine Speicherung und Verarbeitung von Massendaten zum Zweck der operativen Unterstützung von Prozessen und zur Entscheidungsfindung verbunden [Mert07].

*Planungs- und Kontrollsyste*me haben die Aufgabe, Informationen für alle Managementebenen bereitzustellen, um taktische und strategische Entscheidungsprozesse zu unterstützen [StHa05]. Dazu hat sich der Begriff des Business-Intelligence etabliert [KMU06].

Querschnittssysteme werden in unterschiedlichen Funktionsbereichen und hierarchischen Ebenen eingesetzt [StHa05]. Zu ihnen gehören u. a. Bürosysteme zur Verarbeitung von Dokumenten, Portalsysteme mit individualisierten, rollenbezogenen Zugriff auf Informationen, Anwendungen und Dienste [AbMü04] sowie wissensbasierte Systeme [StHa05]. Die *wissensbasierten Systeme* bilden Expertenwissen über ein Anwendungsgebiet explizit und unabhängig vom allgemeinen Problemlösungswissen in einer Wissensbasis ab [Kurb92]. In Form von Expertensystemen unterstützen sie eine systematische Entwicklung, Strukturierung, Nutzung, Verteilung und Bewahrung von betrieblichem Wissen zum Zweck der Nutzbarmachung für einen größeren Anwenderkreis [PRR10]. Da im vorliegenden Kontext des Produktkostenmanagements ähnlich gelagerte, wissensbasierte Aufgabenstellungen für die Kostenplanung, Kostenkontrolle und Kostensteuerung vorliegen, werden die Expertensysteme nachfolgend näher beleuchtet.

---

[11] Quelle: leicht modifiziert übernommen von: [StHa05]

2.5.3 Expertensysteme

Ein *Expertensystem* ist ein problemspezifisches, wissensbasiertes Anwendungssystem, welches Wissen über ein abgegrenztes Wissensgebiet verwaltet und aus diesem Schlussfolgerungen zur konkreten Problemlösung zieht. [Kurb92], [BiHo91] Der Schwerpunkt von Expertensystemen liegt dabei in der Lösungsfindung für Probleme, die mit herkömmlichen Methoden der Datenverarbeitung nur schwer beherrschbar sind [BuFä88] oder wenn Anforderungen wie z. B. Genauigkeit und Geschwindigkeit nicht hinreichend erfüllt werden. Zu ihnen zählen insbesondere schlecht strukturierte Probleme, wie z. B. die Analyse von Zuständen und Zusammenhängen eines Systems, die Diagnose der dem innewohnenden Schwachstellen und Fehlern sowie Hinweise zur Systemkorrektur [BuFä88], [StHa05]. Diese „Probleme" werden i. d. R. durch Verwendung von Expertenwissen, Heuristiken etc. gelöst [BuFä88]. Zur Problemlösung benötigt ein Expertensystem detaillierte Fakten über das problemspezifische Wissensgebiet sowie Regelwissen über die Anwendung des Wissens zur Problemlösung in expliziter und unabhängiger Form. Dazu bestehen Expertensysteme grundsätzlich aus den Kernkomponenten Wissensbasis, Dialog-, Problemlösungs-, Erklärungs- und Wissensakquisitionskomponente (siehe Bild 2-10) [StHa05].

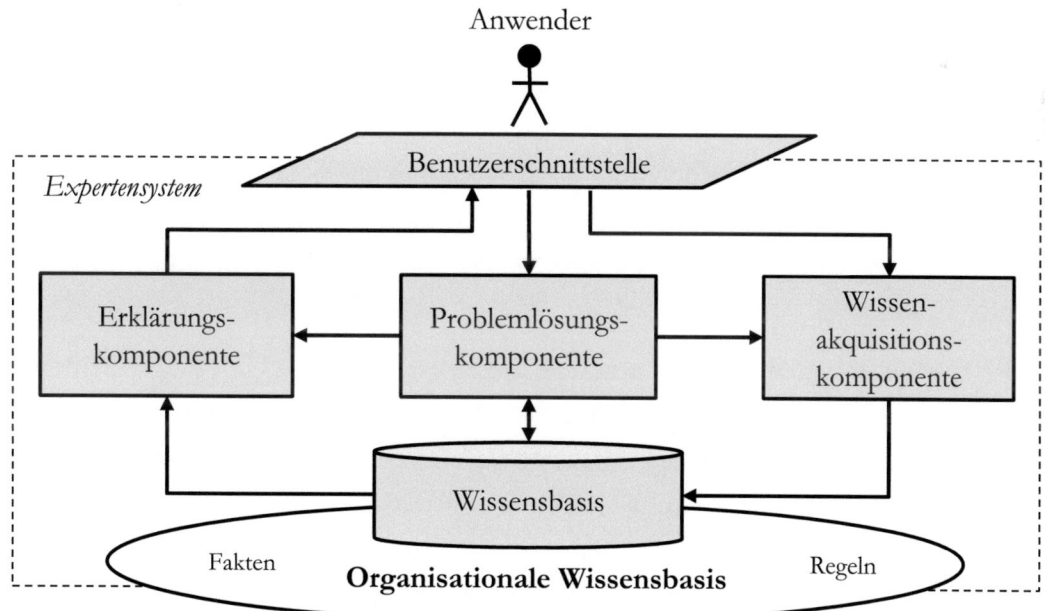

Bild 2-10: Komponenten von Expertensystemen[12]

---

[12] Quelle: in Anlehnung an [BuFä88], [StHa05]

Über die *Dialogkomponente* gibt der Anwender Faktenwissen zur Beschreibung des Problems in das Expertensystem ein. Die Dialogkomponente hat dabei die Aufgabe, die Kommunikation zwischen dem Expertensystem und dem Anwender in einer benutzeradäquaten Form abzuwickeln. Dazu gehören die Übersetzung der Problembeschreibung für die Problemlösungskomponente und die Aufbereitung des Lösungsergebnisses für den Anwender. Im Unterschied zu reinen Datenbanken trägt die *Problemlösungskomponente* zur Lösung des beschriebenen Problems bei und erzeugt dabei neues Wissen. Dazu greift sie auf das eingegebene Kostenwissen zurück, welches in Form von Fakten und Regeln explizit in der *Wissensbasis* als Teil der organisationalen Wissensbasis repräsentiert ist. Beide Komponenten stehen in enger Beziehung zueinander: Einerseits hängt der Problemlösungsprozess von der Darstellungsform in der Wissensbasis ab; andererseits sollte sich der Aufbau der Wissensbasis nach dem Problemlösungsprozess richten.

Mit der *Erklärungskomponente* erfolgt schließlich die Interpretation bzw. Begründung des Schlussfolgerungsergebnisses. Zudem dient sie der Verifikation des Systems, indem sie zur Kontrolle der Korrektheit der Inferenzstrategie den Schlussfolgerungspfad aufzeigt. Zu beiden Aufgaben wird ggf. Expertenwissen aus der Wissensbasis benötigt. Der Anwender erhält hierbei die Möglichkeit das entwickelte „neue" Wissen zu ergänzen bzw. zu modifizieren. Die Problemlösungsergebnisse fließen über die *Wissensakquisitionskomponente* wieder in die Wissensbasis zurück und werden dort gespeichert. Damit dient diese der Erfassung, Ergänzungen und Modifikation des bestehenden Wissens. Die Wissensakquisition kann grundsätzlich manuell durch die direkte oder indirekte Eingabe von neuem Wissen in die Wissensbasis oder automatisiert erfolgen. Bei Letzteren entwickelt das Expertensystem auf Basis von Heuristiken und Statistiken selbständig Wissen weiter. [Lehn09]. [BuFä88], [BiHo91], [Kurb92], [StHa05]

Der erwartete Verbreitungsgrad von Expertensystemen in der Unternehmenswelt ist bisher nicht eingetreten. Dies liegt zum einen an fehlender Unterstützung bei der internen Repräsentation des organisationalen Wissens sowie am Mangel effizienter Methoden der Datenverarbeitung und Leistungsfähigkeit der Informationssysteme. Zum anderen wurden bisher die Anwender unzureichend in die Entwicklung des Expertensystems einbezogen sowie der hohe Erstellungs- und Pflegeaufwand unterschätzt. Mit dem heute zur Verfügung stehenden Methoden und Instrumenten im Bereich des Wissensmanagements und der Datenverarbeitung (z. B. Big Data, Data Mining etc.), aktuellen Möglichkeiten der IT sowie Kenntnissen zu Erfolgsfaktoren bei der Entwicklung und Einführung von Expertensystemen haben sich die Voraussetzungen für eine effektive und effiziente Nutzung verbessert.

Für die Erstellung und Nutzung eines Expertensystems zur Unterstützung von Produktkostenmanagementaufgaben in der AEF können nachfolgende Rollen definiert werden. Auf diese wird im Rahmen der Konzipierung des Produktkostenmanagementsystems (Kapitel 3) sowie der Entwicklung des Vorgehensmodells (Kapitel 4) Bezug genommen:

- Der *Fachexperte* ist Wissensträger zu einem spezifischen Wissensgebiet. Sein Problemlösungswissen wird im Expertensystem abgebildet [Kurb92].

- Der *Wissensingenieur* ist zuständig für den Entwurf und die Ausgestaltung des Expertensystems. Im Zuge des Aufbaus der Kosten-/Wissensbasis identifiziert, bewertet und strukturiert er vorhandenes Kostenwissen und stellt dieses in einer geeigneten, zur Problemlösung verwendbaren Form dar. Im Gegensatz zu Fachexperten kennt und beherrscht der Wissensingenieur die Gesamtzusammenhänge des Expertensystems [Kurb92].

- Der *Anwender* nutzt das Expertensystem zur Lösung konkreter Probleme bzw. zur Entscheidungsunterstützung in der Kostenplanung, -kontrolle und -steuerung.

- Der *IT-Entwickler* übernimmt die Programmieraufgaben zur Entwicklung eines Werkzeugs zur Wissensrepräsentation sowie zur Abbildung der Kernkomponenten des Expertensystems in einer Softwarelösung und deren Administration.

- *Datenverwalter* haben die Aufgabe, das in Daten transformierte Wissen hinsichtlich Aktualität, Konsistenz, Vollständigkeit und Eindeutigkeit (Redundanz) zu überprüfen, zu aktualisieren und ggf. neues Wissen in die Wissensbasis einzubringen.

Die genannten Rollen können jeweils durch ein oder mehrere Personen ausgefüllt werden. Ebenso kann eine Person auch mehrere Rollen einnehmen. Beispielsweise sind Fachexperten meist gleichzeitig Datenverwalter und Anwender des Expertensystems.

2.5.4 Wissensbasierte Kosteninformationssysteme

Auf Grundlager der im Abschnitt 2.5.2 durchgeführten Differenzierung von Informationssystemen, können *Kosteninformationssysteme* je nach Funktionsumfang, Verwendungszweck und Anwenderkreis sowohl den dispositiven Systemen als auch den Querschnittsystemen zugeordnet werden. Unter Rückgriff auf Kalkulationsverfahren werden Kosteninformationen verarbeitet, verwaltet und für Kostenmanagementaufgaben bereitgestellt. Ein Anwendungsschwerpunkt der *Kosteninformationssysteme* ist die kostenorientierte Produktentwicklung [EhMe13]. Mit Hilfe von Kosteninformationssystemen sollen in den frühen Phasen der Produktentwicklung Ziel- und Plan-Kosten ermittelt, Kosteneinflussgrößen erkannt und Gestaltungsalternativen bewertet werden, um final marktkonforme Produkte zu erstellen.

Viele der derzeitig verfügbaren Kosteninformationssysteme sind branchenspezifische (z. B. *Schmale, CalcMaster®* etc) und branchenneutrale (z. B. *Facton©, Team Center Product Cost Management*) Planungs- und Kontrollsysteme, welche auf die unternehmensspezifischen Anforderungen angepasst werden können. Stellvertretend für eine Vielzahl von Kosteninformationssystemen haben diese Kosteninformationssysteme die Gemeinsamkeit, dass sie auf eine eigene Wissensbasis, meist als Datenbank bzw. in datenbankähnlichen Form (z. B. MS Excel-Tabellen), zurückgreifen. In der Interaktion mit einem Anwender nutzen sie dieses in Daten transformierte Kostenwissen. um neues Kostenwissen zu entwickeln. Im Gegensatz zu den Expertensystemen ist kein künstlicher Schlussfolgerungsprozess implementiert, mit dem neues Kostenwissen automatisiert geniert wird, so dass sie keine originären Expertensysteme sind. Ebenso ist eine durchgängige Entwicklung, Verteilung, Nutzung und Bewahrung von Kostenwissen entlang des gesamten Produktentstehungsprozess mit diesen Anwendungssystemen bisher nicht abbildbar.

Zu den Kosteninformationssystemen, die am nächsten an die Eigenschaften eines Expertensystems kommen gehören die im Abschnitt 2.4.4 aufgeführten Kostenprognosemodelle *XKIS* und *FEKIS* sowie das auf den WuF (Folgeverbundwerkzeuge) zugeschnittene System *AutoKalk*. Alle genannten Systeme sind im Rahmen von Forschungsprojekten entstanden und nicht am Markt verfügbar.

2.6 Ableitung des Handlungsbedarfs

Für die Beantwortung der ersten Forschungsfrage, welche Anforderungen und Defizite in Wissenschaft und Praxis in Hinsicht auf die methodische und instrumentelle Unterstützung von produktkostenbezogenen Planungs-, Kontroll- und Steuerungsaktivitäten in der Auftragsfertigung bestehen, wurde zunächst der Untersuchungsbereich der Auftragsfertigung charakterisiert. Vor dem Hintergrund zunehmender internationaler Konkurrenz und dem Wandel zur intelligent-vernetzten und kundenindividuellen Fertigung mit der Losgröße „eins" stehen deutsche Auftragsfertiger im Maschinen- und Anlagenbau vor zahlreichen *Herausforderungen*: Dazu gehören u. a. rückläufige Umsätze und Erträge, sinkende Umwandlungsquoten, kürzere Innovationszyklen sowie der Wettbewerb um Fachkräfte. Diesen Herausforderungen wird vorwiegend mit der Entwicklung von innovativen und kundenindividuellen Produkten und Dienstleistungen begegnet. Das PKM spielt derzeit noch eine untergeordnete Rolle. Es sind vielmals ausschließlich Instrumente zur Kostenplanung in der Angebotsphase und zur nachgelagerten Kostenkontrollen im Einsatz. Um dieses Handlungsfeld mit einer Verzahnung von Kostenplanungs-, Kostenkontroll- und Kostensteuerungsaufgaben zu erweitern, wurden im Abschnitt 2.2.3 *Anforderungen* an das Produktkostenmanagement herausgearbeitet. Diesen Anforderungen stehen in Wissenschaft und Praxis einige *Defizite* gegenüber:

Bezogen auf die *Kalkulationsmethodik* werden in der Literatur zwar zahlreiche Kostenmodelle und Methoden zur Kostenplanung in der Produktentwicklung und -herstellung beschrieben; diese bilden jedoch zumeist die Realität nur stark vereinfacht ab [Kümp96], haben eine große Streuung bei der Kalkulationsgenauigkeit [DeNe12] und sind mit hohen Aufwänden bei der Erstellung verbunden [PlRe06]. Darüber hinaus findet keine Berücksichtigung zeitdynamischer Größen statt. Gerade bei Projekten mit langen Durchlaufzeiten wirken sich Preisschwankungen bei den Materialkosten erheblich auf den Projekterfolg aus. DENKENA ET AL. schlagen zwar ein Konzept zu sog. „Prognosemärkten" vor, mit dem zeitdynamische Größen in die Angebotsplanung integrierbar sind [DNSK11], [DeNe12] – konkrete Vorschläge zur Umsetzung und IT-Unterstützung liegen jedoch aktuell nicht vor. Des Weiteren setzen die meisten Kostenprognosemodelle zur entwicklungsbegleitenden Kalkulation das Vorliegen detaillierter Informationen über die geometrischen und technologischen Eigenschaftsmerkmale voraus. Dadurch ist ihr Einsatz erst nach erfolgter Arbeitsplanung möglich. Zudem sind die feature-basierten Kostenprognosemodelle, wie *HKB, XKIS, FEKIS* etc. nur wirtschaftlich nutzbar, wenn das CAD-Modell vollständig durch Features aus einer Feature-Bibliothek modelliert worden ist [Wolf94]. Aufgrund des damit verbundenen hohen Erstellungsaufwands und der eingeschränkten Konstruktionsfreiheit liegen diese jedoch meist nicht vor. Oftmals sind nur einfache (Regel-)Geometrieelemente, wie z. B. Nuten, Bohrungen, Taschen als Fertigungsfeatures hinterlegt; komplexe Geometrien, wie z. B. Kontur-/Kerneinätze im WuF, werden i. d. R. durch Freiformflächen beschrieben. Es fehlt demnach an geeigneten Instrumenten, um u. a. schon in der Konstruktionsphase unter Rückgriff auf CAD-Daten, die nicht durchgängig mit Features modelliert worden sind, verursachungsgerechte Kostenprognosen effizient durchführen zu können.

Ein weiterer Schwachpunkt vieler Kalkulationssysteme und Kostenprognosemodelle ist die *fehlende Dynamik* in Bezug auf die Verwendung aktuell verfügbarer Daten und Produktmerkmale. Kostenprognosemodelle wie *HKB*, *EVKS* und der Ansatz von BECKER ermöglichen zwar einen flexiblen Verfahrenseinsatz; jedoch berücksichtigen diese, wie auch die meisten anderen Systeme, nur unzureichend die Problematik der Gemeinkostenzurechnung. Abhilfe leisten hier die im Abschnitt 2.4.4 angesprochenen prozesskostenbasierten Ansätze. Diese setzen allerdings das Vorhandensein von Prozesskosteninformationen voraus. Aufgrund des hohen Ermittlungs- und Aktualisierungsaufwandes ist dies in den meisten Unternehmen nicht gewährleistet. Insgesamt offenbart sich ein Handlungsbedarf in der kontextbezogenen Kombination geeigneter Kalkulationsverfahren zur differenzierten und verursachungsgerechten Kalkulationen bei gleichzeitig geringem Kalkulationsaufwand.

Ausgehend von der Anforderung nach einer effizienten Unterstützung und Verzahnung der PKM-Aufgaben zeigen Studien und eigene Recherchen, dass zur Erfüllung der PKM-Aufgaben nur wenig bis keine adäquate *IT-Unterstützung* in der Auftragsfertigung vorliegt [SBG09]. Auch erfolgt meist keine Rückkopplung zwischen der Kostenkontrolle, der Kostenfestlegung im Konstruktions- und Arbeitsplanungsprozess sowie der Kostenplanung in der Angebotsphase. Die aktuell am Markt verfügbaren IT-Systeme, wie z. B. *Facton©*, *Teamcenter Product Cost Management* oder in das ERP-Systemen integrierte Kalkulationsmodule sowie die in der Unternehmenspraxis überwiegend eingesetzten selbstentwickelten Insellösungen (i. d. R. *MS Excel*) sind zumeist nicht oder nur stark eingeschränkt in die zunehmend vernetzten IT-Systeme der Unternehmen integriert [SBG09]. Ein gezielter Zugriff auf Ist-Daten, wie z. B. CAD-Modelle, Planungsergebnisse der Arbeitsplanung etc., ist daher nicht bzw. nur mit hohem Zusatzaufwand (z. B. Schnittstellen) realisierbar. Des Weiteren liegt in der AEF ein Großteil des Kostenwissens dezentral, implizit und unstrukturiert vor, womit dieses für viele unzugänglich und/oder nicht verwendbar ist. Ebenso existiert eine durchgängige Entwicklung, Verteilung, Nutzung und Bewahrung von Kosten-wissen entlang der gesamten Produktentstehungsprozesses bisher nicht. Es besteht daher der Bedarf nach einem umfassenden, durchgängigen und komfortablen *Kosten-informationssystem*, welches in die IT-Systemlandschaft der Unternehmen eingebettet ist. Darüber hinaus sollte kostenbezogenes Wissen identifiziert, aufbereitet, in einer *zentralen Wissensbasis* gespeichert und zur Erfüllung der PKM-Aufgaben zugänglich gemacht werden.

Insgesamt ist als Antwort auf die erste Forschungsfrage festzuhalten, dass sowohl hinsichtlich der Konzeption eines effizienten und effektiven PKM und der Verzah-nung der PKM-Aktivitäten als auch hinsichtlich der Kalkulationsmethodik und IT-Unterstützung Handlungs- bzw. Entwicklungsbedarf besteht. Darüber hinaus fehlt es an einer geeigneten, praxistauglichen Vorgehensweise zur unternehmensspezifi-schen Ausgestaltung und Umsetzung der PKM-Konzeption i. V. m. dem Aufbau ei-ner Kostenwissensbasis.

3 ENTWICKLUNG EINES PRODUKTKOSTENMANAGE-MENTKONZEPTS FÜR DIE AUFTRAGSFERTIGUNG

3.1 Spezifikation der Aufgabenstellung

Zur Beantwortung der zweiten Forschungsfrage, wie ein Rahmen für ein in sich geschlossenes, projektbegleitendes und -übergreifendes Produktkostenmanagement und wie ein in dieses eingebettete Kosteninformationssystem für die Auftragsfertigung zu konzipieren ist, erfolgt zunächst, aufbauend auf dem im Kapitel 2 ermittelten Handlungsbedarf, eine Spezifikation der Aufgabenstellung.

In den vorangegangenen Ausführungen wurde festgestellt, dass in Bezug auf die Konzeption eines ganzheitlichen PKM für die AEF Entwicklungsbedarf im Bereich Kalkulationsmethodik, Management von kostenbezogenen Wissen, IT-Unterstützung sowie in der Übertragung der Konzeption auf einen konkreten Anwendungsfall besteht. Es sind daher Ziele, Aufgaben, Objekte, Maßnahmen, Randbedingungen, Einflussgrößen, Organisationsstrukturen und Instrumente eines geschlossenen, projektbegleitenden und -übergreifenden PKM für die AEF in einer Konzeption abzugrenzen und zu definieren. Zur instrumentellen Unterstützung der PKM-Aufgaben ist ein IT-gestütztes Kosteninformationssystem zu entwickeln, welches nachfolgende Anforderungen erfüllt:

- Bereitstellung kontextsensitiver Kalkulationsverfahren entsprechend der zur Verfügung stehenden Informationen und an die Kalkulation gestellten Anforderungen,

- Frühzeitige, verursachungsgerechte, differenzierte und transparente Kostenplanung,

- Berücksichtigung zeitdynamischer Größen in Rahmen der Angebotsbearbeitung,

- Frühzeitige Erkennung von Kostenabweichungen,

- Unterstützung bei der Initiierung und Kontrolle von Kostensenkungsmaßnahmen zur Einhaltung von Kostenzielen,

- Möglichkeiten zur Bewertung von Bezugs-, Gestaltungs- und Prozessalternativen zur Steigerung des Kostenbewusstseins in der Produktentwicklung,

- Durchgängige Verfüg- und Verwendbarkeit von kostenbezogenem Wissen zur Kostenplanung, -kontrolle und -steuerung,

- Verständliche, anwender- und entscheidungsorientierte Informationsaufbereitung,

- Aufwandsarme und komfortable Anwendung sowie ein

- Geringer Erstellungs- und Pflegeaufwand.

3.2 Definition eines konzeptionellen Rahmens für das Produktkostenmanagement

Um die im vorangegangen Abschnitt abgeleiteten Anforderungen zu erfüllen, wird im Folgenden der konzeptionelle Rahmen zu einem geschlossenen, projektbegleitenden und projektübergreifenden PKM für die AEF gelegt. Als Kern des Produktkostenmanagements erfolgt anschließend die Konzeption eines IT-gestützten Kosteninformationssystems und seinen Bestandteilen.

Bezugnehmend auf die Ausführungen zum Kostenmanagement (2.4.1) ist das *produktbezogene Kostenmanagement* als Instrumentarium des Kostenmanagements anzusehen und dient der frühzeitigen und antizipativen Beeinflussung von Kostenstruktur, Kostenverhalten und Kostenniveau [DeFr94] von Produkten. Ihm obliegt die Gestaltung der produktbezogenen Kosten mit den entsprechenden Planungs-, Kontroll-, Informations-, Steuerungs-, Organisations-, Personalführungs- und Controllingaufgaben [GLK12]. Zur Erfüllung dieser komplexen und vielschichtigen Aufgaben können zahlreiche Kostenmanagementinstrumente (siehe Bild 2-5) genutzt werden.

Wie bereits im Abschnitt 2.6 angedeutet, wirkt sich ein effektives und effizientes PKM positiv auf die Wettbewerbsfähigkeit des Unternehmens aus. Es ist daher als strategisches Instrument der Unternehmensführung anzusehen. Um dem strategischen Charakter gerecht zu werden, sollte das PKM langfristig, systematisch und ganzheitlich aufgebaut sein. Dazu bietet es sich an, die Gestaltungsfelder bzw. Facetten zu strukturieren und hinsichtlich der aktuellen und zukünftigen betrieblichen Anforderungen auszugestalten. Das sog. *„Oktogon des Kostenmanagements"* schlägt eine Strukturierung in Form eines Achtecks vor. Die Ecken repräsentieren jeweils die Gestaltungsfelder bzw. Facetten des Kostenmanagements; zu Ihnen gehören die Zielrichtungen, potenzielle Objekte, Aufgaben, Kosteneinflussgrößen, Maßnahmen, organisatorische Aspekte, eingesetzte Instrumente sowie die für das Konzept geltenden Rahmenbedingungen [Götz10].

Als Instrumentarium des Kostenmanagements lassen sich die Facetten des „Oktogons des Kostenmanagements" direkt auf das Konzept zum PKM übertragen. Die verschiedenen Facetten des PKM sind in dem in Bild 3-1 dargestellten „Oktogon des Produktkostenmanagements" strukturiert. Damit ist eine konzeptionelle Basis für das PKM gelegt.

Im Rahmen der Ausgestaltung der einzelnen Facetten sind die im Kapitel 2 herausgearbeiteten Eigenschaften und im Abschnitt 3.1 zusammengefassten Anforderungen an das *Management von Produkt- und Projektkosten* in der AEF zu berücksichtigen. Daher wurde das von KAJÜTER [FrKa02] und LÜCKE [LüBl91] konzipierte sowie von KELETY [Kele06] und GÖTZE [Götz10] weiterentwickelte Oktogon entsprechend angepasst. Die für das zu entwickelte Konzept des PKM besonders relevanten Aspekte sind fett hervorgehoben. Die Verbindungslinien zwischen den Elementen des Oktogons deuten die vielfältigen Beziehungen zwischen diesen an.

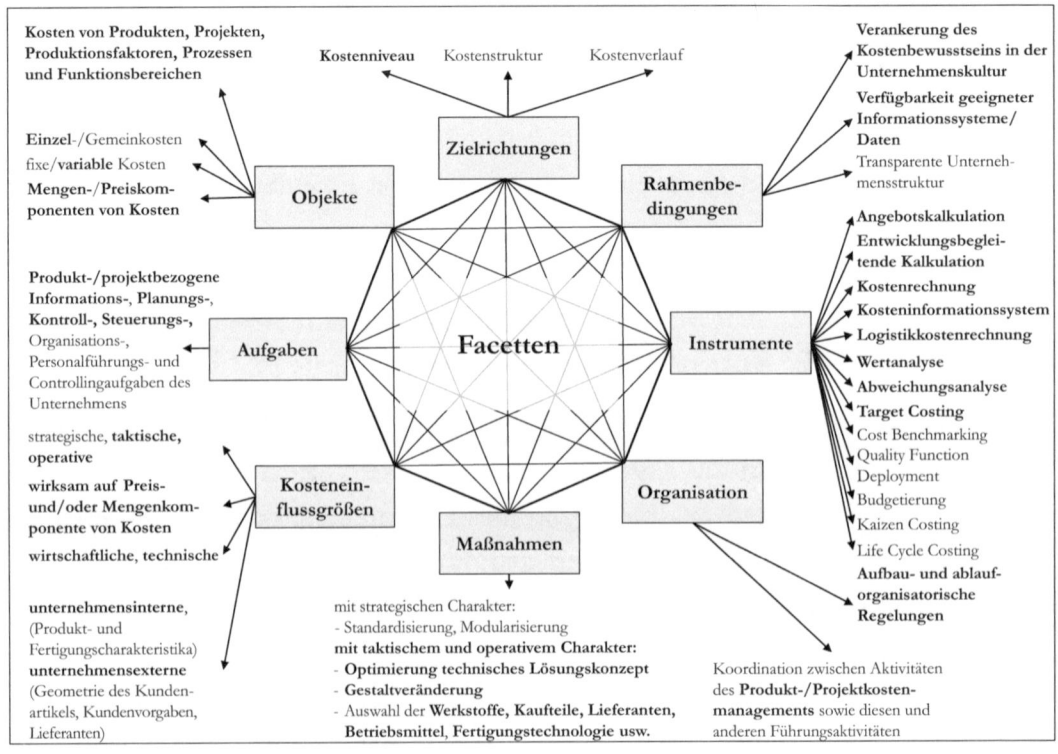

Bild 3-1: Oktogon des Produktkostenmanagements[13]

---

[13] Quelle: konzipiert auf der Basis von: [LüBl91], [FrKa02], [Kele06], [Götz10]

Zielrichtung

Aufgrund der komparativen Kostennachteile ggü. vielen Mitbewerbern aus Asien liegt die Zielrichtung vorrangig in der Senkung des *Kostenniveaus* von Produkten bzw. Projekten sowie in der Erhöhung der diese fördernde Kostentransparenz und Prognosesicherheit. Hinsichtlich der Gestaltung von Kostenstrukturen liegt der Fokus auf dem Abbau fixer Kostenbestandteile, damit u. a. im Rahmen der Kostensteuerung kurzfristig bzw. mittelfristig Maßnahmen zur Anpassung der kapazitiven Auslastung, wie z. B. Fremdvergabe von Leistungsbündeln wirtschaftlich möglich sind.

Objekte

Zu den Objekten des Produktkostenmanagements zählen insbesondere die Kosten für Produkte und Projekte sowie die von Produktionsfaktoren, Prozessen und Funktionsbereichen verursachten Kosten. In Bezug auf die Differenzierung nach Einzel- und Gemeinkosten sowie nach fixen und variablen Kosten liegt der Fokus der Kostensenkungsbemühungen auf den *variablen Einzelkosten und deren Mengen- und Preiskomponenten*. Die variablen Einzelkosten sind ggü. Gemeinkosten kurzfristig beeinflussbar und tragen somit zur Einhaltung von Kostenzielen in einem laufenden Auftrag/Projekt bei. Zu Ihnen gehören beispielsweise die Material-, Fertigungs- und Sondereinzelkosten der Fertigung sowie Konstruktions- und Programmierkosten. Letztere werden üblicherweise den Gemeinkosten zugerechnet; in der AEF können diese Kosten jedoch meistens direkt einem Kostenträger/Projekt zugerechnet werden. Gemeinkostenobjekte wie Material-, Fertigungs-, Verwaltungs- und Vertriebsgemeinkosten sowie (Vor-)Entwicklungskosten (z. B. für Modularisierungen, Standardisierungen etc.) werden zwar in der Kostenplanung und Kostenkontrolle einbezogen, befinden sich aber derzeitig aufgrund ihres langfristigen Charakters nicht im Fokus von Kostensenkungsbemühungen. Des Weiteren finden Kosten, die bei der späteren Nutzung und Verwertung der Erzeugnisse anfallen entsprechend der in Abschnitt 1.3 vorgenommenen Abgrenzung keine Berücksichtigung.

Aufgaben

Als Aufgaben für das PKM in der AEF stehen *Informationsversorgungs-, Planungs-, Kontroll- und Steuerungsfunktionen* im Vordergrund, die bereits zu Beginn der Auftragsabwicklung ansetzen. Diese umfassen die Bereitstellung differenzierter produktbezogener Kosteninformationen und die Schaffung der dafür erforderlichen kostenbezogenen Wissensbasis.

Je nach Controllingperspektive lassen sich die Aufgaben des PKM unterschiedlich interpretieren. ZENZ teilt die unterschiedlichen Controllingperspektiven/-ansätze aus der Literatur entsprechend dem Unternehmenszielbezug, der Funktionstiefe und -breite in sechs Typen ein (siehe Anlage 5) [Zenz99]. Das zu entwickelnde Produktkostenmanagementkonzept vereint dabei die Ansätze vom Typ I - Informationsversorgungsorientiert (REICHMANN), Typ II - Regelungsorientiert (BAUM) und Typ IV - Begrenzt führungsgestaltend (HORVÁTH) vollständig. Gemäß Typ IV hat das Controlling die Aufgabe der Koordination des Planungs- und Kontrollsystems mit dem Informationssystem [Horv09]. Übertragen auf das Management von Projektkosten zur Einhaltung der Projektziele sind die dazugehörigen Aktivitäten aus den Bereichen des Projektmanagements und des Controllings als Aufgaben des operativen Projektcontrollings anzusehen [Deml09].

In diesem Kontext bildet die Planung aller kostenbezogenen Projektaktivitäten sowie die dafür benötigten Ressourcen die Grundlage der Projektkontrolle und -steuerung [Borc06]. (Projekt-)Kontrollen sind organisatorisch verankerte Vergleiche zwischen geplanten (Soll) und realisierten (Ist) Werten [Fres86]; als eine Form der Überwachung sind zu regelmäßigen, festgelegten Zeitpunkten alle quantifizierbaren kostenbezogenen Ist-Werte aus der Projekt- bzw. Auftragsabwicklung zu erheben und mit den in der Planung festgelegten Plan-Werten zu vergleichen. Des Weiteren sind Ursache-Wirkungsbeziehungen von Kostenabweichungen zu ermitteln und die Wirkungen von Kostensenkungsmaßnahmen zu kontrollieren. Entsprechend der Höhe und der Form der Abweichungen (Preis, Menge, Beschäftigung) sind im Rahmen der Steuerung geeignete Maßnahmen einzuleiten sowie ggf. Planwerte anzupassen, um eine wirtschaftlich erfolgreiche Projektdurchführung zu gewährleisten. In Bezug auf die Kostensteuerung sind in der Literatur, je nach zugrundeliegender Controllingkonzeption, vielfältige Definitionen anzutreffen. Zur Erreichung der vom Unternehmen definierten Kostenziele orientiert sich der Steuerungsbegriff in der vorliegenden Arbeit an dem führungstheoretischen Verständnis nach HUNGENBERG: „Steuerung ist die Verknüpfung von Planung und Realisierung" [Hung11]. Die Aufgabe der Steuerung ist demnach Kostenabweichungen in bearbeitbare Maßnahmen umzusetzen, Mitarbeiter mit diesen Aufgaben zu betrauen und die Maßnahmenerfüllung zu kontrollieren [Hung11].

In Anlehnung an den selbststeuernden kybernetischen Regelkreis nach BAUM ET AL. [BCG07] sowie den Regelkreis der Projektüberwachung nach RÖMER [Röme90] und LITKE [Litk07] zeigt Bild 3-2 die Verzahnung der der PKM-Konzeption zugrundeliegenden Informationsversorgungs-, Planungs-, Kontroll- und Steuerungsaufgaben schematisch auf.

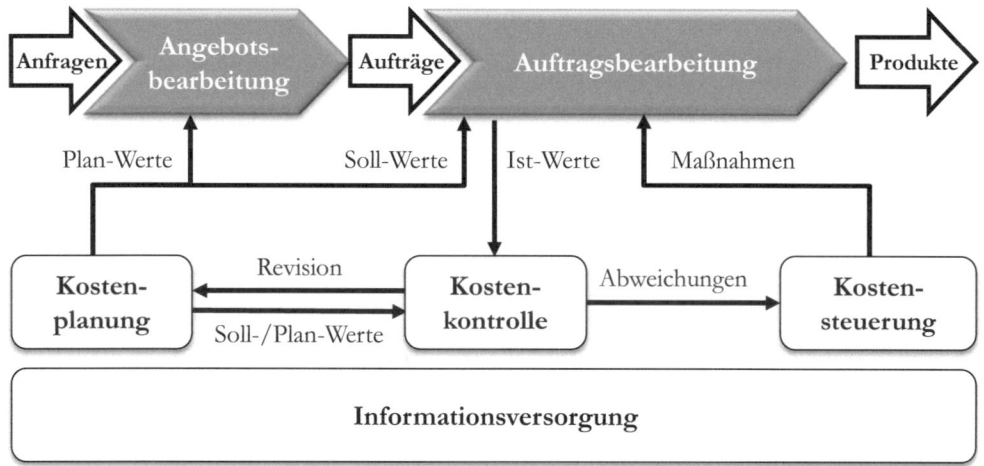

Bild 3-2: Verzahnung der Produktkostenmanagementaufgaben[14]

In der Kostenplanung entstehen Soll- und Planwerte. Diese werden innerhalb der Auftragsbearbeitung auf Grundlage von Ist-Werte regelmäßig revisioniert. Die Kostenkontrolle vergleicht die Ist-Werte mit den vorgegebenen Soll- und Planwerten und leitet daraus Kostenabweichungen ab. In der Kostensteuerung werden diese, sofern sie einen bestimmten Schwellenwert überschreiten, in Maßnahmen zur Erreichung der Soll-Werte umgesetzt.

Kosteneinflussgrößen

Relevante Kosteneinflussgrößen stellen vor allem die zustande kommenden *Aufträge/Projekte* und die Charakteristik der darin enthaltenen *Produkte* dar. Weitere Kosteneinflussgrößen sind u. a. die verfügbaren *Kapazitäten*, spezielle *Kundenvorgaben* wie *Fertigungstoleranzen*, *Werkstoff- und Normteilelieferanten* sowie interne und externe *Konstruktionsrichtlinien*. Die Kosteneinflussgrößen sind vor allem wirtschaftlicher und technischer Natur mit vorwiegend taktischen und operativen Charakter, die sich auf Preis- und Mengenkomponenten von Kosten auswirken. Dies ist insbesondere auf die Zielrichtung und auf die vorgesehenen Aufgaben des PKM mit dem Fokus auf das Controlling von einzelnen Projekten zurückzuführen. Die Betrachtung von Kosteneinflussgrößen, die sich auf die Beschäftigung auswirken, ist daher ausgeklammert.

---

[14] In Anlehnung an [Röme90], [Litk07]

Maßnahmen

Die Maßnahmen des PKM zielen vor allem auf die Beeinflussung der Kosteneinflussgrößen zur Senkung des Kostenniveaus von Produkten und Projekten ab. Die dazu genutzten Maßnahmen werden nach dem Objektbezug in projektübergreifende, projektbezogene und produktbezogene Maßnahmen kategorisiert. Zu den projektübergreifenden Maßnahmen zählen beispielsweise Aktivitäten zur *Standardisierung* und *Modularisierung* von Produkten oder Komponenten sowie allg. Maßnahmen zur Steigerung der Kosteneffizienz entlang der Wertschöpfungsprozesskette. Sie wirken sich langfristig auf das Produktspektrum und die Wettbewerbsfähigkeit aus, so dass sie einen strategischen Charakter aufweisen. Projektbezogene Maßnahmen adressieren an eine *kostenorientierte Gestaltung des technischen Lösungskonzepts* und *Prozessverbesserungen* im Rahmen der konkreten Auftragsabwicklung. Auf Produktebene finden sich vorwiegend Maßnahmen wieder, die auf die Senkung von spezifischen Produktkosten abzielen. Dazu gehören u. a. die *kostengerechte Gestaltung* der technischen und stofflichen Eigenschaften einzelner Produkte bzw. deren Komponenten, die *Auswahl* von Werkstoffen, Kauf-/Normteilen, Fertigungsverfahren, Lieferanten usw. Diese tragen zusammen mit den projektbezogenen Maßnahmen einen taktischen und operativen Charakter und finden vor allem bei kurzfristigen Entscheidungen zur Kostensenkung Anwendung.

Organisation

Bei der Organisation des PKM ist eine effiziente *Koordination* der an der Erfüllung der PKM-Aufgaben und an kostenrelevanten Entscheidungen beteiligten Personen und ihrer Aktivitäten untereinander anzustreben. Dies beinhaltet insbesondere *aufbau- und ablauforganisatorische Regelungen*; zu Ihnen sind die Aufgabenzuordnung, Festlegung von Entscheidungskompetenzen und Zugriffsrechten, Bestimmung von Workflows etc. zu zählen. Des Weiteren sind die Aktivitäten des Kostenmanagements mit anderen Führungsaktivitäten (z. B. strategisches Management, Qualitätsmanagement) abzustimmen [Götz10].

Rahmenbedingungen

Zu den relevanten, internen *Rahmenbedingungen* zählen die vorwiegend mittelständischen *Unternehmensstrukturen*, die verfügbaren *Informationssysteme und Daten* sowie die Dominanz technisch geprägter Mitarbeiter. Das Ziel des PKM besteht hierbei in der Verankerung eines unternehmensweiten Kostenbewusstseins in der Unternehmenskultur.

Instrumente

Als Instrumente des Produktkostenmanagements sind phasenspezifische Kalkulationen, Methoden der Kostenrechnung und Verfahren zur Erkennung und Bewertung von Kostenabweichungen sowie zur Kostenoptimierung unabdingbar. Daher sind im Oktogon des Produktkostenmanagements die im Bild 2-5 als relevant eingestuften Kostenmanagementinstrumente farblich hervorgehoben. Die Instrumente zur Kalkulationen bilden den instrumentellen Kern des Kostenmanagements: Sie stellen die Basis der Angebotsabgabe dar und stellen Kosteninformationen für die Kostenplanung, -kontrolle und -steuerung während des Wertschöpfungsprozesses bereit [GLK12]. Damit bilden sie zugleich Schnittstellen zwischen diesen Aufgaben. Um die Kalkulationen effizient und effektiv durchführen zu können, sollten diese und die damit verbundenen Aktivitäten durch den Einsatz eines IT-gestützten Kosteninformationssystem mit Informationen versorgt werden.

Das entwickelte Oktogon des Produktkostenmanagements weist funktionale, institutionelle und instrumentelle Komponenten auf. Es sagt aus, mit welchen Informations-, Planungs-, Kontroll- und Steuerungsaufgaben unter Nutzung welcher Instrumente und im Rahmen welcher institutionellen Ausgestaltung („Aufbau- und Ablauforganisation") vor allem das Niveau der Produkt- bzw. Projektkosten und ihrer Komponenten gesenkt werden soll [GLK12]. Dazu werden unter Berücksichtigung und zur Beeinflussung von Rahmenbedingungen und Kosteneinflussgrößen geeignete Maßnahmen ergriffen.

In Bild 3-3 sind die Kernbestandteile der PKM-Konzeption und das Zusammenspiel zwischen ihnen und den Managementaktivitäten überblicksartig skizziert. Den Kern des Konzepts bildet das IT-gestützte Kosteninformationssystem (IKIS). IKIS stellt Methoden und Instrumente zur Angebots- und Projektbegleitenden Kalkulation sowie zur Ermittlung von Kostenabweichungen bereit. Diese greifen zur Erfüllung ihrer Aufgaben auf eine im IKIS integrierte Kosten-/Wissensbasis zurück. Im nachfolgenden Abschnitt wird auf die Bestandteile des Kosteninformationssystems und deren Einbettung in die Komponenten eines quasi Expertensystems sowie auf das Zusammenspiel zwischen Ihnen und den Managementaktivitäten näher eingegangen.

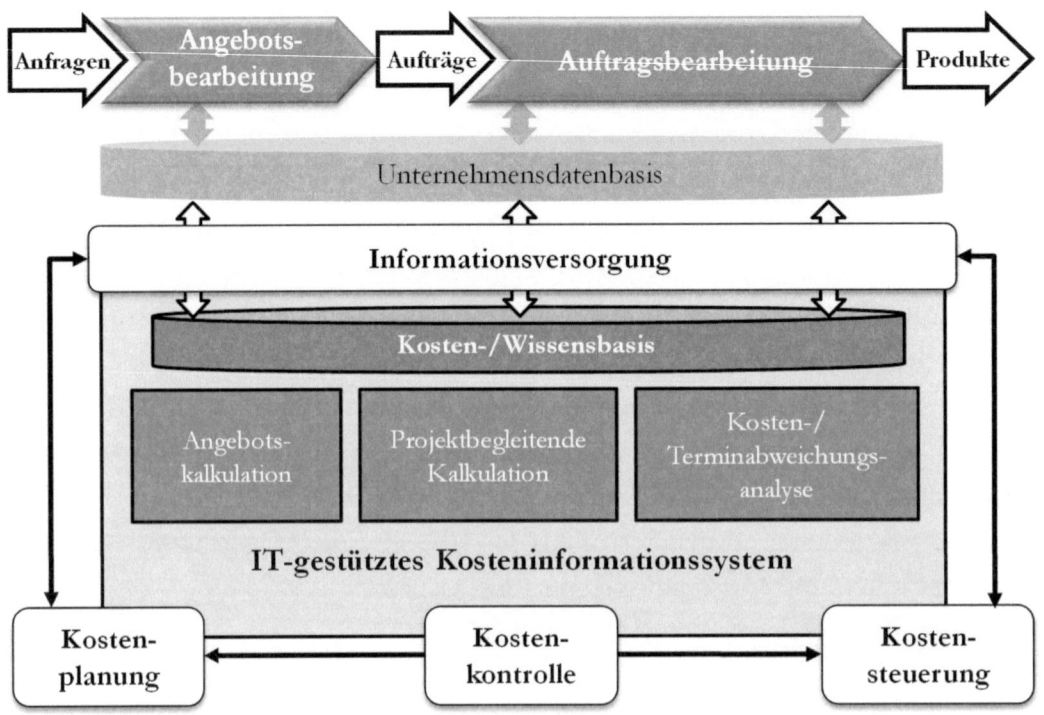

Bild 3-3: IT-gestütztes Kosteninformationssystem als Instrument des PKM

3.3 Aufbau des Kosteninformationssystems

Das IT-gestützte Kosteninformationssystem versorgt die Durchführung der Planungs-, Kontroll- und Steuerungsaufgaben mit Kosteninformationen und übernimmt sogleich eine Schnittstellenfunktion zwischen diesen.

Im Rahmen der *Kostenplanung* sind insbesondere die Erstellung von Angebotskalkulationen sowie die unter der Projektbegleitende Kalkulation subsumierten entwicklungsbegleitenden, Zwischen- und Nachkalkulationen (siehe Abschnitt 2.4.2) durch das IKIS zu unterstützen. Für möglichst genaue und ressourcenschonende Kalkulationen sind ein flexibler, kontextbezogener Einsatz von Kalkulationsverfahren sowie eine verursachungsgerechte und differenzierte Kostenzurechnung zu gewährleisten. Des Weiteren sollen die Planungsergebnisse zur Festlegung von Kostenzielen bzw. Budgetobergrenzen, zur Erfüllung von Kontrollaufgaben sowie zur Bewertung von Kostensenkungsmaßnahmen verwendet werden können. Damit sollen Kostenziele erreicht und das Kostenbewusstsein im Unternehmen gesteigert werden.

In Bezug auf die *Kostenkontrolle* sind entsprechend der Anforderungen aus 2.2.3 frühzeitig erfolgsrelevante Abweichungen von den festgelegten Kostenzielen anzuzeigen und darauf basierende Kostenverläufe zu prognostizieren. Zudem sind Ursache-Wirkungsbeziehungen von Kostenabweichungen zu ermitteln und die Wirkung von

Kostensenkungsmaßnahmen zu kontrollieren. Daraus sollen Lerneffekte sowohl für zukünftige Kalkulationen als auch für Kostensenkungsmaßnahmen abgeleitet werden können.

Die *Kostensteuerung* soll dahingehend unterstützt werden, dass auf Grundlage der ermittelten Kostenabweichungen bearbeitbare Maßnahmen zur Gestaltung des Kostenniveaus und -struktur abgeleitet werden können. Ein weiteres Ziel besteht in der Unterstützung der Auswahl geeigneter und erfolgsversprechender Kostensenkungsmaßnahmen.

Um diese Ziele zu erreichen, sind notwendige konzeptionelle Vorarbeiten, der Aufbau einer geeigneten Kosten-/Wissensbasis, die Umsetzung und Integration des IKIS in die IT-Systemlandschaft des Unternehmens sowie aufbau- und ablauforganisatorische Maßnahmen erforderlich. Dazu sind in Abhängigkeit der PKM-Zielstellung sowie des Ist-Standes der im Unternehmen verfügbaren IT-Systeme, der vorliegenden Datenqualität und den Zugriffsmöglichkeiten auf Kostenwissen z. T. hohe Ressourcenaufwände in der Analyse, Konzeptionierung und Umsetzung notwendig. Daher ist es zweckmäßig, abgrenzbare Funktionalitäten des IKIS zu modularisieren. Unter Modularisierung wird in diesem Kontext die Zerlegung eines Systems in austauschbare, in sich abgeschlossen Bestandteile, sog. Module verstanden [Lind08]. Sie dient der Unterteilung des Gesamtsystems in überschaubare, unabhängige Einheiten [Lind08], die eine eindeutige Funktionszuordnung aufweisen [Salv07]. Voraussetzung für die Bildung und den Austausch von Modulen ist die Definition geeigneter, standardisierter und entkoppelter Schnittstellen [Ulri95], [Lind08].

Die Modularisierung ermöglicht es zudem, ein Projekt zur Konzeption und Umsetzung eines IKIS in bearbeitbare, leichter zu planende und kontrollierbare Teilprojekte/-aufgaben zu unterteilen. Mit dem Abschluss von Teilaufgaben i. V. m. der Durchführung von Test- und Feedbackschleifen kann die für die Einführung eines IKIS erfolgsrelevante Akzeptanz der potentiellen Anwender des Systems erreicht werden. Ein weiterer Vorteil der Modularisierung ist, dass nur die Module ausgewählt werden, die sich an der PKM-Zielstellung und an den verfügbaren Ressourcen orientieren. Sofern sie die jeweiligen Anforderungen der PKM-Konzeption erfüllt sind, lassen sich Module durch bereits bestehende IT-Instrumente im Unternehmen ersetzen. In jedem Fall ist für den Informationsaustausch zwischen den Modulen und der Unternehmensdatenbasis, die repräsentativ für alle Datenquellen im Unternehmen steht, eine geeignete Anbindung an die Kosten-/Wissensbasis herzustellen.

Aufbauend auf dem konzeptionellen Rahmen für das PKM in der AEF sind für die Unterstützung der Kostenplanung zwei Kalkulationsmodule – das Modul I - Angebotskalkulation zur Unterstützung der Kostenplanung im Rahmen der Angebotsbearbeitung und das Modul II - Projektbegleitende Kalkulation zur Unterstützung der Kostenplanung in der Auftragsbearbeitung – vorgesehen. Zur Erfüllung der o. g. Kontrollaufgaben wurden alle Funktionalitäten im Modul III - Kostenkontrolle zusammengefasst (siehe Bild 3-3). Für die Kosten-/Wissensbasis wurde kein eigenes Modul geschaffen, da sie für die Module I-III die Informationsversorgung mit Fakten- und Regelwissen sicherstellt. Sie ist zwingend notwendig und daher nicht austauschbar. Demgegenüber sind die Inhalte der Kosten-/Wissensbasis aufgabenbezogen modularisierbar. Bild 3-4 stellt die Zusammenhänge zwischen den Modulen, der Kosten-/Wissensbasis und den Aufgaben schematisch dar.

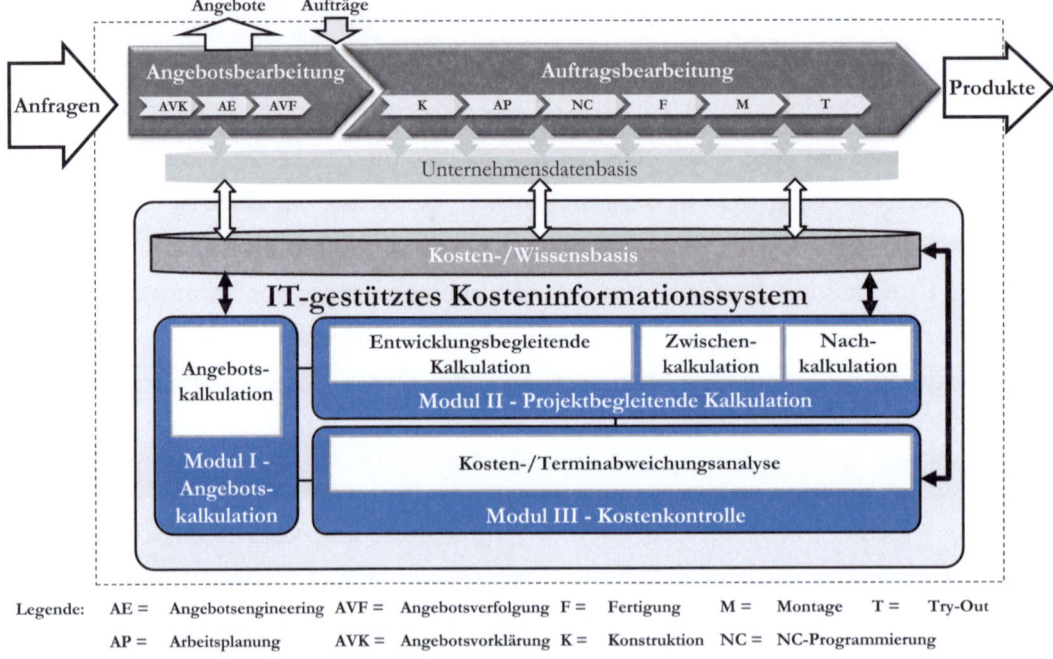

Bild 3-4: Aufbau und Struktur des IT-gestützten Kosteninformationssystems

Ausgehend von eingehenden Kundenanfragen werden im *Modul I - Angebotskalkulation* unter Rückgriff auf geeignete Kalkulationsverfahren und kostenbezogenes Expertenwissen aus der Kosten-/Wissensbasis Angebote erstellt. Gleichzeitig stehen Soll-Werte für die Kostenkontrolle zur Verfügung. Nach Auftragserteilung wird das *Modul II - Projektbegleitende Kalkulation* eingesetzt, um auf Basis der Planwerte aus Modul I sowie aktuell verfügbarer Projekt-/Produktdaten aus der Auftragsbearbeitung Plan-Kosten zu ermitteln. In Abhängigkeit des Kalkulationszeitpunktes sind dazu entwicklungsbegleitende Kalkulationen, Zwischen- oder Nachkalkulationen verfügbar. Auf Grundlage der Sollwerte aus dem Modul I und Planwerten aus dem Modul

II erfolgt im *Modul III – Kostenkontrolle* eine frühzeitige Aufdeckung von erfolgsrelevanten Kostenabweichungen. Diese sind Ausgangspunkt für die Initiierung von Kostensenkungsmaßnahmen im Rahmen der Kostensteuerung. Mit Hilfe des in den ablauforganisatorischen Regelungen des Produktkostenmanagementkonzepts vorgesehene Monitoring von Kostenentwicklungen mit dem Modul II werden die wirtschaftlichen und zeitlichen Effekte der initiierten Maßnahmen indirekt kontrolliert. Zur Ausführung der Module I-III enthält und verwaltet die Kosten-/Wissensbasis das kostenbezogene Wissen. Die Ergebnisse aus der Anwendung der Module I-III fließen wiederum in die Kosten-/Wissensbasis zurück. Durch eine konsequente Anwendung des IKIS werden sowohl adäquate Angebote als auch rentable Produkte bzw. Projekte ermöglicht.

Zur Unterstützung des PKM in der AEF setzt die Anwendung des IKIS zum einen die Verfügbarkeit von unterschiedlichen Kalkulationsverfahren, Analysemethoden sowie Fakten- und Regelwissen voraus. Zum anderen sind eine aufgaben- und anwenderorientierte Schnittstelle zur Kommunikation mit dem IT-Systemen im Unternehmen, Möglichkeiten der Erweiterung und Manipulation der Kosten-/Wissensbasis sowie eine adäquate Darstellung der Ergebnisse erforderlich. Um diesen Anforderungen gerecht zu werden, wird zur Strukturierung des IKIS auf die in Abschnitt 2.5.3 erläuterte Komponentenstruktur von Expertensystemen zurückgegriffen, da sich diese sehr gut auf die vorliegende Aufgabenstellung übertragen lässt. Einerseits bietet der den Expertensystemen innewohnende Problemlösungsprozess die Möglichkeit kontextbezogen geeignete Kalkulationsverfahren auszuwählen und das benötigte Kostenwissen zentral zu verwalten. Andererseits können damit die unterschiedlichen Hauptfunktionen des IKIS wie die Benutzereingabe, die Problemlösung, die Ergebnisaufbereitung und die Datenverwaltung eindeutig einzelnen Komponenten zugeordnet werden. Demnach erfolgt die Beschreibung eines konkreten Problems, wie z. B. die Bewertung einer technischen Lösung über die Dialogkomponente. Zur Lösung der in das IKIS eingebrachten Kostenplanungs- und Kostenkontrollproblemen werden die Module I, II und III eingesetzt. Sie sind Bestandteil der Problemlösungskomponente. Sie greifen dazu auf das in der Kosten-/Wissensbasis formalisierte kostenbezogene Expertenwissen zurück. Die Ergebnisse der Problemlösung werden anschließend über die Erklärungs- und Dialogkomponente verständlich und entscheidungsbezogen dargestellt. Abschließend werden die Aufgaben der Erfassung, Ergänzungen und Modifikation des bestehenden Wissens durch die Wissensakquisitionskomponente übernommen.

3.4 Entwicklung der Problemlösungskomponente

3.4.1 Vorgehensweise

Als wesentlicher Bestandteil des Kosteninformationssystems beinhaltet die Problemlösungskomponente die zur Lösung von „Kalkulationsproblemen" benötigten Kontroll- und Abarbeitungsstrategien; diese geben an, auf welche Art- und Weise die Lösung gefunden und welche Fakten und Regeln dabei durchlaufen werden sollen [Kurb92]. Die Schlussfolgerungen können deduktiv, induktiv, approximiert bzw. nicht exakt (Einsatz von Heuristiken bei unsicherem Wissen) und analog (Analogiebeziehung für unbekannte Sachverhalte) sein [Kurb92]. Im Gegensatz zum menschlichen Gehirn, welches viele Probleme über Analogieschlüsse löst, stützen sich die meisten Expertensysteme auf das deduktive Schließen [Kurb92], da dieses rechentechnisch bisher am besten umgesetzt ist. Verfahren der künstlichen Intelligenz ermöglichen zwar auch induktive Schlüsse, sind bisher aber noch nicht ausreichend transparent und erprobt.

Für das Durchlaufen der Regeln sind zwei Richtungen zu unterscheiden: Bei der Vorwärtsverkettung geht die Problemlösungskomponente von gegebenen Fakten aus (z. B. der Problembeschreibung des Anwenders über die Dialogkomponente) und sucht zunächst eine Regel, deren Prämissen erfüllt sind. Daraufhin werden Konklusionen abgeleitet, die wiederum neue Fakten generieren und ggf. zur Ausführung neuer Regeln führen. Dies geschieht solange bis der Zielzustand erreicht wird. Die Anwendung erfolgt meist bei unbekannten Zielzuständen. Demgegenüber bildet bei der Rückwärtsverkettung der Zielzustand den Ausgangspunkt. Von diesem ausgehend werden nur solche Regeln durchlaufen, die zur Ableitung des Zielzustandes beitragen. [Kurb92]

Im Kontext der Unterstützung von Kostenplanungsaktivitäten durch Kalkulationen liegt eine Vorwärtsverkettung vor, da sowohl der Zielzustand (Kalkulationsergebnis) unbekannt ist als auch von gegebenen Fakten, wie z. B. Kundenanfragen oder Ist-Kosteninformationen ausgegangen wird. Gleiches gilt für die Ermittlung von Kostenabweichungen im Rahmen der Kostenkontrolle. Eine Rückwärtsverkettung kommt dagegen bei der Ermittlung von Ursache-Wirkungs-Zusammenhängen der Kostenabweichungen zum Einsatz.

Entsprechend des in 3.3 dargelegten Aufbaus des IKIS und der Zuordnung der Module I, II, und III zur Problemlösungskomponente erfolgt in den nachfolgenden Abschnitten die Konzeptionierung der einzelnen Module. Die Konzeptionierung umfasst die Ziel-/Aufgabenstellung des jeweiligen Moduls, eine daraus abgeleitete Strukturierung und Modularisierung von Teilaufgaben sowie die Auswahl geeigneter Methoden und Instrumente zur Erfüllung der Teilaufgaben.

3.4.2 Konzept Modul I – Angebotskalkulation

3.4.2.1. Ziel-/Aufgabenstellung

In der Angebotskalkulation besteht der Konflikt, dass die abzugebenden Angebote möglichst durch verursachungsgerechte, transparente und effizient erstellbare Angebotskalkulationen fundiert werden sollen, obwohl dafür aber relativ wenig, globale und unsichere Informationen über die Produktmerkmale zur Verfügung stehen [GLK12]. Hinzu kommt, dass in der AEF die Angebotserarbeitung i. d. R. unentgeltlich erfolgt und nur ein kleiner Teil der abgegebenen Angebote zu einem Auftrag führen. Daher sind „Detailkalkulationen" i. d. R. nicht wirtschaftlich. Der mit ihnen verbundene Aufwand ist meist nur für Anfragen von „Schlüsselkunden", mit großem Auftragsvolumen und/oder hoher Umwandlungswahrscheinlichkeit gerechtfertigt [KoLe11]. Für den Großteil der Kundenanfragen besteht daher ein Bedarf nach besonders einfach und schnell realisierbaren „Grobkalkulationen". Zudem ist eine weiterführende Nutzung der Kalkulationsergebnisse in der projektbegleitenden Kostenplanung sowie für die Kostenkontrolle nicht gegeben. Für das Modul I – Angebotskalkulation werden daraus folgende *Aufgaben* abgeleitet:

- Bereitstellung kontextsensitiver Kalkulationsverfahren für Grob- und Detailkalkulationen unter Berücksichtigung zeitdynamischer Größen,

- Transparente und reproduzierbare Angebotserstellung,

- Effiziente und komfortable IT-Unterstützung,

- Bewertung von Gestaltungsalternativen sowie

- Wiederverwendbarkeit der Kalkulationsergebnisse für eine projektbegleitende Kalkulation und ähnliche Angebotskalkulationen sowie bei der Kostenkontrolle

3.4.2.2. Modularisierung

Analog zur Modularisierung der PKM-Aufgaben in die Module I-III werden die o. g. Aufgaben des Modul I einzelnen Submodulen zugeordnet. Für eine *Grobkalkulation* ist es beispielsweise zweckmäßig auf Erfahrungen aus erfolgreichen, ähnlichen und bereits abgeschlossenen Projekten zurückzugreifen. Diese Vorgehensweise findet in der Praxis eine sehr große Verbreitung. Die Kalkulationsgenauigkeit ist dabei in hohem Maße vom jeweiligen Experten abhängig. Mit dem Ziel das implizite Erfahrungswissen zu externalisieren (digital verfügbar zu machen) ist im Modul I ein *Fallbasiertes Suchsystem* implementiert.

Bei der *Detailkalkulation* erfolgt demgegenüber eine detaillierte Bottom-Up Kalkulation, beginnend bei den Einzelteilen bis hin zu Produkten und Projekten. Aufgrund der meist hohen Materialeinzelkosten- und Wertschöpfungsprozesskostenanteile an den Herstellkosten sowie aus Gründen der Übersichtlichkeit und Nachnutzbarkeit der Kalkulationsergebnisse ist es in der AEF zweckmäßig diese getrennt und detailliert zu ermitteln. Das Konzept zum Modul I enthält daher ein Submodul zur Berechnung der kostenrelevanten Materialkosten, den sog. *Materialkostenkalkulator* und ein Submodul zur Berechnung der Wertschöpfungsprozesskosten, den sog. *Wertschöpfungsprozesskostenkalkulator*. Unter Wertschöpfungsprozesskosten sind in diesem Zusammenhang alle Kosten in der Auftragsbearbeitung subsumiert, die direkt einem Kostenträger zugeordnet werden können. Dazu gehören Fertigungseinzelkosten (z. B. Personalkosten) und Fertigungsgemeinkosten, Sondereinzelkosten der Fertigung (z. B. Werkzeug- und Vorrichtungskosten) sowie auch Entwicklungs-/ Konstruktions-, Planungs- und CNC-Programmierkosten sofern sie – wie in der AEF häufig anzutreffen – direkt einem Kostenträger zugeordnet werden können.

Zur Berücksichtigung zeitdynamischer Größen in der Angebotskalkulation empfiehlt sich der Rückgriff auf das von DENKENA ET AL. erstellte Konzept zu Prognosemärkten [DeNe12]. Auf diesen werden Prognosen zu Kostenentwicklungen von Materialkosten, Fremdleistungen, Werkzeugkosten, Maschinenauslastung und Personaleinsatz unterschiedlicher Mitarbeiter zusammengefasst und daraus zeitlich variierende Faktoren abgeleitet. Diese an die *Delphi-Methode* angelehnte Expertenbefragung sollte ferner durch Analysen von Preisindizes, wie sie z. B. KILGER ET AL. und KALUF vorschlagen[KVP07], [Kalu14], untersetzt werden.

Nach Anwendung der o. g. Submodule liegen Plankosteninformationen mit unterschiedlichen Objektbezügen und Detaillierungsstufen vor. Um daraus verursachungsgerechte und differenzierte Planwerte zur Prognose der Produkt- und Projektkosten abzuleiten, enthält das Konzept des Modul I das Submodul *Produkt- und*

Projektkalkulation I. In diesem erfolgt die Zusammenfassung der Kalkulationsergebnisse, welche abschließend in der Kosten-/Wissensbasis abgelegt und als Soll-Werte bzw. Kostenziele für die Auftragsbearbeitung verwendet werden können. Bild 3-5 zeigt den Aufbau und die Struktur des Modul I und den o. g. Submodulen schematisch auf.

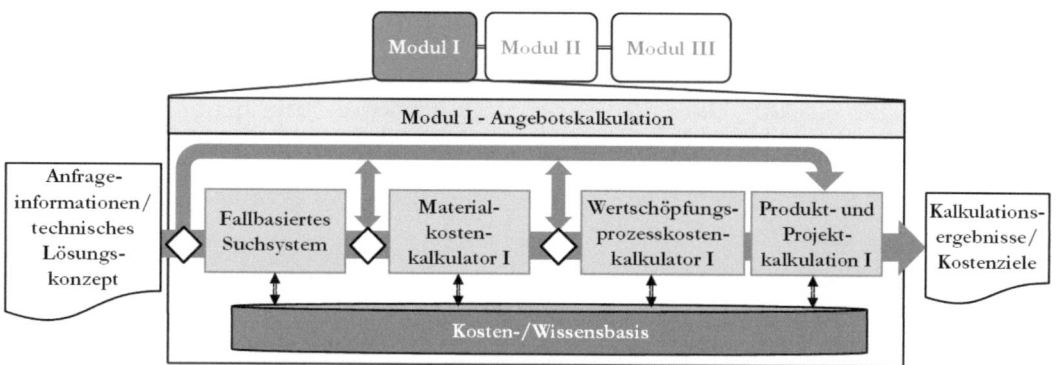

Bild 3-5: Aufbau und Struktur des Modul I – Angebotskalkulation

Mit Vorliegen von Anfrageinformationen und dem im Angebotsengineering entwickelten technischen Lösungskonzept sind durch Kombination der Submodule mehrere Detaillierungsstufen der Angebotskalkulation möglich: Wird beispielsweise eine schnelle Reaktionsgeschwindigkeit in Bezug auf die Kundenanfrage erwartet und es liegen Erfahrungswerte des Kalkulators zu vergleichbaren Kalkulationsproblem vor, erfolgt eine Grobkalkulation analog zur weitverbreiten Ähnlichkeitskalkulation direkt im Submodul Produkt- und Projektkalkulation I. Alternativ kann mit dem Submodul Fallbasiertes Suchsystem nach ähnlichen Kalkulationsproblemen und deren Lösung in einer Fallbasis gesucht werden. Das Suchergebnis wird anschließend in die Produkt- und Projektkalkulation I übertragen. Beide Varianten bilden die Grobkalkulation ab. Sind dagegen Detailkalkulationen erforderlich, ist der Material- und/ oder Wertschöpfungsprozesskostenkalkulator einzusetzen. Die höchste Detaillierung wird bei Anwendung aller Submodule erreicht.

3.4.2.3. Fallbasiertes Suchsystem

Das Fallbasierte Suchsystem verwaltet organisationsspezifisches Kostenwissen wie z. B. Nachkalkulationen zu abgeschlossenen und wiederverwendbaren Referenzprojekten und Referenzprodukten (Fälle) in einer Fallbasis. Zum Zwecke der kontextbezogenen Wiederauffindung werden die Fälle im Rahmen einer Fallindexierung durch fallbeschreibende Merkmale charakterisiert [KuDo93]. Gemäß der zugrundeliegenden Methodik des fallbasierten Schließens (siehe Abschnitt 2.4.3.5) und Durchführung der ihr inhärenten Inferenzprozesse wird in der Retrieve-Phase die aktuelle Problemstellung anhand der fallbeschreibenden Merkmale (Ähnlichkeitskriterien) mit den in der Fallbasis enthaltenen Fällen verglichen. Das Ergebnis ist eine nach abnehmender Ähnlichkeit gestaffelte Präferenzordnung der Fälle [Rösl05]. In der Reuse-Phase erfolgt die Wiederverwertung der für das Kalkulationsproblem passfähigsten Lösung. Bei Grobkalkulationen ist ggf. noch eine Adaption (Revise-Phase) auf den vorliegenden Anwendungsfall erforderlich. Für Detailkalkulationen können die Grobkalkulationen als Absprungbasis genutzt werden. In der abschließenden Retain-Phase kann nach Prüfung durch einen Fachexperten und erfolgter Merkmalsindexierung die Lösung über die Wissensakquisitionskomponente der Kosten-/Wissensbasis hinzugefügt werden. Bild 3-6 zeigt die Nutzung des fallbasierten Schließens zur Erstellung von Grobkalkulationen auf.

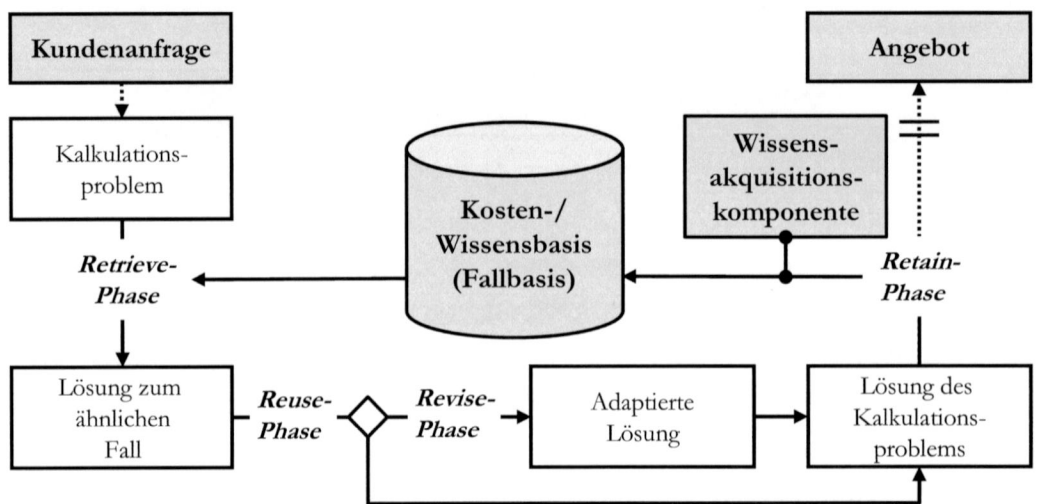

Bild 3-6: Fallbasiertes Schließen in der Angebotskalkulation

3.4.2.4. Materialkostenkalkulator I

Im Materialkostenkalkulator I erfolgt die Berechnung der Eigen- und Fremdfertigungsteile (Kaufteile) auf Grundlage standardisierter produktklassenspezifischer Rumpfstrukturlisten. Die Rumpfstrukturlisten enthalten die kostenrelevanten Hauptelemente einer Produktklasse und sind in der Kosten-/Wissensbasis hinterlegt. Sie tragen vor allem bei komplexen Erzeugnissen mit vielen Komponenten zur Übersichtlichkeit und effizienten Kalkulation bei. So erfolgt die Bestimmung des Rohmaterialbedarfs mit Hilfe der Angaben über die geometrischen Hauptabmessungen der in den Rumpfstrukturlisten hinterlegten Hauptelemente. Die Kosten der kalkulationsrelevanten Kaufteile werden auf Grundlage der in der Kosten-/Wissensbasis verwalteten Cost Tables zu Kaufteilen bestimmt.

Mit dem Rückgriff auf Geometriedaten der kostenbestimmenden Hauptelemente ermöglicht dieses Submodul, Materialkosten schon bei der Angebotskalkulation differenziert und relativ genau zu bestimmen. Des Weiteren führt eine Weiternutzung des in den Rumpfstrukturstücklisten dokumentierten Produktentwurfs als Startmodell für die Konstruktion zur Verbesserung des Informationsflusses zwischen Angebots- und Auftragsbearbeitung.

3.4.2.5. Wertschöpfungsprozesskostenkalkulator I

Die Kalkulation der durch die interne Leistungserstellung verursachten Kosten wird prozessorientiert unter Nutzung des Wertschöpfungsprozesskostenkalkulators (WPKK I) vorgenommen. In Bezug auf die Fertigung werden dazu Eigenfertigungs-teile, die gleiche Arbeitsfolgen durchlaufen, in einer Objektklasse zusammengefasst und Standardarbeitspläne für diese erarbeitet. Auf Basis der in den Rumpfstücklisten enthaltenen Hauptelemente werden die Prozesszeiten für die einzelnen Arbeits-schritte der ihnen zuordenbaren Standardarbeitspläne vergangenheitsbezogen prog-nostiziert. Dazu erfolgt eine Identifikation und Adaption von entsprechenden Refe-renzzeiten für standardisierte Arbeitsfolgen von Konstruktions-, Programmier-, Fer-tigungs-, Montageprozessen aus der in der Kosten-/Wissensbasis hinterlegten Fall-basis (fallbasiertes Schließen auf Prozessebene). Neben der personellen Aufwands-abschätzung im Modul I können die Referenzzeiten bei Auftragserteilung als Basis für die Ermittlung von Planzeiten in der Arbeitsplanung genutzt werden.

3.4.2.6. Produkt- und Projektkalkulation I

Im Submodul Produkt- und Projektkalkulation I fließen die generierten Kostenin-formationen zuerst auf Produkt- und dann auf Projektebene zusammen. Entspre-chend der Festlegungen zum Kostenmodell eines Angebots werden die berechneten Kostenkomponenten aus den vorangestellten Submodulen Angebotspositionen zugerechnet. Bei einer Grobkalkulation erfolgt meist eine Anpassung der in der Fall-basis gefundenen Lösung an die vorliegende Problemstellung (Revise-Prozess). Die Anpassungen sind sowohl auf Ebene der einzelnen Produkte als auch auf Projekt-ebene durchführbar. Demgegenüber werden bei einer Detailkalkulation die Materi-alkosten aus dem MKK I und die Wertschöpfungsprozesskosten aus dem WPKK I für ein Produkt i. d. R. unverändert übernommen und ggf. erst auf der nächst höhe-ren Aggregationsebene (Projektebene) an preisgestalterische Randbedingungen (z. B. Zielkosten) angepasst. Anschließend erfolgt in Abhängigkeit des ausgewählten Kos-tenträgerrechnungsverfahrens die Zurechnung von Gemeinkosten. Im Ergebnis lie-gen je nach gewählter Kalkulationsgenauigkeit (grob- oder detailliert) mehr oder we-niger detaillierte Planwerte vor. Diese können schließlich zur Bestimmung von Her-stellkosten, Selbstkosten, Angebotspreisen, Deckungsbeiträge etc. herangezogen werden.

3.4.2.7. Auswahl von Kalkulationsverfahren

Um die Kernanforderungen an die Kostenplanung in der Angebotskalkulation, wie hohe Genauigkeit, Transparenz bei gleichzeitig geringem Ressourcenverbrauch erfüllen zu können, reichen die aktuell genutzten Methoden der Expertenschätzung, Suchkalkulation und einfache lineare Kostenfunktionen oftmals nicht aus. Gemessen an Nachkalkulationen liegt die Genauigkeit dieser Verfahren im WuF im Bereich von ± 24,4 % [AsOv10]. Im Modul I wird zwar auch auf die o. g. Kalkulationsverfahren zurückgegriffen; diese werden jedoch durch *statistisch und analytisch ermittelte Kostenfunktionen* ergänzt. Das Modul I bietet damit Möglichkeiten diese Methoden IT-gestützt, kombiniert und problemspezifisch einzusetzen. Für die Auswahl aus den im Abschnitt 2.4.3 beschriebenen Kalkulationsverfahren werden sowohl die Ziele/Aufgaben des Modul I als auch die Bewertung der Kalkulationsverfahren aus Tabelle 2-5 herangezogen. Das Bild 3-7 gibt einen Überblick über die in den einzelnen Submodulen nutzbaren Kalkulationsverfahren. In Abhängigkeit der Anforderung an die Kalkulationsgenauigkeit und den Kalkulationsaufwand können Kalkulationsverfahren flexibel kombiniert und IT-gestützt Grob- bzw. Detailkalkulationen durchgeführt werden.

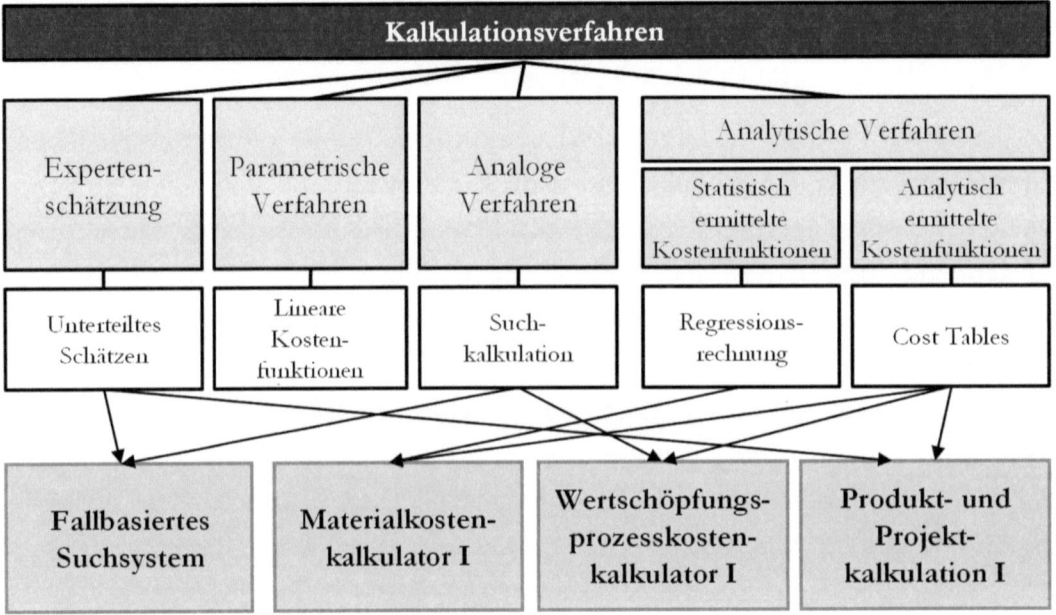

Bild 3-7: Auswahl von Kalkulationsverfahren zur Angebotskalkulation

Die weitverbreitete *Expertenschätzung* ist zwar subjektiv, undifferenziert und intransparent. Trotzdem sollte nicht auf das Expertenwissen sowie auf die schnelle und breite Anwendbarkeit verzichtet werden. Sie findet daher im Rahmen der Adaption und Konsistenzprüfung im Fallbasiertes Suchsystem und in der Produkt- und Projektkalkulation Anwendung.

Die *parametrischen Kalkulationsverfahren* wie die Kilo- oder Materialkostenmethode stellen Zusammenhänge zwischen Produkteigenschaften und Kosten mit Hilfe einfacher, meist linearer Kostenfunktionen dar. Für eine verursachungsgerechte und differenzierte Kalkulation sind diese daher nicht geeignet. Der Einsatz linearer Kostenfunktionen i. V. m. der Nutzung von aktuellen Werkstoffkosteninformationen aus einer Kosten-/Wissensbasis eignet sich jedoch zur Kalkulation von Materialkosten einzelner Hauptelemente.

Bezüglich der *analogen Verfahren* ist die Suchkalkulation ein geeignetes Verfahren, um anhand von festgelegten konstruktiven und kostenrelevanten Merkmalen nach Kalkulationslösungen zu ähnlichen Kalkulationsobjekten zu suchen. Sofern ähnliche Kalkulationsobjekte vorliegen, ist die Suchkalkulation in der Angebotskalkulation eine gute Ergänzung zur Expertenschätzung. Sie findet daher im Submodul Fallbasiertes Suchsystem und im WPKK Anwendung. Nachteilig wirken sich hierbei u. a. Fehlerfortpflanzungseffekte und geänderte Kalkulationsprämissen aus; eine kritische Prüfung der Ergebnisse ist daher zweckmäßig.

Kostenwachstumsgesetze ermöglichen eine schnelle und einfache Kostenableitung von Baureihengliedern. Baureihen und Baukästen bilden allerdings aktuell in der AEF nur einen kleinen Teil des Produktspektrums ab. Die Ableitung allgemeingültiger Kostenwachstumsgesetze ist i. d. R. zu aufwendig und nicht für jedes Produktspektrum sinnvoll einsetzbar.

In Bezug auf die *statistisch ermittelten Kostenfunktionen* ist die Regressionsrechnung ein geeignetes und weit verbreitetes Verfahren, um nichtlineare Zusammenhänge von Produktmerkmalen und Kosten durch mathematische Funktionen abzubilden. Sie eignen sich daher vor allem zur Abschätzung von Sondereinzelkosten der Fertigung und Kosten für Konstruktions-, Planungs- oder Montagetätigkeiten. Neuronale Netze sind wegen ihrer Intransparenz in der Art der Kostenermittlung, der undifferenzierten Kostenzurechnung sowie noch nicht ausreichender IT-Unterstützung für das Modul I nicht vorgesehen. Des Weiteren wird auf das fuzzy-basierte Kalkulieren verzichtet, da dazu ein hohes Maß an Expertenwissen und viele manuelle Tätigkeiten zur Erstellung der Fuzzy-Regeln erforderlich sind.

Die *analytisch ermittelten Kostenfunktionen* haben aufgrund der hohen zu erwartenden Kalkulationsgenauigkeit das größte Potenzial für eine transparente und genaue Kostenprognose. Aufgrund des höheren Kalkulationsaufwands und der relativ genauen Kenntnis der Gestalt und der erforderlichen Fertigungsschritte ist der Einsatz dieser Methoden auf die Kalkulation kostenrelevanter Hauptelemente und kostenbestimmender Wertschöpfungsprozesse in den Submodulen Material- und Wertschöpfungsprozesskostenkalkulator beschränkt. Bemessungsgleichungen sind für die komplexen Erzeugnisse der AEF nicht geeignet. Ebenfalls unberücksichtigt bleibt das feature-basierte Kalkulieren, da in der Angebotsbearbeitung i. d. R. kein feature-basiertes Volumenmodell des Kalkulationsobjektes vorliegt.

3.4.3 Konzept Modul II – Projektbegleitende Kalkulation

3.4.3.1. Ziel-/Aufgabenstellung

Infolge der hohen Beeinflussbarkeit von Kosten in den frühen Phasen der Produktentstehung auf die Herstell-, Selbst- und Lebenszykluskosten ist die Kenntnis über die zu erwartenden bzw. schon im bisherigen Projektverlauf verursachten Kosten von herausragender Bedeutung. Dem steht in den meisten Unternehmen der AEF eine zeitverzögerte Ermittlung der Ist-Kosten (teilweise sogar erst nach Projektabschluss) mit Hilfe von Nachkalkulationen aus den Planungs- und Kontrollsystemen (i. d. R. ERP-Systeme) gegenüber. Eine darauf aufbauende Kostenplanung und Kostenkontrolle findet daher meist nicht statt. Darüber hinaus setzen die meisten analytischen Verfahren und Kostenprognosemodelle zur entwicklungsbegleitenden Kalkulation das Vorliegen detaillierter Informationen über die geometrischen und technologischen Eigenschaftsmerkmale voraus, so dass diese erst nach erfolgter Arbeitsplanung eingesetzt werden können; zu diesem Zeitpunkt sind bereits ein Großteil der Kosten festgelegt (ca. 70 %).

Aktuelle Kalkulationssysteme nutzen zur Kalkulation i. d. R. nur eine Teilmenge der verfügbaren Produktmerkmale (Ordnungs-, Konstruktions-, Dispo-, Bedarfs-, Bestands- und Produktionsmerkmale). Außerdem setzen die zugrunde gelegten Kostenprognosemodelle i. d. R. das Vorliegen detaillierter Informationen über die geometrischen und technologischen Eigenschaftsmerkmale (z. B. Arbeitsplan und Feature-Modell) voraus. Ihr Einsatz bleibt daher auf einen Ausschnitt des Produktentstehungsprozesses sowie der verfügbaren Produktdaten begrenzt und beginnt meist erst nach erfolgter Arbeitsplanung.

Mit der projektbegleitenden Kalkulation sollen, anknüpfend an die Angebotskalkulation (Modul I), Kostenplanungsaufgaben vom ersten Konstruktionsentwurf bis zum Projektabschluss durch den Einsatz des IT-gestützten Kosteninformationssystems unterstützt werden. Dazu gehört die effiziente Erstellung von möglichst verursachungsgerechten entwicklungsbegleitenden Kalkulationen sowie Zwischen- und Nachkalkulationen. Dabei sind die zum jeweiligen Zeitpunkt vorliegenden, gegenüber der Angebotskalkulation konkretisierten Ist- und Plan-Daten zu berücksichtigen. Dazu sind entsprechend der Verfügbarkeit und des Konkretisierungsgrades von Ist- und Plan-Kosteninformationen geeignete Kalkulationsverfahren und IT-Werkzeuge zu entwickeln bzw. auszuwählen und einzusetzen. Insgesamt sollen mit der PBK nachfolgende *Aufgaben* erfüllt bzw. unterstützt werden:

- Ermittlung von Ist- und Plan-Kosten auf Basis aktuell verfügbarer Produkt- und Auftragsdaten in der Auftragsbearbeitung,
- Verursachungsgerechte und differenzierte Kostenzurechnung auf Produkt- und Projektebene,
- Unterstützung der Bewertung von Bezugs-, Gestaltungs- und Prozessalternativen,
- Bereitstellung von Ist- und Plan-Kosten für die Kostenkontrolle (Modul III).

3.4.3.2. Modularisierung

Zur frühzeitigen Ermittlung von Ist- und Plan-Kosteninformationen setzt das Modul II auf den Ergebnissen des Modul I auf und legt den Fokus auf den Teilbereich der entwicklungsbegleitenden Kalkulation, da hier die Kostenbeeinflussungsmöglichkeiten am größten sind. Entsprechend der Abgrenzungen in 2.4.2 umfasst die EBK sämtliche Kalkulationsaktivitäten von der Konstruktion bis zur Realisierung (Fertigung). Um möglichst frühzeitig aussagefähige und belastbare Kostenprognosen erstellen zu können, sind im Modul II sowohl Kalkulationsmethoden zur Verarbeitung von Konstruktions-, Planungs-, Ist- und Vergangenheitsdaten als auch Instrumente zur Kalkulation implementiert. In Abhängigkeit der zu verarbeitenden Daten (Konstruktions-, Arbeitsplanungs-, Beschaffungs- und Produktionsdaten) und dem Objektbezug (Material-, Fertigungs-, Gemein-, Produkt- und Projektkosten) sind Kalkulationsmethoden auf insgesamt sechs Submodule aufgeteilt (siehe Bild 3-8). Mit dem Submodul Konstruktionsdatenverarbeitung werden auf Basis von CAD- und Stücklisteninformationen Materialkosten im Materialkostenkalkulator II (MKK II) bestimmt. Des Weiteren werden kostenrelevante geometrische Informationen genutzt, um gemeinsam mit dem Submodul Fertigungszeitenermittlung im Wertschöpfungsprozesskostenkalkulator II (WPKK II) die Fertigungszeiten und schließlich die Fertigungskosten zu ermitteln. Das Submodul Betriebsdatenverarbeitung selektiert und extrahiert Ist- und Plan-Daten (z. B. Ist-Prozesszeiten oder Planzeiten) aus der Unternehmensdatenbasis und überträgt diese in die Submodule MKK II und Fertigungszeitenermittlung. In der Produkt- und Projektkalkulation II werden alle Kosteninformationen zusammengeführt, um damit Plankosten auf Basis aktueller Produkt- und Auftragsdaten zu erzeugen.

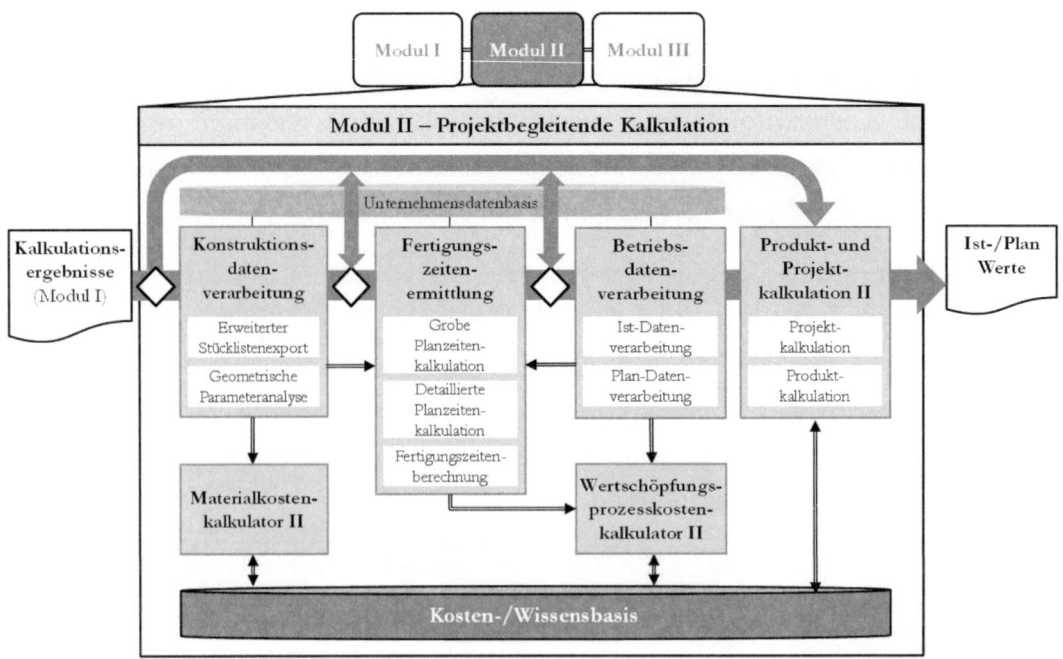

Bild 3-8: Struktur und Submodule des Modul II – Projektbegleitende Kalkulation

Der Einsatz der in den Submodulen integrierten Kalkulationsmethoden erfolgt regelbasiert in Abhängigkeit von den in einem Projekt erreichten „Quality-Gates". Quality-Gates (QG) sind inhaltlich festgelegte Wegmarken in einem Entwicklungsprozess, an denen anhand von festgelegten (Qualitäts-) Kriterien über die Freigabe der nächsten Prozessschritte entschieden wird [RSB04], [Sond07]. Grundlage der Quality-Gates ist das sog. „Stage-Gate-Modell" von COOPER [Coop02]: Dabei wird in Entwicklungsprojekt in mehrere einzelne Abschnitte (Stages) und Tore (Gates) sachlogisch unterteilt. Erst wenn alle zu einem Gate erforderlichen Kriterien erfüllt sind, wird das Projekt fortgesetzt. Sie fungieren quasi als Meilensteine zwischen den Abschnitten. Im Unterschied zu den terminbezogenen Meilensteinen – zu einem definierten Zeitpunkt liegen definierte Ergebnisse vor – sind Quality-Gates inhaltsorientiert [Pref07]: Das heißt, dass ein bestimmter „Reifegrad" der Produktentwicklung, dargelegt durch freigegebene Daten-/Dokumente, erreicht worden ist.

In Anlehnung an SCHMITT und HAMMERS [ScHa09] werden im vorliegenden Kontext Quality-Gates für die Entscheidung im Kosteninformationssystem verwendet, welches Submodul bzw. welche darin eingebettete Kalkulationsmethode für die projektbegleitende Kalkulation genutzt werden kann. Auf dem Prinzip von „Wenn-Dann-Aussagen" können bestimmte Submodule und Kalkulationsmethoden erst genutzt werden, wenn ein bestimmtes Quality-Gate erreicht wurde. Bild 3-9 zeigt zum einen, welche Quality-Gates dazu vorgesehen sind. Zum anderen zeigt es, welche

Quality Gates für den Methodeneinsatz erforderlich sind und welche Daten-/Informationen dazu vorliegen müssen. Beispielsweise kann die Kalkulationsmethode „Erweiterter Stücklistenexport" erst eingesetzt werden, wenn das Quality-Gate 2 erreicht ist. Das heißt, dass sowohl die Auftragserteilung (QG 1) als auch ein Konstruktionsentwurf digital und freigegeben vorliegen.

| | | | Kalkulationsmethoden im Modul II | | | | | | |
| | **Submodule** / **Quality Gates** | | Konstruktions-datenverar-beitung | | Fertigungszeiten-ermittlung | | | Betriebsdaten-verarbeitung | |
Nr.	Bezeichnung	relevanter Inhalt für die Submoduleverwendung	Erweiterter Stücklisten-export	Geometrische Parameter-analyse	Grobe Planzeiten-ermittlung	Detaillierte Planzeiten-ermittlung	Fertigungs-zeiten-berechnung	Ist-Daten-verarbeitung	Plan-Daten-verarbeitung
1	Auftragsfreigabe	Technische Spezifikationen (Pflichtenheft), Liefertermin, Kostenziele, Angebotskalkulation	X	X	X	X	X	X	X
2	Konstruktionsentwurf	Rumpfstrukturstückliste, 3D-Basismodelle, Abmessungen und Werkstoffe der Hauptfunktionsträger bzw. Hauptelemente	X	X	X	X	X	(x)	(x)
3	Konstruktionsfreigabe	Mengen- und Strukturstückliste, 3D-CAD-Modelle der Haupt- und Nebenfunktionsträger, Wirkflächen, Toleranzangaben		X		X	X	(x)	(x)
4	Arbeitsplanfreigabe	Fertigungablaufplan, Betriebsmittelzuordnung, Haupt- und Nebenzeiten, Terminierung				(x)		(x)	(x)
5	Materialbeschaffung	Rohteilabmessungen, Lieferanten, Liefertermine						(x)	(x)
6	Fräsfreigabe	Werkzeug- und Vorrichtungseinsatz, detaillierte Bearbeitungsparameter (CAM)						(x)	(x)

X... Quality Gate ist Vorrausetzung für den Methodeneinsatz
(X)... Quality Gate ermöglicht erweiterten Methodeneinsatz

Bild 3-9: Quality-Gates und Methodeneinsatz im Modul II

3.4.3.3. Konstruktionsdatenverarbeitung

Das Submodul *Konstruktionsdatenverarbeitung* setzt mit der Freigabe des ersten Konstruktionsentwurfs (QG 2) ein, um verfügbare geometrische, stoffliche und technologische Eigenschaften der einzelnen Komponenten eines Produktes zur Ermittlung von Materialkosten und zur Unterstützung des Submoduls Fertigungszeitenermittlung zu erfassen und zu verarbeiten. Dazu werden ein „Erweiterter Stücklistenexport" und verschiedene Beschreibungsmethoden zur geometrischen Parameteranalyse genutzt [KoLe11].

I.   Erweiterter Stücklistenexport

Gegenüber klassischen Mengen-, Baukasten- oder Strukturstücklisten werden mit dem *„Erweiterten Stücklistenexport"*, gegliedert nach den Datenarten von EIGNER und STELZER [EiSt09], folgende Produktdaten aus der Unternehmensdatenbasis extrahiert:

- Identifikationsdaten (Artikel-, Bestellnummer),

- Ordnungsdaten (Produktstrukturangaben, Klassifikatoren, Teileart),

- Konstruktionsdaten (Roh- und Fertigmaße der kostenrelevanten Hauptelemente, Normangaben, Werkstoffinformationen) und

- Bedarfsdaten (Verbauungsmengen).

Zu den bevorzugten Datenquellen zählen CAD-Modelle, Stücklisten und Artikelstammdaten. Bei der Extrahierung der geometrischen Produktdaten aus 3D-Volumenmodellen sind vorzugsweise die Stücklistenerstellungsfunktionen der CAD- bzw. PDM-Systeme zu nutzen und ggf. an den Informationsbedarf der „Erweiterten Stückliste" anzupassen.

Für die weiterführende Prognose der Material- und Fertigungskosten ist es zudem notwendig die Eigenfertigungsteile, d. h. Komponenten, die in der eigenen Produktion aus Roh- oder Halbzeugmaterialien hergestellt werden, zu ermitteln. Diese nachfolgend als Bearbeitungsobjekte bezeichneten Komponenten verursachen in der AEF den Großteil der Material- und Fertigungskosten. Die Bestimmung der Bearbeitungsobjekte kann beispielsweise anhand der deklarierten Teileart Fertigungsteile oder einer Zeichnungsnummer erfolgen.

Liegen zum Zeitpunkt des Stücklistenexports zu den Bearbeitungsobjekten keine Rohteildaten im CAD-Modell vor, ermittelt ein sog. „Rohteilgenerator" die jeweiligen Rohteilabmessungen. Dazu wird auf technologische und handelsspezifische Randbedingungen wie Bearbeitungszugaben und die am Markt verfügbaren Roh- bzw. Halbzeugabmessungen, welche Bestandteil der Kosten-/Wissensbasis sind, zurückgegriffen. Abschließend erfolgt die Übertragung der extrahierten Informationen an den Materialkostenkalkulator II.

Um weiterführend Fertigungszeiten detailliert zu kalkulieren, werden zusätzlich zum „Erweiterten Stücklistenexport" technologisch-geometrische Produktdaten, die die Gestalt der Bearbeitungsobjekte beschreiben, benötigt. Dazu ist ggü. der „Erweiterten Stückliste" ein höherer Konkretisierungsgrad der Produktdaten erforderlich (QG 3).

II.   Geometrische Parameteranalyse

Zur Ermittlung von geeigneten Beschreibungsmethoden für die *geometrische Parameteranalyse* wurde eine Vergleichsanalyse [KoLe11] durchgeführt. Dabei kamen die Beschreibungsmethoden Feature-Technologie, Slicing-Methode, Radien- und Krümmungsanalyse sowie mathematische Beschreibung von Konturzügen durch B-/C-Splines und NURBS zum Einsatz. Als Analyseobjekte wurden Komponenten aus dem WuF verwendet, die eine unterschiedliche „Fertigungskomplexität" – hohe Anzahl, Verschiedenheit und Grundzeit der zum Einsatz kommenden Bearbeitungsverfahren – aufweisen Eine hohe Fertigungskomplexität korreliert i. d. R. mit einem hohen zeitlichen und monetären Fertigungsaufwand. Als Analyseinstrument wurde Catia V5 R19 sowie das dazugehörige NC-Modul verwendet.

Der Methodenvergleich macht deutlich, dass die Eignung der Beschreibungsmethoden von der Art der Formelemente abhängen. So werden Regelgeometrien, wie z. B. Bohrungen, Taschen etc., welche sich auf einfache geometrische Formelemente (Prisma, Kegel, Kugel, etc.) zurückführen lassen, optimal durch Fertigungsfeatures beschrieben. Dagegen weisen die mathematischen Beschreibungsmethoden sowie die Krümmungs- und Radienanalyse in ihrer Approximation dagegen starke Abweichungen zur Quellgeometrie auf. Mit der Methode *Feature-Beschreibung* werden für jede Komponente Anzahl, Klasse, Position und Parameter (z. B. Durchmesser einer Bohrung, Oberflächengüte, Radien) von Fertigungsfeatures ermittelt. Voraussetzung dafür ist eine feature-basierte Beschreibung der Regelgeometrien im CAD-Modell. Nach heutigem Stand der Technik werden Regelgeometrien bereits auf Feature-Basis konstruiert, so dass eine Extrahierung von Feature-Informationen aus einem 3D-Volumenmodell meist ohne größeren Programmieraufwand für Schnittstellen o. ä. realisierbar ist. Die gesammelten Feature-Informationen (Anzahl, Art, Parameter) werden in einer sog. *Feature-Stückliste* in der Kosten-/Wissensbasis abgelegt. Für die Beschreibung von Freiformflächen sind die „diskreten" Fertigungsfeatures hingegen eher ungeeignet.

Mit Hilfe von Krümmungs- und Radienanalysen können Oberflächenkonturen über den Krümmungsverlauf bzw. Radien entlang der Flächenrandkurven eines Bearbeitungsobjekts beschrieben werden. Graphisch visualisiert sind damit Bereiche erkennbar, die starke Krümmungen aufweisen [Braß08]. Bearbeitungsobjekte mit vielen starken Krümmungen sind mit trennenden Fertigungsverfahren tendenziell schwierig und mit viel Aufwand zu bearbeiten. Die daraus resultierenden Fertigungszeiten und -kosten sind daher meist höher als bei wenig gekrümmten Komponenten. Des Weiteren liefern Krümmungs- und Radienanalysen Anhaltspunkte für die Technologie- und Werkzeugauswahl, da sich diese u. a. nach dem verfügbaren Bearbeitungsraum richten. Anwendungsgrenzen bestehen hierbei bei Hinterschnitten und bei unstetigen Tangentenverläufen entlang der Flächenrandkurven.

Analog zum Rapid Prototyping wird beim sog. Slicing das Bearbeitungsobjekt in dünne Scheiben geschnitten [Awis07]. Damit lässt sich beispielsweise das Zerspanvolumen für jede einzelne Schicht bei 2,5 D Bearbeitungen bestimmen. Probleme ergeben sich insbesondere beim Einsatz von 5-Achs-Maschinen und in der Erkennung von Hinterschnitten. Insgesamt sind jedoch die mathematischen Beschreibungsmethoden am besten geeignet Freiformflächen zu beschreiben, da zum einen Freiformflächen in ihrer programminternen Darstellungsweise schon auf polynomen Kurven [Anan93], [AbDe08], [CMP10] basieren. Damit können diese direkt für die Analyse eines Bearbeitungsobjekts verwendet werden. Zum anderen bilden sie durch Aneinanderreihung von unendlich nah beieinanderliegenden Kurven Freiformflächen bestmöglich ab. Durch mathematische Kurvendiskussionen sind u. a. Aussagen wie bei der Krümmungs- und Radienanalyse möglich. Innerhalb der mathemischen Beschreibungsmethoden sind dazu NURBS am besten geeignet (2.3.2).

In Bild 3-10 sind die Methoden „Erweiterter Stücklistenexport" und die zur Ermittlung der „geometrischen Parameter" zum Einsatz kommenden Beschreibungsmethoden im Überblick dargestellt. Voraussetzungen für die Anwendung der Feature- und mathematischen Beschreibung sind die konstruktive Ausarbeitung der Bearbeitungsobjekte als 3D-Volumen-modell oder Flächenmodell, die Definition der Nachbarschaftsbeziehungen sowie das Vorliegen geometrischer und semantischer Angaben von Fertigungsfeatures. Für die Umsetzung der Methoden eignen sich generische, parametrisch-assoziative Skelettmodelle. In ihrer Reinform beschreiben sie die geometrischen und topologischen Eigenschaften der Komponenten vollständig durch Parameter und Bedingungen.

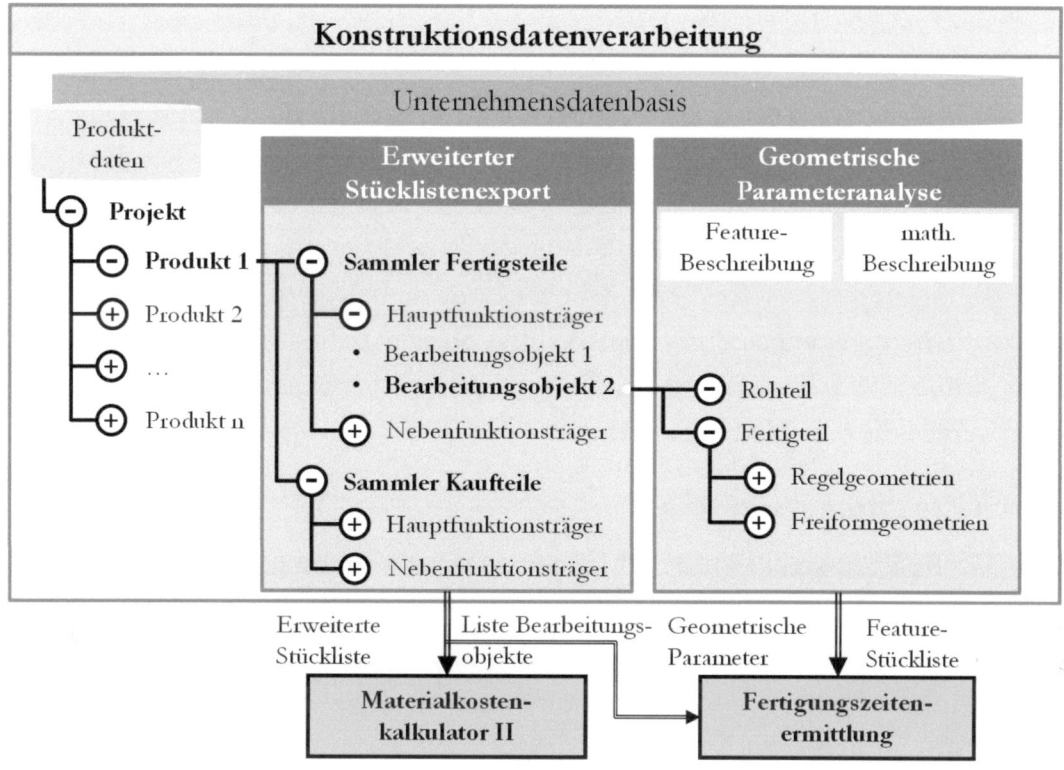

Bild 3-10: Methoden der Konstruktionsdatenverarbeitung

Die Ergebnisse des Submoduls Konstruktionsdatenverarbeitung bilden die Basis für die Materialkostenkalkulation im MKK II und die Berechnung der Fertigungszeiten im Submodul Fertigungszeitenermittlung.

3.4.3.4.   Fertigungszeitenermittlung

Im Submodul Fertigungszeitenermittlung erfolgt die Abschätzung bzw. Berechnung der Fertigungszeiten von Bearbeitungsobjekten eines Kalkulationsobjekts (Produkt). Entsprechend des vorliegenden Konkretisierungsgrades der Produktdaten bzw. des erreichten Projektfortschritts (Quality Gate) werden dazu Methoden zur *groben und detaillierten Planzeitenkalkulation* sowie zur Fertigungszeitenberechnung eingesetzt.

Basis für die Fertigungszeitenermittlung sind die Kalkulationsergebnisse aus dem Modul I bzw. die mit dem „Erweiterten Stücklistenexport" im Submodul Konstruktionsdatenverarbeitung ermittelten Bearbeitungsobjekte. Aufgrund dessen, dass bis zur Freigabe des Konstruktionsentwurfs noch keine ausreichenden konkretisierten Produktdaten, Planzeiten aus der Arbeitsplanung und Ergebnisse des „Erweiterten Stücklistenexports" vorliegen (QG 3), werden diese analog zum Modul I auf Basis statistisch ermittelter Referenzzeiten für standardisierte Arbeitsfolgen berechnet [GLK12].

Nach der Freigabe des Konstruktionsentwurfs können für die durch den „Erweiterten Stücklistenexport" ermittelten Bearbeitungsobjekte detailliertere, statistisch ermittelte Planzeiten aus der Kosten-/Wissensbasis verwendet werden. Alternativ oder parallel dazu ist es möglich, die Fertigungszeiten unter Nutzung der mit dem Submodul Konstruktionsdatenverarbeitung generierten geometrischen Parameter zu ermitteln. Dazu sind in der Kosten-/Wissensbasis werkzeug- und maschinenspezifische Bearbeitungsparameter für die Arbeitsschritte hinterlegt, die gemeinsam mit den geometrischen Parametern des Bearbeitungsobjekts in entsprechenden Bestimmungsformeln zur Berechnung der Fertigungszeiten verwendet werden. Nachfolgend werden die o. g. Methoden erläutert.

I.   Grobe Planzeitenkalkulation

Die „Grobe Planzeitenkalkulation" ist ein analoges Verfahren, welches Vergleiche zu ähnlichen (fertigungsbasierte Ähnlichkeit), schon abgeschlossenen Projekten, zieht. Vergleichbar zur Detailkalkulation im Modul I werden die für die Hauptelemente in der Kosten-/Wissensbasis hinterlegten Referenzzeiten ausgelesen und in den WPKK II übertragen. Die Planzeiten für die Nebenfunktionsträger werden pauschal über statistisch ermittelte Faktoren zugeschlagen. Damit ist diese Methode frühzeitig (QG 1) und automatisiert einsetzbar.

II.   Detaillierte Planzeitenkalkulation

Die detaillierte Planzeitenkalkulation setzt dann ein, wenn sowohl geometrische als auch beschreibende Produktdaten zu den kostenrelevanten Hauptelementen vorliegen (QG 3). Im Gegensatz zur groben Planzeitenkalkulation wird die Planzeitenkalkulation nicht mehr pauschal auf Komponentenebene, sondern auf Ebene der einzelnen Arbeitsgänge, die ein Bearbeitungsobjekt planmäßig in der Produktion durchläuft, prognostiziert. Je nach Verfügbarkeit von Daten können entweder Referenzzeiten oder aktuelle Planzeiten aus der Arbeitsplanung für die Planzeitenkalkulation herangezogen werden. Letztere sind mit der Freigabe der Arbeitsplanung (QG 4) verfügbar. Die ermittelten Planzeiten werden anschließend unter Einsatz des Submoduls Betriebsdatenverarbeitung an den WPKK II übertragen.

Voraussetzungen für beide Kalkulationsmodi sind:

- die Erstellung von Standardarbeitsplänen,

- eine produktionstechnologische Klassifizierung der Bearbeitungsobjekte,

- eine Zuordnung der Arbeitsfolgen zu Bearbeitungsobjektklassen, Betriebsmitteln, Aufspannungen, Werkzeugen und Bearbeitungsparametern,

- die Verfügbarkeit von Referenzzeiten bzw. Planzeiten aus der Arbeitsplanung sowie

- die Abbildung des resultierenden Fertigungswissens in der Kosten-/Wissensbasis.

Die produktionstechnologische Klassifizierung der Bearbeitungsobjekte orientiert sich an dem „Black-Pyramid"-Modell von GANSAUGE [Gans13]. Nach diesem ist mit einer durchgängigen, hierarchischen Klassifizierung von Objekten, deren Bestandteilen, Herstellprozessen und deren Zusammenhängen, unter Nutzung von durchgängigen Informationsverarbeitung und parametrisch-assoziativen CAD-Modellen, eine automatische Generierung von Arbeitsplänen als Teil einer Automatisierung von Einzelfertigern möglich.

III.   *Fertigungszeitenberechnung*

Als analytische Methode greift die Fertigungszeitenberechnung im Gegensatz zu den beiden zuvor genannten analogen Methoden direkt auf die geometrischen Eigenschaften der Bearbeitungsobjekte zurück. Grundlage dafür sind die im Submodul Konstruktionsdatenverarbeitung ermittelten Bearbeitungsobjekte und die geometrischen Parameter sowie die digitale Abbildung des Fertigungswissens in der Kosten-/Wissensbasis (siehe detaillierte Planzeitenkalkulation). Durch die Verkettung von klassifizierenden Merkmalsausprägungen und geometrischen Parametern der Bearbeitungsobjekte mit den hinterlegten Standardarbeitsplänen entsteht jeweils ein bauteilspezifischer Arbeitsplan. Dieser ist die Grundlage für die Berechnung der Fertigungszeiten in der mechanischen Fertigung. Die Fertigungszeitenberechnung umfasst die Berechnung der personal- und betriebsmittelbezogenen Rüst- (t_r), und Ausführungszeit t_a je Arbeitsgang. Nach REFA ergibt sich die Ausführungszeit aus dem Produkt von Zeit je Einheit t_e und der Anzahl an Einheiten [REFA02]. Die Zeit je Einheit setzt sich wiederum aus der Grund- (t_g), Verteilzeit (t_v) und Erholzeit (t_{er}) zusammen. Die Grundzeit besteht selbst aus Haupt- (t_h), Neben- (t_n) und Wartezeiten (t_w).

Der Fokus der Fertigungszeitenberechnung liegt hierbei auf der Ermittlung der Haupt- und Nebenzeiten sowie auf den Rüstzeiten, da diese in der AEF ein Kostentreiber darstellen. Für die Berechnung der übrigen Zeitanteile ist ein Rückgriff auf expliziertes Erfahrungswissen des Unternehmens (z. B. analytisch-experimentelle Verfahren des MTM) bzw. Literaturangaben zweckmäßig.

Das Bild 3-11 zeigt einen Berechnungsalgorithmus in Form eines Blockdiagramms.

Initiierung des Berechnungsalgorithmus	
1)	- Erstellung Liste der Bearbeitungsobjekte (LOB) - Ermittlung Anzahl Bearbeitungsobjekte i
Zähle i von 1 bis m, Schrittweite 1	
2)	- Ermittlung Arbeitsfolge für Bearbeitungsobjekt$_i$ - Ermittlung Anzahl Arbeitsgänge j für Bearbeitungsobjekt$_i$
Zähle j von 1 bis n, Schrittweite 1	
3)	- Berechnung des Zerspanvolumens $VZ_{j,i}$
4)	- Berechnung der Hauptzeiten $t_{h(j,i)}$
5)	- Berechnung der Nebenzeiten $t_{n(j,i)}$
6)	- Berechnung der Fertigungszeiten $FZ_{(j,i)}$
7)	- Übertragung der Fertigungszeiten in WPKK II
Beendigung des Berechnungsalgorithmus	

Bild 3-11: Algorithmus zur Berechnung der Fertigungszeiten

Der Algorithmus zur Berechnung der Fertigungszeiten gliedert sich in sieben Schritte. Die Schritte 2) bis 6) werden dabei so oft durchlaufen, bis die Fertigungszeiten aller im Schritt 1) erfassten Bearbeitungsobjekte berechnet worden sind.

1) <u>Erstellung Liste der Bearbeitungsobjekte</u>

Auf Basis des „Erweiterten Stücklistenexports" und der geometrischen Parameteranalyse des Submoduls Konstruktionsdatenverarbeitung erfolgt im ersten Schritt des Algorithmus die Erstellung einer Liste der Bearbeitungsobjekte (LOB). Die Liste gibt an, für welche Bearbeitungsobjekte mit dem Algorithmus Fertigungszeiten ermittelt werden sollen. Des Weiteren enthält sie geometrische und beschreibende Informationen zu den Bearbeitungsobjekten, auf denen in den Schritten 2 bis 7 zurückgegriffen wird.

2) <u>Ermittlung der Arbeitsfolge eines Bearbeitungsobjekts i</u>

In diesem Schritt wird für ein Bearbeitungsobjekt *i* die Arbeitsfolge bestimmt. Entsprechend der produktionstechnologischen Bauteilklassifizierung des Bearbeitungsobjekts wird ein dazu passender Standardarbeitsplan aus der Kosten-/Wissensbasis zugeordnet. Der Arbeitsplan beinhaltet für das vorliegende Bearbeitungsobjekt die typische Abfolge von Arbeitsgängen *j* sowie die diesen zugeordneten Fertigungsverfahren und Ressourcen. Liegt eine vollständige Modellierung des Bearbeitungsobjekts durch Fertigungsfeatures vor, wird an dieser Stelle auf Arbeiten zur automatischen Prozesskettengenerierung von JURKLIES [Jurk04], WINKLER [Wink12] und GANSAUGE [Gans13] verwiesen. In diesen Fällen kann im Algorithmus direkt mit Schritt 4) fortgefahren werden. Da dies jedoch den meisten Fällen nicht vollständig vorliegt, wird das feature-basierte Kalkulieren für Regelgeometrien angewendet und durch Hauptzeitenberechnungen über das Zerspanvolumen ergänzt.

3) Berechnung des Zerspanvolumens

In diesem Schritt erfolgt eine sukzessive Ermittlung des Zerspanvolumens $VZ_{j,i}$ für den Arbeitsgang j_i. Das Zerspanvolumen ergibt sich als Differenz aus dem Bauteilvolumen $V_{(j-1)i}$ am Ende des vorhergehenden Arbeitsgangs $(j-1)_i$ abzüglich des Bauteilvolumens $V_{j,i}$ am Ende des Arbeitsschritts j_i Dies wird durch folgende Formel beschrieben.

$$VZ_{j_i} = V_{(j-1)_i} - V_{j_i} \tag{1}$$

Beim ersten Arbeitsgang j = 1 entspricht $V_{(j-1)i}$ dem Rohteilvolumen des Bearbeitungsobjektes. Aufgrund von teils eingeschränkten Verfügbarkeiten und Preiskonditionen beim Materiallieferanten können u. U. Abweichungen vom konstruierten bzw. berechneten Rohteilvolumen auftreten, so dass, die Verfügbarkeit der Information vorausgesetzt, das Rohteilvolumen aus dem Bestellsystem entnommen werden sollte.

Das Bauteilvolumen am Ende eines Arbeitsgangs $V_{j,i}$ ergibt sich durch Summation des Volumens des Fertigungsteils mit Bearbeitungsaufmaßen $VB_{j,i}$ und des Volumens der Fertigungsfeatures $VF_{i,x}$, die bisher noch nicht bearbeitet worden sind.

$$V_{j_i} = VB_{j_i} + \sum VF_{i,x}, mit\ x = 0 \quad x = \begin{cases} 0 & nicht\ bearbeitet \\ 1 & bearbeitet \end{cases} \tag{2}$$

$VB_{j,i}$ wiederum setzt sich zusammen aus dem Volumen des Fertigteils VFT_i, welches im Rahmen der geometrischen Parameteranalyse bestimmt worden ist, zuzüglich der den Arbeitsgang unternehmensintern festgelegten Bearbeitungsaufmaße (z. B. 3 mm beim Schruppen). Beim Fertigteilvolumen VFT_i sind vorhandene Fertigungsfeatures bereits abgezogen. Daher müssen die Volumina der Fertigungsfeatures $VF_{i,x=0}$, die bis zum Arbeitsgang j_i noch nicht gefertigten worden sind, hinzugerechneten werden.

$$VF_{i,x=0} = \sum_{k=1}^{n} VF_{i,x=0,k} \quad k \dots Anzahl\ Fertigungsfeatures \tag{3}$$

Konzept

4) Berechnung der Hauptzeiten

Die Hauptzeit ist die Zeit, in der eine Ressource (Personal oder Betriebsmittel) seine geplante Funktion ausführt [REFA02]. In der AEF hat sie neben der Rüstzeit den größten Anteil an der Fertigungszeit. Die Berechnung der Hauptzeiten sollte daher analytisch erfolgen. Demzufolge eignen sich dazu insbesondere die detaillierten fertigungsprozessabhängigen Bestimmungsformeln aus der Literatur. Die Bestimmungsformeln zu den in der AEF am häufigsten eingesetzten Fertigungsverfahren sind in Anlage 6 dargelegt. Für einen Arbeitsgang j_i ergibt sich dessen Hauptzeit $t_{h,j,i}$ aus der Summe der Hauptzeiten seiner Teilbearbeitungen, wie z. B. das Bohren mehrerer Löcher in einem Arbeitsgang. Es gilt:

$$t_{h,j_i} = \sum_{l=1}^{m} t_{h,j_i,l} \quad l \dots Anzahl\ Teilbearbeitungen\ im\ Arbeitsgang\ j_i \quad (4)$$

Für die Berechnung der Teilbearbeitungszeiten sind in der Kosten-/Wissensbasis Bearbeitungsparameter hinterlegt. Die Bearbeitungsparameter umfassen in Abhängigkeit des Schneidwerkzeugs, der Bearbeitungsmaschine, des Werkstoffs und des Fertigungsverfahrens u. a. Informationen zur Werkzeuggeometrie, Schnittgeschwindigkeiten v_c, Vorschüben, Vorschubgeschwindigkeiten v_f, Schnitttiefen a_p, und Drehzahlen n. Neben den Bearbeitungsparametern haben die Maschinendynamik, die Fertigungsstrategie und Werkzeugverschleiß einen großen Einfluss auf die Hauptzeit. Dies wird durch in der Kosten-/Wissensbasis abgelegte, empirisch ermittelte Faktoren kompensiert. Die Werkzeugauswahl erfolgt zum einen durch Nutzung bauteil-, material-, werkzeug-, aufspannungs- und maschinenabhängiger Zuordnungstabellen und zum anderen aus der Krümmungs- und Radienanalyse der mit NURBS beschriebenen Oberflächenkontur des Bearbeitungsobjektes.

Die für die Hauptzeitberechnung benötigten geometrischen Parameter sind bei Regelgeometrien in der Feature-Stückliste abgelegt. Bei den Freiformgeometrien ergeben diese sich aus dem im Schritt 3 ermittelten Zerspanvolumen. Alle im Arbeitsgang j gefertigten Fertigungsfeatures werden anschließend in der Feature-Stückliste als gefertigt gekennzeichnet.

5) Berechnung der Nebenzeiten

Nebenzeiten sind notwendige, unproduktive Zeiten im Arbeitsablauf. Eine empirische Ermittlung von Nebenzeiten ist i. d. R. mit einem sehr hohen Arbeitsaufwand verbunden, so dass für das Submodul Fertigungszeiten eine analytische Berechnung der Nebenzeiten auf Basis von Literaturangaben vorgesehen ist. Dabei liegt der Fokus auf Werkstück-, Werkzeugwechsel- und Zustellzeiten. Die Werkstückwechsel-

100

zeiten sind dabei hauptsächlich vom Automatisierungsgrad, dem Fertigungsverfahren und dem Bauteilgewicht abhängig. Zur Bestimmung der Zustellzeiten sind insbesondere die Anzahl der Zustellungen je Arbeitsgang, der Zustellweg (z. B. über die Koordinaten der Features im CAD-Modell) sowie Anzahl Werkstückwechsel und zu bearbeitende Seiten relevant. Richtwerte dazu können aus der Literatur (z. B. [HNS12], Herstellerangaben) gewonnen werden.

6) Berechnung der Fertigungszeiten

Nach dem alle Haupt- und Nebenzeiten der Arbeitsgänge einer Arbeitsfolge für das Bearbeitungsobjekt i berechnet worden sind, erfolgt im Schritt 66) die Ermittlung der Fertigungszeit (nach REFA: Auftrag- bzw. Belegungszeit). Hierbei werden der Summe von Haupt- und Nebenzeiten je Arbeitsgang j die ablaufbedingten Wartezeiten sowie Verteil- und Erholzeiten über pauschale Faktoren zugeschlagen. Der daraus resultierenden Ausführungszeit wird abschließend die Rüstzeit hinzugerechnet. Analog zur Berechnung der Nebenzeiten eignet sich hierzu die Ableitung von entsprechenden Vorgabezeiten.

7) Übertragung der Fertigungszeiten in den WPKK II

Im letzten Schritt 7 des Algorithmus erfolgt die Übertragung der im Schritt 6 berechneten Fertigungszeiten in die Struktur des WPKK II. Damit stehen analytisch berechnete Fertigungszeiten für die Abschätzung der Wertschöpfungsprozesskosten zur Verfügung.

3.4.3.5. Betriebsdatenverarbeitung

Die Betriebsdatenverarbeitung zielt auf eine kontinuierliche Erfassung von Ist-Daten über Zustände und Prozesse in Betrieben mittels entsprechender Hardwarekomponenten ab [FFS11]. Im vorliegenden Kontext sollen mit der *Betriebsdatenverarbeitung* aktuell verfügbare Auftrags-, Personal-, Maschinen-, Material- und Arbeitsplatzdaten aus der Unternehmensdatenbasis extrahiert und aufbereitet werden. Dazu sind für die Kalkulation der Material- und Wertschöpfungsprozesskosten bereits gebuchte Prozesszeiten und Kosteninformationen zu beauftragten Sach- und Dienstleistungen aus der Unternehmensdatenbasis (z. B. ERP-/PDM-Datenbank) auszulesen und in der Kosten-/Wissensbasis als Ist-Daten abzuspeichern. Damit können korrespondierende Plankostenbestandteile in den Submodulen MKK II und WPKK II durch Ist-Kosten ersetzt werden. Wenn die gebuchten Ist-Prozesszeiten richtig zugeordnet und in ihrer Höhe korrekt erfasst worden sind, kann durch den größeren Ist-Kostenanteil tendenziell eine höhere Prognosegüte der Kostenschätzung erzielt werden. Jedoch ist aufgrund des meist hohen Anteils an manuellen Tätigkeiten, des hohen

Selbstorganisationsgrads und des hohen Termindrucks in vielen Unternehmen der AEF eine verursachungsgerechte Zuordnung von Prozesszeiten zu Arbeitsgängen oder Bearbeitungsobjekten nicht immer gegeben. Fehlerhafte Zuordnungen führen bei der Ähnlichkeitskalkulation zu verzerrten Kostenstrukturen und Fehlerfortpflanzungseffekten. Ferner führen diese im Rahmen der Kostenkontrolle zu falschen Tendenzaussagen. Daher sollten bei größeren Plan-Ist-Abweichungen diese in der Wissensbasis entsprechend klassifiziert abgelegt und im Rahmen des Modul III eine Ursachenanalyse durchgeführt werden. Eine Prüfung der Ist-Daten findet mit dem Submodul Betriebsdatenverarbeitung nicht statt. Sie erfolgt indirekt durch den Plan-Ist-Vergleich im Modul III bzw. durch den Anwender selbst. Daher sollte in jedem Fall die Korrektheit, Aktualität und Konsistenz der Daten durch ein betriebliches Datenmanagement sichergestellt werden.

3.4.3.6.   Materialkostenkalkulator II

Der Materialkostenkalkulator II baut auf dem MKK I (Modul I) auf. Als Erweiterung des MKK I werden im MKK II Kostenplanungen nicht nur auf der Hauptelement-Ebene, sondern für das gesamte Komponentenspektrum eines Produktes unterstützt. Die Materialkosten ergeben sich Bottom-Up zunächst auf Komponenten-, Baugruppen- und schließlich auf Hauptelement-Ebene. Dazu werden neben den erweiterten Stücklisteninformationen aus der Konstruktionsdatenverarbeitung analytische Kostenfunktionen und Werk-stoff-, Halbzeug- und Kaufteilpreise aus der Kosten-/Wissensbasis verarbeitet. Da in den frühen Phasen der Konstruktion i. d. R. nur eine vorläufige Rumpfstückliste vorliegt, erfolgt die Materialkostenkalkulation zu den übrigen Komponenten über statistisch ermittelte Kostenfunktionen (z. B. Zuschlagssätze). Diese werden mit Hilfe von automatisierten Kostenstrukturanalysen von geeigneten und in der Fallbasis des Modul I abgelegten Referenzobjekten ermittelt.

3.4.3.7.   Wertschöpfungsprozesskostenkalkulator II

Vergleichbar zum MKK II bildet der WPKK II die gesamte Produktstruktur ab. Zur Berechnung der *Wertschöpfungsprozesskosten* wird auf statistisch oder analytisch ermittelte Plan-Zeiten des Submoduls Fertigungszeitenermittlung und, sofern vorhanden, auf Ist-Zeiten aus dem Submodul Betriebsdatenverarbeitung zurückgegriffen. Diese Ist- und Plan-Zeiten werden bei der Übertragung an den WPKK II direkt den Bezugsobjekten Komponente und Kostenstelle zugerechnet. Die Aggregation der Prozesszeiten erfolgt Bottom-Up von der Komponenten- und Kostenstellen-Ebene bis auf Produkt- und Kostengruppen-Ebene. Die Berechnung der Wertschöpfungsprozesskosten erfolgt in Abhängigkeit des gewählten Kostenmodells, des darin eingebetteten Kostenträgerrechnungsverfahrens (z. B. Bezugsgrößenkalkulation) und der dabei eingesetzten Kalkulationsverfahren. Letztere sind abhängig von der Datenquelle. Dazu gehören die Suchkalkulation (z. B. vergangenheitsorientierte Planzeiten), statistisch und analytische ermittelte Kostenfunktionen (u. a. Regressionsgleichungen, Feature-Kalkulation) sowie Cost Tables (z. B. für Planzeiten in der Montage). Mit der Kombination dieser Kalkulationsverfahren lässt sich eine hohe verursachungsgerechte und differenzierte Kostenplanung erreichen (siehe Tabelle 2-5). Die daraus resultierenden Kalkulationsergebnisse gehen anschließend in das Submodul *Produkt- und Projektkalkulation* ein.

3.4.3.8. Produkt- und Projektkalkulation II

Im Submodul *Produkt- und Projektkalkulation II* werden die Kalkulationsergebnisse aus dem MKK II und WPKK II auf Produkt- und Projekt-Ebene zusammengefasst. Die Zusammenfassung erfolgt gemäß dem vom Unternehmen festgelegten Kostenmodell. Zusätzlich zu den produktbezogenen Kosteninformationen aus dem MKK II und WPKK II werden in der Produkt- und Projektkalkulation II, sofern sie nicht schon Bestandteil von Maschinenstundensätzen oder Fertigungsgemeinkosten sind, die Sondereinzelkosten der Fertigung, wie z. B. Kosten für Werkzeuge, Vorrichtungen, Gussmodelle etc. berechnet. Haben diese nur einen kleinen vernachlässigbaren Anteil an den Herstellkosten, dann eignen sich z. B. erfahrungsbasierte Zuschlagssätze. Andernfalls sind diese über statistisch oder analytisch ermittelte Kostenfunktionen bestimmbar (z. B. Werkzeugstandzeit und benötigte Fertigungszeit). Darüber hinaus erfolgt die Zurechnung von Gemeinkosten entsprechend dem gewählten Kostenträgerrechnungsverfahren. Des Weiteren werden projektbezogene Kosten, wie z. B. Kosten für das Projektmanagement und Logistik hinzugerechnet.

Die Ergebnisse des Submoduls Produkt- und Projektkalkulation II sind Ist- und Plan-Werte zu Material-, Wertschöpfungsprozess-, Herstell- und Selbstkosten. Deren Detaillierung und Genauigkeit ist abhängig vom Submoduleinsatz und vom Konkretisierungsgrad der verfügbaren Produkt- und Betriebsdaten. Die Ergebnisse sind u. a. nutzbar für Bewertungen von Bezugs-, Gestaltungs- und Prozessalternativen und gleichzeitig eine Grundlage für Plan-Ist-Kostenvergleiche im Modul III.

3.4.4 Konzept Modul III – Kostenkontrolle

3.4.4.1. Ziel-/Aufgabenstellung

Entsprechend der eingangs beschriebenen Problematik einer mangelnden Verfüg- und Verwendbarkeit von Kosteninformationen in der AEF zeigt sich, das wirtschaftliche Erfolgskontrollen meist erst in den späten Phasen des Produktentstehungsprozesses oder gar erst zum Projektabschluss erfolgen. Möglichkeiten zur Gestaltung von Kostenstruktur und -niveau sind dann begrenzt bzw. nicht mehr gegeben. Außerdem sind Kostensenkungsmaßnahmen, die bei hohem Arbeits-/Projektfortschritt durchgeführt werden, meist mit vielen Änderungen und hohem Ressourcenaufwand verbunden. Demzufolge ist ein „kurzer" Regelkreis zwischen Kostenentstehung und Kostenkontrolle anzustreben. Des Weiteren liegt in vielen Unternehmen der AEF keine Transparenz bezüglich Art, Höhe und Ursachen von Kostenabweichungen vor, so dass einerseits Potenziale zur Effizienzsteigerung ungenutzt bleiben und sich andererseits Planungsfehler fortpflanzen. Im Sinne eines proaktiven Kostenmanagements sollten Abweichungsanalysen nicht nur retrograd, sondern auch zukunftsorientiert ausgestaltet werden, damit Kostenabweichungen möglichst erst gar nicht auftreten. Nachträgliche (reaktive) Kostensenkungsmaßnahmen würden dann ggf. vermieden bzw. könnten vorrausschauend (proaktiv) und frühzeitig durchgeführt werden. Darüber hinaus liegen in der AEF häufig keine geeigneten und differenzierten Kostenziele vor; sie sind Basis und Vorrausetzung zur Entwicklung marktkonformer Produkte sowie zur Wirschaftlichkeitskontrolle. Insgesamt lassen sich daraus für das Modul III – Kostenkontrolle nachfolgende Aufgaben ableiten:

-   Festlegung und Anpassung von Kostenzielen,

-   Frühzeitige Erkennung erfolgsrelevanter Kostenabweichungen,

-   Unterstützung der Analyse von Abweichungsursachen,

-   Verständliche, entscheidungsbezogene Informationsaufbereitung,

-   Unterstützung bei der Ableitung von Kostensenkungsmaßnahmen und

-   Kontrolle der Umsetzung und Wirkung von Kostensenkungsmaßnahmen.

3.4.4.2. Modularisierung

Die Erfüllung der o. g. Aufgaben wird durch den Einsatz der für das Modul II konzipierten Submodule Zielkostendefinition, Abweichungsanalyse und Kennzahlensystem erreicht (siehe Bild 3-12). Als Beitrag zur Entscheidungsvorbereitung und

-unterstützung im Sinne einer proaktiven Kostensteuerung wird anschließend angedeutet, wie auf Basis der Ergebnisse des Modul III geeignete Kostensenkungsmaßnahmen generiert, initiiert und kontrolliert werden können.

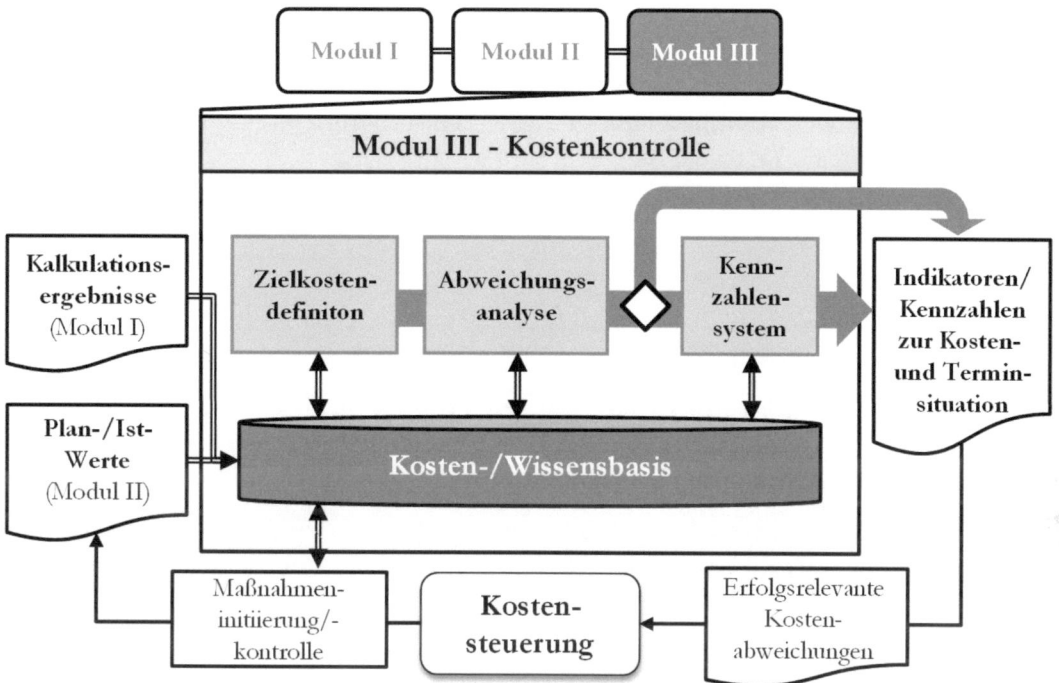

Bild 3-12: Struktur und Submodule des Modul III – Kostenkontrolle

Mit dem Submodul *Zielkostendefinition* erfolgt die Festlegung und Anpassung von
Kostenzielen (Soll-Werte) auf Projekt-, Produkt-, Komponenten- und/oder Prozess-
Ebene. Zu festgelegten Berichtszeitpunkten werden im Submodul *Abweichungsanalyse*
den Soll-Werten Ist- und Plan-Werte aus der Anwendung des Modul II gegenübergestellt. Bei Projekten mit vielen Produkten und Komponenten ist eine Vielzahl an
Abweichungsinformationen zu erwarten. Daher sind zur frühzeitigen Erkennung
von erfolgsrelevanten Abweichungen im Projektcontrolling sowohl eine anwender-
und entscheidungsgerechte Informationsaufbereitung und -selektion als auch Methoden und Instrumente zur Analyse von Abweichungsursachen zweckmäßig. Diesen Forderungen wird zum einen durch die Wahl geeigneter Methoden und Instrumente im Submodul *Abweichungsanalyse* und zum anderen durch Verdichtung und Selektion von Indikatoren zur Kostensituation Rechnung im Submodul *Kennzahlensystem* getragen. Letzteres liefert einen Beitrag zur Entscheidungsunterstützung bei der
Auswahl und Initiierung von erfolgsrelevanten Kostensenkungsmaßnahmen sowie
zu deren Erfolgskontrolle.

3.4.4.3. Zielkostendefinition

Zur *Festlegung von Kostenzielen* hält das strategische Kostenmanagementinstrument *Target Costing*, welches auf eine vom Markt ausgehende, kostenorientierte Steuerung von produktbezogenen Unternehmensaktivitäten abzielt [Götz10], zahlreiche Ansätze bereit. Sie unterscheiden sich u. a. in ihrer Marktorientierung und der Berücksichtigung der spezifischen Randbedingungen eines Unternehmens. Tabelle 3-1 stellt sie absteigend nach ihrer Marktorientierung im Überblick dar.

Tabelle 3-1: Ansätze zur Zielkostenermittlung[15]

Ansatz	Beschreibung
Market into Company	Ermittlung der Zielkosten auf Grundlage einer ausführlichen Marktanalyse. Ausgangspunkt ist der am Markt erzielbare Preis. (Subtraktionsmethode)
Out of Company	Bestimmung der Zielkosten mittels einer analytischen Kostenplanung (Additionsmethode) unter Beachtung technischer und betriebswirtschaftlicher Fähigkeiten sowie der Potenziale des Unternehmens zur Erfüllung der Marktanforderungen.
Into and Out of Company	Kombination von Market into Company und Out of Company. Anforderungen des Marktes werden den Potenzialen des Unternehmens gegenübergestellt. (Mischform aus Subtraktions- und Additionsmethode)
Out of Competitor	Bestimmung der Zielkosten auf Basis der Kostenstrukturen des Wettbewerbsführers (Best in Class) z. B. durch den Einsatz des Benchmarkings. (Subtraktionsmethode)
Out of Standard Costs	Ableitung der Zielkosten aus den eigenen Standardkosten (Drifting Costs) unter Beachtung der technischen Potenziale des Unternehmens. (Additionsmethode)

Um marktkonforme Produkte zu entwickeln, ist es zielführend schon vor der Erstellung des ersten Produktkonzepts einen Zielpreis bzw. eine Budgetobergrenze festzulegen. Da zu diesem Zeitpunkt noch keine Plan-Kosten vorliegen, sind insbesondere die Ansätze des Market into Company oder das Out of Company dafür geeignet. Infolge der zunehmenden Produktindividualisierung sind zudem meist keine geeigneten Benchmarking-Objekte verfügbar, womit der Ansatz des Out of Competitor ausscheidet. Auch ist eine umfassende Marktanalyse, wie sie im Market into Company angestrebt wird, u. a. wegen der geringen Umwandlungsquote und dem Einzelfertigungscharakter nicht wirtschaftlich bzw. nicht zielführend. Das Market into Company ist daher nur in den Fällen zu empfehlen, in denen sich der Zielpreis direkt aus den meist engen Kundenbeziehungen der AEF eruieren lässt.

Nach Erhalt eines Auftrags liegen sowohl Plan-Kosten aus der Angebotskalkulation (Modul I) als auch ein im Auftrag festgeschriebener „Zielpreis" vor. Diese können

---

[15] Quelle: In Anlehnung an [Seid93], [BrFa10], [Götz10]

nun im Sinne des Ansatzes des Out of Standard Cost zur Festlegung von Kostenzielen genutzt werden. Da hierbei der Markt weitestgehend unberücksichtigt bleibt, sollte entsprechend des Ansatzes des Into and Out of Company das Out of Standard Cost mit dem Market into Company kombiniert werden. Damit liegt für die AEF sowohl eine ausreichende Marktorientierung als auch die Berücksichtigung der Unternehmensspezifik vor. Auf Basis der damit ermittelten Zielpreise können, abzüglich des Gewinnanteils sowie der komponenten- und produktfernen Gemeinkosten [Götz10], die Produkt- bzw. Projektzielkosten bestimmt werden. Diese sind Ausgangspunkt für die sich anschließende Zielkostenspaltung, in der vorzugweise mit der Komponentenmethode (siehe dazu [Seid93]) die Zielkosten direkt auf Komponenten und ggf. Wertschöpfungsprozesse heruntergebrochen werden.

Während der Auftragsbearbeitung können auftretende Änderungen am Auftragsinhalt bzw. -umfang oder ungeplante Kostenabweichungen dazu führen, dass zur Durchführung der Kostenkontrollen eine *Anpassung der festgelegten Kostenziele* notwendig wird. Diese Änderungen lassen sich grundlegend in vom Auftragsgeber bzw. Auftragnehmer verursachte finanzierte und nicht finanzierte Änderungen unterscheiden.

Finanzierte Änderungen resultieren aus zwischen Auftraggeber und Auftragnehmer ausgehandelten Änderungen am Auftragsinhalt/-umfang und werden i. d. R. durch den Auftraggeber übernommen. Die Änderungen können u. a. zu Abweichungen bzgl. des Liefertermins sowie Art, Menge, Kosten, Qualität der vereinbarten Leistung führen. Die Höhe der monetären änderungsbedingten Mehr-/Minderkosten und zugleich Höhe der Kostenzielanpassungen sollten sich an den direkt und indirekt (z. B. Auswirkungen auf andere Aufträge, Kapazitäten etc.) durch die Änderungen verursachten Kosten orientieren. Problematisch ist hierbei jedoch die verursachungsgerechte Ermittlung der Mehr-/Minderkosten.

Nicht-finanzierte Änderungen sind in diesem Zusammenhang sowohl vom Auftragnehmer verursachte Kostenabweichungen (z. B. ungeplante Nacharbeitsschleifen) als auch im Auftrag vereinbarte Toleranzen für evtl. auftretende Mehrkosten (z. B. Toleranzbereich für Materialteuerungen, Wechselkursrisiko, Abrufmengen etc.). Die daraus für ein Projekt wirksamen Mehrkosten werden i. d. R. vom Auftragnehmer getragen. In diesen Fällen sollten die Kostenziele nicht angepasst werden. Für die Kostenkontrolle sind die Mehrkosten dennoch von Bedeutung, da ggf. eine Anpassung des Projektfortschritts erforderlich ist.

Unabhängig von der Änderungsart sollten für eine nachträgliche Erfolgsrechnung, Wiederverwendbarkeit der Kosteninformationen oder für die Ableitung von „Best

Practise" die Änderungen schriftlich festgehalten, änderungsbedingte Mehraufwendungen separat gebucht, kontrolliert und digital abgelegt werden. Darüber hinaus sollten für zukünftige Angebotskalkulationen bei ungeplanten nicht-finanzierten Änderungen die Ist-Kosten in der Fallbasis des Modul I entsprechend korrigiert werden.

Auf Basis der geschilderten Vorgehensweisen und Empfehlungen zur Festlegung und Anpassung von Kostenzielen stehen damit Soll-Werte für die Abweichungsanalyse und zugleich Führungsgrößen für die Kostensteuerung zur Verfügung.

3.4.4.4. Abweichungsanalyse

Mit dem Submodul Abweichungsanalyse wird eine frühzeitige Erkennung und Ursachenanalyse von erfolgsrelevanten Kostenabweichungen, welche Ausgangspunkt für die Initiierung von Kostensenkungsmaßnahmen darstellen, angestrebt. Um dies zu erreichen, ist eine reine Ist- oder Normalkostenrechnung, die auf vergangenheitsbezogenen Werte basiert, nicht ausreichend. Zur Wirtschaftlichkeitskontrolle und Vorbereitung von Entscheidungen sollten diese vielmehr durch Methoden und Instrumente der Plankostenrechnungen (siehe Abschnitt 2.4.5) sowie des Projektcontrollings ergänzt werden [Götz10]. Für das Projektcontrolling existieren dazu in der Literatur zahlreiche Instrumente, von denen die Kostentrendanalyse sowie die Earned-Value- und GAP-Analyse nachfolgend kurz erläutert und hinsichtlich ihrer Eignung zur Erfüllung der Teilaufgabe *Analyse von Kostenabweichungen* bewertet werden.

Die *Kostentrendanalyse* ist eine Methode zur grafischen Darstellung von Ist- und Plan-Kosten über einen Zeitablauf. Die Prognose des zu erwartenden Plankostenverlaufs erfolgt mit (Kosten-)Trendkurven.

Die *Earned-Value-Analyse* ist eine Methode zur dynamischen Überwachung des Fertigstellungsgrades von Projekten. Durch die integrierte Betrachtung von Soll-, Ist- und Plan-Werten zu Kosten-, Zeit- und Leistungsgrößen im Zeitablauf [Menz13] lassen sich Budgetüberschreitungen und Terminverzögerungen frühzeitig erkennen [PfRo11]. Die Soll-Werte entsprechen dem Fertigstellungswert (Earned Value) des Projektes. Dieser repräsentiert den zu einem Berichtszeitpunkt mit Plan-Kosten bewerteten Arbeits-/Projektfortschritt [Menz13], [Gais93]. Dazu sind eine eindeutige Zuweisung von Kosten zu Teilaufgaben und die Messbarkeit des Projektfortschritts erforderlich. Neben der grafischen Darstellung von Soll-, Ist- und Plan-Werten lassen sich vergangenheits- und zukunftsorientierte Kennzahlen, wie z. B. Kosten-/Planabweichung, Zeit-/Kosteneffizienz, Gesamtkosten für das Projektcontrolling ableiten [PfRo11]. Auf Projektebene lassen diese Kennzahlen erste Rückschlüsse auf Abweichungsursachen zu. Hinsichtlich der Zielgröße Zeit ist die Aussagefähigkeit der Earned-Value-Analyse (EVA) stark eingeschränkt und sollte daher durch weitere Verfahren, wie z. B. das Earned-Value-Schedule ergänzt werden [Menz13], [Lipk09]. Zudem sind differenzierte und zukunftsorientierte Kostenprognosen nicht vorgesehen.

Die *GAP-Analyse* (Lückenanalyse) zeigt durch Extrapolation von Zielgrößen (z. B. Ist-Kosten, Plan-Kosten, Termine) potenzielle Abweichungen zwischen den zu erreichenden Soll-Werten und einer zu erwartenden Entwicklung als Zukunftsprojektion auf [HaPr12]. Dabei wird grundsätzlich zwischen einer strategischen und einer operativen Lücke unterschieden [Camp07]. Die strategische Lücke kennzeichnet die Differenz zwischen einer optimalen Entwicklung einer oder mehrere(n) Zielgröße(n) und einer prognostizierten Entwicklung bei Beibehaltung des derzeitigen strategischen Instrumentariums [HaPr12]. Die operative Lücke ergibt sich aus der Differenz der prognostizierten Entwicklung der Ist-Werte unter Beibehaltung der bisherigen Unternehmenspolitik und einer Plan-Entwicklung bei optimalem Vorgehen. Bezogen auf die Zielgröße Kosten stellt die GAP-Analyse beispielsweise die Abweichung zwischen prognostizierten Ist-Kosten und vorgegebenen Soll-Kosten dar. Diese Lücke kann u. a. durch operative Maßnahmen, wie z. B. Kostensenkungsmaßnahmen, geschlossen werden. Die *GAP-Analyse* ist insgesamt einfach und für Zukunftsprojektionen anwendbar. Jedoch besteht bei der Extrapolation der Zielgrößen unter Ausschluss von externen Umwelteinflüssen das Problem, dass potenzielle Änderungen in der Zukunft, die sich auf den Verlauf der Zielgrößen auswirken, nicht berücksichtigt werden. Darüber hinaus ist die GAP-Analyse analog zur Earned-Value-Analyse auf quantifizierbare Größen beschränkt und umfasst keine Ursachenanalyse. Sie sollte daher durch weitere Methoden und Instrumente erweitert werden.

Aus den vorangegangenen Erläuterungen geht hervor, dass zur Erfüllung der submodulbezogenen Aufgaben ein Instrument allein nicht ausreicht; vielmehr ist eine Kombination aus EVA- und GAP-Analyse zielführend. So eignet sich die Earned-Value-Analyse für die Überwachung des Projektfortschritts und der Budgeteinhaltung. Mit der Extrapolation der zu kontrollierenden Zielgrößen aus der GAP-Analyse ist eine frühzeitige, vergangenheits- und zukunftsorientierte Prognose von Kostenabweichungen möglich. Bild 3-13 zeigt beispielhaft einen dazu gehörenden Soll-Plan-Ist-Vergleich.

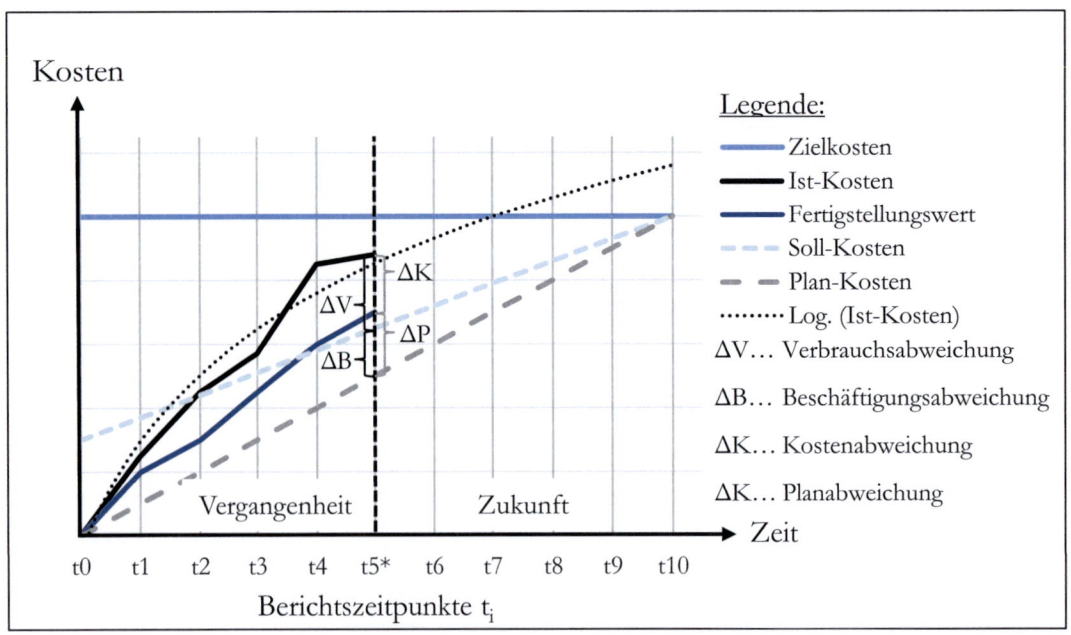

Bild 3-13: Soll-Plan-Ist-Vergleich

Neben den Kostenabweichungen ist auch eine Prognose von Terminabweichungen denkbar. Allerdings weisen sowohl die Earned-Value- als auch die GAP-Analyse in Bezug auf die *Kontrolle der Einhaltung von Terminen* Schwächen auf. Um mit geringem Aufwand einen Überblick über die Terminsituation zu erhalten ist z. B. die Meilensteintrendanalyse geeignet. Die *Meilensteintrendanalyse* ist eine Methode des Projektmanagements zur vorausschauenden Überwachung der Termineinhaltung in Projekten. Basierend auf terminlich fixierte Meilensteine wird deren Erreichung zu festgelegten Berichtszeitpunkten bewertet, ggf. neu terminiert und in einer Halbmatrix grafisch dargestellt [BSH08]. Über die verschiedenen Berichtszeitpunkte werden die jeweiligen Ergebnisse zu einem (Meilenstein-)Trend verbunden. Alternativ zu den Projekt-Meilensteinen sind auch die in Abschnitt 3.4.3 beschriebenen und für das Modul II genutzten Quality-Gates als Berichtszeitpunkte nutzbar.

Zur Erreichung des Teilziels einer differenzierten *Kontrolle* und *Ursachenanalyse* von Kosten-abweichungen, werden die kostenbezogenen Zielgrößen entsprechend der flexiblen Plankostenrechnung für mittel- bis langfristige Betrachtung auf Vollkostenbasis und für kurzfristige Betrachtungen auf Teilkostenbasis untergliedert. Ferner erfolgt eine Aufteilung der Abweichungen in Plan-, Ist- und Verbrauchsabweichungen. Für weiterführende Analysen zur Entwicklung von Abweichungen sind in der Kosten-/Wissensbasis für jede Kostenabweichungsanalyse die zu den Berichtszeitpunkten ermittelten Werte archiviert. Auf Basis dieser Werte lassen sich Handlungsbedarfe sowie daran anknüpfend Hinweise auf adäquate und wirtschaftliche Maßnahmen zur Kosteneinhaltung ableiten.

Die mit dem Submodul Abweichungsanalyse ermittelten Abweichungen sind hierarchisch auf Projekt- und Produktebene gegliedert (Bild 3-14).

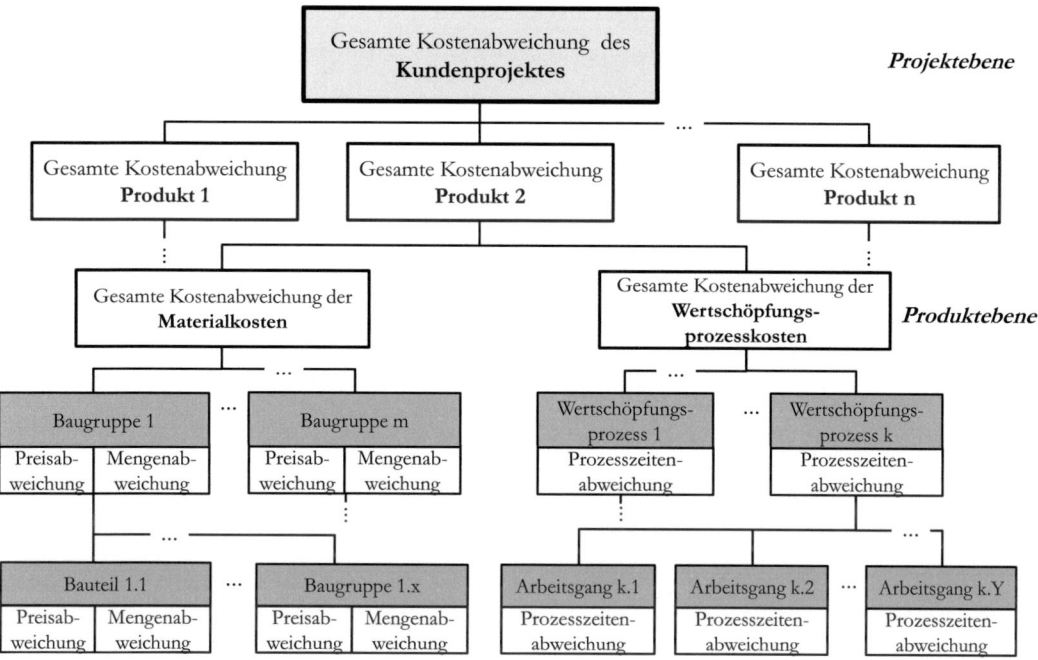

Bild 3-14: Hierarchie der Kostenabweichungen[16]

Die Gesamtabweichung eines Kundenprojektes setzt sich aus den Gesamtabweichungen der dazugehörigen Produkte zusammen. Auf der Produktebene erfolgt zunächst eine Aufgliederung der Abweichungen in Material- und Wertschöpfungsprozesskosten. Gemäß der flexiblen Plankostenrechnung auf Teilkostenbasis erfolgt für kurzfristige Betrachtungen eine weitere Differenzierung in fixe und variable Kostenbestandteile. Ob und inwiefern eine weitere Detaillierung der Material- und Wertschöpfungsprozesskostenabweichungen vorgenommen wird, ist abhängig von der im Modul I gewählten Kalkulationsart. So liegen nach einer Grobkalkulation den Vergleich ermöglichende Sollwerte nur auf hoher Abstraktionsebene vor, währenddessen diese bei Detailkalkulationen bis auf die Ebene der Komponenten und Wertschöpfungsprozesse heruntergebrochen werden können [KGL14].

Die Materialkostenabweichungen (Verbrauchsabweichungen) untergliedern sich in Mengen- und Preisabweichungen. Dabei sind im Umgang mit den aufgrund der multiplikativen Verknüpfung von Faktorpreisen und -mengen bestehenden Abweichungsinterdependenzen die gängigen Methoden der alternativen, kumulativen, differenzierten oder kumulativen Abweichungsanalyse anwendbar (siehe dazu

---

[16] Quelle: In Anlehnung an [GLK12]

[ScKü11]). Bei den Wertschöpfungsprozesskosten wird – ausgehend von der entsprechenden Regelung im Planungs-, Kontroll- und Kostenrechnungssystem im Unternehmen – der Kostensatz einer Prozesseinheit (Preiskomponente) als kurzfristig unveränderlich angesehen, so dass Kostenabweichungen vollständig auf Divergenzen zwischen den Soll- und den Plan- bzw. Ist-Prozesszeiten zurückzuführen sind [GLK12]. Damit wird zugleich der Einfluss von projektübergreifend entstehenden Beschäftigungsänderungen ausgeklammert.

Zur *Erkennung relevanter Kostenabweichungen* ist in Anlehnung an den Zielkostenkorridor beim Target Costing ein parametrischer Toleranzbereich *T* vorgesehen. Durch Anwendung der Formeln (5) und (6) entsteht ein Korridor, der sich mit zunehmendem Anteil der Abweichungsobjekte an den Zielkosten (ZKA) verengt (siehe Bild 3-15). Demnach nimmt die zulässige Kostenabweichung bei steigendem Anteil an den Zielkosten ab. In der Praxis sind die Exponenten *q1* und *q2* durch den Budgetverantwortlichen festzulegen.

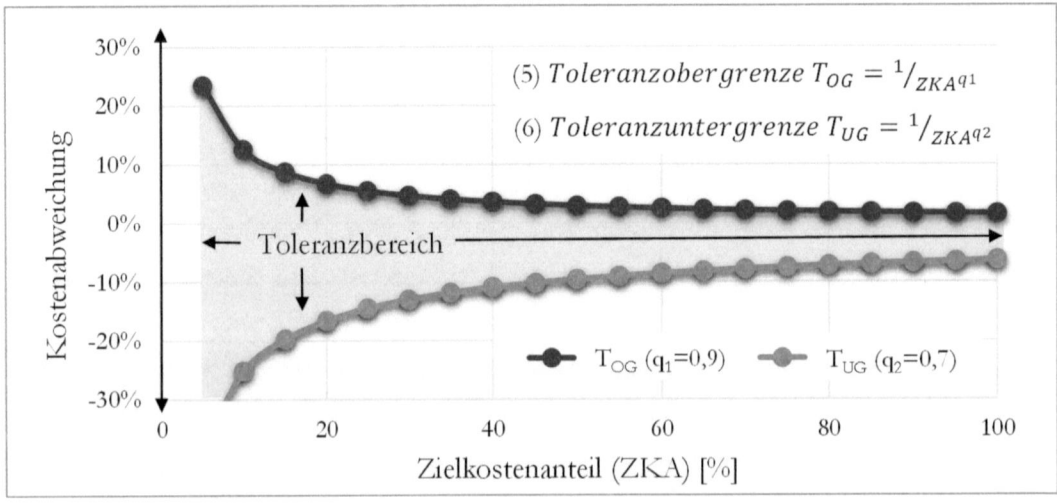

Bild 3-15: Parametrischer Toleranzbereich für Kostenabweichungen

Die Unterstützung der Analyse von Abweichungsursachen erfolgt durch Zuordnung von relevanten Kostenabweichungen zu verschiedenen Ursachenkategorien. Die *Abweichungsursachen* lassen sich dazu in kontrollierbare und nicht kontrollierbare Ursachen unterscheiden [EwWa08]. Kontrollierbare Abweichungen basieren i. d. R. auf Planungs-, Kontroll- oder Ausführungsfehlern, wie z. B. Unterschätzung des Projektaufwands, falsche Materialauswahl o. ä. [Kale13]. Demgegenüber subsumieren die nicht kontrollierbaren Abweichungen alle Ereignisse, deren Eintreten von überbetrieblichen, zwischenbetrieblichen sowie innerbetrieblichen Gründen abhängen [BSH08], [EwWa08]. Eine Auswahl möglicher Abweichungsursachen zeigt Anlage 7.

Im Falle von Materialkostenabweichungen ist beispielsweise der Ausfall eines Lieferanten ein Grund für Preisabweichungen. Gründe für Mengenabweichungen können z. B. Planungsfehler bei der Materialbedarfsplanung oder Ausführungsfehler bei der Materialauswahl sein. Des Weiteren wird die Ursachenanalyse durch die Nutzung von Kennzahlen unterstützt.

3.4.4.5.   Kennzahlensystem

Für die Unterstützung bei der Erkennung von relevanten Kostenabweichungen sowie zur Initiierung und Kontrolle von Kostensenkungsmaßnahmen ist aufgrund der zu erwartenden Vielzahl an Abweichungsobjekten eine verständliche, anwender- und entscheidungsgerechte Informationsaufbereitung zweckmäßig. Mit ihren Analyse-, Anregungs-, Operationalisierungs-, Planungs-, Zielvorgabe-, Prognose- oder Kontrollfunktionen [WeSc14] sind Kennzahlen dazu geeignete Instrumente. In komprimierter Form zählen sie zu den wichtigsten Informationsträgern für einen Budgetverantwortlichen. Nach REICHMANN zeichnen sich Kennzahlen durch ihren Informationscharakter, ihre Quantifizierbarkeit und ihre spezifische Informationsform (übersichtliche Darstellung komplexer Sachverhalte) aus [Reic11]. In Bezug auf Kennzahlen mit projektspezifischem Charakter steht die Festlegung und Messung von terminlichen, kapazitiven und kostenspezifischen Kennzahlen im Vordergrund. Die Entwicklung und Auswahl von Kennzahlen sollte nach den Kriterien:

- Aussagekraft (Zweckeignung, Genauigkeit),

- Umsetzbarkeit (Kosten-Nutzen-Relation),

- Funktionalität (Aktualität und Verfügbarkeit) und

- Akzeptanz

erfolgen [MHK11]. In Bezug auf das operative Projektcontrolling kann eine Systematisierung von Kennzahlen durch eine Trennung in die Bereiche Kosten, Zeit und Leistung erfolgen. Anlage 8 enthält dazu eine Auswahl von nutzbaren Kennzahlen.

In Abhängigkeit des Anwendungszwecks, der Strukturen und des Ziel-, Organisations-, Planungs-, Steuerungs- und Kontrollsystems sowie der Anzahl an ausgewählten Kennzahlen kann die Informationsaufbereitung beispielweise in Form eines Kennzahlensystems erfolgen. Ein Kennzahlensystem stellt ein Planungs- und Kontrollinstrument dar, bei dem Informationen für unternehmerische Entscheidungen aufbereitet werden [Horv09]. Die Informationsaufbereitung erfolgt herbei mittels einer Zusammenstellung von mehreren zueinander in sinnvollen Relationen stehenden oder einander ergänzenden sowie erklärenden Kennzahlen [Reic11]. In Abhängigkeit der Verknüpfungsart von Kennzahlen bieten sich dazu Ordnungssysteme (sachlogische Verknüpfung) und Rechensysteme (mathematische Verknüpfung) sowie Mischformen an [WeSc14].

Um eine anwender- und entscheidungsgerechte Informationsaufbereitung zur Entscheidungsunterstützung im Produktkostenmanagement von AEF im Allgemeinen sowie in der einer kostenorientierten Produktentwicklung im Speziellen zu erreichen, ist ein *Kennzahlencockpit* vorgesehen. Dieses verdichtet und visualisiert Kennzahlen und deren Entwicklung über den Projektablauf. Daraus lassen sich beispielsweise Kostenverläufe, Effekte von initiierten Maßnahmen und/oder Zielkostenerreichungsgrade ablesen. Als Erfolgsfaktoren sind hierbei insbesondere die zugrundeliegende Datenqualität, die Verständlichkeit und Übersichtlichkeit des Kennzahlencockpits sowie die Einbeziehung der potentiellen Anwender bei der Gestaltung des Cockpits zu nennen. Analog zur *Abweichungsanalyse* werden die Kennzahlen in der Kosten-/Wissensbasis fortlaufend archiviert und stehen damit für Erfolgskontrollen und Ursachenanalysen, zur Entscheidungsunterstützung bei der Kostensteuerung und als Planungsgrundlage für zukünftige Projekte zur Verfügung.

3.4.4.6. Entscheidungsunterstützung der Kostensteuerung

Die Kostensteuerung ist eine Kernaufgabe des Produktkostenmanagementsystems. Das Modul III unterstützt die Durchführung dieser Aufgabe, indem erfolgsrelevante Kostenabweichungen aufgezeigt werden. So wird in den verschiedenen Phasen des Wertschöpfungsprozesses deutlich, welcher Kostensenkungsbedarf im Hinblick auf die Erreichung der Kostenziele insgesamt besteht und bei welchen Objekten er, ausgehend von der jeweiligen Bezugskalkulation, vorliegt. Neben der Kostenabweichungsanalyse können dazu auch Instrumente des PKM (siehe Bild 2-5), wie die Prozesskostenrechnung, das Target Costing und die Wertanalyse genutzt werden. Aus diesen lassen sich Handlungsbedarfe einzelner beteiligter Funktionsbereiche (Konstruktion, Arbeitsplanung, Einkauf etc.) sowie Hinweise auf adäquate, selbst auch wirtschaftliche Maßnahmen zur Zielkostenerreichung ableiten.

Das Spektrum entsprechender (Standard-)Maßnahmen lässt sich entsprechend des im Abschnitt 3.2 beschriebenen konzeptionellen Rahmens für das PKM in projektübergreifende, projektbezogene und produktbezogene Maßnahmen gliedern. Zur Ausgestaltung und Bewertung dieser Aktivitäten können u. a. Wertanalyseprojekte dienen. In Abhängigkeit der mit dem Modul III erkannten Kosten- und Terminabweichungen sind geeignete Maßnahmen zu eruieren, hinsichtlich Aufwand und Nutzen zu bewerten und auszuwählen. Des Weiteren sind durch das Projektcontrolling

Termine, Kapazitäten, Verantwortlichkeiten und Dokumentationsvorschriften fest-zulegen. Letztere sind insbesondere für die Kontrolle der Umsetzung und Wirkung von Kostensenkungsmaßnahmen relevant.

Mit der Archivierung der Kostenabweichungen und Kennzahlen lässt sich, wenn auch durch die begrenzte Zurechenbarkeit von Effekten eingeschränkt, der Erfolg (zeitliche und/oder wirtschaftliche Dimension) einzelner Maßnahmen kontrollieren und analysieren. Daher sollten projekt- und maßnahmenbezogen Aufwand und Nut-zen von Maßnahmen, soweit dies im Einzelfall möglich ist, erfasst und in der Kosten-/Wissensbasis abgelegt werden. Daraus lassen sich u. a. „Best Practises" ab-leiten, die in zukünftigen Projekten genutzt werden können.

3.5 Aufbau der Kosten-/Wissensbasis

3.5.1 Ziel-/Aufgabenstellung

Die Kosten-/Wissensbasis nimmt als Kernbestandteil des Expertensystems eine be-deutende Stellung im vorliegenden PKM-Konzept ein. Mit der Kosten-/Wissensba-sis wird das *Ziel* der Sicherstellung einer durchgängigen Verwend- und Verfügbarkeit von Kostenwissen zur Unterstützung der Kostenplanungs-, Kontroll- und Steue-rungsaufgaben verfolgt. Unter Rückgriff auf adäquates, aktuelles, konsistentes, re-dundanzfreies und strukturiertes Kostenwissen werden durch den Einsatz der Mo-dule I, II und III u. a. Angebots-, entwicklungsbegleitende Kalkulationen, Zwischen- und Nachkalkulationen erstellt, Kosten kontrolliert sowie Abweichungs- und Ursa-chenanalysen durchgeführt. Dies stellt wiederum den Ausgangspunkt für die Schaf-fung von neuem Kostenwissen dar, wodurch sich im Zusammenspiel der Problemlö-sungs- und der Wissensakquisitionskomponente der Wissensbestand kontinuierlich vergrößert. Aus der o. g. Zielstellung ergeben sich für die Kosten-/Wissensbasis nachfolgende *Aufgaben*:

- Explizite, verständliche Repräsentation und Verwaltung von Kostenwissen,

- Aufwandsarme Anpassbarkeit und Erweiterbarkeit der Wissensbasis sowie

- Sicherstellung der Verwend- und Verfügbarkeit des Kostenwissens.

Zur Erfüllung der Aufgaben wird zunächst eine geeignete Repräsentationsform (Darstellungsform) für das benötigte Fakten- und Regelwissen (prozedurales und de-klaratives Kostenwissen) ausgewählt. Anschließend erfolgen die Identifizierung des zur Erfüllung der PKM-Aufgaben notwendigen Informationsbedarfs sowie die Modellierung der daraus resultierenden (Wissens-)Objektklassen und deren Beziehungen in einem Datenbankmodell. Bild 3-16 verdeutlich die gewählte Vorgehensweise.

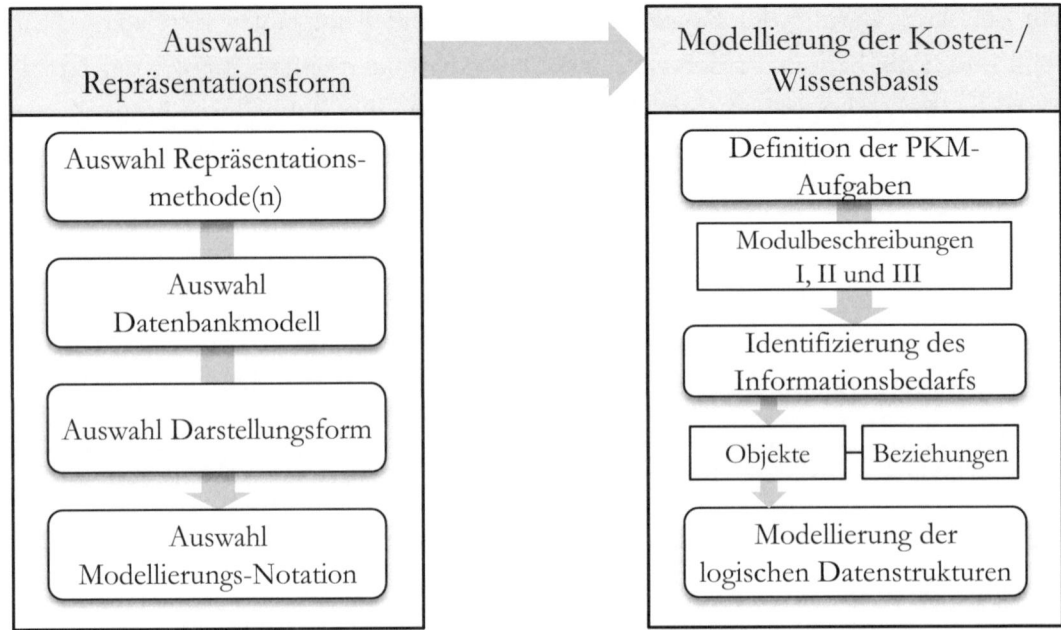

Bild 3-16: Vorgehensweise zur Konzeptionierung der Kosten-/Wissensbasis

3.5.2 Wissensrepräsentation

Die *Repräsentation* des vorhandenen und für die Problemlösung benötigten Wissens ist für die Leistungsfähigkeit eines wissensbasierten Systems von entscheidender Bedeutung [Schn10]. Der dazu verwendete Formalismus sollte die Lösungsfindung optimal unterstützen [Köni94] und für den Wissensingenieur sowie für den Anwender verständlich und einfach anpassbar sein. Der Repräsentationsformalismus sollte neben der universellen Verarbeitbarkeit des Wissens eine dynamische Wissensstruktur aufweisen, um das Wissen aktuell zu halten und Erweiterungen der Wissensbasis zu ermöglichen, ohne dass aufwändige Überarbeitungen der Wissensbasis notwendig sind [GFF90]. Dies setzt u. a. eine *Modularität der Wissensbasis* voraus, so dass Wissen unabhängig vom bestehenden Wissen hinzugefügt oder abgeändert werden kann [GFF90]. Darüber hinaus sollte das Wissen so repräsentiert werden, dass die Problemlösungskomponente effizient arbeiten kann. Um nun das Kostenwissen in expliziter und in EDV-technisch verarbeitbarer Form zu repräsentieren erfolgt zunächst die Auswahl einer geeigneten Repräsentationsmethode. Darauf basierend wird ein passendes Datenbankmodell, eine geeignete Darstellungsform sowie eine für die Modellierung der Kosten-/Wissensbasis geeignet Notation ausgewählt.

In Bezug auf die Auswahl der *Repräsentationsmethode* existieren je nach Wissensgebiet und Anforderungen vielfältige Methoden: Sie lassen sich grundsätzlich in deklarative (Beschreibung von Sachverhalten) und prozedurale (anwendungs-/lösungsbezogene) Methoden unterscheiden[Kurb92]. In den meisten Fällen enthalten sie jedoch Elemente von beiden [Kurb92]. Sie lassen sich den Paradigmen objektorientiert, logikorientiert und prozedural (regelbasiert) zuordnen [GFF909], [Kurb92]. Die *objektorientierte Wissensrepräsentation* beschreibt Eigenschaften und Verhalten von Objekten über Attribute und Attributwerte. Typische Vertreter sind das Semantische Netz und Frames, wobei Frames einen Ausschnitt eines semantischen Netzes darstellen. Bei der *logikorientierten Wissensrepräsentation* werden Sachverhalte durch aussagen- und prädikatenlogische Formeln ausgedrückt [Weid91]. *Die regelbasierten Methoden* beschreiben dagegen Sachverhalte durch Abbildung von Wenn-Dann-Aussagen, sog. Produktionsregeln, die jeweils aus Prämissen und Konklusion (Aktion) bestehen [Kurb92]. Ausgehend von bekannten Fakten produzieren die Regeln neues Wissen in Form neuer Fakten [Schn10]. Sie sind in der Praxis am meisten verbreitet [Kurb92].

Zur Repräsentation von prozeduralem und deklarativem Kostenwissen eignet sich eine Mischform aus regelbasierter und objektorientierter Wissensrepräsentation. Zum einen lassen sich regelbasierte Zusammenhänge, wie z. B. die Auswahl und Anwendung von Kalkulationsverfahren, sehr gut durch „Wenn-Dann-Aussagen" abbilden. Zum anderen werden deklarative Wissensbestandteile zur Beschreibung von Sachverhalten (Faktenwissen) gut durch die objektorientierten Methoden repräsentiert. Für die EDV-technische Verarbeitung von Fakten- und Regelwissens sollte dieses in Form von strukturierten Daten vorliegen. Die Sammlung und Strukturierung der Daten erfolgt meist in Form einer statischen, uniformen Datenbankstruktur. Mit Hilfe eines Datenbankmodells werden schließlich die Daten und die zwischen diesen Daten bestehenden Beziehungen abstrahiert darstellt [Geis09].

Aus den vorangegangenen Ausführungen wird deutlich, dass vielfältige Möglichkeiten zur Repräsentation von Fakten- und Regelwissen in einer Wissensbasis existieren. Die *Auswahl eines geeigneten Datenbankmodells* sollte daher in Abhängigkeit der Aufgaben und Anforderungen des Kosteninformationssystems, der Kenntnisse des Wissensingenieurs und des IT-Entwicklers sowie in Abhängigkeit der zur Verfügung stehenden IT-Ressourcen erfolgen.

In der betrieblichen Praxis sind heute vorwiegend relationale und objektorientierte Datenmodelle anzutreffen [Bode06], [Geis09]. *Relationale Datenbankmodelle* bilden Daten und deren Beziehungen über zweidimensionale Matrizen (Tabellen) ab. Während die Zeilen der Tabellen Datensätze repräsentieren [Geis09], beschreiben die Spalteninformationen (Attribute) über Attributwerte die Eigenschaften der Entitäten. Die Entitäten repräsentieren abgrenzbare Objekte der betrieblichen Realität, die eindeutig identifiziert werden können (z. B. Angebot XY) [MaUn08]. Sog. Entity-Typen bzw. Objektklassen fassen Objekte mit gleichen Eigenschaften und Methoden zusammen (z. B. Kunden, Angebote). Die Nutzung und Manipulation der Daten erfolgt direkt über Anweisungen oder darauf aufsetzende Anwendungen. Währenddessen relationale Datenbanken Entitäten durch Attribute beschreiben, bestehen objektorientierte Entitäten aus Attributen und Beziehungen zu anderen Entitäten [Geis09]. Zudem integrieren bzw. kapseln *objektorientierte Datenmodelle* die Daten und die Methoden der Datenverarbeitung schon in der Modellierung der Datenstrukturen [Geis09]. Sie finden vor allem bei großen Mengen komplex-strukturierter Daten sowie in Verbindung mit objektorientierten Programmiersprachen, wie *C#* oder *Java,* Anwendung.

Für die Repräsentation des kostenrelevanten *Faktenwissens* wird das relationale Datenbankmodell ausgewählt, weil dieses eine leicht verständliche Darstellung, Manipulation und Strukturierung von Daten ermöglicht. Die Datenbankstruktur kann verändert werden – z. B. durch Hinzufügung oder Entfernung von Tabellen – ohne die darauf zugreifenden Anwendungen ändern zu müssen. Zudem können sog. Sichten (Views) erstellt werden, die Daten und Tabellen mit unterschiedlichster logischer Struktur kombinieren, ohne die Datenbank physisch zu verändern. Das *Regelwissen,* wie z. B. wann welche Kalkulationsverfahren und Kostenfunktionen eingesetzt werden können, ist als Bestandteil der Wissensbasis im Programmcode des Expertensystems verankert.

Nachdem als Wissensrepräsentationsform das relationale Datenbankmodell ausgewählt wurde, folgt die *Festlegung einer geeigneten Darstellungsform.* Diese sollte eine übersichtliche Visualisierung der logischen Zusammenhänge zwischen den Datenstrukturen ermöglichen. Darüber hinaus sollte die Darstellungsform unabhängig von Hard- und Software sowie für eine objektorientierte Programmierung geeignet sein. Die Darstellungsformen werden in Abhängigkeit von Abstraktionsgrad in konzeptionelle, interne, externe und physische Datenbankmodelle unterschieden [Geis09].

Das *konzeptionelle Datenbankmodell* ist softwareunabhängig, bietet den höchsten Abstraktionsgrad und stellt eine globale Sicht auf die in der Kosten-/Wissensbasis zu verwaltenden Daten dar. Das *interne Modell* bildet das konzeptionelle Modell in einem Datenbankmanagementsystem mit den dazugehörigen softwareabhängen Eigenschaften und Beschränkungen ab. Das *externe Modell* teilt das interne Modell in bedarfsgerechte Einheiten (z. B. Sichten bzw. Views) auf. Damit wird die Durchführung von bestimmten, abgegrenzten Aufgaben in der Datenbank, wie z. B. die Materialkostenkalkulation, erleichtert und eine objektorientierte Softwareentwicklung unterstützt. Das physikalische Modell hat den geringsten Abstraktionsgrad und legt fest, wie die Daten auf Datenträgern gespeichert werden. [Geis09]

Aufgrund der Softwareunabhängigkeit und des hohen Abstraktionsgrades wird für die Modellierung der Kosten-/Wissensbasis das konzeptionelle Datenbankmodell gewählt.

Für die Darstellung der Datenbankinhalte wird das relationale *Entity-Relationship-Modell* (ERM) genutzt. Zum einen weist es einen hohen Verbreitungsgrad auf. Zum anderen hat es eine leicht verständliche Modellierungs-Notation. Das ERM selbst besteht im Wesentlichen aus Entitäten und deren Beziehungen untereinander. Die Beziehungen sind durch die Angabe von Kardinalitäten charakterisiert [Bode06]; diese geben an, wie oft ein Entity bzw. Objekt in einer Beziehung vertreten ist. Die grafische Darstellung eines ERM erfolgt in einem Entity-Relationship-Diagramm. Dazu existieren unterschiedliche Notationen (z. B. Chen, IDEF1X, Bachman, Krähenfuss, Min-Max, UML). Nachfolgend wird auf die etablierte UML-Notation zurückgegriffen; sie hat einen großen Verbreitungsgrad, mehrere zweckorientierte Diagrammtypen und wird sowohl zur Objekt-, Daten- und Prozessmodellierung als auch zum Softwarekomponentenentwurf eingesetzt [Bode06]. Unter den UML-Diagrammtypen ist besonders das *Klassendiagramm* geeignet statische Objektklassen, Schnittstellen und deren Beziehungen zueinander zu visualisieren [Kech11]. Gleichzeitig liegt mit einem Klassendiagramm die Grundlage für das interne und externe Datenbankmodell und somit für die sich anschließende Softwareentwicklung vor [Kech11].

3.5.3 Modellierung der Kosten-/Wissensbasis

3.5.3.1. Vorgehensweise

Auf Basis der in 3.5.2 festgelegten logik- und regelbasierten Repräsentationsform als ERM erfolgt in diesem Abschnitt die konzeptionelle Datenbankmodellierung der Kosten-/Wissensbasis mit Hilfe von UML Klassendiagrammen. Dazu wird zunächst der Informationsbedarf der in 3.4 beschriebenen Module der Problemlösungskomponente identifiziert. Anschließend erfolgt die Visualisierung der identifizierten Objektklassen und Beziehungen für die Module I, II und III in Klassendiagrammen.

Aus Gründen der Übersichtlichkeit und Übertragbarkeit werden die Klassendiagramme als Klassenentwurfsdiagramme dargestellt. Dementsprechend sind nur die relevanten Klassen ohne Angaben von Attributen und Methoden visualisiert. Die

Detaillierung und ggf. Modifikation erfolgt jeweils unternehmensspezifisch entsprechend des vorliegenden Informationsbedarfs. Das Fallbeispiel in Kapitel 5 veranschaulicht dies am Beispiel des Modul I (siehe Abschnitt 5.7.5). Die für die UML-Klassendiagramme verwendete Symbolik und Notation ist in der Anlage 9 im Überblick dargestellt und kurz erläutert.

3.5.3.2. Identifizierung des Informationsbedarfs

Die *Identifizierung des Informationsbedarfs* erfolgt auf Grundlage der Modulbeschreibungen in Abschnitt 3.4. Daraus gehen in Tabelle 3-2, gegliedert nach den Modulen I bis III und modulübergreifend, die benötigten Informationen aggregiert zu Haupt-Objektklassen hervor. Die Haupt-Objektklassen stellen die Basis für die konzeptionelle Datenbankmodellierung dar. Sie werden anschließend bei der Erstellung der Klassenentwurfsdiagramme wieder aufgegriffen, untersetzt und die Beziehungen untereinander im Überblick dargestellt.

Tabelle 3-2: Objektklassen- und modulbezogener Informationsbedarf

Modul I	Modul II	Modul III	Modulübergreifend
Kostenmodell AK	Kostenmodell PBK	Kostenziele	Kunde
Anfragen	Wertschöpfungsprozesszeit (Ist)	Ist-Kosten	Lieferant
Angebote	Wertschöpfungsprozesszeit (Plan)	Plan-Kosten	Mitarbeiter
Nachkalkulation	Materialkosten (Ist)	Abweichungen	Aufträge
Rumpfstrukturen	Materialkosten (Plan)	Kennzahlen	Projekte
	Produktionstechnologische Bauteilklassen	Kostensenkungsmaßnahmen	Meilensteine/ Quality-Gates
	Stücklisten	Termine	Preise/Rabatte
	Planzeiten	Berichtszeitpunkte	Produkte
	Geometrische Parameter	Projektfortschritt	Komponente
	Vorgabezeiten	Wertschöpfungsprozesse	Produktklasse
	Ressourcen		Komponentenklasse
	Fertigungsverfahren		Werkstoffe
	Fertigungsstrategien		Kaufteile
	Bearbeitungszugaben		Kostenstelle
	Standardarbeitspläne		Gemeinkostensätze
	Faktoren für Zustellzeiten		

Tabelle 3-2 macht deutlich, dass ein Großteil der Objektklassen modulübergreifend genutzt werden. Da die Module austauschbare in sich abgeschlossene Bestandteile der Problemlösungskomponente darstellen, sind diese nachfolgend jeweils mit den für sie benötigten Objektklassen und Beziehungen dargestellt; d. h. die dazugehörigen Klassenentwurfsdiagramme enthalten sowohl modulspezifische als auch modulübergreifende Objektklassen. Damit ist eine eigenständige Funktionsfähigkeit der Module sichergestellt.

3.5.3.3.   Konzeptionelles Datenbankmodell - Modul I

Ausgehend von den in Tabelle 3-2 dargestellten Haupt-Objektklassen zeigt Bild 3-17 die für das Modul I relevanten Objektklassen und deren Beziehungen in Form eines Klassenentwurfsdiagramms. Die benötigten modulübergreifenden Objektklassen sind jeweils grau unterlegt. Mit dem dargestellten konzeptionellen Datenbankmodell liegt die Grundlage für das interne und externe Datenbankmodell des Modul I vor. Die für die Angebotskalkulation in den einzelnen Submodulen vorgesehenen Kalkulationsverfahren sind dabei als Methoden in der Objektklasse „Kostenmodell AK" enthalten. Sie greifen auf Kostenfunktionen zurück, die als Teil der Problemlösungskomponente im Quelltext des Expertensystems verankert sind. Darüber hinaus sind zur Kalkulation mehrere Stundensätze pro Kostenstelle vorgesehen, da in der AEF häufig kundenbezogene Stundensätze vereinbart werden.

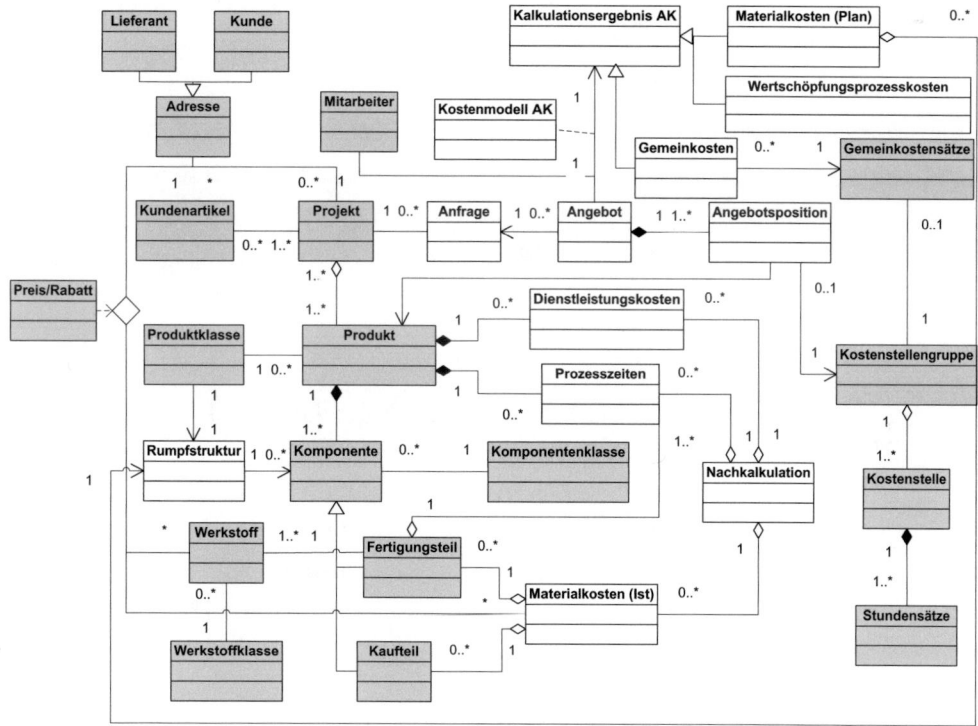

Bild 3-17: Konzeptionelles Datenbankmodell - Modul I

121

3.5.3.4. Konzeptionelles Datenbankmodell - Modul II

Aufgrund der Anzahl der Objektklassen und Beziehungen, die zur Realisierung des Modul II benötigt werden ist das dazugehörende Klassendiagramm in der Anlage 10 dargestellt. Analog zum konzeptionellen Datenbankmodell des Modul I sind die modulübergreifenden Objektklassen sowie benötigte Objekte aus dem Modul I grau eingefärbt.

Die Kalkulationsergebnisse der Projektbegleitenden Kalkulation setzten sich im Wesentlichen aus Material-, Wertschöpfungsprozess-, Werkzeug- und Gemeinkosten zusammen. Die dazugehörigen Kostenfunktionen sind jeweils als Methoden den jeweiligen Objektklassen zugeordnet. Die Berechnung der Produkt- und Projektkosten erfolgt schließlich durch Aggregation der ermittelten Ist- und Plankosten entsprechend des vorliegenden Kostenmodells für die PBK. Die dazugehörige Objektklasse „Kostenmodell PBK" beinhaltet zudem die für die Kalkulation erforderlichen Kalkulationsverfahren und Kostenfunktionen in Form von zugewiesenen Methoden. Der regelbasierte Einsatz der Kalkulationsverfahren und Kostenfunktionen wird mit Hilfe von entsprechenden Produktionsregeln (Quality-Gates) gesteuert und ist im Programmcode des Expertensystems implementiert. Des Weiteren sind die zur Kalkulation der Hauptzeiten verwendeten Bestimmungsformeln als Methoden in der Objektklasse „Hauptzeiten" abgelegt.

3.5.3.5. Konzeptionelles Datenbankmodell - Modul III

Kernelemente des konzeptionellen Datenbankmodells zum Modul III (Bild 3-18) sind die projekt-, produkt-, komponenten- und prozessbezogenen Kostenziele, Termine, Kostensenkungsmaßnahmen, Kostenabweichungen sowie den daraus ableitbaren Kennzahlen. Die Kennzahlen dienen letztlich zur Kostenkontrolle und -steuerung, wie z. B. für die Auswahl, Initiierung, Verfolgung und Bewertung von Kostensenkungsmaßnahmen.

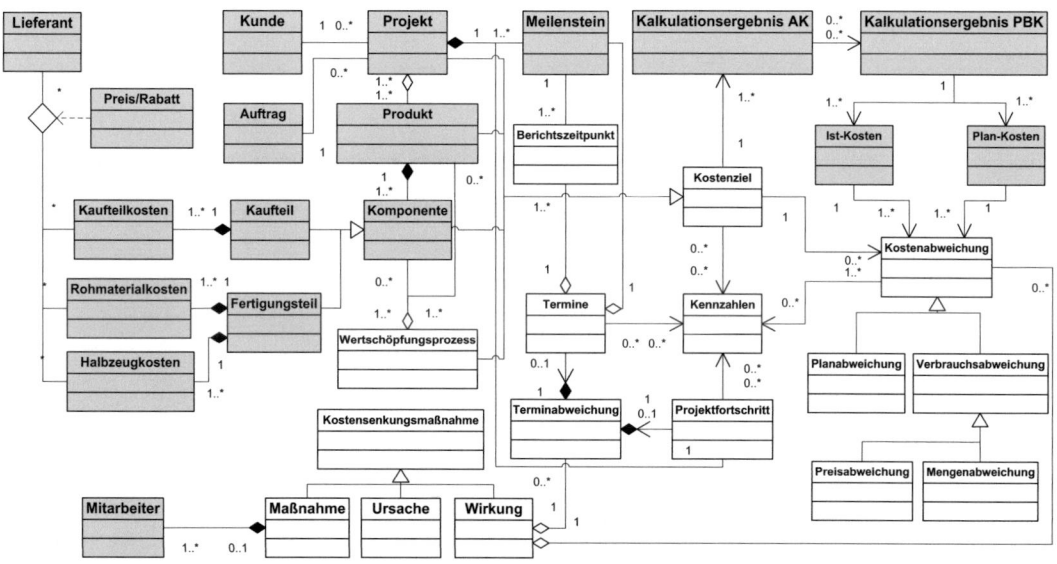

Bild 3-18: Konzeptionelles Datenbankmodell - Modul III

3.6 Entwicklung der Wissensakquisitionskomponente

Mit Hilfe der Wissensakquisitionskomponente wird das für die Unterstützung der PKM-Aufgaben benötigte Fakten- und Regelwissen in die Kosten-/Wissensbasis eingebracht bzw. erworben, geändert und obsoletes Wissen entfernt. Die Wissensakquisition kann grundlegend indirekt, direkt oder automatisch erfolgen. Das Konzept des Kosteninformationssystems sieht die Nutzung aller drei Wissensakquisitionsarten vor.

Der Wissenserwerb sowie der Aufbau und die Erweiterung der Wissensbasis erfolgt durch die indirekte Wissensakquisition, da i. d. R. nur ein Wissensingenieur die Komplexität der zu lösenden Probleme und der dazu notwendigen Wissensbestandteile ganzheitlich beherrscht. So erfolgt der *Erwerb* von Fakten- sowie in Teilen auch Regelwissen *indirekt* durch Identifikation, Analyse (Prüfung), Selektion, Aufbereitung (u. a. Vervollständigung, Bereinigung) und Transformation von Daten und Informationen aus unterschiedlichen Quellen innerhalb der organisationalen Wissensbasis (Unternehmensdatenbasis). Quellen für das Faktenwissen sind üblicherweise die Leitsysteme ERP- oder PDM, Kataloge, Dokumente sowie dezentrale, firmenspezifische und überbetriebliche Datensammlungen. Im Rahmen der Transformation werden die identifizierten, analysierten, selektierten und aufbereiteten Daten und Informationen formal an die gewählte Repräsentationsform angepasst (Abschnitt 3.5.2). Der Erwerb des Regelwissens erfolgt dagegen meist durch Externalisierung von impliziten Expertenwissen. Als Wissensquellen für das Kostenwissen sind hierbei Experten aus den Funktionsbereichen Kalkulation, Arbeitsplanung, Konstruktion, Controlling und Projektmanagement sowie die IT prädestiniert. Die Transformation des impliziten Wissens erfolgt durch dessen Beschreibung mit Metaphern i. V. m. einer Analogiebildung zu bekannten Wissen, Modellen und Hypothesen [Köhl12].

Für die Aktualisierung und fallbezogene Weiterentwicklung des Kosteninformationssystems bzw. der Kosten-/Wissensbasis ist eine *direkte Wissensakquisition* vorgesehen. Fachexperten und Datenverwalter haben hierbei die Aufgabe, die Verwendbarkeit (insbesondere Aktualität und Konsistenz) des bestehenden Wissens für ihr jeweiliges Wissensgebiet zu gewährleisten. Im Rahmen des Retain-Prozesses aus dem Submodul Fallbasiertes Suchsystem (Modul I) ist die Fallbasis durch neue, der Lösungssuche dienende Nachkalkulationen anzureichern. Zudem sind notwendige Aktualisierungen an Daten, die kein Bestandteil der Unternehmensdatenbasis sind, wie z. B. Klassifizierung und Konstruktionsvorlagen durch Fachexperten durchzuführen. Des Weiteren ist die Kontrolle der Umsetzung und Wirkung von Kostensenkungsmaßnahmen durch einen verantwortlichen Fachexperten bzw. durch einem ihm unterstellten Datenverwalter in der Kosten-/Wissensbasis zu dokumentieren.

Die *automatische Wissensakquisition* kommt im Rahmen der Synchronisierung von Stamm-, Bewegungs- und Bestandsdaten aus der Unternehmensdatenbasis mit der Kosten-/Wissensbasis zum Einsatz. Dazu gehören insbesondere Lohn- und Maschinenstundensätze, Werkstoffpreise, Anfrage- und Auftragsdaten, Standardarbeitspläne, Stücklisteninformationen, Planzeiten sowie Ist-Kosten und Ist-Prozesszeiten. Letztere werden durch das Submodul Betriebsdatenverarbeitung (Modul II) aus der Unternehmensdatenbasis extrahiert und ggf. aufbereitet (Selektion, Komprimierung). Theoretisch könnten Nachkalkulationen auch direkt durch einen Algorithmus indexiert und in die Fallbasis einbracht werden. In vielen Fällen sind diese durch Inkonsistenzen (z. B. fehlerhafte Kostenzuordnungen von Änderungsschleifen, Nacharbeiten) für eine Weiterverwendung nicht geeignet. Daher sind diese erst durch Fachexperten zu prüfen und ggf. zu korrigieren. Dazu erfolgt zunächst eine Auswahl und ggf. Überarbeitung der Nachkalkulationen, welche als Referenzen in die Kosten-/Wissensbasis aufgenommen werden sollen.

Ein weiterer Bestandteil der automatischen Wissensakquisition ist die Rückführung der Ergebnisse aus der Anwendung der Module I-III (Problemlösungskomponente) in die Kosten-/Wissensbasis. Dadurch wird die Kosten-/Wissensbasis bspw. um die geometrischen Informationen aus Detailkalkulationen sowie die im Rahmen der Fertigungszeitenermittlung (Modul II) berechneten Fertigungszeiten erweitert. Diese lassen sich in nachfolgenden Angebots- und projektbegleitenden Kalkulationen als Referenzwerte verwenden. Außerdem ermöglicht der Abgleich zwischen Ist- und Planwerten Lerneffekte [GLK12]. Beide Aspekte lassen eine sukzessive Erhöhung der Prognosegenauigkeit erwarten, die nicht nur die Kalkulation, sondern auch die Arbeitsplanung betrifft [GLK12]. Außerdem sind auf dieser Basis durch den Wissensingenieur und Fachexperten oder durch den Einsatz von geeigneten Data-Mining-Werkzeugen neue Regeln zu Ursache-Wirkungsbeziehungen von Kostenabweichungen ableitbar. Eine Anwendung neuronaler Netze, wie sie u. a. zur Ermittlung von Vorgabezeiten und Schnittwerten [Fell92], [Schaa92], [FNS99], [Schn10] konzipiert wurden, ist nicht Bestandteil der Wissensakquisitionskomponente. Die Praxistauglichkeit von neuronalen Netzen wurde bisher noch nicht hinreichend nachgewiesen.

Nachfolgendes Bild 3-19 fasst das Konzept der Wissensakquisition zusammen.

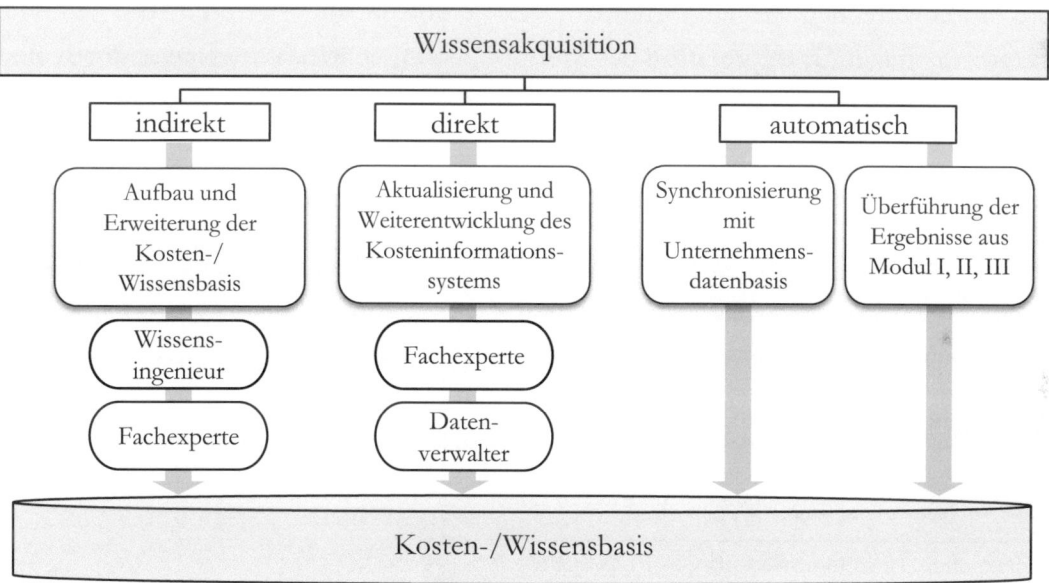

Bild 3-19: Konzept der Wissensakquisition

3.7 Entwicklung der Erklärungskomponente

Die Erklärungskomponente hat die Aufgabe den Schlussfolgerungsprozess des Kosteninformationssystems bei der Problemlösung transparent aufzuzeigen. Darüber hinaus dient sie der Interpretation, Begründung und Verifikation des Schlussfolgerungsergebnisses.

Im Gegensatz zu Expertensystemen für diagnostische oder therapeutische Anwendungen in der Medizin, in denen fehlerhafte Schlussfolgerungen zu schwerwiegenden Folgen führen können, sowie Expertensystemen, die für den Anwender schwer nachvollziehbare Schlussfolgerungsprozesse haben, hat die Erklärungskomponente im Kontext des Produktkostenmanagements eine geringere Relevanz. Zum einen sind fehlerhafte Schlussfolgerungen durch Erfahrungswerte der Anwender erkennbar. Zum anderen weist die Zielgruppe, bestehend aus Kalkulatoren, Controllern, Fertigungsplanern und/oder Projektmanagern i. d. R. Fachkenntnisse im Bereich der Kostenplanung und Kontrolle auf. Wird das Kosteninformationssystem in weiterführenden Arbeiten um Bestandteile zur automatischen Ableitung von Regeln auf Basis von Kostenabweichungen und/oder Ursache-Wirkzusammenhängen zwischen Kostensenkungsmaßnahmen und Kosten bzw. Prozesszeiten erweitert, erfährt die Erklärungskomponente eine gesteigerte Relevanz.

Zur Interpretation, Begründung und Verifikation der Schlussfolgerungsergebnisse aus den Modulen I, II und III sind in Tabelle 3-3 die relevanten Sachverhalte für die Erklärungskomponente dargestellt. Ergänzend dazu bietet sich eine Protokollierung der durchlaufenden Regeln innerhalb der Problemlösungskomponente an. Die Hauptaufgabe der Interpretation der Modul-Ergebnisse wird vorwiegend durch eine anwender- und entscheidungsgerechte Visualisierung in der Dialogkomponente realisiert.

Tabelle 3-3: Sachverhalte in der Erklärungskomponente

Sachverhalt	Darstellungsart
Aggregation der Kostenbestandteile zur Angebotskalkulation und Projektbegleitenden Kalkulation	Anwendergerechte Darstellung der Zusammenhänge im gewählten Kostenmodell
Ermittlung und Zuordnung von *Gemeinkosten*	
Produktionstechnologische Zuordnungen von Technologien, Ressourcen, Bearbeitungsparameter und Komponenten	Geeignete Sichten auf das Datenbankmodell
Herkunft und Zusammensetzung von *Vorgabezeiten*	
Bestimmungsformeln zur Berechnung der Prozesszeiten	Übersicht zu den hinterlegten Berechnungsformeln und hierarchischen Beziehungen
Regressionsformeln zur Berechnung von z. B. Sondereinzelkosten der Fertigung und Kosten für Konstruktions-, Planungs- oder Montagetätigkeiten	
Aufbau und Zusammenhänge von auswählten *Kennzahlen*	

3.8   Entwicklung der Dialogkomponente

Mit der Dialogkomponente wird die Kommunikation zwischen dem Anwender und dem Kosteninformationssystem realisiert. Dazu gehört zum einen die Übersetzung der aus den Aufgaben der Module I, II und III resultierend Anwenderprobleme. Zum anderen dient die Dialogkomponente der anwender- und entscheidungsgerechten Aufbereitung der Modul-Ergebnisse. Im Rahmen des Modul I unterstützt die Dialogkomponente die Eingabe der Anfrageinformationen (u. a. Auftragsart, Kunde, Produktart, Menge und Liefertermin) und kalkulationsrelevanten Merkmale aus dem im Angebotsengineering generierten technischen Lösungskonzept. Aus dem technischen Lösungskonzept werden Informationen über Produktstrukturen, Hauptelemente und deren Hauptabmessungen, Werkstoffe sowie ggf. Abschätzungen zum Konstruktions- und Fertigungsaufwand in die entsprechenden Eingabemasken der Submodule MKK I und WPKK I eingegeben. Beim Modul II stehen die Auswahl von Submodulen, Kalkulationsmodi und Datenquellen im Vordergrund. Im Rahmen des Modul III unterstützt die Dialogkomponente den Anwender bei der entscheidungsgerechten Auswertung von Abweichungsanalysen.

Die *anwender- und entscheidungsgerechte Aufbereitung* der Ergebnisse zielt auf die *Usability* des Kosteninformationssystems ab. Unter Usability wird meist die Nutzbarkeit einer Softwarelösung für einen Bestimmten Zweck verstanden [DIN99]. Die DIN EN ISO 9241-110 formuliert dazu sieben Qualitätskriterien der Dialoggestaltung. Demnach sollte die Dialogkomponente aufgabenangemessen, selbstbeschreibend, steuerbar, erwartungskonform, fehlertolerant, individualisierbar und lernförderlich sein [DIN08]. Die Ausprägungen der Qualitätskriterien geben Aufschluss über die Eignung für das beabsichtigte Kommunikationsziel, Wahrnehmung und Verständnis, Exploration und Benutzungsmotivation [DIN02].

Mit der Eignung für das Kommunikationsziel wird vor allem auf die entscheidungsbezogene Aufbereitung der Modul-Ergebnisse abgezielt; d. h. es sollen nur die Informationen dargestellt werden, die für die jeweils vorliegende Entscheidung relevant sind. Die Darstellung sollte dabei so erfolgen, dass der Anwender die Informationen gut rezipieren (Wahrnehmung) kann und diese für ihn entsprechend seines Kenntnisstandes verständlich sind. Dazu gehören ein übersichtlicher, verständlicher und kalkulationsprozessorientierter Aufbau der Benutzeroberflächen in den Submodulen. Beispielsweise eignet sich eine Visualisierung der Produktstruktur i. V. m. mit der Eingabe von Hauptabmessungen und Werkstoffinformationen in den Materialkostenkalkulatoren I und II. Des Weiteren sollten die Kalkulationsergebnisse in den einzelnen Submodulen durch Kombination aus tabellarischen Darstellungen zur Erfassung komplexer Informationen und grafischen Darstellungen zur Abbildung von Kostenstrukturen, prägnanten Kosten- oder ggf. Terminabweichungen o. ä. bestehen. Weiterführend sollen die Ergebnisse des Modul III, welche aus einer Vielzahl von Abweichungen und Kennzahlen bestehen, in einem anwender- und entscheidungsorientierten Kennzahlencockpit darstellt werden.

3.9 Zwischenfazit

Ausgehend vom identifizierten Bedarf nach einem in sich geschlossenen, projektbegleitenden, projektübergreifenden und IT-gestützten Produktkostenmanagement für die AEF, wurde zunächst ein *konzeptioneller Rahmen für das PKM* definiert. Dieser ist durch die im „Oktogon des Produktkostenmanagements" beschriebenen Facetten, deren Verbindungen und inhaltliche Schwerpunktsetzung charakterisiert. Zur Unterstützung der Kostenplanungs-, Kostenkontroll- und Kostensteuerungsaufgaben wurde als instrumenteller Kern des PKM-Konzepts ein *IT-gestütztes, modulares und wissensbasiertes Kosteninformationssystem* skizziert. Da für die wissensintensiven Prozesse der Kostenplanung und -kontrolle die Verfügbarkeit von kontextbezogenen Kalkulationsverfahren und kostenbezogenen Fakten- und Regelwissen benötigt wird, wurde das IT-gestützte Kosteninformationssystem in Anlehnung an *Expertensystemen* mit einer Problemlösungs-, Wissensakquisitions-, Erklärungs- und Dialogkomponente sowie einer Kosten-/Wissensbasis konzipiert.

Die Problemlösungskomponente umfasst Kontroll- und Abarbeitungsstrategien zur Unterstützung der festgelegten PKM-Aufgaben. Mit dem Ziel einer flexiblen Anpassbarkeit des Kosteninformationssystems an den spezifischen Bedarf im Unternehmen wurde dieProblemlösungskomponente in zwei Kalkulationsmodule und ein Analyse-/Kontrollmodul unterteilt. Mit dem *Modul I – Angebotskalkulation* werden kontextsensitiv Kalkulationsverfahren für Grob- und Detailkalkulationen von Projekten mit komplexen, mehrteiligen Erzeugnissen bereitgestellt. Die Kalkulationsergebnisse können zum einen für die Angebotspreisbildung, zur Bewertung von Gestaltungsalternativen sowie zur Weiterverwendung in Konstruktion und Arbeitsplanung genutzt werden.

Unter Rückgriff auf Konstruktions-, Planungs- und Betriebsdaten ermöglicht das Modul II – Projektbegleitende Kalkulation aktuelle und so weit wie möglich konkretisierte Produkt- und Projektkalkulationen.

Das Modul III – Kostenkontrolle nutzt die Ergebnisse der Module I und II, um Kostenziele festzulegen, Kostenabweichungen frühzeitig zu erkennen und deren Ursachenanalyse zu unterstützen sowie weiterführend Hinweise für geeignete Kostensenkungsmaßnahmen abzuleiten und deren Umsetzung zu kontrollieren. Um die Verfügbarkeit für das in der Problemlösungskomponente benötigte Kostenwissen sicherzustellen, wurde als Wissensrepräsentationsform ein relationales Datenbankmodell ausgewählt und der Informationsbedarf als konzeptionelle Datenbankmodelle (UML-Klassendiagramme) modelliert. Damit liegt ein allgemeingültiges, software- und hardwareunabhängiges Modell für den Aufbau der Kosten-/Wissensbasis vor. Ferner stehen mit dem Entwurf der Wissensakquisitions-, Erklärungs- und Dialogkomponente Konzepte für den Erwerb, Erweiterung, Verwaltung, Interpretation und Visualisierung des Kostenwissens bereit. Mit den Ergebnissen des Kapitels 3 liegt eine umfassende Konzeption zum Produktkostenmanagement in der AEF und zum darin eingebetteten Kosteninformationssystem vor. Es stellt sich nun die Frage, welche Vorgehensweise geeignet ist, um das Produktkostenmanagementkonzept auf einen praktischen Anwendungsfall in der Auftragsfertigung zu übertragen und umzusetzen.

4 VORGEHENSMODELL ZUR KONZEPTION UND UMSETZUNG DES PRODUKTKOSTENMANAGEMENT-KONZEPTS

4.1 Vorüberlegungen

Ein Vorgehensmodell ist eine modellhafte, abstrahierende Beschreibung von Vorgehensweisen, Richtlinien, Empfehlungen oder Prozessen für einen bestimmten Problembereich [StHa05], [KBL13]. Es beschreibt zielorientiert eine strukturierte Abfolge von Phasen oder Aktivitäten zur Lösung eines komplexen Problems, die häufig aus mehreren miteinander verbundenen Regelkreisen bzw. Iterationen bestehen [KBL13], [GKM10]. Übertragen auf den vorliegenden Kontext heißt das: Welche Vorgehensweise ist geeignet, um das vorliegende PKM-Konzept (Kapitel 3) auf einen praktischen Anwendungsfall in der AEF zu übertragen und umzusetzen (Dritte Forschungsfrage). Das dazu vorgesehene Vorgehensmodell sollte eine strukturierte Vorgehensweise zur:

- Analyse der Bedarfs- und Ist-Situation im Produktkostenmanagement,

- Ausgestaltung des PKM-Konzepts und des darin eingebetteten Kosteninformationssystems,

- Schaffung und Implementierung einer dazu benötigten Wissensbasis enthalten.

Hier stellt sich die Frage, ob in Wissenschaft und Praxis bereits ein Vorgehensmodell existiert, welches die o. g. Anforderungen erfüllt. Aufgrund des Projektcharakters und dem Fokus auf der Entwicklung und Umsetzung eines IT-gestützten Kosteninformationssystem zur Erfüllung der PKM-Aufgaben kommen dazu insbesondere Vorgehensmodelle aus den Bereichen der Softwareentwicklung und des Projektmanagements in Betracht.

Im Bereich der *Softwareentwicklung* zielen die meisten Vorgehensmodelle auf eine Harmonisierung, Strukturierung und Beherrschung des komplexen und iterativen Prozesses der Produkt-/Software- und Prozessentwicklung ab. Zu den am weitesten verbreiteten Modellen gehören das Wasserfallmodell, das Spiralmodell sowie das V-Modell der Softwareentwicklung. Das *Wasserfallmodell* geht von einer starren sequentiellen Abfolge der Phasen Analyse, Design, Implementierung, Test und Integration aus [Kech11], [AiSc14]. Weiterentwicklungen wie das *Spiralmodell* sehen mehrere Iterationen der o. g. Abfolge vor [Boeh88], [AiSc14]. *Iterativ-inkrementelle Vorgehensmodelle* gehen noch einen Schritt weiter und streben in jeder Iteration eine Verfeinerung – neue definierte Funktionen (Inkremente) kommen jeweils hinzu – der vorliegenden Entwicklungsergebnisse an [Kleu13]. Beim allgemeinen *V-Modell der Softwareentwicklung* ist der Entwicklungsprozess mit Aktivitäten der Qualitätssicherung (z. B. Komponenten-, Integrations-, System- und Abnahmetest) gekoppelt. So wird nach jeder Entwicklungsphase geprüft, ob die Ergebnisse zur vorherigen Phase passen.

In Bezug auf die o. g. Anforderungen sind die sequentiellen Vorgehensmodelle, wie das Wasserfall- und Spiralmodell ineffizient, da sie träge auf Änderungen der Anforderungen oder auf auftretende Probleme in der Implementierung reagieren. Obwohl dies mit dem V-Modell und dem iterativ-inkrementellen Vorgehensmodell verbessert wurde, kommen die für die Auswahl der Module und Submodule sowie für den Aufbau der Kosten-/Wissensbasis benötigten Analysetätigkeiten zur Bedarfs- und Ist-Situation zu kurz.

Im Bereich des *Projektmanagements* existieren ebenfalls zahlreiche Vorgehensmodelle. Sie zielen mehrheitlich auf eine schrittweise, systemorientierte und schematische Abfolge und Koordination von Teilaufgaben in einem Projekt ab [BSH08]. Bekannte Vertreter branchenneutraler Prozess- und Phasenmodelle sind die DIN 69901-2, ANSI/PMI (USA), PRINCE2 und die ISO 21500. Währenddessen die Phasen in der DIN analog zum Wasserfallmodell sequentiell ablaufen, liegen bei den anderen Modellen rekursive Vernetzungsbeziehungen zwischen den Phasen vor [Vay13]. Diesen liegt die von ULRICH und PROBST entwickelte Methodik des vernetzten Denkens zur Problemlösung komplexer Probleme zugrunde [BSH08], [UlPr95]. Im Unterschied zu Projektphasen, die einmalig durchlaufen und mit einem Meilenstein beendet werden, können Prozesse in wiederkehrenden Iterationen sowie phasenübergreifend auftreten [Vay13]. Bei allen betrachteten Modellen besteht der Projektablauf grundsätzlich aus einer Initial-, Planungs-, Ausführungs-, Kontroll- bzw. Steuerungs- und Abschlussphase. In Bezug auf die inhaltliche Dimension zeigen die Modelle viele Gemeinsamkeiten. Sie fokussieren auf Gesichtspunkte, wie ein Projekt erfolgreich gelenkt werden kann. Dazu gehören beispielsweise die Ablauf-/Terminplanung, Projektorganisation sowie Kosten-, Risiko- und Qualitätsmanagement. Produktbezogene Aspekte, wie die Entwicklung eines Kosteninformationssystems sind nicht Bestandteil der genannten Vorgehensmodelle.

Zusammenfassend wird festgestellt, dass ein praxiserprobtes Vorgehensmodell, welches eine Analyse der Bedarfs- und Ist-Situation, die Ausgestaltung eines konzeptionellen Rahmens für das PKM sowie die Entwicklung und Einführung eines dazu genutzten IT-gestützten Kosteninformationssystems umfasst, aktuell nicht existiert. Ein solches zu entwickeln ist daher das Ziel der nachfolgenden Abschnitte.

4.2 Entwicklung eines Vorgehensmodells

Die Konzeption und Umsetzung des PKM-Konzepts hat entsprechend DIN 69901 Projektcharakter [DIN09], ist sehr komplex und beinhaltet die Entwicklung und Integration eines Kosteninformationssystems. Es bietet sich daher eine Synthese aus den Vorgehensmodellen des Projektmanagements und der Softwareentwicklung an. Die Einteilung der Phasen und Zuordnung von Arbeitsschritten erfolgt in Anlehnung an die DIN 69901 und die iterativ-inkrementelle Vorgehensweise aus der Softwareentwicklung. Das Vorgehensmodell besteht aus den *vier Hauptphasen* Analyse, Ausgestaltung, Umsetzung und Evaluation (Bild 4-1). Mit dem iterativen-inkrementell Projektablauf wird eine sukzessive Entwicklung und Umsetzung angestrebt. Einerseits entstehen so schnell einsetzbare Projektergebnisse. Andererseits werden neue bzw. geänderte Anforderungen und auftretende Implementierungsprobleme in die nächste Iterationsschleife aufgenommen werden.

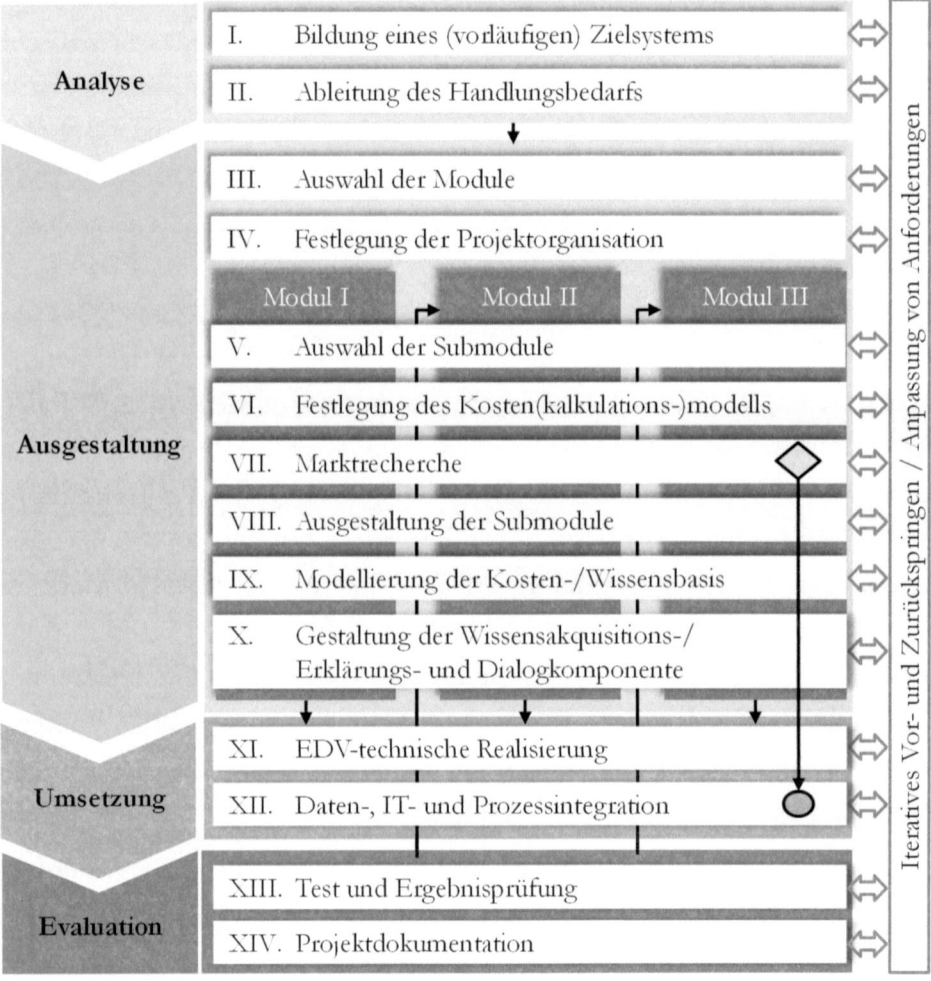

Bild 4-1: Vorgehensmodell zur Analyse, Ausgestaltung, Umsetzung und Evaluation des Produktkostenmanagementkonzepts

In der *Analysephase* erfolgt zunächst die Aufstellung eines (vorläufigen) Zielsystems für das PKM. Aus dem Vergleich mit der Ist-Situation im Unternehmen resultiert ein Handlungsbedarf zur Erreichung der PKM-Ziele. Ausgehend vom Handlungsbedarf erfolgt in der *Ausgestaltungsphase* die Auswahl der Module des Kosteninformationssystems. Diese ist Grundlage für die Festlegung der Projektorganisation. Dort werden Management- und Realisierungsaufgaben sowie Aufgabenträger, Termine und Verantwortlichkeiten festgelegt.

Iterativ für jedes der ausgewählten Module erfolgt anschließend die Auswahl der einzelnen Submodule. Damit werden gleichzeitig die Funktionalitäten des Kosteninformationssystems festgelegt. Im Rahmen der Marktrecherche wird schließlich geprüft, ob die erforderlichen Funktionalitäten unter Berücksichtigung der vorherrschenden Rahmenbedingungen (z. B. IT-Systeme, Kosten- und Prozessmodell) durch eine am Markt verfügbare Softwarelösung abgedeckt werden können. Ist dies gegeben, kann direkt mit dem Schritt XII Daten-, IT- und Prozessintegration fortgefahren werden. Andernfalls erfolgt die Ausgestaltung der ausgewählten Submodule, die Konkretisierung der in 3.5.3 modellierten Kosten-/Wissensbasis sowie die Ausgestaltung der Wissensakquisitions-, Erklärungs- und Dialogkomponente. In der sich anschließenden *Umsetzungsphase* werden die Komponenten des Kosteninformationssystems EDV-technisch realisiert und die Softwarelösung in die Daten- und IT-Systemumgebung des Unternehmens integriert. Den Abschluss der Umsetzungsphase bildet die organisatorisch-prozessuale Umsetzung des konzeptionellen Rahmens für das PKM. Die *Evaluationsphase* umfasst schließlich die Prüfung des Moduls hinsichtlich Funktionalität und Zielerreichung. Eine Projektdokumentation schließt das Projekt ab. Die Umsetzungs- und Evaluationsphase überlappen sich stark, da i. d. R. programmierte Funktionen direkt einem Funktionstest unterzogen werden. Ergeben sich im Projektverlauf neue, konkretisierte oder geänderte Anforderungen ist jederzeit ein *Vor- und Zurückspringen* (iterativ-inkrementellen Charakter) innerhalb des Vorgehensmodells möglich.

4.3 Analyse der Bedarfs- und Ist-Situation

I. Bildung eines (vorläufigen) Zielsystems

Der erste Schritt des Vorgehensmodells ist die Bildung eines *vorläufigen Zielsystems* für das Produktkostenmanagement im Unternehmen. Es werden Zielgrößen ausgewählt, strukturiert, priorisiert und operationalisiert [GKM10]. Der vorläufige Charakter des Zielsystems resultiert aus möglichen Anpassungen, Erweiterungen und/oder Konkretisierungen, die im Zuge der Ausgestaltung und Implementierung des PKM-Konzepts auftreten können.

Grundlage für die Zielbildung ist die Erfassung der *strategischen Zielstellung* des Unternehmens in Bezug auf das PKM. Dazu gehören insbesondere die strategische Ausrichtung der Produktpolitik (Produkte, Kunden, Regionen) sowie die strategische Ausrichtung des Kostenmanagements (z. B. Kostenführerschaft oder Effizienzstrategie). Es stellt sich beispielsweise die Frage, ob und wie Kostensteigerungen weitergegeben werden können. Daraus werden Anforderungen bzgl. Zielrichtung, Rahmenbedingungen, Organisation, Objektbereich, Aufgaben, Kosteneinflussgrößen, Maßnahmen und Instrumente des PKMs sowie Wissensziele – welches Kostenwissen ist nötig, um die zukünftigen Kostenmanagementaufgaben zu erfüllen (siehe dazu [Köhl12]) – abgeleitet. Sie finden Eingang in der Ausgestaltung des konzeptionellen Rahmens für das PKM, welcher als unternehmensspezifisches Oktogon des Produktkostenmanagements die Bedarfssituation charakterisiert. Dort werden für die in 3.2 genannten Gestaltungsfelder bzw. Facetten die PKM-relevanten Aspekte festgelegt, priorisiert und die Projektziele für die Projektevaluation operationalisiert.

II. Ableitung des Handlungsbedarfs

Die Ableitung des Handlungsbedarfs erfolgt anhand des Vergleichs der Bedarfssituation im Bereich des PKM mit der vorliegenden *Ist-Situation* im Unternehmen. Die Analyse der Ist-Situation sollte zum einen die Verortung, Verfüg- und Verwendbarkeit von Kostenwissen umfassen. Zum anderen sollte sie einen Überblick darüber geben, inwiefern verfügbare IT-Systeme zur Unterstützung von PKM-Aufgaben genutzt werden können, und inwiefern die vorliegenden Prozesse bezogen auf das Produkt- und Projektmanagement den eruierten Bedarf decken. Aufgrund von vielfältigen Wechselbeziehungen zwischen Prozessen, IT-Systemen und Kostenwissen/-daten [GKKL14a] ist eine auf das Produktkostenmanagement ausgerichtete *Prozess-, IT- und Kostenwissensanalyse* zweckmäßig. Zur Erfassung der Ist-Situation wird auf die integrierte Analyse-Methodik aus dem Verbundprojekt *eBEn* zurückgegriffen und auf den vorliegenden Kontext adaptiert:

Ausgehend von der strategischen Zielstellung des zu untersuchenden Unternehmens und einer inhaltlichen Fokussierung des Untersuchungsbereichs werden die Analysefelder (Artikelstamm-)Daten-, IT- und Prozesse zuerst differenziert und im weiteren Verlauf integriert untersucht (Anlage 11). Im Analysefeld *(Artikelstamm-)Daten* wird die vorherrschende Datenqualität anhand von ausgewählten Qualitätskriterien bewertet und mit den aus den Unternehmensprozessen resultierenden Anforderungen verglichen. Im *Analysefeld IT* werden die für die Daten relevanten Anwendungssysteme, deren Quellen einschließlich der zwischen ihnen bestehenden Verbindungen erfasst und hinsichtlich Funktionalität, Aktualität, Zugänglichkeit und Rechteverwaltung analysiert. Die *Prozessanalyse* umfasst eine detaillierte Aufnahme der Aufbau- und Ablauforganisation des Untersuchungsbereichs. Aufgrund der Wechselwirkungen zwischen Daten, IT und Prozessen erfolgen in übergreifenden Schritten die Aufnahme der Stammdatenprozesse sowie von Normen und E-Business-Standards. Alle Teilergebnisse werden schließlich in einer Ist-Zustands-Beschreibung zum Stammdaten- und Geschäftsprozessmanagement zusammengeführt. Diese ist Ausgangspunkt für die Ableitung von Ursache-Wirkungsbeziehungen, Identifizierung und Bewertung von daten-, IT- und prozessbezogenen Verbesserungspotenzialen sowie der Erarbeitung von adäquaten Verbesserungsmaßnahmen. [GKKL14b], [LGK14]

Für die Analyse der Ist-Situation zum Produktkostenmanagement können die der Analyse-Methodik zugrundeliegenden Instrumente weitestgehend genutzt werden. Es ist jedoch eine Anpassung der Analyseobjekte erforderlich. So sind anstatt Stammdaten nun alle PKM-relevanten Wissensbestandteile zu identifizieren und hinsichtlich ihrer Verfüg- und Verwendbarkeit zu analysieren. Des Weiteren stehen nicht die stammdatenrelevanten IT-Systeme und Prozesse im Fokus, sondern nur diese, die zur Erfüllung von PKM-Aufgaben verwendet bzw. durchlaufen werden. Es ist demnach zu erfassen, welche Prozesse zur Kostenplanung, -kontrolle und -steuerung derzeitig von welchen Organisationseinheiten durchgeführt werden. Darüber hinaus sind die in den Prozessen ein- und ausgehenden Wissensbestandteile sowie die dabei eingesetzten IT-Systeme zu erfassen. Das Ziel besteht dabei sowohl in der Identifikation und Bewertung von vorhandenen Kostenwissen als auch in der Erkennung von Medienbrüchen im Informationsfluss, die zu Informationsverlusten und zu ineffizienten Abläufen führen.

Die auf Basis der in *eBEn* entwickelten und erprobten Analyse-methodik adaptierte Vorgehensweise zur Erfassung der Ist-Situation umfasst somit eine Prozessanalyse,

IT-Analyse, Identifikation von Kostenwissen sowie die Zusammenführung und Bewertung der Analyseergebnisse. Für die Prozess- und IT-Analyse können die in *eBEn* entwickelten, praxiserprobten Instrumente genutzt werden [GKKL14a].

In der *Prozessanalyse* erfolgt die Erfassung der Aufbau- und Ablauforganisation. Die Aufbauorganisation befasst sich mit der Zerlegung, Verteilung und Koordination von Aufgaben und Aufgabenträgern [BeGö06]. Im vorliegenden Kontext ist daher die Verteilung der PKM-Aufgaben auf Organisationseinheiten (z. B. Kostenplanung durch Vertrieb, Kostenkontrolle durch Controlling) und deren hierarchische Beziehungen aufzunehmen. Die Erfassung der Ablauforganisation umfasst eine detaillierte und strukturierte Aufnahme der PKM-Prozesse und dabei genutzten Instrumente sowie die Aufnahme der für den Objektbereich relevanten Prozess-, Projekt- und Produktstrukturen.

Innerhalb der *IT-Analyse* werden die für die Unterstützung der PKM-Aufgaben genutzten IT-Systeme, deren Vernetzung untereinander und die für die Datenverarbeitung verwendeten Datenquellen erfasst und hinsichtlich ihrer Funktionalität, Verfügbarkeit (z. B. Anzahl Lizenzen, Betriebsart) und Usability bewertet.

Im Rahmen der *Identifikation von Kostenwissen* erfolgt die Schaffung von Transparenz über die internen Bestände und den Explikationsgrad von Kostenwissen im Unternehmen. Für tazites (unbewusstes) Wissen empfiehlt KÖHLER die Beobachtung von Wissensträgern bei der Problemlösung und die Analyse der Lösungsergebnisse (z. B. Kalkulationsergebnisse) [Köhl12]. Für implizite und explizite Wissensbestandteile sind u. a. Methoden, wie die Selbstaufschreibung, Beobachtung, Befragung, Interview und die automatische Generierung von Metawissen durch Sichtung und Klassifizierung von Datenbeständen nutzbar [Köhl12]. Zur strukturierten Repräsentation des identifizierten Kostenwissens können die in 3.5.2 genannten Methoden, wie z. B. das semantische Netz, genutzt werden. Im semantischen Netz wird Faktenwissen über Objekte (Knoten) und deren Beziehungen (Kanten) in gerichteten Graphen (Ontologie) dargestellt [Kurb92].

Im Rahmen der *Zusammenführung und Bewertung der Analyseergebnisse* werden die vorangegangenen Ergebnisse in einer Ist-Situationsdarstellung zusammengeführt. Aus der Zusammenführung der Prozess- und IT-Analyse ergibt sich u. a. der IT- bzw. Instrumenteneinsatz in den PKM-Prozessen. Des Weiteren erfolgt anhand der Ist-Situationsdarstellung die Ermittlung der Verteilung von Kostenwissen auf Wissensträger sowie dessen Verwend- und Verfügbarkeit in Prozessen. Für das explizite, in Daten gespeicherte Kostenwissen ist in Bezug auf die Verfügbarkeit v. a. der Umfang, Inhalt und die Zugänglichkeit des Kostenwissens relevant. Die Verwendbarkeit zielt auf dessen Vollständigkeit, Richtigkeit, Aktualität und Konsistenz ab. Für tazi-tives und implizites Kostenwissen ist der Umfang und Inhalt des Kostenwissens sowie die Teilungsbereitschaft, -fähigkeit, Absorptionsbereitschaft und Bewahrungs-fähigkeit der Wissensträger einzuschätzen [Köhl12].

Mit der vorgestellten Analyse-Methodik liegen analysefeldspezifische und -übergrei-fende Informationen zur Ist-Situation des PKM im Unternehmen vor. Durch einen Abgleich mit dem vorläufigen Zielsystem wird daraus der Handlungsbedarf zur Kon-zeption und Umsetzung eines unternehmensspezifischen PKM-Konzepts konkret ermittelt. Beispielsweise werden durch den Vergleich mit den Wissenszielen, aktuelle und zukünftige Wissenslücken identifiziert [Köhl12].

4.4 Ausgestaltung des Kosteninformationssystems

III. *Auswahl der Module*

Die Auswahl der Module erfolgt auf Grundlage des im Schritt I erarbeiteten Zielsys-tems und des an der Ist-Situation abgeleiteten Handlungsbedarfs. Ein Modul wird ausgewählt, wenn diesbezüglich ein Handlungsbedarf vorliegt und dessen Wirt-schaftlichkeit für das Unternehmen nachgewiesen worden ist. Aufgrund der Abhän-gigkeiten zwischen den Modulen – Modul II baut auf den Ergebnissen des Modul I und Modul III auf Ergebnissen von Modul I und II auf – sind bei Fehlen eines er-forderlichen Moduls die benötigten Eingangsdaten aus der Unternehmensdatenbasis z. B. mit Hilfe von Schnittstellen bereit zu stellen.

Die Ausgestaltung und Umsetzung des Kosteninformationssystems kann aufgrund der zu erwartenden Auszahlungen und in späteren Zeitpunkten realisierbaren Ein-zahlungen (Hebung von Einsparpotenzialen) gemäß dem zahlungsbestimmten In-vestitionsbegriff nach GÖTZE [GöBl04] und SCHNEIDER [Schn92] als Investition an-gesehen werden. Zur Vorbereitung einer Investitionsentscheidung, wie z. B. die Aus-wahl der Module, steht mit der Investitionsrechnung [GöBl04] ein wertvolles Instru-ment zur Verfügung. Die ihr zurechenbaren Modelle zur Vorteilhaftigkeitsbewer-tung bei einer Zielgröße werden hinsichtlich des Zeitaspektes in statische und dyna-mische Modelle unterscheiden [GöBl04].

Die *statischen Modelle* betrachten einen Zeitabschnitt. Zeitliche Unterschiede im Anfall von Ein- und Auszahlungen gehen nicht in die Vorteilhaftigkeitsrechnung ein. Dem-nach bleiben z. B. höhere kalkulatorische Zinsen aufgrund relativ hoher Auszahlun-gen zu Beginn eines Planungszeitraums unberücksichtigt. Dagegen beziehen die *dynamischen Modelle* Zahlungen zu verschiedenen Zeitpunkten explizit mit ein; Sie weisen damit eine höhere Realitätsnähe als die statischen Modelle auf. Im Allgemeinen unterscheiden sich die dynamischen Modelle zum einen in der Berücksichtigung von einheitlichen oder unterschiedlichen Kalkulationszinssätzen und zum anderen in den Zielgrößen. [GöBl04]

Für die Auswahl der Module sind im Rahmen einer Vorteilhaftigkeitsbewertung Auszahlungen zur Analyse der Bedarfs- und Ist-Situation, Ausgestaltung, Umsetzung und Pflege des Kosteninformationssystems sowie Einzahlungen im Sinne von realisierbaren Rationalisierungspotenzialen zu berücksichtigen. In Abhängigkeit der Modulauswahl treten Ein- und Auszahlungen in unterschiedlicher Höhe und zu unterschiedlichen Zeitpunkten auf. Um dies zu berücksichtigen wird für die Modulauswahl ein dynamisches Modell genutzt. Innerhalb dieser Modelle ist aufgrund der Einfachheit in der Berechnung sowie der hohen Akzeptanz und Verbreitung in der Praxis die *Kapitalwertmethode* ein geeignetes Instrument.

Die Kapitalwertmethode zielt auf die Beurteilung von Investitionsalternativen mit der Zielgröße „Kapitalwert" ab. Dieser stellt „*[...die Summe aller auf einen Zeitpunkt ab- bzw. aufgezinsten Ein- und Auszahlungen, die durch die Realisierung des Investitionsobjektes verursacht werden]*" dar [GöBl04]. Wird der Kapitalwert auf den Beginn eines Planungszeitraums bezogen, repräsentiert dieser die Summe aller auf diesen Zeitpunkt abgezinsten Ein- und Auszahlungen [GöBl04]. Für die Berechnung des Kapitalwertes werden neben der Höhe und des Zeitpunktes der Zahlungen, der Planungshorizont und ein kalkulatorischer Zinssatz benötigt.

Im vorliegenden Kontext sind die Höhe und der Zeitpunkt der *Auszahlungen* im Wesentlichen von der Ist-Situation im Unternehmen und der Modulauswahl abhängig. Die Auszahlungen werden durch Personalkosten für Entwicklungs-, Programmier-, Pflege- und Projektmanagementaufwendungen sowie Hard- und Softwarekosten verursacht. Die Bestimmung der Höhe und der Zeitpunkte der Auszahlungen erfolgt auf Basis eines an den Schritten im Vorgehensmodell angelehnten Projektplans. In Anlage 22 sind am Beispiel eines Werkzeugbauunternehmens Höhe und Zeitpunkt von Auszahlungen exemplarisch dargelegt. In dem darin dargelegten Beispiel ergeben sich die Auszahlungen pro Periode A_t aus der Summe der ihr zuordenbaren einmalige Kosten i für z. B. die Entwicklung, die Programmierung, das Projektmanagement und die Investition in Hard- und Software. Zu den genannten Einmalaufwendungen werden die laufenden Kosten j, wie z. B. Kosten für die Daten- und Systempflege sowie Lizenzkosten addiert (7). Unter Vernachlässigung des sprungfixen Charakters von Personalkosten erfolgt deren Ermittlung auf Basis von Prozesszeiten für eine Projektaufgabe k und den prozessspezifischen Prozesskostensätzen (8).

$$A_t = \sum_{i=0}^{n} Einmalige\ Kosten_{ti} + \sum_{j=0}^{m} laufende\ Kosten_t \qquad (7)$$

$$Personalkosten_t = \sum_{k=1}^{l} Prozesszeiten \times Prozesskostensätze \qquad (8)$$

Die Zeitpunkte Auszahlungen richten sich nach der im Projektplan festgelegten Termin-und Ressourcenplanung sowie den dazu ausgehandelten Abrechnungsmodalitäten.

Den zu erwartenden Auszahlungen stehen zahlreiche Rationalisierungspotenziale gegenüber, die direkt bzw. indirekt zu *Einzahlungen* führen können. Dazu gehören u. a.:

- Prozesszeiteneinsparung im Vertrieb durch Effizienzsteigerung in der Angebotskalkulation (Modul I),

- Steigerung der Umwandlungsquote durch Steigerung der Kostentransparenz und des Detaillierungsgrads in der Kalkulation sowie Nutzung freiwerdender Kapazitäten für mehr Detailkalkulationen und intensivere Angebotsverfolgung (Modul I),

- Prozesszeiteneinsparungen in der Konstruktion durch einen verbesserten Informationsaustausch zwischen Vertrieb und Konstruktion (Modul I),

- Prozesszeiteneinsparungen bei der Ist-Kostenermittlung (Modul II),

- Kosteneinsparungen durch eine Steigerung des Kostenbewusstseins indem Bezugs-, Gestaltungs- und Prozessalternativen bewertet und zielkostenorientiert ausgewählt werden (Modul II) sowie

- Eine verbesserte Termin- und Zielkosteneinhaltung durch verfügbare Instrumente der Kostenkontrolle und Kostenabweichungsanalyse (Modul III).

Unter Verwendung von zahlreichen Annahmen i. V. m. der Berücksichtigung von entsprechenden unternehmensspezifischen Randbedingungen sind die mit der Umsetzung des Kosteninformationssystems direkt bzw. indirekt erzielbaren Einzahlungen in Ihrer Höhe monetär bestimmbar. Aufgrund vieler sich überlagernder Effekte und Einflussgrößen sind die Einzahlungen nicht direkt messbar. Hier bietet sich z. B. das strategische Planungsinstrument Szenariotechnik an [GFS96]. Mit diesem lassen sich unterschiedliche hypothetische Folgen von alternativen Entscheidungen, wie z. B. die Unterlassensalternative mit verschiedene Modulkombinationen miteinander vergleichen.

Aufgrund ihrer eingeschränkten Messbarkeit und der bestehenden Abhängigkeiten und Wechselwirkungen zwischen den Effizienzpotenzialen stellt deren wissenschaftlich fundierte monetäre Bewertung ein komplexes Problem dar. Ein pragmatischer Ansatz ist bspw. die Dekomposition der Effizienzpotenziale i. V. m. der Nutzung pauschaler Berechnungsansätze. So lassen sich die *Prozesszeiteneinsparungen* $E_{t(Prozess)}$ aus der Summe der möglichen Einsparungen E_p abzüglich der Summe der Mehraufwendungen MA_p je Effizienzpotenziale p ermitteln (9). Für die Terminierung der potenziellen Einzahlungen sollte eine adäquate Anlaufphase nach erfolgreicher Umsetzung eines Moduls berücksichtigt werden.

$$E_{t(Prozess)} = \sum_{p=1}^{q}(E_p - MA_p) \tag{9}$$

Die Einsparungen je Effizienzpotenzial ergeben sich aus der jeweils möglichen Prozesszeiteinsparung PZ_{Ep} multipliziert mit der Prozessmenge PM_{Ep} pro Periode und dem Prozesskostensatz PKS_{EP} (10).

$$E_p = \sum_{i=0}^{n}(PZ_{E_{p_i}} \times PM_{E_{p_i}} \times PKS_{E_{p_i}}) \tag{10}$$

Analog dazu, lassen sich die mit der Hebung des Effizienzpotenzials ggf. verbundenen Mehraufwendungen durch das Produkt von Mehraufwand je Prozess PZ_{MA} der Prozessmenge PM_{Ep} pro Periode und dem spezifischen Prozesskostensatz PKS_{MA} ermitteln (11).

$$MA_p = \sum_{j=0}^{m}(PZ_{MA_{p_i}} \times PM_{MA_{p_i}} \times PKS_{MA_{p_i}}) \tag{11}$$

Die positiven Effekte einer *Steigerung der Kostentransparenz* i. V. m. der Nutzung von Prozesszeiteneinsparungen für die Angebotsverfolgung wirkt sich in der Angebotskalkulation u. a. auf die Verbesserung der Umwandlungsquote und damit auf die Umsatzgenerierung aus.

Die *Steigerung des Kostenbewusstseins* hat zahlreiche monetäre und nicht monetäre Effekte. Ein pragmatischer Ansatz zu deren monetärer Bewertung ist beispielsweise die Annahme, dass, mit steigendem Kostenbewusstsein in der Produktentwicklung kostengünstigere Bezugs-, Gestaltungs- und Prozessalternativen ausgewählt werden. Diese wirken sich z. B. positiv auf Material- und Wertschöpfungskosten aus. In Abhängigkeit der übertragbaren Produktkostenstrukturen ist eine pauschale Abschätzung der Gesamtkosteneinsparung möglich. Des Weiteren lässt sich beispielsweise eine verbesserte *Zielkosteneinhaltung* aus der erzielbaren Gesamtkostensenkung abzüglich der Summe von Mehraufwendungen für die Kostenanalyse und Kostenüberwachung sowie eine verbesserte *Termineinhaltung* aus einer Reduzierung von Kosten für Terminüberschreitungen ermitteln.

Nachdem Ein- E_t und Auszahlungen A_t zum Zeitindex t bestimmt worden sind, kann für den Zeitraum T der Kapitalwert mit Hilfe der Formel (12) bestimmt werden:

$$Kapitalwert = \sum_{t=0}^{T}(E_t - A_t) \times q^{-t}, mit \ (q^{-t} = Abszinsungsfaktor) \tag{12}$$

Ist der Kapitalwert positiv, dann ist eine Investitionsalternative als absolut vorteilhaft zu bewerten [GöBl04]. Wird Wirtschaftlichkeit mit absoluter Vorteilhaftigkeit gleichgesetzt, dann erfolgt die Auswahl eines Moduls, wenn neben dem dazugehörigen Handlungsbedarf und sein Kapitalwert größer als Null sind.

IV. Festlegung der Projektorganisation

Die *Projektorganisation* ist ein Schlüsselfaktor für den Erfolg eines Projektes, da viele Projekte nicht an mangelnder Fachkompetenz, sondern am organisatorischen Durcheinander scheitern [Mada00]. Auch hängt der Projekterfolg in erheblichen Maße von der Mitarbeit und Akzeptanz der betroffenen Mitarbeiter ab. Daher sollten die Erwartungen und Befürchtungen der betroffenen Mitarbeiter einbezogen werden. Zur Sicherstellung der Projektzielerreichung sollte zudem der Projektmanagementprozess durch die Querschnittsfunktionen Qualitäts- und Risikomanagement begleitet werden [BSH08].

Die Projektorganisation umfasst die Ablauf- und Aufbauorganisation [BSH08]. Deren Gestaltung ist abhängig von den Projektzielen, dem Handlungsbedarf und der Modulauswahl.

Im Rahmen der *Ablauforganisation* werden auf Grundlage des in Schritt II abgeleiteten Handlungsbedarfs konkrete Projektaufgaben mit Angaben zu Terminen, Verantwortlichkeiten und einer Zuweisung von eingeplanten Ressourcen (Personal, IT, Daten etc.) formuliert. Daraus ergeben sich Ablauf-, Termin-, Ressourcen- und Kostenpläne.

Da die Aufgaben der Projektorganisation und die Bearbeitung der Projektaufgaben durch Organisationseinheiten wahrgenommen werden, sind ihnen Aufgaben, Rechte und Pflichten zuzuordnen sowie deren Einordnung in die Aufbauorganisation festzulegen. Die *Aufbauorganisation* kann dabei grundsätzlich als reine Projekt-, Matrix-Projekt- oder als Stabs-Organisation erfolgen [BSH08]. Für die Ausgestaltung und Umsetzung eines Kosteninformationssystems eignet sich aufgrund der Neuartigkeit, Interdisziplinarität und Komplexität der Projektaufgaben sowie der zu erwartenden Projektdauer von ca. ein bis drei Jahren die Matrix-Projektorganisation. Bei dieser werden Kompetenzen zwischen einem funktions-/linienorientierten und einem projektorientierten Leitungssystem aufgeteilt [BSH08]. Dabei ist der Projektleiter verantwortlich für projektbezogene Aktivitäten, hat Entscheidungs- und Weisungsbefugnisse und wird durch Mitarbeiter aus der Linie zeitweise unterstützt [BSH08].

V. Auswahl der Submodule

Nach der Auswahl der Module erfolgt die Auswahl der jeweiligen Submodule. Aufgrund dessen, dass innerhalb der Module sowohl obligatorische als auch optionale Submodule existieren, ist die Auswahl auf nachfolgende optionale Submodule beschränkt (Bild 4-2):

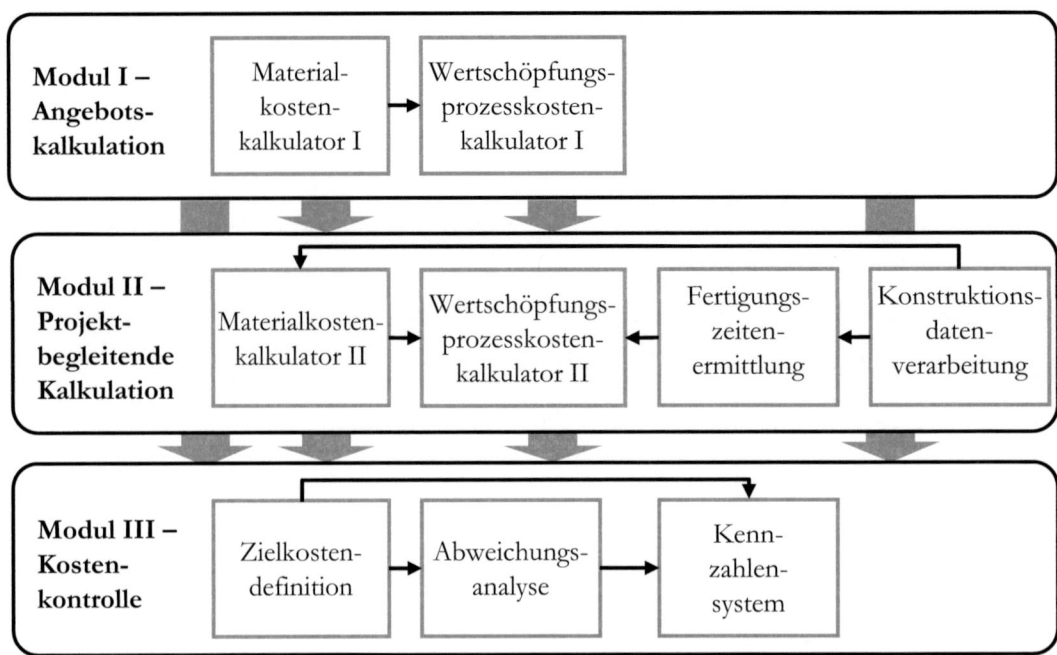

Bild 4-2: Optionale Submodule und Abhängigkeiten

Die Auswahl zwischen den optionalen Submodulen kann nach den Gesichtspunkten Notwendigkeit für andere ausgewählte Submodule, Wirtschaftlichkeit (Aufwand-Nutzen-Verhältnis), Verfügbarkeit von Daten und/oder Priorität in der Projektbearbeitung erfolgen. Aufgrund ihres modularen Charakters können in einer späteren Iteration nicht ausgewählte Submodule der Problemlösungskomponente hinzugefügt werden.

VI. Festlegung des Kostenmodells

In diesem Schritt erfolgt die Festlegung eines allgemeingültigen oder modulspezifischen *Kostenmodells* für die Module I und II. Dieses beinhaltet die Definition eines *Kalkulationsschemas* mit Festlegungen zur Kostenzurechnung (insb. Gemeinkostenzurechnung) sowie die Auswahl von geeigneten *Kalkulationsverfahren* zur Bestimmung des Werteverzehrs. Für die Definition des Kalkulationsschemas wird auf die in Abschnitt 2.4.3.2 dargelegten Kostenträgerrechnungsverfahren zurückgegriffen. Für die Auswahl der Kalkulationsverfahren sind die in der Konzeption verwendeten Verfahren oder alternativ die im Abschnitt 2.4.5 erläuterten Verfahren einsetzbar.

VII. Marktrecherche

Die Marktrecherche zielt darauf ab, unnötigen Ressourcenaufwand in der Software-entwicklung zu vermeiden. Ist beispielsweise ein IT-System zur detaillierten Ange-botskalkulation am Markt verfügbar, welches sowohl die betrieblichen Anforderun-gen der Angebotskalkulation erfüllt als auch die für die weiteren ausgewählten Mo-dule benötigten Kosteninformationen bereitstellt, kann das Modul I durch dieses IT-System realisiert werden. In diesem Fall erfolgt direkt eine Integration des ausgewähl-ten IT-Systems in die Daten- und Prozesslandschaft sowie die Anbindung an das Kosteninformationssystem. Für die Marktrecherche können diverse Quellen genutzt werden. Dazu gehören u. a. das Internet, Software-Systemanbieter, Marktspiegel u. v. m. Als Auswahlkriterien können die in Tabelle 4-1 dargestellten wirtschaftli-chen, fachlichen und technischen Bewertungskriterien verwendet werden.

Tabelle 4-1: Auswahl von Bewertungskriterien zur Marktrecherche

Wirtschaftlich	Fachlich	Technisch
Anschaffungskosten	Funktionale Abdeckung	Usability/Bedienbarkeit
Anpassungskosten	Kosten(kalkulations)-modell	Kompatibilität
Wartungskosten	Flexibler Verfahrenseinsatz	Datenaustausch
Servicekosten	Transparenz der Lösungsfindung	Technischer Support
Kalkulationsaufwand	Genauigkeit der Ergebnisse	
Pflegeaufwand für die Datenbasis	Verhaltensbeeinflussung	

VIII. Ausgestaltung der Submodule

Ausgehend von der Konzeption des Kosteninformationssystems erfolgt in diesem Schritt die konkrete Ausgestaltung der Submodule entsprechend der unternehmens-spezifischen Produkt- und Prozessstrukturen. Dazu gehören folgende Kernaufga-ben:

- *Fallbasiertes Suchsystem*: Festlegung der fallbeschreibenden Merkmale

- *Materialkostenkalkulator I und II:* Erarbeitung produktklassenspezifischen Rumpfstrukturlisten

- *Wertschöpfungsprozesskostenkalkulator I und II*: Anpassung an die geltenden Pro-duktstrukturen und Wertschöpfungsprozesse

- *Projektkalkulation I und II*: Festlegung und Abbildung des Kalkulationsschemas

- *Konstruktionsdatenverarbeitung*: Spezifikation des „Erweiterten Stücklistenexports" sowie Aufbau von parametrisch-assoziativen CAD-Modellen

- *Fertigungszeitenermittlung*: Erarbeitung produktspezifischer Standardarbeitspläne und Maschinen-Werkzeug-Werkstück-Zuordnungstabellen

- *Betriebsdatenverarbeitung*: Definition und Programmierung von Schnittstellen

- *Abweichungsanalyse*: Festlegung Abweichungsarten, Berichtzeitpunkte und Toleranzobergrenzen/-untergrenzen

- *Kennzahlensystem*: Auswahl und Systematisierung relevanter Kennzahlen

IX.   Modellierung der Kosten-/Wissensbasis

Die Modellierung der Kosten-/Wissensbasis beinhaltet die Transformation des konzeptionellen Datenbankmodells aus Abschnitt 3.5.3 in ein unternehmensspezifisches, externes Datenbankmodell. Dazu werden zunächst die Klassendiagramme in Bezug auf die Objektklassen und Beziehungen angepasst und mit vorhandenen Datenquellen, die für den zukünftigen Datenaustausch relevant sind, abgestimmt. Anschließend werden die Objektklassen und Beziehungen in das interne, relationale Datenbankmodell überführt und mit Hilfe der Normalisierung optimiert. Abschließend werden für das externe Datenbankmodell geeignete Sichten/Views erstellt, auf die das Kosteninformationssystem zugreifen kann.

X.   Gestaltung der Wissensakquisitions-, Erklärungs- und Dialogkomponente

In diesem Arbeitsschritt sind die *Rollen* der Wissensakquisition personell zu untersetzen und die *Schnittstellen* zwischen der Kosten-/Wissensbasis und der Unternehmensdatenbasis zu definieren. Für die Erklärungskomponente sind die relevanten *Sachverhalte* (Tabelle 3-3) entsprechend der Ausgestaltung der Submodule aufzubereiten. Des Weiteren sind für die Dialogkomponente die *Benutzeroberflächen* und die Benutzerführung in Abstimmung mit den zukünftigen Anwendern des Kosteninformationssystems bedienfreundlich zu gestalten.

4.5   Umsetzung des Produktkostenmanagementkonzepts

XI.   EDV-technische Realisierung

In der EDV-technischen Realisierung erfolgt die *Programmierung* der Problemlösungs-, Wissensakquisitions-, Erklärungs- und Dialogkomponente sowie der Schnittstelle(n). Die dazu verwendete Programmiersprache sollte sowohl den Kenntnissen der/des Programmierer(s) als auch den gegebenen Software- und Hardwareanforderungen (z. B. Betriebssystem, Datenbankmanagementsystem etc.) gerecht werden.

XII. *Daten-, IT- und Prozessintegration*

Ausgehend von den Ergebnissen der Ist-Situationsanalyse sind mit der *Datenintegration* Aktivitäten der Externalisierung von impliziten Wissensbestandteilen, die Selektion, Aufbereitung und Harmonisierung des explizierten Kostenwissens sowie die Befüllung der relationalen Datenbank mit verbunden. Für die Aufbereitung von Artikelstammdaten kann auf Instrumente zur Datenqualitätsverbesserung aus *eBEn* zurückgegriffen werden.

Die *IT-Integration* zielt auf die Sicherstellung der Verwend- und Verfügbarkeit des Kostenwissens durch Realisierung eines medienbruchfreien Informationsflusses ab. Dazu gehören u. a. die Integration des Kosteninformationssystems aus Phase II in die Anwendungs- und Datenlandschaft des Unternehmens.

Die *Prozessintegration* umfasst Aktivitäten zur Anpassung der aktuellen Aufbau- und Ablauforganisation entsprechend der zur Erfüllung der im Oktogon festgelegten PKM-Aufgaben genutzten Instrumente des IT-gestützten Kosteninformationssystems. Darüber hinaus sind Anwender- und Administratorschulungen Bestandteil der Prozessintegration.

4.6 Evaluation der Ergebnisse

XIII. *Test und Ergebnisprüfung*

In Anlehnung an das V-Modell der Softwareentwicklung umfasst der Teilschritt *Test* die Prüfung der Funktionalitäten, der Interaktion mit anderen Systemen und des ganzen Systems. Im Rahmen der *Ergebnisprüfung* erfolgt eine Kontrolle der Projektzielerreichung. Die Zielerreichung kann qualitativ (erreicht bzw. nicht erreicht) oder quantitativ mittels ausgewählter Kennzahlen bewertet werden. Aus dem Vergleich mit der Ausgangssituation lassen sich beispielsweise Anhaltspunkte für eine retrograde Wirtschaftlichkeitsanalyse ermitteln.

XIV. *Dokumentation*

Die Projektdokumentation umfasst die Dokumentation der Arbeitsergebnisse und des Projektvorgehens. Dazu gehören i. d. R. ein *Projektabschlussbericht* und die Zusammenstellung aller projektbegleitenden Dokumente, wie z. B. Projektauftrag, Analyseergebnisbericht, Zwischenergebnisse, Besprechungs-, Test- und Abnahmeprotokolle.

5 KONZEPTVALIDIERUNG AM FALLBEISPIEL

5.1 Einleitung und Abgrenzung des Fallbeispiels

Zur Beantwortung der vierten Forschungsfrage, wie das Konzept des PKM auf einen Anwendungsfall aus dem WuF adaptiert und umgesetzt werden kann, wird das Vorgehensmodell aus dem Kapitel 4 und die *Siebenwurst Werkzeugbau GmbH* (SWZ) als Fallbeispiel genutzt. In Kooperation zwischen der TU Chemnitz, der SWZ und der Christian Karl Siebenwurst Modellfabrik und Formenbau GmbH & Co. KG (CKS) wurden in einem F&E-Projekt zum Produktkostenmanagement im Werkzeug- und Formenbau ein in sich geschlossenes projektbegleitendes und -übergreifendes Produktkostenmanagement entwickelt und in Teilen umgesetzt. Die nachfolgenden Ausführungen fokussieren auf die Entwicklungsarbeiten zum Modul I sowie in Auszügen auf die Ausgestaltung der Module II und III.

5.2 Vorstellung der Siebenwurst Werkzeugbau GmbH

Die SWZ mit Sitz in Zwickau ist eine 100%ige Tochter der Siebenwurst-Unternehmensgruppe. Die Unternehmensgruppe mit Fokus auf den Werkzeug- und Formenbau hat weltweit zehn Standorte mit ca. 600 Mitarbeitern, die einem Jahresumsatz von über 60 Millionen Euro erwirtschaften (2013). Der Stammsitz ist die CKS in Dietfurt/Altmühltal; sie konnte schon zweimal (2009 und 2012) die begehrte Auszeichnung „Werkzeugbauer des Jahres" in der Kategorie „Externer Werkzeugbau über 50 Mitarbeiter" gewinnen. In der CKS entwickeln, fertigen und reparieren ca. 320 Mitarbeiter u. a. Prototypen- und Serienwerkzeuge für Kunststoff-Spritzguss- und Leichtmetall-Druckgussanwendungen. In der SWZ erwirtschafteten im Jahr 2013 ca. 204 Mitarbeiter einen Umsatz i. H. v. von 18,8 Mio. € [Sieb15c]. Zum Kundenstamm gehören u. a. die AUDI AG, die BMW AG, die VW AG, die Benteler AG, das Fraunhofer IWU und ThyssenKrupp [Sieb15a].

Das *Erzeugnisspektrum* der SWZ umfasst FHM zum Schneiden, Ziehen, Lochen, Pressen und Stanzen von Metall- und Kunststoffteilen (z. B. Karosserie- und Strukturbauteile, Hitzeschilder etc.) Zur Herstellung der Kundenartikel werden i. d. R. Werkzeugsätze, bestehend aus mehreren, meist mehrteiligen und komplexen Umform- und Schneidwerkzeugen, genutzt. Diese werden in Auftragseinzelfertigung entwickelt, gefertigt und erprobt. Das *Auftragsspektrum* umfasst Neu-, Änderungs-, Reparatur- und Instandhaltungsaufträge.

Ausgehend von der angespannten wirtschaftlichen Lage des WuF im Jahr 2009, die geprägt war durch eine zunehmende Konkurrenz aus Asien und einem damit verbundenen Preisverfall [BoGe10], konnten auch bei der SWZ Kostensteigerungen nicht mehr an Kunden weitergeben werden. Gleichzeitig sanken Umwandlungsquoten in der Angebotsbearbeitung (<15 %) und Deckungsbeiträge. Als Reaktion darauf formulierte der Unternehmensverbund aus CKS und SWZ eine *strategische Zielstellung* in Bezug auf das Produktkostenmanagement.

5.3 Bildung eines Zielsystems

Die strategische Zielstellung der SWZ drückte sich in Bezug auf die Produktpolitik in einer Erhöhung des Kundennutzens durch innovative Werkzeugkonzepte (z. B. Produktionstechnologien, Baukastensystem), Funktionsintegration, Qualitätsführerschaft, Hybride Leistungsbündel und der Expansion auf den asiatischen Markt aus.

Für das *Produkt- bzw. Projektkostenmanagement* wurden folgende Ziele formuliert:

- Steigerung der Effizienz, Genauigkeit und Transparenz in der Angebotskalkulation,

- Verursachungsgerechte, aufwandsarme, echtzeitnahe Kostenplanung in der Auftragsbearbeitung,

- Durchgängige Wiederverwendbarkeit von Kalkulationsergebnissen,

- Bewertung von Bezugs-, Gestaltungs- und Prozessalternativen,

- Verankerung eines Kostenbewusstseins im Produktentstehungsprozess,

- Frühzeitige Erkennung von erfolgsrelevanten Kostenabweichungen sowie

- Übertragbarkeit auf Produkte, Technologien und Randbedingungen der CKS.

Aus den o. g. Zielen wurden Anforderungen bzgl. Zielrichtung, Rahmenbedingungen, Organisation, Objektbereich, Aufgaben, Kosteneinflussgrößen, Maßnahmen und Instrumente des Produktkostenmanagements abgeleitet und in ein unternehmensspezifisches Oktogon des Produktkostenmanagements übertragen (siehe Anlage 12). Im Fallbeispiel der SWZ deckt sich dieses hinsichtlich Ausprägung und Schwerpunkte mit dem in Abschnitt 3.2 entwickelten Oktogon des Produktkostenmanagements. Den instrumentellen Kern des PKM bildet ein IT-gestütztes Kosteninformationssystem, welches die PKM-Aufgaben Informationsversorgung, Planung, Kontrolle und Steuerung von Produkt- und Projektkosten im Objektbereich von Neuaufträgen von Umform- und Schneidwerkzeugen unterstützt.

5.4 Ableitung des Handlungsbedarfs

Zur Ermittlung des Handlungsbedarfs für das F&E-Projekt wurde die in 5.3 beschriebene Bedarfssituation (strategische Zielstellung) mit der Ist-Situation zum PKM im Unternehmen zum Stichtag 01.01.2013 verglichen. Dazu wurde die in Abschnitt 4.3 geschilderte Analyse-Methodik, bestehend aus der Prozess- und IT-Analyse i. V. m der Identifikation von Kostenwissen sowie deren Zusammenführung und Bewertung angewendet.

I. Prozessanalyse

Unter *ablauforganisatorischen* Gesichtspunkten ergab die Prozessanalyse eine Verteilung der PKM-Aufgaben Kostenplanung, -kontrolle, -steuerung und Informationsversorgung auf unterschiedliche Organisationseinheiten im Unternehmen: So ist als Grundlage für die *Kostenplanung* das Controlling für die *Kostenrechnung* zuständig. Diese umfasst eine Kosten-arten-, Kostenstellen und Kostenträgerrechnung. Die Verrechnung der primären und sekundären Kostenstellengemeinkosten erfolgt über Verrechnungsschlüssel auf Vollkostenbasis [Ecke13]. Für die *Kostenplanung in der Angebotsbearbeitung* ist der Vertrieb verantwortlich. Die meist unentgeltliche Kostenträgerstückrechnung erfolgt in Form einer Bezugsgrößenkalkulation mit den Bezugsgrößen Maschinen- und Personalstunden. Für die Materialkostenkalkulation kommen parametrische Kalkulationsverfahren und Cost Tables (Werkstoffpreise, Kaufteile), für die Fertigungskostenkalkulation die Suchkalkulation i. V. m. der Expertenschätzung zum Einsatz. Während der Auftragsbearbeitung erfasst das Projektmanagement Ist-Kosten und Ist-Prozesszeiten und führt diese für die Kostenplanung zusammen. Ein Rückgriff auf Kalkulationsergebnisse aus der Angebotsbearbeitung findet hierbei nicht statt. Die *Kontrolle von Produkt- und Projektkosten* erfolgt durch eine Kostenträgerzeitrechnung auf Vollkostenbasis. Diese erfolgt im Controlling als Umsatzkosten- und im Projektmanagement als Gesamtkostenverfahren. Des Weiteren werden für die Kosten- und Terminüberwachung ausgewählte Kennzahlen genutzt. Die *Kostensteuerung* erfolgt auf Basis der Ergebnisse der Produkt- und Projektkostenkontrolle durch das Projektmanagement. Die *Informationsversorgung* wird zum einen digital durch die genutzten IT-Systeme (siehe IT-Analyse) und zum anderen durch verbale, interne Kommunikation sichergestellt.

In Bezug auf die Analyse der projektrelevanten *Ablauforganisation* wurden die Hauptprozesse aus dem PEP und die PKM-relevanten Prozesse (grau unterlegt) durch Interviews, Beobachtungen und der Analyse von Prozessbeschreibungen strukturiert erfasst (Bild 5-1).

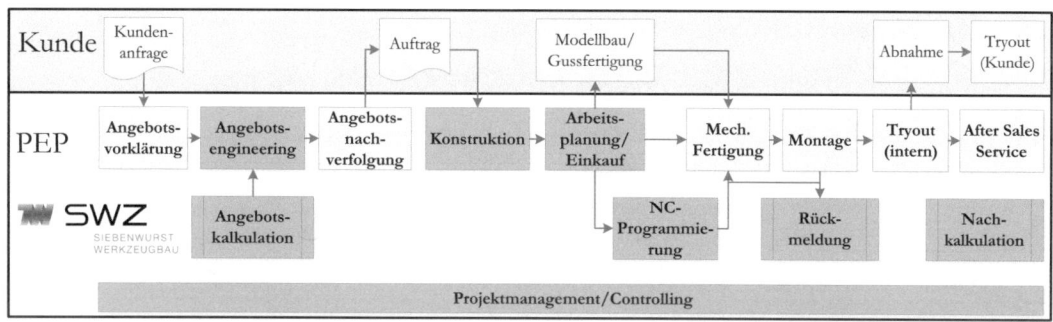

Bild 5-1: Projektrelevante PEP- und PKM-Prozesse in der SWZ

Für die PKM-relevanten Prozesse erfolgte anschließend eine weiterführende Dekomposition auf Teilprozess- und Tätigkeitsebene. Am Beispiel der Angebotsbearbeitung ist dies in Anlage 13 dargestellt. Zudem wurden die Zeitaufwendungen zur Erstellung eines Angebots ermittelt: Durchschnittlich werden 10 min für die Angebotsvorklärung, 30 min für das Angebotsengineering und ca. 8 min für die Angebotsverfolgung benötigt [Hild10].

Aus der Analyse der *Projekt- und Produktstruktur* ging hervor, dass die meisten Kundenprojekte für einen Kundenartikel je einen Werkzeugsatz umfassen. Ein Werkzeugsatz besteht dabei aus mehreren Werkzeugen (Produkten). Daher sind in einem Projekt, welches in insgesamt 13 Meilensteine unterteilt ist (siehe Anlage 14), i. d. R. mehrere Produkte zu kalkulieren, zu konstruieren, zu fertigen und aufeinander abzustimmen. Zu den Produkten gehören große Umform- und Schneidwerkzeuge in Einzel- oder Transferbauweise. Sie bestehen aus einer Vielzahl an konturabhängigen und -neutralen Komponenten. Mit Hilfe einer Kostentreiberanalyse wurden die kostenrelevanten Komponenten identifiziert und daraus produktklassenspezifische Rumpfstrukturlisten erstellt (siehe Anlage 15).

II. IT-Analyse

Im Rahmen der *IT-Analyse* wurden die in den PKM-relevanten Prozessen genutzten IT-Systeme (siehe Tabelle 5-1), Datenquellen und die Vernetzung der IT-Systeme erfasst.

Tabelle 5-1: IT-Systemeinsatz in PKM-relevanten Prozessen

PKM-relevante Prozesse	ERP	PDM	CAD	CAM	Tabellenkalkulation
Angebotsengineering	X		(X)		X
Konstruktion		X	X		
Arbeitsplanung	X		X	X	
NC-Programmierung		X	X	X	
Einkauf	X				X
Rückmeldungen/BDE		X			
Projektmanagement/Controlling	X	X			X
Nachkalkulation	X				(X)

X = System vorhanden und genutzt; (X) = System vorhanden aber nur teilweise genutzt (z.B. als Informationsquelle)

Im Angebotsengineering werden die Anfrageinformationen und Kalkulationsergebnisse im ERP-System *ID-Plan* abgelegt. Das ERP-System bildet zudem sämtliche Planungs- und Steuerungsprozesse in der Auftragsabwicklung ab. Die eigentliche Angebotskalkulation erfolgt mit Hilfe einer selbstentwickelten Kalkulationsvorlage im Tabellenkalkulations-System *MS Excel*. Für konstruktive und CAM-Arbeiten werden das CAD-System *CATIA V5*, das CAM-System *TEBIS* und das PDM-System *PRO-LIES 3* genutzt. Sowohl das ERP- als auch das PDM-System nutzen als Datenquelle eine *Oracle* Datenbank. Zur Erstellung von Netzplänen, Stück- und Arbeitsvorgangslisten ist in der Arbeitsplanung das ERP-Modul *ID-Arbeitsplan* im Einsatz. Der Einkauf greift auf das ERP-System und MS Excel-Arbeitsmappen zurück. Rückmeldungen von Ist-Prozesszeiten aus der Produktion erfolgen über das BDE-Modul des PDM-Systems. Das Projektmanagement und das Controlling nutzen für die Kosten- und Terminüberwachung überwiegend MS Excel-Arbeitsmappen und das ERP-System. Nachkalkulationen werden automatisiert aus dem ERP ausgelesen.

Bezüglich der *Vernetzung* der IT-Systeme existieren Schnittstellen zwischen dem ERP- und PDM-System sowie zwischen dem PDM- und den CAD-/CAM-Systemen. Des Weiteren bestehen für das ERP- und PDM-System MS Excel Import-/Exportfunktionen, die eine effektive und anwenderfreundliche Nutzung bzw. Auswertung von Daten ermöglichen.

III. Identifikation von Kostenwissen

Zur Identifikation von impliziten Bestandteilen des Kostenwissens wurden die Erhebungsmethoden Interview und Beobachtung eingesetzt. Die expliziten Wissensbestandteile wurden mit Hilfe von Daten- und Dokumentenanalysen erfasst. Um das identifizierte Kostenwissen strukturiert zu repräsentieren, ist dieses als *semantisches Netz* dargestellt. Bild 5-2 zeigt einen Ausschnitt aus dem semantischen Netz, das neben Kostenwissen auch dessen Anknüpfung an Technologie- und Produktwissen enthält.

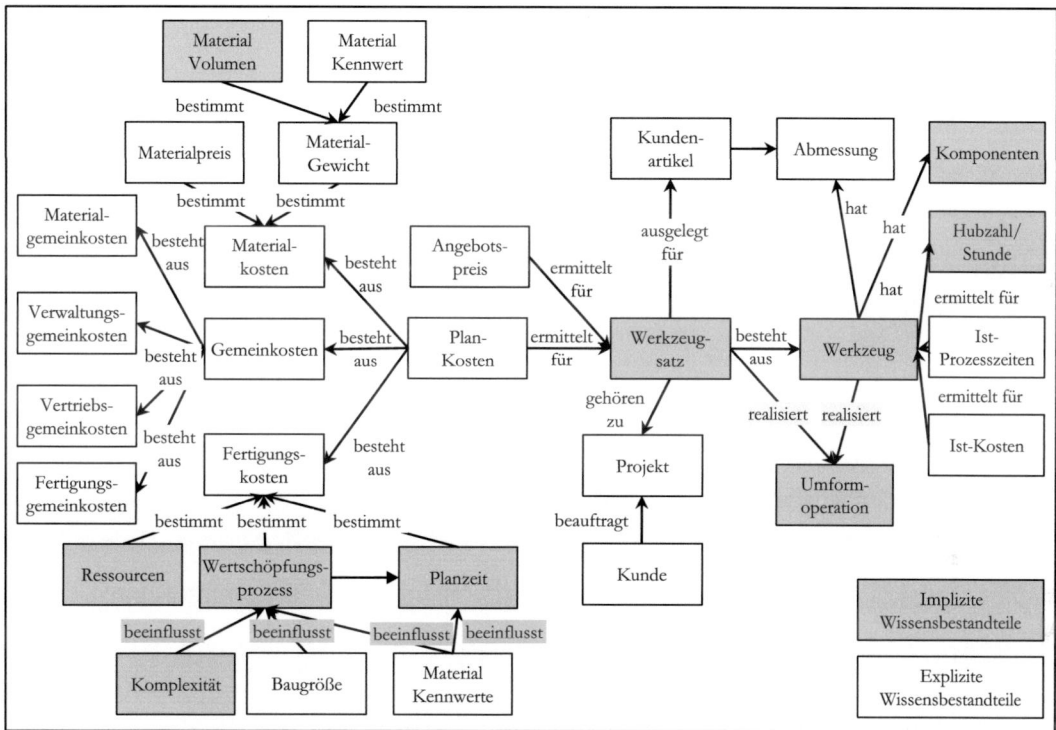

Bild 5-2: Ausschnitt aus dem semantischen Netz zum Modul I

Das Wissen zur Erarbeitung und Bewertung eines technischen Lösungskonzepts, wie z. B. welche Umformoperationen, Prozesse, Planzeiten und Werkzeuge sind nötig, um einen Kundeartikel herzustellen, liegen überwiegend implizit vor. Dagegen ist spezifisches Kosten-, Produkt- und Technologiewissen, wie z. B. Materialkennwerte/-preise, Kaufteilpreise, Gemeinkostensätze, Standardarbeitspläne etc. zum Großteil in Form von MS Excel-Arbeitsmappen und Dokumenten auf verschiedenen Datenquellen und häufig nutzerbezogen abgelegt (explizit). Problematisch gestalten sich herbei insbesondere die Aktualität, die Konsistenz und die Zugänglichkeit der Informationen. Explizites Kostenwissen zu Projekten, Kunden, Ist-Prozesszeiten, Ist-Kosten etc. wird in einer *Oracle* Datenbank verwaltet.

IV.   Zusammenführung und Bewertung der Analyseergebnisse

Aus der Zusammenführung und Bewertung der Prozess- und IT-Analyse sowie der Identifikation von Kostenwissen wurden folgende Schlussfolgerungen gezogen:

Im Bereich der *Kostenplanung* schränkte u. a. der Rückgriff auf implizites sowie schwer zugängliches und unstrukturiertes explizites Kostenwissen die Effizienz, Genauigkeit, Transparenz und Reproduzierbarkeit der Kostenprognosen ein. Daraus wurde ein Handlungsbedarf nach einem fallbasierten Suchsystem, mit dem vergleichbare Kalkulationsprobleme gefunden und auf einen vorliegenden „Fall" angepasst werden können, abgeleitet. Daran anknüpfend, entstanden Effizienzverluste infolge einer fehlenden IT-Unterstützung, so dass ein Großteil der Angebotsarbeit auf die Angebotskalkulation (ca. 65 %) entfällt. Daraus resultierte ein Handlungsbedarf im Einsatz von Software. Effizienzsteigerungen können entweder durch die Bearbeitung von mehr Kundenanfragen oder durch eine Steigerung des Anteils an Detailkalkulationen erreicht werden. Letzteres führt tendenziell zu einer höheren Prognosegüte, Kostentransparenz und Reproduzierbarkeit.

Ein weiteres Defizit bestand in der Verwendung einer auf der Zuschlagskalkulation basierenden Bezugsgrößenkalkulation und den damit verbundenen Degressions-, Komplexitäts- und Allokationseffekte (siehe dazu [Götz10]). Aufgrund der Schwerpunktsetzung im konzeptionellen Rahmen des PKM auf Einzel- und variablen Kosten, resultierte vorerst kein dringender Handlungsbedarf für das Unternehmen.

Für die *Kostenplanung in der Auftragsbearbeitung* wurden im Projektcontrolling ausschließlich Ist-Kosten und Ist-Prozesszeiten genutzt. Damit war eine EBK, die in der Konstruktion ansetzt, nicht möglich. Daraus wurde ein Handlungsbedarf zur Entwicklung einer entwicklungsbegleitenden Kalkulation als Bestandteil einer PBK formuliert.

Im Rahmen der *Kostenkontrolle* wurde eine Kostenträgerzeitrechnung auf Vollkostenbasis genutzt. Diese erlaubte eine permanente, zeitnahe Erfassung und Analyse von Kostenabweichungen auf Produkt- und Projektebene. Allerdings bestand keine Möglichkeit zukünftige Kostenabweichungen zu prognostizieren. Neben der Unzweckmäßigkeit von Vollkosten für kurzfristige Betrachtungen entstanden aufgrund des Fehlens eines Kennzahlensystems und geeigneten Darstellungsformen (z. B. Kennzahlencockpit) i. V. m. einem hohen Aufwand zur Informationsaufbereitung Informations- und Steuerungsdefizite im Unternehmen. Daraus wurde ein Bedarf nach einem Instrumentarium zur frühzeitigen und verursachungsgerechten Erkennung sowie anwender- und entscheidungsorientierten Darstellung von erfolgsrelevanten Kostenabweichungen abgeleitet.

In Hinsicht auf die *Informationsversorgung* wurden Informationsverluste zwischen Angebotsbearbeitung und Konstruktion festgestellt. So wurden Kalkulationsergebnisse in der Konstruktion digital nicht weiter genutzt, und eine Rückkopplung zwischen Kostenkontrolle und Kostenplanung fand nicht statt. Daher bestand hier ein Handlungsbedarf zur Schaffung eines durchgängigen Informationsflusses und einer Verzahnung von PKM-Aufgaben.

5.5 Auswahl der Module für das Kosteninformationssystem

Ausgangspunkt für die Modulauswahl sind die im Rahmen der Zielbildung festgelegten PKM-Aufgaben Kostenplanung, -kontrolle, -steuerung und Informationsversorgung. Aus *instrumenteller Sicht* sollten dazu eine Angebotskalkulation, eine entwicklungsbegleitende Kalkulation, eine Kostenabweichungsanalyse, Elemente des Target Costing und der Wertanalyse sowie ein Kosteninformationssystem genutzt werden. Da zu den genannten Aufgaben und Instrumenten ein Handlungsbedarf im Unternehmen vorliegt (siehe Abschnitt 5.4) wurde im nächsten Schritt die Wirtschaftlichkeit der einzelnen Module analysiert.

Entsprechend der Methodenauswahl des Vorgehensmodells kam für die Wirtschaftlichkeitsanalyse die Kapitalwertmethode zum Einsatz. Mit dieser wurde eine Beurteilung der Investitionsalternativen Ausgestaltung, Umsetzung der Module I, II und/oder III mit der Zielgröße „Kapitalwert" bewertet. Für die Wirtschaftlichkeitsanalyse wurden für einen Betrachtungszeitraum von 5 Jahren folgende Grundannahmen getroffen:

- Unternehmen mit ca. 200 Mitarbeiter,

- 1000 Kundenanfragen pro Jahr mit einer Umwandlungsquote von 5 %,

- Umsatzrendite von 2% bei einem Umsatz von 20 Mio. € pro Jahr,

- durchschnittliches Auftragsvolumen 400.000 €,

- Termintreue 80 %,

- Mittlere Auftragsdurchlaufzeit 20 Wochen,

- Kalkulationszinssatz 6 %.

Die Anwendung der Kapitalwertrechnung zeigte, dass die Ausgestaltung und Umsetzung der Module I, II und III mit einem Kapitalwert i. H. v. ca. 571.900 € gegenüber den Investitionsalternativen nur Modul I mit 75.100 € sowie Modul I + II mit

355.400 € relativ vorteilhaft ist. Die den Berechnungen zugrundeliegenden Prämissen und Zwischenergebnisse sind jeweils detailliert in der Anlage 22 dargelegt.

Weiterführend visualisiert die in Bild 5-4 dargestellte Wirtschaftlichkeitsanalyse der Kombination der Module I, II und III, welche Auszahlungen für die Entwicklung, Programmierung, Pflege und das Projektmanagement sowie für Hard- und Software im Betrachtungszeitraum erwartet werden. In Summe betragen diese 280.100 €. Den Auszahlungen stehen realisierbare Effizienzpotenziale durch Prozesszeiteneinsparung im Vertrieb, Konstruktion und Kostenrechnung sowie eine Steigerung der Umwandlungsquote von 5 auf 10 % sowie freiwerde Kapazitäten i. H. v. 100 h pro Jahr gegenüber. Zudem werden Kosteneinsparungen durch kostenorientierte Auswahl Bezugs-, Gestaltungs- und Prozessalternativen und eine verbesserte Termin- und Zielkosteneinhaltung erwartet. Die daraus insgesamt erzielbaren Einzahlungen innerhalb von fünf Jahren belaufen sich auf 1.029.300 €. Der Kapitalwert nach fünf Jahren beläuft sich sodann auf 571.900 €.

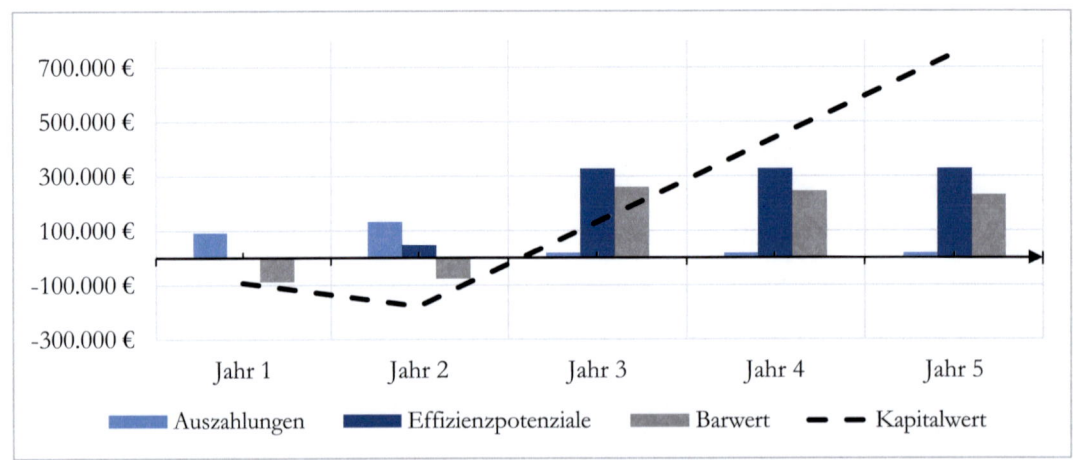

Bild 5-3: Wirtschaftlichkeitsanalyse der Anwendung des Modul I, II und III

Werden alle erzielbaren Effizienzpotenziale gehoben, ist bei dynamischer Betrachtung i. V. m. mit einer linearen Interpolation eine Amortisation der Investitionsaufwendungen im dritten Jahr erreichbar. Ab diesem ist eine jährliche Einsparung i. H. v 327.300 € möglich. Eine Sensitivitätsanalyse hat gezeigt, dass ein positiver Kapitalwert erreicht wird, wenn mind. 35 % der möglichen Effizienzpotenziale erschlossen werden können. Auf Grundlage dieser Vorteilhaftigkeitsbewertungen i. V. m. mit dem dazu bestehenden Handlungsbedarf im Unternehmen wurden die *Module I, II und III* ausgewählt.

5.6 Festlegung der Projektorganisation

Für die Ausgestaltung und Umsetzung der in Abschnitt 5.5 ausgewählten Module wurde ein Projektteam gebildet, welches sich aus der Projektleitung, dem Wissensingenieur, den Anwendern des Kosteninformationssystems sowie Fachexperten, Datenverwaltern/-verantwortliche und einem IT-/Softwareentwickler zusammensetzt. Für die Festlegung der *Projektaufbauorganisation* wurden den in Abschnitt 3.3 genannten Rollen Aufgabenträger aus den Funktionsbereichen des Unternehmens zugeordnet (siehe Bild 5-4).

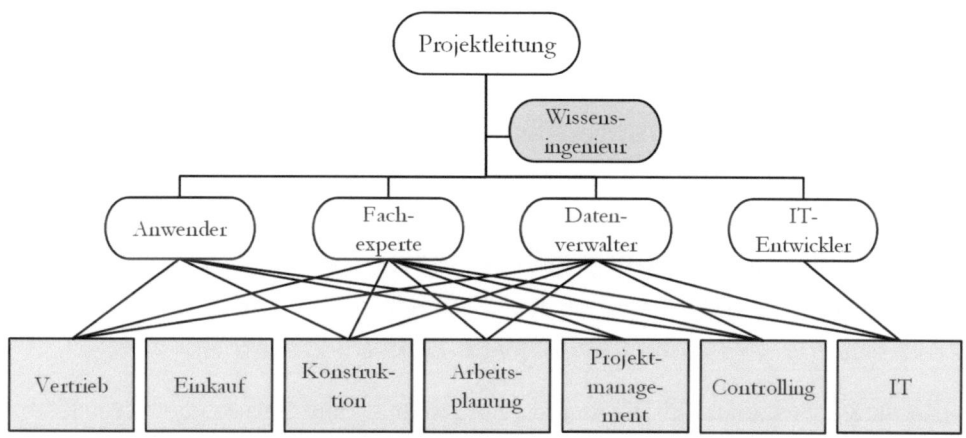

Bild 5-4: Projektaufbauorganisation im F&E-Projekt

Basierend auf den in 5.4 identifizierten Handlungsbedarfen wurden im Rahmen der *Projektablauforganisation* zu nachfolgend genannten Aufgabenschwerpunkten Arbeitspakete, Termine, Meilensteine, Quality-Gates, Aufgabenträger und benötigte Ressourcen für die Entwicklung und Umsetzung in einem Projektplan festgelegt.

- Entwicklung eines ganzheitlichen PKM-Konzepts zur Unterstützung und Verzahnung der Kostenplanungs-, Kostenkontroll- und Kostensteuerungsaufgaben in der Siebenwurst Werkzeugbau GmbH,

- Schaffung einer datenbankbasierten Kostenwissensbasis zur Unterstützung der Informationsversorgungsfunktion des PKM-Konzepts

- Modul I – Angebotskalkulation

    o Entwicklung eines kontextsensitiven Kalkulationsmodells für die Angebotskalkulation zur Unterstützung von Grob- und Detailkalkulationen

    o Prototypische Umsetzung und Evaluation des Modul I

- Modul II – Projektbegleitende Kalkulation

    o Entwicklung einer projektbegleitenden Kalkulationsmethodik mit dem Schwerpunkt auf der Unterstützung einer kostenorientierten Produktentwicklung

- Modul III – Kostenkontrolle

    o Entwicklung eines vergangenheits- und zukunftsorientierten Soll-Plan-Ist-Vergleichs,

    o Entwicklung eines produkt- und projektkostenbezogenen Kennzahlensystems

Aus den genannten Aufgabenschwerpunkten geht hervor, dass der Fokus der Entwicklungstätigkeiten auf der Ausgestaltung des Gesamtkonzepts zum PKM und der Module I, II und III liegt. Die Umsetzung der entwickelten Konzepte erfolgt repräsentativ am Beispiel des Modul I – Angebotskalkulation. Für die Beschreibung der einzelnen Arbeitspakete zur Ausgestaltung, Umsetzung und Evaluation werden die im Vorgehensmodell erläuterten Schritte zugrunde gelegt. Die zeitliche Abarbeitung der Arbeitsschritte wird durch nachfolgende Tabelle 5-2 illustriert.

Tabelle 5-2: Projektplan für die Analyse, Ausgestaltung und Umsetzung bei der SWZ

		Monate								
		2	4	6	8	10	12	14	16	18
Analyse der Bedarfs- und Ist-Situation		■								
Ausgestaltung des Kosteninformationssystems	Modul I		■	■	■					
	Modul II					■	■			
	Modul III								■	■
Umsetzung des PKM-Konzepts	Modul I				■	■				
Evaluation der Ergebnisse	Modul I						■			

5.7 Modul I – Angebotskalkulation

5.7.1 Auswahl der Submodule

Dem Vorgehensmodell aus Abschnitt 4.2 folgend, sind für das Modul I die *Submodule Fallbasiertes Suchsystem und Produkt- und Projektkalkulation (PK)* obligatorisch, und es bestehen Wahlmöglichkeiten für die Submodule MKK I und WPKK I. Unter Berücksichtigung der Kriterien „Notwendigkeit für andere Submodule", „Wirtschaftlichkeit", „Verfügbarkeit von Daten und Priorität in der Projektbearbeitung" wurde der *MKK I* ausgewählt. Zum einen liegen die dazu benötigten Daten und das Produktwissen vor. Gleichzeitig wird dadurch eine wirtschaftliche Erstellung ermöglicht.

Zum anderen erlaubt der MKK I Detailkalkulationen, die sowohl für die Kostenplanung und Kostenkontrolle in der Auftragsbearbeitung als auch für die Konstruktion verwendet werden können. Als Vorrausetzung für entsprechende Soll-Werte im Modul III, wurde auch der *WPKK I* als Bestandteil des Modul I ausgewählt. Aufgrund fehlender belastbarer Referenzzeiten wurde zunächst auf eine Umsetzung des *WPKK I* im Rahmen der ersten Iterationsschleife verzichtet. Erst nach vorliegenden detaillierter und verwendbarer Kalkulationsergebnisse aus dem Modul II sind belastbare Referenzzeiten verfügbar. Demzufolge findet vorerst nur eine Anpassung des allg. WPKK I auf die Unternehmens- und Produktspezifika statt.

5.7.2 Marktrecherche

Für die *Marktrecherche* wurden im Rahmen einer Vorauswahl nur Kalkulationssysteme betrachtet, die zum einen für den Anwendungsbereich der Angebotskalkulation im WuF konzipiert und zum anderen nicht Bestandteile eines ERP-Systems sind. Dazu gehören *AutoForm-CostEstimatorplus, CalcMaster, FACTON EPC, LEEGOOAN BUILDER,* Schmale und *Siemens Teamcenter Product Costing* (TPCM) mit dem Modul *Tooling Cost.*

Grundlage für die Bewertung ihrer Eignung zur Erfüllung der Modulziele sind die technischen, fachlichen und wirtschaftlichen Bewertungskriterien aus Tabelle 4-1. Zu den ausgewählten technisch-fachlichen Bewertungskriterien zählen die qualitativen Bewertungskriterien Genauigkeit, funktionale Abdeckung, flexibler Verfahrenseinsatz, Berücksichtigung zeitdynamischer Größen, Transparenz der Lösungsfindung, Verhaltensbeeinflussung, Bedienbarkeit, Datenaustausch, Kalkulationsaufwand sowie der Erstellungs- und Pflegeaufwand. Die Genauigkeit der Kalkulationsergebnisse wird dabei durch die Bewertungskriterien „verursachungsgerechte Kostenzurechnung" und „differenzierte Kostenzurechnung" abgebildet. Aufgrund mangelnder frei zugänglicher Informationen zu den Anschaffungs-, Anpassungs- und Wartungskosten der Softwarealternativen wurde die wirtschaftliche Bewertung nur für die Kalkulationssysteme durchgeführt, die in die engere (technische) Auswahl gekommen sind. Das Bewertungsergebnis ist in nachfolgender Tabelle 5-3 abgebildet.

Tabelle 5-3: Bewertungsergebnisse der Marktrecherche zum Modul I

Bewertungskriterien	Verursachungsgerechte Kostenzurechnung	Differenzierte Kostenzurechnung	Hohe funktionale Abdeckung[2]	Flexibler Verfahrenseinsatz	Berücksichtigung zeit-dynamischer Größen	Transparente und reproduzierbare Lösungsfindung	Positive Verhaltensbeeinflussung	Gute Bedienbarkeit	Datenaustausch[1]	Geringer Kalkulationsaufwand	Geringer Erstellungs- und Pflegeaufwand
AutoForm-CostEstimator[plus]	◐	◐	◐	○	○	◐	○	●	◐	●	●
CalcMaster	○	◐	○	○	○	○	◐	◐	○	●	●
FACTON EPC[3]	●	●	●	●	●	●	●	●	●	○	○
LEEGOOAN BUILDER[3]	●	●	◐	●	●	●	○	●	◐	○	○
Schmale	◐	◐	●	◐	○	◐	◐	◐	○	●	◐
TCPM – Tooling Cost[3]	◐	●	◐	◐	●	◐	◐	●	◐	●	◐

Legende: ● gegeben ◐ tw. gegeben ○ gar nicht bis gering gegeben

[1]… Schnittstelle zum Leitsystem, CAD-Schnittstelle und Wiederverwendbarkeit in Modul II, III bestehen
[2]…Anwendung für Druck-/Spritzguss und Blechumformung; Abdeckung der ausgewählten Submodule
[3]…engere Auswahl

Aufgrund der hohen Zahl an Übereinstimmungen kommen die branchenneutralen Kalkulationsanwendungen *FACTON EPC* und *LEEGOOAN BUILDER* sowie das auf den WuF ausgerichtete *Team Center Product Cost Management* (TCPM) in die engere Auswahl.

FACTON EPC und *LEEGOOAN BUILDER* ermöglichen eine datenbank- und parameterbasierte Kalkulation über den gesamten Produktentstehungsprozess mit vielfältigen Funktionen zur Kostenanalyse/-optimierung. Dem stehen relativ hohe Anschaffungs- und Wartungskosten sowie ein hoher Aufwand zur Abbildung der Produkt-/ Prozessstrukturen des WuF und ein hoher Aufwand zur Schaffung einer geeigneten Datenbasis gegenüber.

Mit dem TCPM-Modul *Tooling Costing* ist eine schnelle und detaillierte Kalkulation von Druck-/Spritzguss- und Umformwerkzeugen möglich. Auch hier sind relativ hohe Anschaffungs-, Anpassungs- und Wartungskosten zu berücksichtigen. Zudem sind eine detaillierte und transparente Produktkonfiguration sowie der Rückgriff auf unternehmenseigene Referenzzeiten nur mit Einschränkungen möglich.

Aus Sicht eines Anwenders aus dem WuF sind *FACTON EPC* und *LEEGOOAN BUILDER* für die Abbildung des Modul I geeignet. Aus wirtschaftlichen Gründen und mit dem Ziel einer durchgängigen Verzahnung der PKM-Aufgaben wurde vom Unternehmen eine Eigenentwicklung auf Basis der in 3.4.2 erstellten Konzeption für das Modul I favorisiert.

5.7.3 Festlegung des Kostenmodells

Die Festlegung des Kostenmodells umfasst die Definition des Kalkulationsschemas, bestehend aus einem zugrundeliegenden Kostenträgerrechnungsverfahren und den für die Kalkulation verwendeten Kalkulationsverfahren.

Im Fallbeispiel liegt in Bezug auf das *Kostenträgerrechnungsverfahren* eine auf der Zuschlagskalkulation basierende Bezugsgrößenkalkulation vor. Um den Werteverzehr in den direkten Bereichen verursachungsgerechter abzubilden, wurden dazu die maschinenabhängigen Gemeinkosten über die Bezugsgrößen Maschinenstunden sowie die projektbezogen Engineering-Leistungen über die eingesetzten Personalstunden verrechnet. Zur Reduzierung der bestehenden Degressions-, Komplexitäts- und Allokationseffekte sind für die indirekten Bereiche eine Prozesskostenrechnung sowie für die direkten und indirekten Bereiche eine ressourcenorientierte Prozesskostenrechnung geeignet [Götz10], [ScKa95], [EvKü97]. Aufgrund des damit verbundenen hohen Ermittlungs- und Aktualisierungsaufwands für Prozesskostensätze bzw. Kosten- und Verbrauchsfunktionen sowie des im PKM-Projekt gesetzten Fokus auf die Einzel- und variablen Kosten, wurden lediglich kleinere Korrekturen zur Verbesserung der Kostenzurechnung am bestehenden Kalkulationsschema durchgeführt. Dazu gehörten die Herauslösung der allg. Fertigungsgemeinkosten aus den Stundensätzen und aufgrund zunehmender Mehrmaschinenbedienbarkeit die Trennung von Personal- und Maschinenstunden je Fertigungskostenstelle. Tabelle 5-4 zeigt das dem Modul I zugrundeliegende Kalkulationsschema sowie die Zuordnung der Submodule, mit denen die einzelnen Kostenarten berechnet werden können.

In Hinsicht auf die Auswahl der *Kalkulationsverfahren* wurden die in der Konzeption für die ausgewählten Submodule verwendeten Verfahren genutzt (siehe Abschnitt 3.4.2.7).

Tabelle 5-4: Zuordnung der Submodule für die differenzierte Zuschlagskalkulation

Kalkulationsschema				Beispiele (SWZ)	FBSS	MKK I	WPKK I	PK
Selbstkosten	Herstellkosten	Material-kosten	Material-einzelkosten	Gussmodelle, Rohteile, Kaufteile, externe Fertigungsdienstleistungen, Mechanisierung, Transport etc.	X	X		
			Materialgemein-kostenzuschlag	Beschaffung, Lagerhaltung				X
		Ferti-gungs-kosten	Fertigungs-einzelkosten	Methode, Simulation, Konstruktion, NC-Programmierung, Maschinenbedienung, Bankarbeit, Schweißen	X		X	
			Maschinen-abhängige Kosten	Mechanische Fertigung, Try-Out-Pressen, Messmaschinen	X		X	
			Fertigungsgemein-kostenzuschlag	Nicht direkt maschinenabhängige Gemeinkosten				X
	Verwaltungs- und Vertriebs-kosten		Verwaltungs-gemeinkosten	Buchhaltung, Geschäftsführung				X
			Vertriebs-gemeinkosten	Abteilungsleitung, Akquise, Werbung u. v. m.				X

5.7.4 Ausgestaltung der Submodule

I.   Skizzierung eines Praxisbeispiels

Mit dem Ziel einer anwendungsnahen Darstellung wird für die Ausgestaltung der Submodule des Modul I ein Praxisbeispiel verwendet. Entsprechend der Konzeption gehen als Eingangsgrößen die Anfrageinformationen und das technische Lösungskonzept ein. Aus Datenschutzgründen sind diese anonymisiert und z. T. abgeändert:

Kunde *K* fragt ein Richtangebot für einen Werkzeugsatz zur Herstellung eines *Wärmeabschirmblechs* im Bereich des PKW-Tunnels an. Nach Freigabe der Mach- und Herstellbarkeit werden dazu in der Methodenplanung *vier Umformoperationen* (pressen, beschneiden, hochstellen und nachformen) festgelegt. Die vier Umformoperationen werden durch ein Press-, ein Schneid- und ein Nachformwerkzeug in der Gestalt von *Einzelwerkzeugen* (siehe Tabelle 5-5) realisiert. Mit dem Modul I sind für diese Detailkalkulationen zu erstellen.

Tabelle 5-5: Anfrageinformationen und technisches Lösungskonzept im Praxisbeispiel

Anfrageinformationen		CAD-Modell Kundenartikel
Kunde:	K	Wärmeabschirmblech vorne/links (PKW)
Angebotstyp:	Richtangebot	
Jahresstückzahl:	100.000 Stk	
Verarbeitungswerkstoff:	EN-AW-1050A (Aluminium)	
Blechdicke:	0,5 mm genoppt	

Technisches Lösungskonzept					
Pos.	Werkzeugart	Länge	Breite	Höhe	Geschätzter Konstruktionsaufwand
OP10	Presswerkzeug	1600	1400	750	290 h
OP20	Schneidwerkzeug	1600	1400	900	240 h
OP30	Nachformwerkzeug	1850	1400	750	430 h

II. Fallbasiertes Suchsystem (FBSS)

Das Submodul „Fallbasiertes Suchsystem" findet primär im Rahmen von Grobkalkulationen Anwendung. Darüber hinaus können die dadurch ermittelbaren Referenzwerte als Anhaltspunkte für Detailkalkulation genutzt werden. Um vergleichbare Werkzeuge für z. B. die drei o. g., zu kalkulierenden Werkzeuge zu finden, wurden freigegebene Referenzwerkzeuge anhand ihrer fallbeschreibenden Merkmale Auftragsart, Produktgruppe, Werkzeugtyp und Kunde klassiert und deren dazugehörige Nachkalkulation über die Wissensakquisitionskomponente in der Fallbasis abgelegt (*Retain-Phase*). Mit der für die SWZ entwickelten Dialogkomponente *„Angebotskalkulator (SWZ)"* können nun ähnliche Werkzeuge anhand der fallbeschreibenden Merkmale gesucht werden (*Retrieve*-Phase). In Bild 5-5 ist ein Suchergebnis am Beispiel des Presswerkzeugs (OP10) dargestellt.

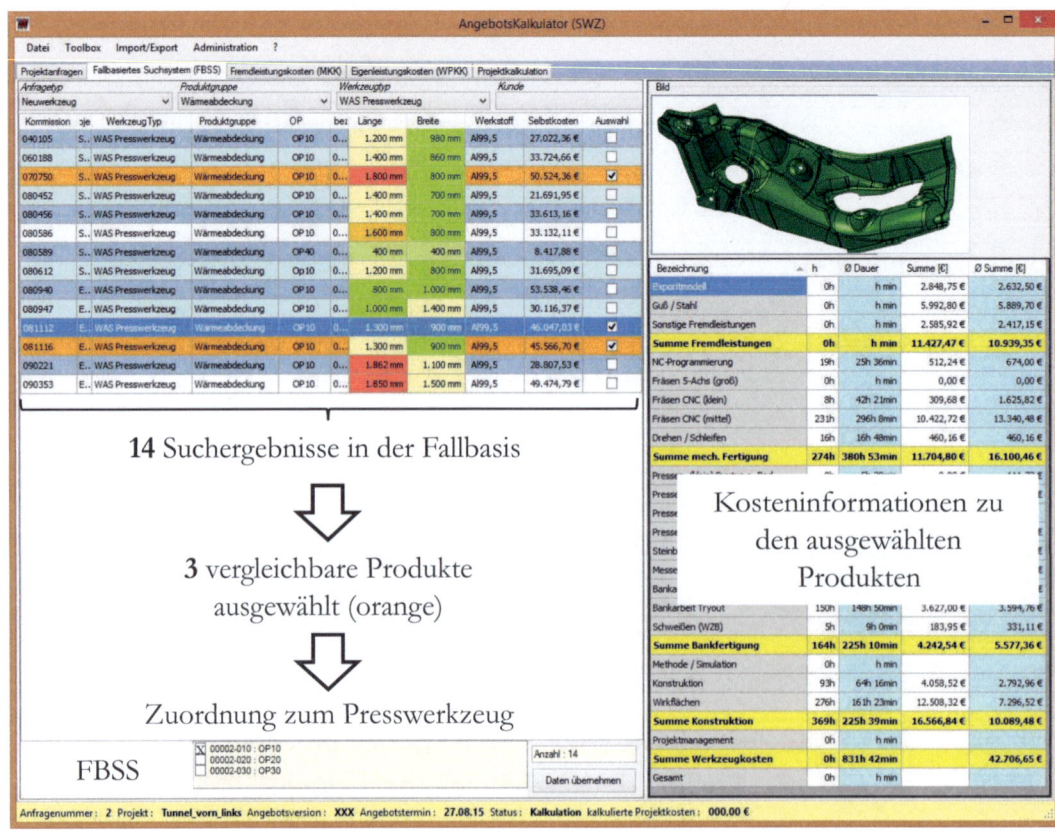

Bild 5-5: Suchergebnis in der Fallbasis des FBSS

Die Suche nach einem Neuwerkzeug in der Produktgruppe „Wärmeabdeckung" und dem Werkzeugtyp „Presswerkzeug" ergibt insgesamt 14 Treffer. Um aus einem Suchergebnis die für das Kalkulationsproblem passfähigsten Lösung(en) herauszufiltern, wurden im FBSS die Filterkriterien „Kundenartikel" und „Werkzeuggröße" hinzugefügt. Entsprechend der im technischen Lösungskonzept des Presswerkzeugs vorgesehenen Werkzeughauptabmessungen in der *Reuse-Phase* aus den 14 ähnlichen Werkzeugen drei vergleichbare Werkzeuge ausgewählt (siehe Bild 5-5). Die Dialogkomponente zeigt dabei die zu den ausgewählten Referenzprodukten in der Fallbasis gespeicherten Kosteninformationen sowohl für jedes Produkt einzeln als auch Durchschnittswerte für alle ausgewählten Referenzprodukte an. Unter Verwendung der aktuell geltenden Personal- und Maschinenstundensätze ergeben sich für das vergleichbare Presswerkzeug Herstellkosten i. H. v. 42.706,65 €. Mit der Zuordnung der ermittelten Referenzwerte zum Kalkulationsobjekt Presswerkzeug erfolgt gleichzeitig deren Übertragung in die einer detaillierten Kalkulation dienenden Submodule MKK I und WPKK I sowie in die Produkt- und Projektkalkulation. Bei Grobkalkulationen erfolgt im Anschluss an die Nutzung des FBSS eine Adaption der vergleichbaren Lösung(en) auf den Anwendungsfall im Submodul Produktkalkulation (*Revise-*

Phase). Im vorliegenden Praxisbeispiel sollen jedoch Detailkalkulationen erstellt werden, so dass die Referenzwerte aus dem FBSS als Anhaltspunkte für die Material- und Fertigungskostenkalkulation in den Submodulen MKK I und WPKK I weiter genutzt werden.

III. *Materialkostenkalkulator I (MKK I)*

Im MKK I erfolgt die Berechnung der kostenrelevanten Rohmaterialkosten und Kaufteilekosten auf Grundlage standardisierter produktklassenabhängiger Rumpf-strukturlisten (Anlage 15). Ein typisches Presswerkzeug besteht demnach aus Ober- und Unterteil sowie einem Form- und Matrizenaufsatz. Zur Bestimmung des Roh-materialbedarfs konfiguriert der Anwender ein Werkzeug anhand seiner Hauptele-mente, Hauptabmessungen, eingesetzten Werkstoffe und Lieferanten. Aus dem Pro-dukt der Gewichte der Hauptelemente und den in Cost Tables verwalteten werk-stoff-, abmessungs- und lieferantenabhängigen Materialkostensätzen ergeben sich die *Rohmaterialkosten*. Diese belaufen sich im Praxisbeispiel auf 9.166 € (siehe Bild 5-6). Die Kalkulation der kostenbestimmenden *Kauf- und Anfertigungsteile* erfolgt unter Rückgriff auf eine Kaufteildatenbank, werkzeugtypenspezifische Regressionsglei-chungen für die Gussmodellkosten oder alternativ statistisch ermittelte Zuschlags-sätze (im Praxisbeispiel für Sicherungselemente, Medien und sonstige Bauteile). Über die Dialogkomponente können in der Kaufteildatenbank je nach gewähltem Kon-kretisierungsgrad Durchschnittspreise für z. B. Führungssäulen/-buchsen, Distan-zelemente sowie für Positionierungselemente wie Einweiser und Zentrierbolzen be-rechnet werden.

Im Ergebnis des MKK I stehen Materialkosten (Bsp.: 13.801 €), eine grobe Produkt-struktur, geometrische Hauptabmessungen der Hauptelemente, Schätzungen zu Rohmaterial- kosten sowie zu Kosten für kostenrelevante Kauf- und Anfertigungs-teile (siehe Bild 5-6).

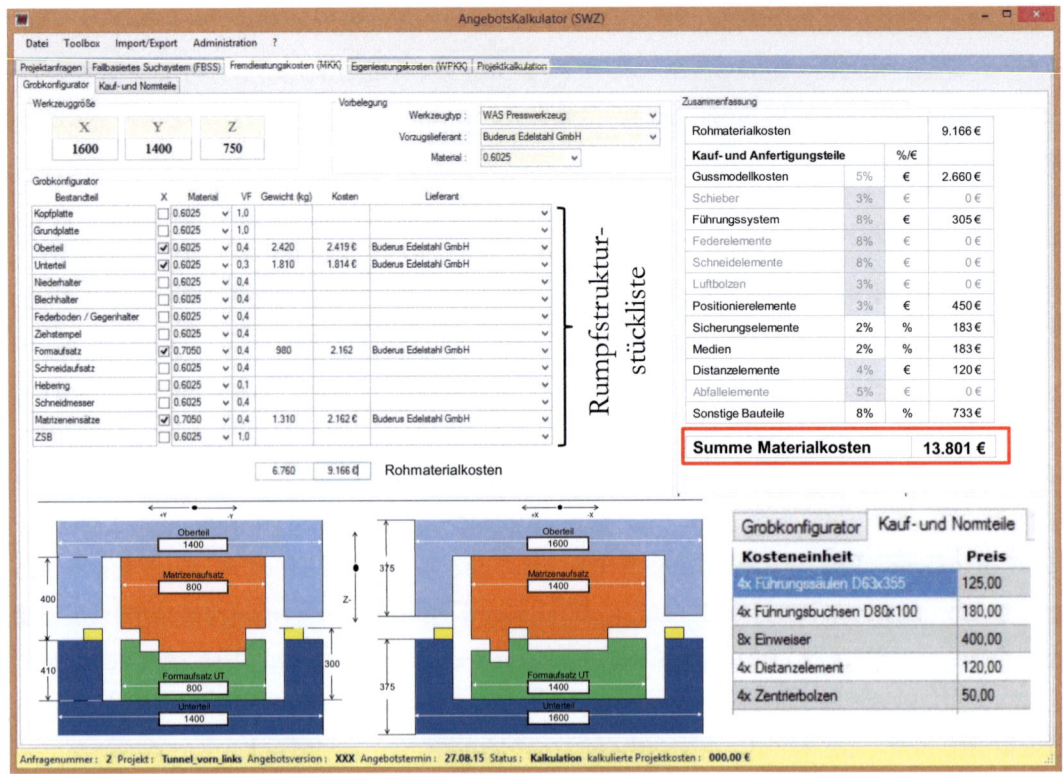

Bild 5-6: Produktkonfiguration im Materialkostenkalkulator I

IV.   Wertschöpfungsprozesskostenkalkulator I (WPKK I)

Mit dem WPKK I werden detaillierte Prognosen zu erwarteten Prozesszeiten auf Kostenstellen- und/oder Komponenten-Ebene angestellt. Unter Rückgriff auf die im MKK I festgelegte Produktstruktur und den im FBSS ermittelten Referenzwerten erfolgt im WPKK I eine auf der Expertenschätzung aufsetzende Adaption und Verteilung der Referenzwerte auf die Hauptelemente (siehe Bild 5-7). Alternativ zur Expertenschätzung ist die Nutzung von *komponentenbezogenen Referenzzeiten* aus der Fallbasis vorgesehen. Entsprechend der den Hauptelementen zugrundeliegenden Standardarbeitsplänen werden die in der Fallbasis gespeicherten Ist-Prozesszeiten auf die einzelnen Fertigungskostenstellen verteilt. Beide Vorgehensweisen generieren komponenten- und kostenstellenbezogene Prozesszeiten. Da bisher noch keine belastbaren Referenzzeiten in der Unternehmensdatenbasis vorliegen, ist vorerst nur der Weg über die Expertenschätzung möglich.

Die *Wertschöpfungsprozesskosten* ergeben sich schließlich aus der geplanten, kumulierten Inanspruchnahme der Bezugsgrößen Personal- oder Maschinenstunden und den dafür geltenden Stundensätzen (ohne Fertigungsgemeinkosten).

Übertragen auf das Praxisbeispiel, erfolgt im WPKK I eine erfahrungsbasierte Adaption und Verteilung der Referenzwerte auf die Hauptelemente (siehe Bild 5-7). Daraus ergeben sich für das Presswerkzeug Wertschöpfungsprozesskosten i. H. v. 32.117,68 €. Diese gehen gemeinsam mit den Ergebnissen des FBSS und des MKK I in das Submodul Produkt- und Projektkalkulation ein.

AngebotsKalkulator (SWZ)
Datei Toolbox Import/Export Administration ?
Projektanfragen   Fremdleistungskosten (MKK) Eigenleistungskosten (WPKK) Projektkalkulation

Kostenstellen

Referenzwerte aus dem FBSS

Rumpfstruktur																			Wertschöpfungs-prozesskosten	werkzeugneutrale Referenzzeiten laden
Werte FBSS	26 h	0 h	42 h	297 h	16 h	6 h	0 h	0 h	0 h	2 h	4 h	56 h	149 h	9 h	0 h	162 h	64 h	0 h	31.836,42 €	nein
☐ Kopfplatte																			- €	nein
☐ Grundplatte																			- €	nein
☑ Oberteil	4 h	0 h		110 h												12 h	0 h		5.706,22 €	nein
☑ Unterteil	4 h	0 h	0 h	85 h			0 h				0 h			0 h			10 h	0 h	4.468,64 €	nein
☐ Niederhalter																			- €	nein
☐ Blechhalter																			- €	nein
☐ Federboden																			- €	nein
☐ Ziehstempel																			- €	nein
☑ Formaufsatz	5 h	0 h	8 h	40 h	3 h	0 h	0 h	0 h	0 h	0 h	0 h	10 h	0 h	0 h	0 h	65 h	18 h	0 h	6.289,88 €	nein
☐ Schneidaufsatz																			- €	nein
☐ Hebering																			- €	nein
☑ Matrize	5 h	0 h	6 h	26 h	3 h	0 h	0 h	0 h	0 h	0 h	0 h	8 h	0 h	0 h	0 h	55 h	16 h	0 h	4.950,58 €	nein
☐ Messer																			- €	nein
☑ BG-ZSB	6 h	0 h	26 h	40 h	12 h	6 h	0 h		2 h	4 h	15 h	150 h	10 h		40 h	20 h	0 h		10.702,36 €	nein
Summe	24 h	0 h	40 h	300 h	18 h	6 h	0 h	0 h	0 h	2 h	4 h	42 h	150 h	10 h	0 h	160 h	76 h	0 h	32.117,68 €	

Adaption und Verteilung auf Hauptelemente

Komponentenbezogene Prozesszeiten

Kumulierte, kostenstellenbezogene Prozesszeiten

Bild 5-7: Prozesszeitenprognose im Wertschöpfungsprozesskostenkalkulator I

V. Produkt- und Projektkalkulation I

Aufgrund der zweistufigen Projektstruktur in der SWZ umfasst das Submodul Produkt- und Projektkalkulation I 1 bis *n* Produktkalkulationen und eine zusammenfassende Projektkalkulation (Bild 5-8). Die Anzahl der Produktkalkulationen *n* richtet sich nach der Anzahl der im technischen Lösungskonzept veranschlagten Werkzeuge (im Bsp.: drei).

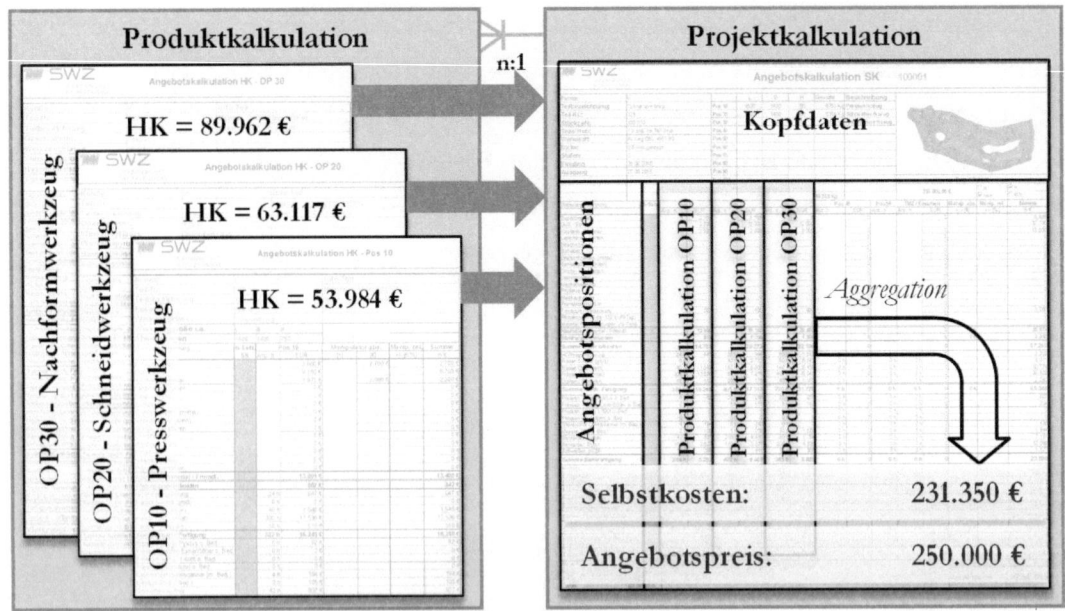

Bild 5-8: Produkt- und Projektkalkulation

In der *Produktkalkulation* werden die werkzeugspezifischen Herstellkosten entsprechend des in 5.7.3 skizzierten Kostenmodells kalkuliert. Bei einer Grobkalkulation erfolgt meist eine erfahrungsbasierte Anpassung der Referenzwerte aus dem FBSS an die vorliegende Problemstellung. Die Anpassung kann absolut oder relativ mittels Zu- oder Abschläge durchgeführt werden. Bei einer Detailkalkulation werden die Kalkulationsergebnisse aus dem MKK I und dem WPKK I für ein Produkt i. d. R. unverändert übernommen und ggf. erst in der Projektkalkulation angepasst. Dementsprechend werden im Praxisbeispiel nur geringfügige Anpassungen der Materialkosten an die Marktgegebenheiten durchgeführt. Für das Presswerkzeug ergeben sich damit Herstellkosten i. H. v. 53.984 € (siehe Anlage 16).

Die *Projektkalkulation* führt die Kalkulationsergebnisse der einzelnen Produktkalkulationen zusammen (siehe Anlage 17). Darüber hinaus erfolgt eine Verrechnung der Verwaltungs- und Vertriebsgemeinkosten auf die Herstellkosten. Daraus ergeben sich Selbstkosten (im Bsp.: 231.350 €), die eine Grundlage für die Angebotspreisbildung darstellen. Zudem sind absolute Anpassungen und eine Zielpreiskalkulation auf Projekt-Ebene implementiert. Mit der Zielpreiskalkulation erfolgt eine Verteilung der aus einem Zielpreis (im Bsp.: 250.000 €) abgeleiteten Zielkosten auf die Angebotspositionen entsprechend der zuvor kalkulierten Kostenanteile. Die Kalkulationsergebnisse werden anschließend über eine Schnittstelle an das ERP-System *ID-Plan* übergeben und in der Kosten-/Wissensbasis abgelegt.

5.7.5 Modellierung der Kosten-/Wissensbasis

Grundlage für die Modellierung der Kosten-/Wissensbasis zum Modul I ist das in 3.5.3.3 entwickelte und als Klassenentwurfsdiagramm dargestellte *konzeptionelle Datenbankmodell*. Dieses enthält modulspezifische und modulübergreifende Objektklassen, die miteinander in Beziehungen stehen. In einem ersten Schritt wurden die in der Konzeption deklarierten Objektklassen und Beziehungen an die Unternehmensspezifik angepasst. Dazu gehörte eine Umbenennung der Objektklassenbezeichnungen an die im Unternehmen geltende Terminologien und im Zuge der Transformation des Klassenentwurfsdiagramms in ein *internes Datenbankmodell* eine Normalisierung der Beziehungen. Insgesamt wurden mit dem Datenbankmanagementsystem *MS SQL Server 2014 Management Studio* 121 Tabellen modelliert. Um diese und ihre Beziehungen untereinander übersichtlich und nachvollziehbar darzustellen, wurden diese funktionsorientiert in Datenbankdiagrammen gruppiert. Zu den daraus resultierenden Funktionsgruppen gehören modulübergreifende Objekte, wie Kostenstellen, Kunden, Anfragen, Kundenartikel etc. sowie die „Fallbasis", die Kaufteil- und Werkstoffdatenbank, die Werkzeugklassifizierung und die Rumpfstrukturstücklisten.

Aufgrund des Umfangs und der Komplexität des erstellten relationalen Datenbankmodells ist eine ausführliche Darlegung an dieser Stelle nicht zweckmäßig. Stellvertretend für die Kosten-/Wissensbasis zum Modul I ist die Funktionsgruppe „Fallbasis" mit allen für das FBSS erforderlichen Objekten in Anlage 18 als UML-Klassendiagramm dargestellt.

Für das *externe Datenbankmodell* wurden Sichten zu Projektanfragen, zur Fallbasis, zu den Rumpfstrukturstücklisten und zu den Kaufteil- und Werkstoffdaten erstellt. Damit wurden komplizierte, mehrstufige Datenbankabfragen vermieden und gleichzeitig der Implementierungsaufwand bei der Softwareentwicklung reduziert. Am Beispiel der „Fallbasis" greift die Problemlösungskomponente des Fallbasierten Suchsystems entsprechend der in der Dialogkomponente eingegebenen Suchkriterien direkt auf die Sicht „Fallbasis" zu. Aufwändige, intransparente und änderungsanfällige Datenbankabfragen entfallen. Ein weiterer Vorteil der Sichten stellt deren Änderungsfreundlichkeit dar. Demnach haben Änderungen in der Datenbank nicht zwangsläufig Änderungen in der Dialogkomponente zur Folge.

5.7.6 Gestaltung der Wissensakquisitions-, Erklärungs- und Dialogkomponente

I. Wissensakquisitionskomponente

In Bezug auf die *direkte Wissensakquisition* erfolgt eine laufende, fallbezogene Weiterentwicklung der Kosten-/Wissensbasis durch das Hinzufügen von neuen Referenzprodukten und -Projekten in die Fallbasis. In Abstimmung mit den Fachexperten aus dem Controlling und dem Projektmanagement werden dazu geeignete Produkte/Projekte ausgewählt. In der ersten Iteration wurde die Aufbereitung der Nachkalkulationen und Merkmalsindexierung (Retain-Phase) durch den Wissensingenieur durchgeführt. Für die Produktivphase des Kosteninformationssystems ist dazu in der Rolle des Datenverwalters ein Mitarbeiter aus dem Controlling vorgesehen. Darüber hinaus wurde ein Kaufteilkatalog mit konstruktions-relevanten Sachmerkmalen für die kostenrelevanten Kaufteilgruppen (u. a. Führungssäulen/-büchsen, Schieber, Gasdruckfedern) auf Basis von Kataloginformationen erstellt.

Die *automatische Wissensakquisition* umfasst zum einen die Rückführung der Kalkulationsergebnisse aus den Submodulen der Problemlösungskomponente in die Kosten-/Wissensbasis. Zum anderen beinhaltet sie den Datenabgleich zwischen der Kosten-/Wissensbasis und der Unternehmensdatenbasis. Bei diesem werden Daten aus der Auftragsabwicklung (z. B. Kundendaten, -anfragen, -artikeldaten), dem Controlling (z. B. Stundensätze, Nachkalkulationen) und dem Einkauf (u. a. Werkstoff-/Kaufteildaten und -preise) abgeglichen. Des Weiteren erfolgt nach Freigabe des Modul II eine Erweiterung der Kosten-/Wissensbasis um komponentenbezogene Referenzzeiten, die im WPKK I weiterverarbeitet werden.

II. Erklärungskomponente

Als Bestandteil der Erklärungskomponente wurde mit *MS Excel* ein Demonstrator entwickelt. Der Demonstrator verdeutlicht die Aggregation der Kostenbestandteile in der Angebotskalkulation und die Zusammenhänge zwischen den Submodulen sowie die Herleitung und Zuordnung von Gemeinkosten und Kalkulationsergebnissen. Beispielhaft sind in Tabelle 5-6 die Regressoren und statistische Maßzahlen für die zur Gussmodellkalkulation nutzbaren werkzeugtypenspezifischen Regressionsgleichungen (13) dargestellt.

$$Gussmodellkosten = Länge * x + Breite * y + Rohmaterialkosten * z + c \quad (13)$$

Tabelle 5-6: Regressoren und statistische Maßzahlen der werkzeugtypenspezifischen Regressionsgleichungen zu den Gussmodellkosten (Ausschnitt)

Parameter/stat. Größen	Presswzg.	Schneidwzg.	Nachformwzg.
x	0,61	1,38	1,73
y	0,29	0,70	0,95
z	0,17	0,03	-0,04
c	587,3	421	-475,5
Bestimmtheitsmaß	0,72	0,67	0,99
Korrelationskoeffizient	0,85	0,81	0,99
Stichprobe	14	41	4

III. Dialogkomponente

Im Rahmen der Entwicklung der Dialogkomponente wurden zunächst die Benutzeroberflächen im *MS PowerPoint* entworfen, mit den Anwendern abgestimmt und schließlich in der Entwicklungsumgebung *MS Visual Studio 2010* umgesetzt (siehe Bild 5-5, Bild 5-6, Bild 5-7). Die Prüfung der Usability erfolgte im Schritt Test- und Ergebnisprüfung (5.7.9).

5.7.7 EDV-Technische Realisierung

Grundlage für die EDV-technische Realisierung des Modul I war ein vom Wissensingenieur erstelltes *Lastenheft*. Um Fehlinterpretation und damit verbundene Mehraufwendungen zu vermeiden, wurden Anforderungen und Funktionen detailliert beschrieben.

Die Auswahl der *Programmiersprache* erfolgte in Abhängigkeit der bestehenden EDV-Kenntnisse des IT-Entwicklers und der im Unternehmen verfügbaren Hard- und Software. Auf Grundlage dieser Kriterien wurde für die SWZ die objektorientierte Programmiersprache *C#* und die Entwicklungsumgebung *MS Visual Studio 2010* ausgewählt.

Nach Fertigstellung einer Startoberfläche zur Selektion der Kundenanfragen, mit der die zur Kalkulation benötigten Eingangsinformationen aus der Unternehmensdatenbasis erfasst werden, wurden die in 5.7.1 ausgewählten Submodule sequentiell entwickelt. Um sowohl die Funktionsfähigkeit als auch die *Usability* zu gewährleisten, wurden Entwicklung-, Test- und Prüfungsaktivitäten eng miteinander verzahnt. Im Fallbeispiel fanden dazu parallel zur Softwareentwicklung Aktivitäten aus der Daten- und IT-Integration sowie viele Abstimmungsgespräche zwischen dem Wissensingenieur, dem IT-Entwickler und den Anwendern statt. In den Abstimmungsgesprächen wurden Anpassungen bzw. Detaillierung des zugrundlegen Konzepts/Lastenhefts vorgenommen und dokumentiert.

5.7.8 Daten-, IT- und Prozessintegration

I. Datenintegration

Auf Grundlage der Ergebnisse der Identifikation und Bewertung des im Unternehmen bestehenden Kostenwissens wurde zunächst eine *Externalisierung* von impliziten Wissensbestandteilen durchgeführt. Durch den Einsatz der Interviewtechnik wurde implizites Wissen zu Umformoperationen, Werkzeugkonzepten und Prozessabfolgen durch den Wissensingenieur dokumentiert. Des Weiteren wurden anhand einer Kostentreiberanalyse in ausgewählten Nachkalkulationen kostenrelevante Fertigungs- und Kaufteile identifiziert. Die daraus gewonnenen Erkenntnisse flossen sowohl in die Entwicklung der Rumpfstrukturstücklisten (siehe Anlage 15) als auch in die Erstellung der Kaufteildatenbank ein.

In einem nächsten Schritt erfolgte die Identifizierung und Selektion von geeigneten Daten und Informationen zur Beschreibung der im Datenmodell verankerten Objekte. Um die Verfüg- und Verwendbarkeit des Kostenwissens für das Kosteninformationssystem sicherzustellen, sind in den meisten Unternehmen Aktivitäten zur *Datenaufbereitung und -harmonisierung* notwendig. Im Fallbeispiel war dazu ein nicht unerheblicher Personalaufwand für die Strukturierung, Vervollständigung und Bereinigung der expliziten Kostenwissensbestandteile (z. B. Nachkalkulationen, Teilestamm-/Werkstoffdaten) erforderlich. In Abhängigkeit der vorliegenden Datenqualität und deren Bedeutung für die Aussagekraft des Modul I empfiehlt es sich dem Daten- und Informationsmanagement im PKM-Projekt eine entsprechende Bedeutung und ausreichend personelle Ressourcen einzuräumen.

II. IT-Integration

Die IT-Integration zielt auf eine effiziente Sicherstellung der Verwend- und Verfügbarkeit von Kostenwissen zur Angebotskalkulation sowie zur Weiterverwendung der Kalkulationsergebnisse des Modul I in der Auftragsbearbeitung sowie der diese begleitenden Kostenplanungsaufgaben und Kostenkontrollaufgaben ab. Damit steht der Daten-/Informationsaustausch zwischen der Kosten-/Wissensbasis und der Unternehmensdatenbasis (UDB) im Fokus der Betrachtung. Hier bieten sich drei grundsätzliche Alternativen an:

a) Autarke Kosten-/Wissensbasis mit bidirektionaler Schnittstelle zur UDB,

b) Vollständige Integration der Kosten-/Wissensbasis in die UDB und

c) Kontextabhängiger Zugriff auf Kosten-/Wissensbasis und UDB (Teilintegration).

Für die Softwareentwicklung des Kosteninformationssystems wurde die Alternative a) gewählt. Damit sind Komponenten-, Integrations-, System- und Abnahmetest möglich, ohne den Produktivbetrieb zu beeinträchtigen. Für die Produktivphase des Kosteninformationssystems ist aus Gründen der Performance und der Vermeidung einer doppelten Datenhaltung die Alternative c) vorgesehen. Die für die Kostenplanung und -kontrolle benötigten Stamm- und Bewegungsdaten werden damit direkt aus der Unternehmensdatenbasis abgefragt. Der Zugriff auf alle darüber hinausgehenden Wissensbestandteile erfolgt aus der Kosten-/Wissensbasis. Eine vollständige Integration der Kosten-/Wissensbasis in die UDB kam aufgrund nicht manipulierbarer Datenquellen der ERP- und PDM-Systemhersteller bzw. der hohen erwarteten Dienstleistungskosten und der Gefahr, hohe Ausfall- und Folgekosten durch Störungen im Produktivbetrieb zu verursachen, nicht in Betracht.

III.   Prozessintegration

In Bezug auf die *Aufbauorganisation* wurde das Produktkostenmanagement als Führungsfunktion in die Unternehmensorganisation verankert. Am Beispiel der SWZ war dazu die Schaffung einer Stabsstelle zum Projektcontrolling vorgesehen. Kernaufgabe des Projektcontrollers ist die Koordination der Kostenplanungs-, kontroll- und -steuerungsaufgaben. Demnach ist in Hinsicht auf das Modul I ist der Projektcontroller für einen reibungsfreien Ablauf des Angebotserstellungsprozesses, die Verfüg- und Verwendbarkeit von Kostenwissen sowie für die Weiterentwicklung der Softwarelösung verantwortlich. Die Pflege des Kostenwissens obliegt den jeweiligen Funktionsbereichen, in denen die Daten entstehen und verarbeitet werden (z. B. Pflege der Kaufteildaten im Einkauf).

Aus *ablauforganisatorischer Sicht* wird der bewährte Prozessablauf in der Angebotskalkulation (siehe Anlage 13) vorerst beibehalten. Als Kalkulationswerkzeug wird zukünftig das Kosteninformationssystem mit dem Modul I eingesetzt. Mit diesem sind nun detaillierte, nachvollziehbare und versionierbare Grob- und Detailkalkulationen möglich. Des Weiteren wird implizites Kostenwissen mit Hilfe der Submodule MKK I und WPKK I verfügbar gemacht. *Anwender- und Administratorschulungen* schließen die Prozessintegration ab.

5.7.9 Test und Ergebnisprüfung

Im Teilschritt *Test* erfolgten parallel zur EDV-technischen Realisierung Tests einzelner Programmkomponenten, Integrationstests zur Sicherstellung des Datenaustauschs zwischen der Kosten-/Wissensbasis und der UDB sowie Systemtests. Die Tests wurden anhand von kalkulatorisch abgesicherten Fallbeispielen durchgeführt und mit diesen validiert.

Im Rahmen der *Ergebnisprüfung* wurde die Zielerreichung der für das Modul I relevanten Ziele (siehe 5.3) bestätigt: In Bezug auf die *Steigerung der Effizienz in der Angebotskalkulation* können durch den Einsatz des Kosteninformationssystems die Prozesszeiten im Angebotsengineering um durchschnittlich 20 % verkürzt werden. Dies entspricht ca. 6 min pro Kalkulation. Die dadurch freiwerdenden Kapazitäten i. H. v. rd. 100 h/Jahr sind u. a. zur Steigerung des Anteils an Detailkalkulationen verwendbar. Nach Auswertung der Nachkalkulationen ergab sich für das Praxisbeispiel ein Prognosefehler von weniger als ± 5 %, so dass insgesamt eine Erhöhung der *Transparenz* und *Genauigkeit* in der Kostenplanung erreicht werden konnte. Die Übertragbarkeit auf andere Kalkulationen vorausgesetzt, liegt die Genauigkeit deutlich höher als im Branchendurchschnitt (± 25 % [AsOv10]). Zur *Bewertung und den Vergleich von Gestaltungsalternativen* können bereits im Angebotsengineering alternative Konzepte zur Aufteilung der Umformoperationen auf die einzelnen Werkzeugstufen (z. B. Beschneiden und Hochstellen auf separaten Werkzeugen) verschiedene Kalkulationsvarianten angelegt und verglichen werden. Ferner können kostenseitige Auswirkungen von Variationen bei der Material-, Kaufteil-, Lieferanten- oder Fertigungstechnologieauswahl in den Submodulen MKK I und WPKK I bewertet werden. Die *Wiederverwendbarkeit der Kalkulationsergebnisse* wird u. a. in der Konstruktion unter Nutzung parametrisch-assoziativer Konstruktionstemplates zur 3D-Werkzeugmodellierung durch den Rückgriff auf die Ergebnisse des MKK I sichergestellt (siehe Bild 5-9). Des Weiteren sind die Planwerte aus dem MKK I und WPKK I als Ausgangspunkt für die Arbeitsplanung bzw. für die Kostenkontrolle und -steuerung verwendbar. Die *Übertragbarkeit auf Spritz- und Druckgusswerkzeuge* ist durch die Anpassbarkeit der Produktstrukturen und Kaufteildaten im MKK I gegeben.

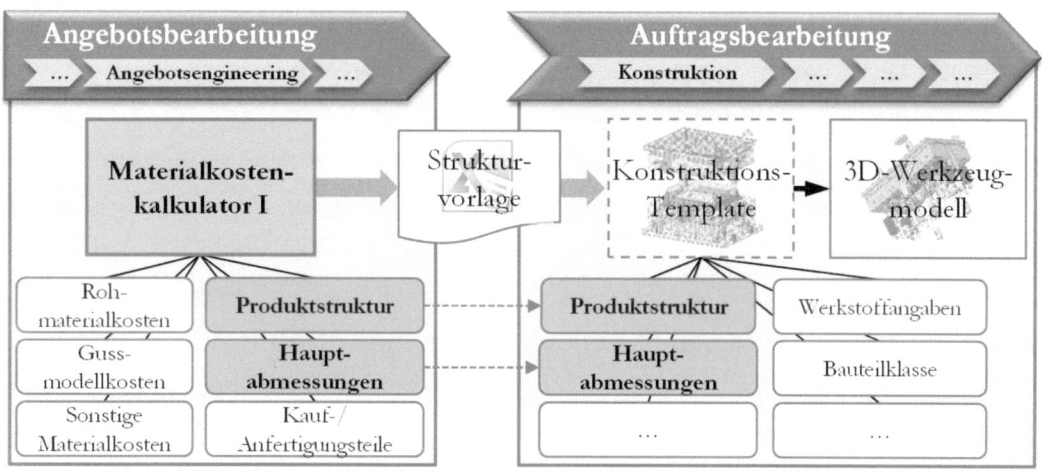

Bild 5-9: Weiterverwendung der Kalkulationsergebnisse in der Werkzeugkonstruktion

5.8 Modul II – Projektbegleitende Kalkulation

5.8.1 Vorbemerkung

Die Entwicklungsziele des Modul II bestanden in der Schaffung einer entwicklungs-/projektbegleitenden Kalkulationsmethodik, mit der verursachungsgerechte, ressourcenschonende und echtzeitnahe Kostenplanungen in der Auftragsbearbeitung ermöglicht werden. Dazu wurden im Fallbeispiel der SWZ alle Submodule des Modul II ausgewählt.

Die *Marktrecherche* zeigte, dass bezogen auf die einzelnen Funktionen in den ausgewählten Submodulen durchaus geeignete IT-Systeme am Markt verfügbar sind (z. B. *Facton EPC*, *4cost Aces*, *KingCost* und *Simus Classmate Plan* für die parametrische Kostenschätzung in der Konstruktion); ein System, welches alle Funktionen der ausgewählten Submodule des Modul II bereithält und den Anforderungen des WuF gerecht wird, existiert jedoch aktuell nicht. Demnach sollte, aufbauend auf der Konzeption in Abschnitt 3.4.3, eine *unternehmensspezifische* Ausgestaltung der Submodule erfolgen (nachfolgend auszugsweise dargelegt). Das diesem zugrundeliegende Kostenmodell wurde aus dem Modul I übernommen, damit im Modul III konsistente Soll-Plan-Ist-Vergleiche durchgeführt werden können.

5.8.2 Ausgestaltung der Submodule

I. Konstruktionsdatenverarbeitung

Der Ausgestaltung des Submoduls Konstruktionsdatenverarbeitung lagen die bei der CKS entwickelten Konstruktionstemplates für Spritzgusswerkzeuge zugrunde. Es handelt sich hierbei um parametrisch-assoziative Skelettmodelle mit standardisierten

Produktstrukturen, einheitlichen Bezeichnungsvorgaben und mit Parameter beschriebene Beziehungen zwischen den Produktstrukturelementen (z. B. Werkzeugkomponenten). Durch Kopplung mit bauteilklassenspezifischen CNC-Schablonen wird zudem eine integrierte CAD-/CAM-Kopplung erreicht (siehe [Gans13]). Darüber hinaus können in der Konstruktion durch die parametrische Steuer- und Skalierbarkeit der Konstruktionstemplates 3D-Werkzeugmodelle direkt aus den Ergebnissen des MKK I erzeugt werden (siehe Bild 5-9). Konstruktionstemplates stellen damit eine explizite Form und Sammlung von Produkt-, Konstruktions- und Fertigungswissen dar. Den hohen Aufwendungen, die bei der Erstellung der Konstruktionstemplates anfallen stehen erhebliche Effizienzsteigerungen in der Varianten- und Anpassungskonstruktion [GRM07], [Gans09], eine Senkung von änderungsbedingten Fehlern und ein verbesserter Informationsfluss zwischen Vertrieb, Konstruktion, Arbeitsplanung und NC-Programmierung gegenüber.

In Bezug auf den *„Erweiterten Stücklistenexport"* werden geometrische und weitere semantische Informationen (siehe Bild 5-10) aus den 3D-Werkzeugmodellen des PDM-Systems *ProLies3* extrahiert. Die Identifikation von Bearbeitungsobjekten erfolgt anhand des Teilemerkmals „Teileart".

Fehlende Rohteildaten werden mit einem Rohteilgenerator, implementiert als Makro im CAD-System *CATIA V5*, unter Berücksichtigung von Bearbeitungszugaben aus einer Werksnorm und handelsspezifischen Randbedingungen aus dem Einkauf generiert.

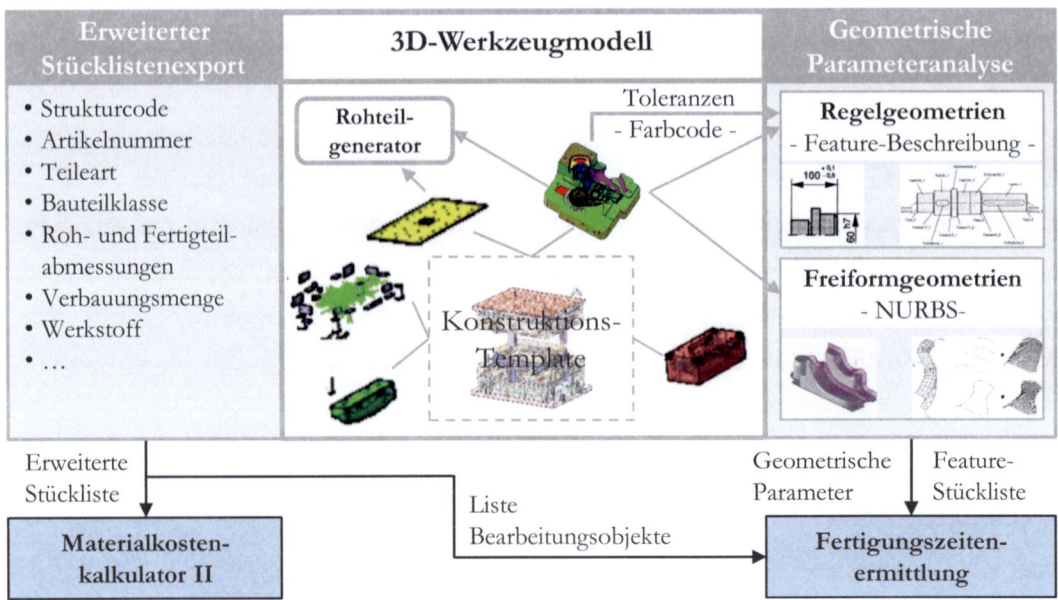

Bild 5-10: Submodul Konstruktionsdatenverarbeitung (CKS)

Für die *geometrische Parameteranalyse* (Bild 5-10) wurde zur Beschreibung von Regelgeometrien die feature-basierte Methode gewählt, da die CAD-Modellierung und NC-Programmierung bereits auf Basis standardisierter Features aus einer Feature-Bibliothek erfolgt. Eine manuelle Identifikation der Features ist daher nicht notwendig. Fertigungsrelevante Informationen zu Maß-, Form- und Oberflächentoleranzen sind über einen Farbcode im CAD-Modell geschlüsselt hinterlegt. Nach der Extrahierung fertigungsrelevanten Informationen werden diese in der Feature-Stückliste den einzelnen Fertigungs-Features zugeordnet. Die geometrische Beschreibung von Freiformgeometrien erfolgt mit Hilfe von NURBS, da diese im CAD-System bereits auf Basis polynominalen Kurven stattfindet. Die Ergebnisse des „Erweiterten Stücklistenexports" und der „geometrischen Parameteranalyse" gehen schließlich in die Submodule MKK II und „Fertigungszeitenermittlung" ein.

II.   Fertigungszeitenermittlung

Analog zur Detailkalkulation mit dem WPKK I (Modul I) erfolgt bei einer *„Groben Planzeitenkalkulation"* ein Analogieschluss zu ähnlichen, abgeschlossenen Projekten aus der Fallbasis. Demnach werden für die im Submodul Konstruktionsdatenverarbeitung identifizierten Bearbeitungsobjekte korrespondierende *Referenzzeiten* auf Kostenstellen-Ebene aus der Kosten-/Wissensbasis ausgelesen und in den WPKK II übertragen. Liegen zu einem Bearbeitungsobjekt keine passenden Referenzzeiten vor, werden den Kostenstellen mit Hilfe von *statistisch ermittelten Kostenfunktionen* Planzeiten anhand ihres durchschnittlichen produktklassenspezifischen Anteils an den Gesamtprozesszeiten zugerechnet. Die „Grobe Planzeitenkalkulation" kann somit schon bei Vorliegen der ersten „Erweiterten Stückliste", d. h mit Vorliegen eines Konstruktionsentwurfs (Quality-Gate 2), genutzt werden.

Mit der Freigabe der Engineering-Leistungen (Quality-Gate 3) ist eine *detaillierte Planzeitenkalkulation* möglich. Zu diesem Zeitpunkt liegen geometrische und semantische Produktdaten zu den Bearbeitungsobjekten eines Werkzeugs vor.

Sind für ein Bearbeitungsobjekt *Planzeiten aus der Arbeitsplanung* verfügbar (Quality-Gate 4), werden diese für die Planzeitenkalkulation herangezogen. In der Arbeitsplanung erfolgt dazu die Bildung sog. „Warenkörbe": Auf Grundlage einer fertigungsorientierten Klassifizierung des Komponentenspektrums (siehe [Gans13]) enthalten sie jeweils alle Komponenten eines Werkzeugs, die eine gleiche Bearbeitungsabfolge aufweisen. Den „Warenkörben" werden anschließend einer von aktuell 100 Standardarbeitsplänen zugeordnet und für die darin enthaltenen Arbeitsgänge Planzeiten bestimmt. Anschließend werden mit dem Submodul Betriebsdatenverarbeitung die

Planungsergebnisse aus der Unternehmensdatenbasis extrahiert und zur Kalkulation der Wertschöpfungskosten an den WPKK II übertragen.

Liegen dagegen keine Planzeiten aus der Arbeitsplanung vor, erfolgt die Planzeiten-kalkulation auf Basis kostenstellenbezogener *Referenzzeiten zu den einzelnen Arbeitsgängen* eines Bearbeitungsobjekts aus der Kosten-/Wissensbasis. Voraussetzung dafür ist eine arbeitsgang- und komponentenbezogene Rückmeldung von Ist-Zeiten. Um dies ohne erhebliche Zusatzbelastung des Fertigungspersonals zu erreichen, wurden in der SWZ sowohl technische (Terminals und BDE-Modul) als auch organisatorische Vorrausetzungen (Wer meldet was, wann, wie und womit?) geschaffen. Zudem können die Referenzzeiten auch für die arbeitsgangspezifische Planzeitenkalkulation in der Arbeitsplanung herangezogen werden.

Bei der analytischen Methode der *Fertigungszeitenberechnung* kommt der in Bild 3-11 dargestellte und im Abschnitt 3.4.3.4 erläuterte Algorithmus zum Einsatz. Diesem folgend, wird auf Grundlage der im Submodul Konstruktionsdatenverarbeitung identifizierten Bearbeitungsobjekte und geometrischen Parameter zunächst eine Liste von Bearbeitungsobjekten erstellt. Anschließend wird für jedes Bearbeitungs-objekt die *Arbeitsfolge* auf Basis von dazu erstellten Standardarbeitsplänen ermittelt. Dies ist Ausgangspunkt für die Berechnung der *Zerspanvolumina* für jeden der im Standardarbeitsplan enthaltenen Arbeitsgänge. Bei Regelgeometrieelementen werden dazu die Abzugskörper aus dem 3D-Werkzeugmodell herangezogen. Bei Freiform-flächen werden technologieabhängige Offsets (Versatzflächen) verwendet. Die darauf basierende Berechnung der Hauptzeiten erfolgt unter Verwendung der in Anlage 6 dargelegten *Bestimmungsformeln* i. V. m. dem Rückgriff auf Fertigungswissen aus einer unternehmenseigenen Werkzeugdatenbank. Diese hält bauteil-, material-, werk-zeug-, aufspannungs- und maschinenabhängige Bearbeitungsparameter bereit. Zu-sammen mit statistisch ermittelten *Vorgabezeiten* für Neben-, Warte-, Erhol- und Ver-teilzeiten ergeben sich kostenstellenbezogene Fertigungszeiten je Bearbeitungsob-jekt. Diese werden abschließend als Summe für jedes Bearbeitungsobjekt an den WPKK II übertragen.

III.   *Betriebsdatenverarbeitung*

Das Submodul *Betriebsdatenverarbeitung* erfasst verfügbare Auftrags-, Personal-, Ma-schinen-, Material- und Arbeitsplatzdaten aus der Unternehmensdatenbasis (ERP- und PDM-System-Datenbanken) und legt diese in der Kosten-/Wissensbasis fallbe-zogen ab. Dazu gehören insbesondere zurückgemeldete Ist-Prozesszeiten über das BDE-Modul des PDM-Systems und Ist-Kosten zu beauftragten Sach- und Dienstleistungen aus dem ERP-System. Damit werden korrespondierende Plan-Kostenbestandteile in den Submodulen MKK II und WPKK II durch Ist-Kosten bzw. Ist-Prozesszeiten ersetzt. Gleichzeitig stehen aktuelle Referenzzeiten zur Verfügung, die für zukünftige Kostenplanungen im Modul I sowie für die Planzeitenkalkulation im Modul II genutzt werden können.

IV.   Materialkostenkalkulator II

Aufbauend auf dem MKK I erfolgt im MKK II eine Detaillierung der Rumpfstrukturlisten, so dass die gesamte Produktstruktur eines 3D-Werkzeugmodells hierarchisch abgebildet wird. Die geometrischen und semantischen Produktdaten aus der „Erweiterten Stückliste" werden anschließend den korrespondierenden Produktstrukturelementen zugeordnet. Die Materialkostenkalkulation erfolgt Bottom-Up von der Einzelteil- über die Baugruppen- bis zur Produkt-Ebene. Gleichzeitig ermöglicht dies eine detaillierte Kostenstrukturanalyse.

V.   Wertschöpfungsprozesskostenkalkulator II

Analog zum MKK II bildet der WPKK II die gesamte Produktstruktur eines 3D-Werkzeugmodells ab (siehe Anlage 20). In Abhängigkeit der Verfügbarkeit von Planzeiten können zur Wertschöpfungsprozesskostenkalkulation für jede Stücklistenposition vier verschiedene Kalkulationsmodi verwendet werden. Dazu gehört die Verwendung von groben, detaillierten oder berechneten Planzeiten aus dem Submodul Fertigungszeitenermittlung sowie der Rückgriff auf Ist-Prozesszeiten aus der Betriebsdatenverarbeitung.

5.8.3 Ergebnisse des Modul II

Das Modul II ermöglicht *verursachungsgerechte, ressourcenschonende, echtzeitnahe* und so weit wie jeweils möglich konkretisierte Produkt- und Projektkalkulationen. Zudem sind die Kalkulationsergebnisse im Rahmen der Produktplanung nutzbar, indem sie die kostenbezogene *Bewertung und Auswahl von konkreten Bezugs-, Gestaltungs- und Prozessalternativen* (z. B. Varianten von Werkstoffen und Kaufteilen oder alternative Gestaltungsweisen von Formelementen) ermöglichen. Diese Möglichkeiten leisten damit zum einen ein Beitrag zur *Steigerung des Kostenbewusstseins* in der Produktentwicklung. Zum anderen lassen sich daraus Rückschlüsse auf Einflussgrößen der Kostenverursachung ziehen. Durch die Archivierung der Kalkulationsergebnisse in der Kosten-/Wissensbasis sind diese auch für Kostenkontrollen mit dem Modul III sowie zukünftige Produktkostenplanungen *wiederverwendbar*. Bei Umsetzung des vorliegenden und auf die *Randbedingungen der SWZ und CKS* ausgerichteten Konzepts können somit die für das Modul II gesteckten Ziele (siehe Abschnitt 5.3) erreicht werden.

5.9 Modul III – Kostenkontrolle

5.9.1 Vorbetrachtung

Abgeleitet aus dem Zielsystem wird mit dem Modul III eine frühzeitige Erkennung erfolgsrelevanter Kostenabweichungen verfolgt. Dazu sind zusätzlich zu den Ist- und Plan-Kosteninformationen aus dem Modul II Zielkosten/-termine erforderlich. Analog zum Modul II wurde das *Kostenmodell* aus dem Modul I übernommen, um einen konsistenten Soll-Plan-Ist-Vergleich zu realisieren. Weiterführend wurde auf Basis der in Kapitel 3 entwickelten Konzeption ein produkt- und projektkostenbezogenes Kennzahlensystem in Form einer „*Projektscorecard*" und ein Kennzahlensystem und -cockpit für die SWZ konzipiert [Ecke13]. Aus Kapazitätsgründen wurde zunächst auf dessen praktische Umsetzung verzichtet.

Die *Marktrecherche* zeigte, dass für die Visualisierung und Aufbereitung von Kostenabweichungen geeignete IT-Systeme am Markt verfügbar sind (u. a. *FACTON EPC, QlikView, SAP*). Diese setzten allerdings in jedem Fall eine Ausgestaltung der Submodule Zielkostendefinition, Abweichungsanalyse und Kennzahlensystem voraus. In der SWZ wurde dazu das flexibel gestaltbare, datenbankbasierte IT-System *QlikView* ausgewählt, da dieses bereits für einige betriebliche Controllingaufgaben (z. B. Auslastungsanalysen) genutzt wird.

5.9.2 Ausgestaltung der Submodule

I. *Zielkostendefinition*

Um für das Submodul Abweichungsanalyse adäquate Zielkosteninformationen bereitzustellen, wurde im Fallbeispiel der Ansatz des *Into and Out of Company* (siehe Tabelle 3-1) verwendet. In einem „*Zielvereinbarungsprozess*" wurden sowohl die erzielbaren Marktpreise (Market into Company) als auch die Ergebnisse aus der Angebotskalkulation mit dem Modul I (Out of Company) für die Zielpreisfindung berücksichtigt. Eine umfangreiche Marktforschung war hier nicht zielführend und notwendig, da die SWZ über sehr enge Kundenbeziehungen verfügt, in denen die Zahlungsbereitschaft des potentiellen Kunden sowie ggf. Angebotspreise von Mitbewerbern explizit vorliegen. So wurden zur Zielkostendefinition einerseits die Zahlungsbereitschaft des Kunden und andererseits die Kalkulationsergebnisse aus der Produkt- und Projektkalkulation herangezogen. Mit Hilfe der Zielpreiskalkulationsfunktion in der Projektkalkulation ergaben sich aus dem Ergebnis des Zielvereinbarungsprozesses an den Zielpreis abzüglich des Gewinns sowie der Material-, Fertigungs-, Verwaltungs- und Vertriebsgemeinkosten angepasste Projekt- und Produktzielkosten. Für das o. g. Praxisbeispiel (Wärmeabschirmblech) ergaben sich auf diesem Weg Projektzielkosten i. H. v. 173.910 € und Produktzielkosten i. H. v. 45.215 € für das Presswerkzeug. Die sich anschließende Zielkostenspaltung erfolgte nach der Komponentenmethode auf Basis der im Modul I berechneten Kostenanteile. Die Nachteile der damit verbundenen Strukturfortschreibung der Kosten wurden im Fallbeispiel zugunsten automatisiert-ermittelbarer Zielkosten als Grundlage für die Abweichungsanalyse in Kauf genommen.

II. *Abweichungsanalyse*

Die Abweichungsanalyse ist im Fallbeispiel für kurzfristige Betrachtungszeiträume ausgestaltet. Demnach bleiben Gemeinkosten, die i. d. R. kurzfristig unveränderlich sind, weitestgehend unberücksichtigt. Als Instrumente wurden Elemente der *Earned-Value-Analyse*, der *GAP-Analyse* und der *flexiblen Plankostenrechnung auf Teilkostenbasis* in den Soll-Plan-Ist-Vergleich implementiert. Damit ist eine Überwachung des Projektfortschritts sowie eine vergangen- und zukunftsorientierte Erkennung von Kosten- und Terminabweichungen möglich. Als Berichtszeitpunkte wurden vorerst die Meilensteine genutzt, weil diese bereits prozesssicher in der Auftragsabwicklung verortet sind. Problematisch ist hierbei, dass zwischen dem Materialeingang und dem „Abschluss des Werkzeugsaufbau sowie der Montage" (Meilensteine 7 und 8 – siehe Anlage 14) ein Großteil der Fertigungs- und Montagekosten verursacht werden. Diese machen im Fallbeispiel durchschnittlich bis zu 43 % der Gesamtprojektkosten aus. Daher ist es zweckmäßig diesen Zeitraum zukünftig zu untersetzen. Für die Terminüberwachung wird die *Meilensteintrendanalyse* genutzt; sie greift auf die Lieferterminvereinbarung aus dem Kundenauftrag und den terminierten Meilensteinen zurück.

Die (Kosten-)Abweichungen untergliedern sich grundsätzlich in die Projekt- und die Produkt-Ebene (Bild 3-14). Auf *Projekt-Ebene* werden die gesamten Kostenabweichungen der zu einem Kundenprojekt gehörenden Produkte erfasst und dargestellt. Auf *Produkt-Ebene* erfolgt eine Aufgliederung in materialkosten- und wertschöpfungsprozesskostenbezogene Abweichungen. Die Detaillierung der Abweichungen ist dabei von der Kalkulationsart im Modul I (Grob- oder Detailkalkulation) und den Ergebnissen des Modul II abhängig. Die Unterteilung der materialkostenbezogenen Abweichungen erfolgte auf Grundlage der im Modul II verwendeten Produktstrukturen. Dabei wird generell bei jedem Produktstrukturelement zwischen Mengen- und Preisabweichungen unterschieden. Die wertschöpfungsprozesskostenbezogenen Kostenabweichungen lassen sich dagegen vollständig auf Divergenzen zwischen den Soll- und den Plan- bzw. Ist-Prozesszeiten zurückführen. Entsprechen der Konzeption zum Modul III ist hierbei der Einfluss von projektübergreifend entstehenden

Beschäftigungsänderungen ausgeklammert. Die Unterteilung erfolgte kostenstellenbezogen anhand der ihnen zugeordneten Haupt- und Teilprozesse. In beiden Bereichen setzen sich die Abweichungen einer oberen Ebene jeweils aus den Abweichungen der untergeordneten Ebene zusammen.

Die für jedes Produktstrukturelement ermittelten Abweichungen lassen sich in einem *Soll-Plan-Ist-Vergleich* darstellen. Stellvertretend für andere Produktstrukturelemente sind diese und weitere Kennzahlen am Beispiel des Presswerkzeugs in Bild 5-11 dargestellt.

Zum Berichtzeitpunkt „Materialeingang" sind demnach Ist-Kosten (KI) i. H. v. 28.500 € aufgelaufen. Diesen stehen 25.108 € Soll-Kosten (KS) und 24.120 € Plan-Kosten (KP) gegenüber. Unter Verwendung der in Anlage 8 stehenden Formeln zur Berechnung von abweichungsbezogenen Kennzahlen ergibt sich u. a. eine *Kostenabweichung* (ΔK) i. H. v. 4.388 €. Werden die Kostenabweichungen linear fortgeschrieben, belaufen sich die prognostizierten Ist-Kosten (PKI) zur Übergabe an den Kunden (ÜK) auf 53.788 €.

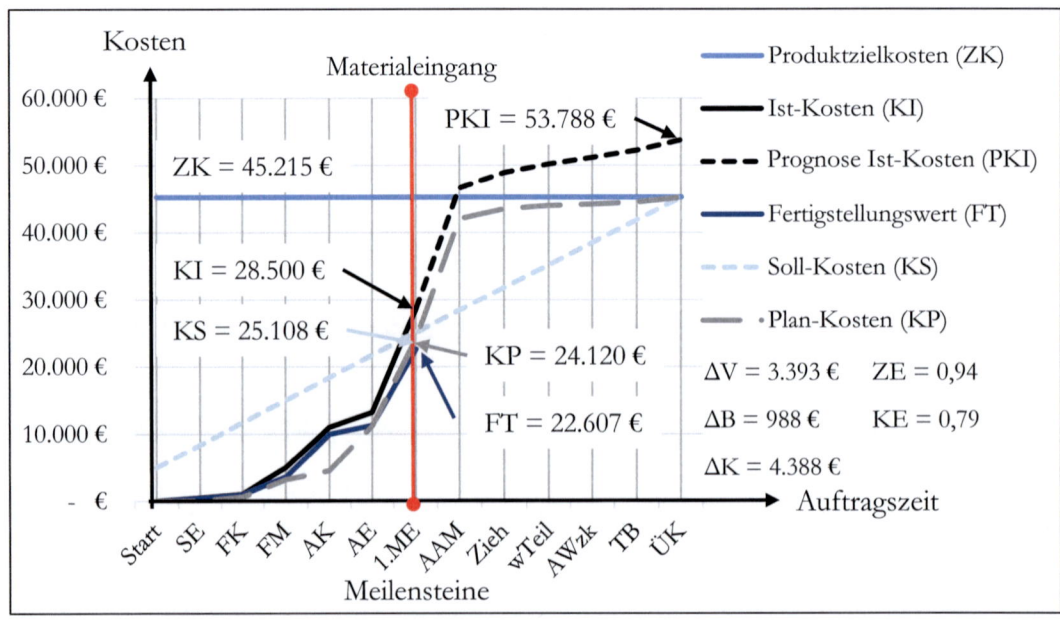

Bild 5-11: Soll-Plan-Ist-Vergleich am Beispiel des Presswerkzeugs

Des Weiteren liegt eine *Verbrauchsabweichung* (ΔV) i. H. v. 3.393 € vor. Diese ist im Praxisbeispiel ausschließlich auf Mengenabweichungen zurückzuführen. Sie resultieren aus einem gegenüber der Angebotskalkulation veränderten Materialbedarf (11.428 € anstatt 13.171 €) sowie Prozesszeitenabweichungen in den Kostenstellen Konstruktion, Wirkflächen und NC-Programmierung (17.177 € anstatt 11.017 €). Die *Beschäftigungsabweichung* (ΔB) i. H. v. 988 € ist auf eine mangelnde Verfügbarkeit von Fertigungsanlagen zurückzuführen. Daraus resultieren unplanmäßige Wartezeiten, in denen eingeplante Fixkostenanteile nicht wie geplant verrechnet werden können.

Die mit der Earned-Value-Analyse verfügbaren Kennzahlen *Zeiteffizienz* (ZE) und *Kosteneffizienz* zeigen mit einen Wert von ZE = 0,94 einen geringen Projektverzug sowie mit KE = 0,79 eine prognostizierte Budgetüberschreitung um rd. 25 % an.

Zur Erkennung *erfolgsrelevanter Kostenabweichungen* werden die Formeln (5) und (6) aus der Konzeption zum Modul III (3.4.4.4) zur Bestimmung von kostenobjektspezifischen Toleranzobergrenzen/-untergrenzen für die Kostenabweichung genutzt. Dementsprechend verengt sich das Toleranzintervall mit steigendem Anteil der Soll-Kosten an den Zielkosten. Die Exponenten q_1 und q_2 wurden mit $q_1 = 0,05$ und $q_2 = 0,1$ vom Controlling der SWZ festgelegt. Am Beispiel der Konstruktionskosten (Ist: 4.095 €, Soll: 3.258 €) liegt demnach die Kostenabweichung von +25 % außerhalb des Toleranzbereichs von +14 bis -30 %: Sie ist daher als relevant einzustufen. Dagegen liegt die Kostenabweichung der Gussmodellkosten i. H. v. 7 % im dazu bestimmten Intervall von +15 bis -33 %.

Die auf diesem Weg für jedes Produktstrukturelement bestimmbaren und erfolgsrelevanten Kostenabweichungen machen deutlich, welcher Kostensenkungsbedarf im Hinblick auf die Produkt- bzw. Projektzielkostenerreichung insgesamt besteht und bei welchen Objekten signifikante Abweichungen auftreten bzw. zukünftig zu erwarten sind. Damit unterstützen die Ergebnisse des Modul III den Entscheidungsprozess im Rahmen der Kostensteuerung. Anhand der durch die Abweichungsanalyse frühzeitig erkennbaren Kostenabweichungen können somit Kostensenkungspotenziale für eine kostenorientierte Produktentstehung identifiziert werden. Um die Zielkostenerreichung im Rahmen der *Kostensteuerung* bis zum Projektabschluss zu erreichen, sind zudem wertanalytische Aktivitäten zur Kostenoptimierung zweckmäßig. Das Spektrum entsprechender (Standard-)Maßnahmen zur Senkung des Kostenniveaus in der SWZ umfasst sowohl produkt- und projektbezogene als auch projektübergreifende Aktivitäten u. a. in der Konstruktion, der Arbeitsplanung, der NC-Programmierung und dem Einkauf. Diese sind beispielhaft in der Anlage 21 dargestellt.

5.9.3 Ergebnisse des Modul III

Bei Umsetzung des vorliegenden Konzepts können mit dem Modul III Kostenziele festlegt und projektbegleitend an den Kalkulationsergebnissen des Modul II gespiegelt werden. Damit erlaubt das Modul III eine *frühzeitige Erkennung von erfolgsrelevanten Kostenabweichungen* und eine *durchgängige Wiederverwendbarkeit von Kalkulationsergebnissen* von der Auftragserteilung bis zum Projektabschluss. Des Weiteren wird auf Grundlage der differenzierten Ergebnisse der Abweichungsanalyse die *Analyse von Abweichungsursachen* unterstützt. Eine dazu nutzbare Methodik sowie geeignete Werkzeuge sind aktuell kein Bestandteil des PKM-Konzepts für die SWZ. Vorerst wird hierzu auf Erfahrungswissen der Projektleiter zurückgegriffen.

Anhand des gewählten Beispiels des Presswerkzeugs wird deutlich, dass ein Kalkulationsobjekt eine Vielzahl an Abweichungsinformationen umfasst. Mit der vorliegenden Ausgestaltung des Modul III ist das Ziel der *anwender- und entscheidungsorientierten Informationsaufbereitung* nicht erreichbar. Es wird daher empfohlen ein Kennzahlensystem in Form eines Ordnungssystems in Anlehnung an ECKERT [Ecke13] zu entwickeln und umzusetzen.

Durch eine chronologische Archivierung der Kosten- und ggf. Terminabweichungen in der Kosten-/Wissensbasis wird ferner erkennbar, inwieweit ergriffene Maßnahmen zur Erfüllung der Kostenziele beitragen und damit die *Kontrolle der Umsetzung und Wirkung von Kostensenkungsmaßnahmen* unterstützt. Darüber hinaus tragen grafische Darstellungen wie den Soll-Ist-Plan-Vergleich, prognostizierte Kostenentwicklungen und Kosten- bzw. Terminwirkungen von getroffenen Maßnahmen zur *Steigerung des Kostenbewusstseins* im Projektmanagement/-controlling bei.

Die *Übertragbarkeit auf die Produkte, Technologien und Randbedingungen* der CKS ist dahingehend gewährleistet, dass lediglich Anpassungen der Abweichungshierarchien in Bezug auf die für den Vergleich in Betracht kommenden Produkt- und Prozessstrukturen sowie ggf. eine Anpassung der Kennzahlenauswahl notwendig sind.

6 ZUSAMMENFASSUNG UND AUSBLICK

6.1 Ergebnisse

Im sich stetig verschärfenden Wettbewerbsumfeld der Auftragsfertigung hat der zunehmende Kostendruck von nationalen und internationalen Wettbewerbern sowie die starke Marktmacht in den Einkaufsabteilungen der Großkunden die Relevanz des Themas Produkt- und Projektkostenmanagement (PKM) bei den Auftragsfertigern verstärkt.

Ausgehend von einer Anforderungsanalyse zum Produktkostenmanagement in der Auftragsfertigung wurden im Kapitel 2 die Anforderungen in Bezug auf verfügbare Methoden und Instrumente aus den Gebieten CAD-Technologien, Kostenmanagement und der diese unterstützenden Informationssystemen am Stand der Forschung gespiegelt: Hierbei wurden trotz der hohen Bedeutung des Produktkostenmanagement für den Unternehmenserfolg, hinsichtlich seiner methodischen und instrumentellen Unterstützung sowie im Hinblick auf die konkrete Ausgestaltung im Unternehmen *Defizite* erkannt. Zum einen fehlt es an einer geeigneten Kalkulationsmethodik, die den Anforderungen nach einem flexiblen und verursachungsgerechten Verfahrenseinsatz unter Berücksichtigung der verfügbaren Informationen über den gesamten Produktentstehungsprozess gerecht wird. Zum anderen ist bisher keine anwender- und entscheidungsgerechte IT-Unterstützung der Planungs-, Kontroll- und Steuerungsaufgaben im PKM von Auftragsfertigern verfügbar. Ebenso fehlt es an einer Wissensbasis, die eine durchgängige Entwicklung, Verteilung, Nutzung und Bewahrung von Kostenwissen zur Erfüllung und Verzahnung der PKM-Aufgaben gewährleistet. Des Weiteren existiert aktuell kein praxistaugliches Vorgehensmodell zur unternehmensspezifischen Ausgestaltung und Umsetzung eines Produktkostenmanagements. Aus den genannten Defiziten wurde ein allgemeiner Handlungsbedarf abgeleitet, der sich in der Zielstellung der Arbeit und den damit verbundenen Forschungsfragen (Kapitel 1) widerspiegelt.

Zur Beantwortung der Forschungsfrage, wie ein in sich geschlossenes projektbegleitendes und -übergreifendes Produktkostenmanagementkonzept für die Auftragsfertigung zu konzipieren ist, wurde im Kapitel 3 erstmalig ein *konzeptioneller Rahmen zum Produktkostenmanagement* in der Auftragsfertigung entwickelt. Dieser definiert die funktionalen, institutionellen und instrumentellen Komponenten des Produktkostenmanagements. Auf Basis der unternehmensspezifischen Anforderungen können

Auftragsfertiger nun Zielrichtung, Objekte, Aufgaben, Kosteneinflussgrößen, Maßnahmen, Organisation, Rahmenbedingungen sowie zum Einsatz kommende Kostenmanagementinstrumente in einem Rahmenkonzept definieren. Dieses stellt den Ausgangspunkt für die Entwicklung eines in das PKM-Konzept eingebetteten *IT-gestütztes Kosteninformationssystem* dar, welches die verschiedenen phasenspezifischen Formen der Produkt- bzw. Projektkalkulation sowie die damit verbundenen Managementaktivitäten mit dazu benötigen Informationen versorgt.

Das Kosteninformationssystem wurde als modulares, wissensbasiertes Anwendungssystem konzipiert, um zum einen dessen Funktionalitäten an dem konkreten Bedarf und den verfügbaren Ressourcen im Unternehmen auszurichten. Zum anderen wird strukturiertes und in Daten transformiertes Kostenwissen zu Produkten, Projekten, Fertigungsprozessen etc. sowie ein kontextsensitiver Problemlösungsprozess benötigt, um die komplexen Kostenplanungs- und Kostenkontrollaufgaben in der Auftragsfertigung effizient und effektiv zu unterstützen. In Anlehnung an den Aufbau von Expertensystemen besteht das Kosteninformationssystem im Kern aus einer Kosten-/Wissensbasis und einer sog. Problemlösungskomponente. Die Problemlösungskomponenten umfasst zwei Kalkulationsmodule und ein Abweichungsanalysemodul. Die Benutzerschnittstelle und die Ergebnisinterpretation werden durch eine Dialog- bzw. Erklärungskomponente abgebildet. Die Entwicklung und Pflege des Kostenwissens erfolgt über eine Wissensakquisitionskomponente.

Für die *Kostenplanung* in der Angebotsphase (Modul I) sind alternative und kontextsensitive Kombinationen von Kalkulationsverfahren in der Problemlösungskomponente verankert. In Abhängigkeit der gewählten Kalkulationsart (Grob- oder Detailkalkulation), Kalkulationszeitpunkt, dem Informationsangebot sowie den an die Kalkulationen gestellten Anforderungen (z. B. Genauigkeit) sind Schätzverfahren mit analogen und/oder analytischen Kalkulationsverfahren verknüpft. Aufbauend auf den damit erzeugten Plankosten werden diese durch Ist-Kosten oder aktualisierten Plankosteninformationen im Rahmen der Projektbegleitenden Kalkulation (Modul II) ersetzt. Dazu gehören u. a. die Möglichkeit der Nutzung von Geometriedaten zur Bestimmung von Materialkosten und Fertigungszeiten in der Konstruktion sowie der Rückgriff auf detaillierte Planzeiten aus der Arbeitsplanung.

Zur Unterstützung der *Kostenkontrolle* nutzt das Modul III Ist- und Plan-Kosteninformationen aus den beiden Kalkulationsmodulen und vergleicht diese mit Soll-Werten. In Abhängigkeit des gewählten Zielkostenermittlungsansatzes können die Soll-Werte z. B. direkt aus der Angebotskalkulation abgeleitet werden. Durch Kombination von vergangenheits- und zukunftsorientierten Methoden aus dem Projektcontrolling ist damit eine frühzeitige Antizipation von erfolgsrelevanten Termin-/Kostenabweichungen möglich.

Zur Einhaltung von festgelegten Kostenzielen wird eine *Kostensteuerung* durch das Aufzeigen von erfolgsrelevanten Kostenabweichungen unterstützt. Gleichzeitig leisten diese einen Beitrag zur Ursachenanalyse und zur Initiierung von Kostensenkungsmaßnahmen. Des Weiteren ist, wenn auch durch die begrenzte Zurechenbarkeit von Effekten eingeschränkt, eine Kontrolle der Wirkung festgelegter Kostensenkungsmaßnahmen möglich.

Um die Verfügbarkeit für das in der Problemlösungskomponente benötigte Kostenwissen sicherzustellen, wurde die Kosten-/Wissensbasis als relationale Datenbank entworfen. Durch die zentrale Verwaltung des Kostenwissens in einer Datenbank wird schließlich indirekt eine Verzahnung der PKM-Aufgaben erreicht, indem Kostenplaner, Konstrukteur, Arbeitsplaner, Controller etc. auf die gleiche Datenbasis zugreifen können und somit bestehende Informationsverluste bzw. -defizite vermieden werden.

Für die Beantwortung der dritten Forschungsfrage, welche Vorgehensweise geeignet ist, um das Produktkostenmanagementkonzept auf einen praktischen Anwendungsfall in der Auftragsfertigung zu transferieren, wurde im Kapitel 4 ein *Vorgehensmodell* entwickelt. Ausgehend von einer vorgelagerten Analyse der Bedarfs- und Ist-Situation im Unternehmen werden modulweise und iterativ-inkrementell die Phasen Ausgestaltung, Umsetzung und Evaluation durchlaufen. Damit ist ein frühzeitiger Produktivbetrieb sowie die Berücksichtigung neuer bzw. geänderter Anforderungen erreichbar. Die Ausgestaltungsphase umfasst die Modulauswahl, die Festlegung der Projektorganisation, eine Marktrecherche sowie die individuelle Ausgestaltung der einzelnen Komponenten des Kosteninformationssystems. In der Umsetzungsphase erfolgt neben der EDV-technischen Realisierung eine Daten-, IT- und Prozessintegration des Kosteninformationssystems in die Unternehmensstrukturen. Dies garantiert eine durchgängige produkt- und projektübergreifende Verwendbarkeit von Kostenwissen sowie eine umfangreiche IT-Unterstützung der PKM-Aufgaben.

Mit der Entwicklung einer PKM-Konzeption, eines darin eingebetteten Kosteninformationssystems und eines Vorgehensmodells für den Ergebnistransfer in die Praxis konnten die Ziele der Arbeit erreicht werden. Der erfolgreiche Transfer des Produktkostenmanagementkonzepts auf das Fallbeispiel der Siebenwurst Werkzeugbau GmbH zeigt zudem, dass eine industrielle Verwertbarkeit und Praxistauglichkeit der Entwicklungsergebnisse vorliegen. Mit der Umsetzung des Modul I – Angebotskal-

kulation ist die SWZ nun in der Lage technische Lösungskonzepte in der Angebotsbearbeitung wissensbasiert und kontextbezogen betriebswirtschlich zu bewerten.
Die durchschnittliche Kalkulationszeit konnte um 20 % reduziert und gleichzeitig
die Prognosegenauigkeit um bis zu 80 % erhöht werden. Damit leistet das Kosteninformationssystem wertvolle Beiträge zur verursachungsgerechten Kostenplanung
in der Angebotsphase, einen fundierten Ausgangspunkt für die Konstruktion und
die Arbeitsplanung sowie Sollgrößen zur Einhaltung von Kostenzielen.

Ausgehend von den erzielbaren Effizienzpotentialen und prognostizierten Aufwendungen zur Analyse, Ausgestaltung und Umsetzung des Kosteninformationssystems,
zeigt eine Sensitivitätsanalyse auf Basis der Kapitalwertmethode i. V. m. der Varia-
tion des Jahresumsatzes, dass der Kapitalwert einer Investition bei Auswahl der Modul I, II und III und einen Planungszeitraum von fünf Jahren ab einem Jahresumsatz
von 6 Mio. € positiv ist. Demnach ist die Einführung des vorgestellten Ansatzes zum
Produktkostenmanagement für Unternehmen mit einem Jahresumsatz größer als
6 Mio. € wirtschaftlich lohnend.

Aufgrund des allgemeinen Charakters der Konzeption und des Vorgehensmodells
ist eine Übertragbarkeit der Ergebnisse und Nutzenaspekte auf andere Branchen der
Auftrags(einzel)fertigung im Maschinen- und Anlagenbau, wie z. B. der Werkzeug-
und Sondermaschinenbau, für vergleichbare Randbedingungen sichergestellt. Grenzen der Übertragbarkeit liegen insbesondere bei den Unternehmen vor, in denen eine
geringe Wertschöpfungstiefe, ein hochvolatiles Produktspektrum und hohe F&E-
Kostenanteile vorliegen. Hier sind entsprechende Erweiterungen und weiterführende Forschungsaktivitäten notwendig.

6.2   Ausblick

Die im Abschnitt 6.1 genannten Einschränkungen in der Übertragbarkeit, die Abgrenzung des Untersuchungsbereichs auf die frühen Phasen des Systemlebenszyklus
von neuartigen, kundenspezifischen Erzeugnisse der Auftragsfertigung sowie der auf
den einzel-, variablen und produktbezogen Kosten fokussierte Gestaltungsansatz
zum Produktkostenmanagement zeigen einen weiteren Forschungsbedarf auf.

Um die Grenzen der Übertragbarkeit zu überwinden sind beispielsweise Ansätze zur
Bewertung und Zurechnung von *Forschungs- und Entwicklungskosten* in das Produktkostenmanagementkonzept zu integrieren. Auch eine Erweiterung des Produktkostenmanagementkonzepts durch das *Life Cycle Costing* Konzept, welches aktuell aufgrund fehlender Daten aus der Betriebsphase der durch die Auftragsfertigung erzeugten Investitionsgüter keine Berücksichtigung findet, würde die entwickelte

Methodik zu Gunsten einer ganzheitlichen und lebenszyklusphasenübergreifenden Betrachtung erweitern. Dies würde deutschen Auftragsfertigern mit ihren tendenziell höheren Anschaffungskosten und tendenziell geringeren Betriebskosten im Wettbewerb positive Verkaufsargumente liefern und eine Abwanderung ins Ausland, mit den dort vorzufindenden komparativen Lohnkostenvorteilen, eindämmen. Zudem scheint es insbesondere in den indirekten Bereichen der Auftragsfertiger lohnenswert, die im Kosteninformationssystem verankerte Bezugsgrößenkalkulation auf Basis von Personal- und Maschinenstundensätzen durch prozessorientierte, verursachungsgerechtere *Gemeinkostenverrechnungsmethoden* zu erweitern. Auch sollte der traditionell hohe Kostenanteil der manuellen Tätigkeiten durch eine Integration geeigneter Kalkulationsmethoden in das Kosteninformationssystem transparenter gemacht werden. Für beide Handlungsfelder bietet sich beispielsweise eine in der Praxis schon angewendete Verbindung mit der Prozesskostenrechnung bzw. der ressourcenorientierten Prozesskostenrechnung auf Basis von Verbrauchsfunktionen zur verursachungsgerechteren Zurechnung indirekter Kosten im Rahmen von Kostenplanungsaufgaben an [BrFa10], [Hor09].

Weitere Entwicklungspotenziale des IT-gestützten Kosteninformationssystems und des Konzepts zum Produktkostenmanagement bestehen in deren Erweiterung durch *Target Costing-Elemente* bei der Zielkostenspaltung komplexer Produkte sowie die damit in Verbindung stehende Einbeziehung der funktions- und kostenrelevanten Produkteigenschaften. Zudem könnten die *Identifizierung kausaler Wirkzusammenhänge* bei der Ursachenanalyse von Kosten- und Terminabweichungen, zwischen Kosten und Produkteigenschaften sowie bei den Ursache-Wirkungseffekten von Kostensenkungsmaßnahmen z. B. durch die Anwendung und Integration von modernen Data-Mining-Methoden stärker unterstützt werden. Des Weiteren bestehen Potenziale bei der monetären *Bewertung von Effizienzpotenzialen* in der Sicherstellung der *Verwend- und Verfügbarkeit des Kostenwissens*. Impulse zur Erschließung dieser Potenziale werden aus den Erfahrungen und retrograden Wirtschaftlichkeitsanalysen beim praktischen Einsatz des Systems und den Ergebnissen des Verbundprojektes „eBusiness-Engineering" aus der BMWI-Förderinitiative *eStandards* erwartet.

LITERATURVERZEICHNIS

[AaPl94]   Aamondt, A.; Plaza, E.: *Case-Based Reasoning* - Foundational Issues, Methodical Variations and System Approaches, in: AI Communications, Jg. 7, H. 1, 1994, S. 39–59.

[AbDe08]   Abele, E.; Dewald, M.: *NURBS* - ein Bogen zwischen Design und Fertigung, in: ZWF, Jg. 103, H. 7/8, 2008, S. 485-489.

[AbMü04]   Abts, D.; Mülder, W.: *Grundkurs Wirtschaftsinformatik* - Eine kompakte und praxisorientierte Einführung, 5. Aufl., Vieweg & Sohn Verlagsgesellschaft, Wiesbaden, 2004.

[Adam13]   Adam, D.: Produktions-Management, 9. Aufl., Gabler Verlag, 2013.

[AdeQ10]   AdeQuate Solutions GmbH: *Mit CAD und CAM nicht auf dem Holzweg*, in: CAD-CAM-Report, H. 3, 2010, S. 19-21.

[AiSc14]   Aichele, C.; Schönberger, M.: *IT-Projektmanagement* - Effiziente Einführung in das Management von Projekten, Springer Vieweg, Wiesbaden, 2014.

[Amel02]   Amelingmeyer, J.: *Wissensmanagement* - Analyse und Gestaltung der Wissensbasis von Unternehmen, 2. Aufl., Dt. Univ.-Verlag, Wiesbaden, 2002.

[Anan93]   Anand, V. B.: *Computer Graphics and Geometric Modelling for Engineers*, John Wiley & Sons Inc., New York u. a, 1993.

[AsOv10]   Askri, M.; Overmeyer, L.: *Funktionsbasierte Strukturen in der Angebotskalkulation* - Werkzeugfunktionen als Grundlage für die genaue Angebotskalkulation von Spritzgusswerkzeugen, in: ZWF, Jg. 105, H. 11, 2010, S. 1016-1022.

[Awis07]   Awiszus, B.: *Grundlagen der Fertigungstechnik* - Mit 55 Tabellen, 3. Aufl., Carl Hanser Verlag, München, 2007.

[Balz01]   Balzert, H.: *Lehrbuch der Softwaretechnik*, 2. Aufl., Spektrum Akademischer Verlag, Heidelberg Berlin, 2001.

[BCG07]   Baum, H.-G.; Coenenberg, A. G.; Günther, T.: *Strategisches Controlling*, 4. Aufl., Schäffer-Poeschel, Stuttgart, 2007.

[BCP11]   Busse von Colbe, W.; Crasselt, N.; Pellens, B.: *Lexikon des Rechnungswesens* - Handbuch der Bilanzierung und Prüfung, der Erlös-, Finanz-, Investitions- und Kostenrechnung, 5. Aufl., Oldenbourg Wissenschaftsverlag, München, 2011.

[Beck92]   Becker, J.: *Konstruktionsbegleitende Kalkulation als CIM-Baustein*, S. 552–562, in: Männel, Wolfgang (Hrsg.): *Handbuch Kostenrechnung*, Gabler Verlag, Wiesbaden, 1992.

[BeGö06]   Bea, F. X.; Göbel, E.: *Organisation*, 3. Aufl., Schäffer-Poeschel, Stuttgart, 2006.

[Behr01]   Behrens, A.: *Betriebliches Informationsmanagement* - Informieren, überzeugen
           oder beeinflussen?, Dissertation, FU Berlin, Berlin, 2001.

[BiHo91]   Biethahn, J.; Hoppe, U.: *Entwicklung von Expertensystemen* - Eine Einführung, Gabler Verlag, Wiesbaden, 1991.

[BiSc14]   Birkmeier, M.; Scheibmayer, M.: *Stammdatenmanagement wertorientiert gestalten* - Wie eine Nutzentransparenz im Bereich Stammdatenmanagement erzeugt werden kann, in: UDZ (Unternehmen der Zukunft), H. 2, 2014, S. 17-19.

[Boeh88]   Boehm, B. W.: *A Spiral Model of Software Development and Enchancement*, in: IEEE Computer, Vol. 21, H. 5, 1988, S. 61-72.

[BoGe10]   Bock, M.; Gellißen, B.: *Werkzeugbau in turbulentem Umfeld* - Die Auswirkungen der Krise auf Unternehmen der Branche, in: wt werkstatttechnik online, Jg. 100, H. 11/12, 2010, S. 903-906.

[Bode97]   Bode, J.: *Der Informationsbegriff in der Betriebswirtschaftslehre*, in: ZFBF (Zeitschrift für betriebswirtschaftliche Forschung), Jg. 49, H. 5, 1997, S. 449-468.

[Bode06]   Bodendorf, F.: *Daten- und Wissensmanagement*, 2. Aufl., Springer Verlag, Berlin Heidelberg New York, 2006.

[Borc06]   Borchert, J. E.: *Operatives Innovationsmanagement in Unternehmensnetzwerken* - Gestaltung von Instrumenten für Innovationsprojekte, 1. Aufl., Cuvillier Verlag, Göttingen, 2006.

[Braß08]   Braß, E.: *Konstruieren mit CATIA V5* - Methodik der parametrisch-assoziativen Flächenmodellierung, 4. Aufl., Carl Hanser Verlag, München, 2008.

[BrFa10]   Brünger, C.; Faupel, C.: *Target Costing* - Pragmatische Ansätze für eine erfolgreiche Anwendung, in: Controlling & Management, Jg. 53, H. 3, 2010, S. 170–174.

[Bron93]   Bronner, A.: *Entwicklungs- und konstruktionsbegleitende Kalkulation*, in: Kostenrechnungspraxis, H. 6, 1993, S. 364-373.

[Bron08]   Bronner, A.: *Angebots- und Projektkalkulation*, 3. Aufl., Springer Verlag, Berlin Heidelberg, 2008.

[Brun95]   Brunkhorst, U.: *Integrierte Angebots- und Auftragsplanung im Werkzeug- und Formenbau*, Fortschritts-Berichte VDI Reihe 2: Fertigungstechnik Nr. 366, VDI Verlag, Düsseldorf, 1995.

[BSH08]   Bea, F. X.; Scheurer, S.; Hesselmann, S.: *Projektmanagement*, Lucius & Lucius, Stuttgart, 2008.

[BuFä88]   Bullinger, H.-J.; Fähnrich, K.-P.: *Einsatzgebiete und potentielle Auswirkungen wissensbasierter Systeme* - Gesamtüberblick und Trends in der industriellen Anwendung, S. 1-25, in: Bullinger, Hans-Jörg; Fähnrich, Klaus-Peter (Hrsg.): *Expertensysteme* - Wissensbasierte Systeme in der betrieblichen Anwendung, Kontakt & Studium, Bd. 236, Expert-Verlag, Ehningen, 1988.

[Camp07]   Camphausen, B.: *Strategisches Management* - Planung, Entscheidung, Controlling, 2. Aufl., Oldenbourg Wissenschaftsverlag, München [u.a.], 2007.

[CFG09]   Coenenberg, A. G.; Fischer, T. M.; Günther, T.: *Kostenrechnung und Kostenanalyse*, 7. Aufl., Schäffer-Poeschel, Stuttgart, 2009.

[CFS97]   Coenenberg, A. G.; Fischer, T. M.; Schmitz, J.: *Target Costing und Product Life Cycle Costing als Instrumente des Kostenmanagements*, S. 195-232, in: Freidank, Carl-Christian (Hrsg.): *Kostenmanagement* - Aktuelle Konzepte und Anwendungen, Springer Verlag, Berlin Heidelberg, 1997.

[CMP10]   Chen, X.-D.; Ma, W.; Paul, J.-C.: *Cubic B-Spline curve approximation by curve unclamping*, in: Computer-Aided Design, Jg. 42, 2010, S. 523-534.

[CoGö09]   Corsten, H.; Gössinger, R.: *Produktionswirtschaft* - Einführung in das industrielle Produktionsmanagement, 12. Aufl., Oldenbourg Wissenschaftsverlag, München, 2009.

[Coop02]   Cooper, R. G.: Top oder Flop in der Produktentwicklung – Erfolgsstrategien, 1. Aufl., Wiley-VCH Verlag, Wiesbaden, 2002.

[DäGr09] Däumler, K.-D.; Grabe, J.: *Plankostenrechnung und Kostenmanagement*, 8. Aufl., Verlag Neue Wirtschaftsbriefe, Herne [u.a.], 2009.

[Dein14] Deindl, M.: *Informationsmanagement im Unternehmen der Zukunft* - Wie die richtige Anwendung der IT im Unternehmen einen Wertbeitrag schafft, in: UDZ (Unternehmen der Zukunft), H. 2, 2014, S. 6-8.

[DeFr94] Dellmann, K.; Franz, K.-P.: *Von der Kostenrechnung zum Kostenmanagement*, in: Dellmann, K.; Ammann, H. (Hrsg.): *Neuere Entwicklungen im Kostenmanagement*, Paul Haupt Verlag, Bern Stuttgart Wien, 1994.

[Deml09] Demleitner, K.: *Projekt-Controlling* - Die kaufmännische Sicht der Projekte, 2. Aufl., Expert-Verlag, Renningen, 2009.

[DeNe12] Denkena, B.; Nemeti, A.: *Unternehmensbezogene Wissensaggregation zur Angebotsbestimmung*, in: Industrie Management, Jg. 28, H. 3, 2012, S. 43-46.

[DIN89] DIN 32992 [1989]: *Kosteninformationen Teil 1 bis 3*, Beuth Verlag, Düsseldorf.

[DIN99] DIN EN ISO 9241 [1999-01]: *Ergonomische Anforderungen für Bürotätigkeiten mit Bildschirmgeräten* – Teil 11: Anforderungen an die Gebrauchstauglichkeit; Leitsätze, Beuth Verlag, Düsseldorf.

[DIN02] DIN EN ISO 14915 [2003-04]: *Software-Ergonomie für Multimedia-Benutzungsschnittstellen* - Teil 1: Gestaltungsgrundsätze und Rahmenbedingungen, Beuth Verlag, Düsseldorf.

[DIN03] DIN 8580 [2003-09]: *Fertigungsverfahren* - Begriffe, Einteilung, Beuth Verlag, Düsseldorf.

[DIN04] DIN EN ISO 6385 [2004-05]: *Grundsätze der Ergonomie für die Gestaltung von Arbeitssystemen*, Beuth Verlag, Düsseldorf.

[DIN08] DIN EN ISO 9241 [2008-09]: *Ergonomie der Mensch-System-Interaktion* – Teil 110: Grundsätze der Dialoggestaltung, Beuth Verlag, Düsseldorf.

[DIN09] DIN 69901 [2009-01]: *Projektmanagement* - Teil 2: Prozesse, Prozessmodell, Beuth Verlag, Düsseldorf.

[DNSK11] Denkena, B.; Nemeti, A.; Schürmeyer, J. T.; Köller, M.: *Erarbeitung einer zeitdynamischen Kalkulationsmethode unter Einbeziehung kapazitiver Einflüsse*, in: ZWF, Jg. 106, H. 3, 2011, S. 157-160.

[DoBe10]   Doege, E. B.-A.; Behrens, B.-A.: *Handbuch Umformtechnik* - Grundlagen, Technologien, Maschinen, 2. Aufl., Springer Verlag, Berlin Heidelberg, 2010.

[Dude14]   Duden online: *Werkzeug*, https://www.duden.de/rechtschreibung/Werkzeug#Bedeutung1a, [13.03.2014].

[Ecke13]   Eckert, M.: *Entwicklung eines Kennzahlensystems und Aufbau einer kosten-bezogenen Wissensbasis für das Projektcontrolling am Beispiel der Siebenwurst Werkzeugbau GmbH*, Masterarbeit an der TU Chemnitz, Chemnitz, 2013.

[EhMe13]   Ehrlenspiel, K.; Meerkamm, H.: *Integrierte Produktentwicklung* - Denkabläufe, Methodeneinsatz, Zusammenarbeit, 5. Aufl., Carl Hanser Verlag, München, 2013.

[EiSt09]   Eigner, M.; Stelzer, R.: *Product Lifecycle Management*, 2. Aufl., Springer Verlag, Berlin Heidelberg, 2009.

[Eisi97]   Eisinger, B.: *Konstruktionsbegleitende Kalkulation* - Modell eines effizienten Kosteninformationssystems, Dt. Univ.-Verlag, Wiesbaden, 1997.

[Eitr96]   Eitrich, O.: *Prozessorientiertes Kostenmodell für die entwicklungsbegleitende Vorkalkulation*, Dissertation, Universität Karlsruhe, Forschungsberichte aus dem Institut für Werkzeugmaschinen und Betriebstechnik der Universität Karlsruhe, Karlsruhe, 1996.

[EKLM14]   Ehrlenspiel, K.; Kiewert, A.; Lindemann, U.; Mörtl, M.: *Kostengünstig Entwickeln und Konstruieren* - Kostenmanagement bei der integrierten Produktentwicklung, 7. Aufl., Springer Verlag, Berlin Heidelberg, 2014.

[EKS02]   Eversheim, W.; Klocke F.; Schuh, G.: *Orientierung für den Werkzeug- und Formenbau* - Mit Benchmarking von den Besten lernen, Aachener Werkzeug- und Formenbau, Aachen, 2002.

[EmNe91]   Emore, J. R.; Ness, J. A.: *The Slow Pace of Meaningful Change in Cost Systems*, in: Journal of Cost Management, Jg. 4, H. 4, 1991, S. 36-45.

[EUO12]   Eilert, B.; Ullmann, G.; Overmeyer, L.: *Umformwerkzeuge automatisiert konfigurieren und kalkulieren* - Herstellkostenermittlung von Blechumformwerkzeugen mit Methoden der künstlichen Intelligenz auf Basis einer automatisierten CAD-Modellerstellung, in: ZWF, Jg. 107, H. 11, 2012, S. 801-807.

[EvCa90]   Eversheim, W.; Caesar, C.: *Kostenmodell zur Bewertung von Produktvarianten* - Das PC-Programm KOMO, in: VDI-Z, Jg. 132, H. 6, 1990, S. 75–79.

[Ever96a] Eversheim, W.: *Organisation in der Produktionstechnik* - Grundlagen, 3. Aufl., Springer Verlag, Berlin [u.a.], 1996.

[Ever96b] Eversheim, W.: *Prozessorientierte Unternehmensorganisation* - Konzepte und Methoden zur Gestaltung "schlanker" Organisationen, 2. Aufl., Springer Verlag, Berlin [u.a.], 1996.

[EvKl98] Eversheim, W.; Klocke, F.: *Werkzeugbau mit Zukunft* - Strategie und Technologie, Springer Verlag, Berlin Heidelberg, 1998.

[EvKü97] Eversheim, W.; Kümper, R.: *Prozess- und ressourcenorientierte Vorkalkulation in den Phasen der Produktentstehung*, S. 91-107, in: Männel, W. (Hrsg.): *Frühzeitiges Kostenmanagement* - Kalkulationsmethoden und DV-Unterstützung, Gabler Verlag, Wiesbaden, 1997.

[EvSc96] Eversheim, W.; Schuh, G.: *Produktion und Management* - Betriebshütte, 7. Aufl., Springer Verlag, Berlin Heidelberg New York, 1996.

[EwWa08] Ewert, R.; Wagenhofer, A.: *Interne Unternehmensrechnung*, 7. Aufl., Springer Verlag, Berlin Heidelberg, 2008.

[FeGr13] Feldhusen, J.; Grote, K.-H.: *Pahl/Beitz Konstruktionslehre* - Methoden und Anwendung erfolgreicher Produktentwicklung, 8. Aufl., Springer Verlag, Berlin Heidelberg, 2013.

[Fell92] Feller, A. H.: *Kalkulation in der Angebotsphase mit dem selbsttätig abgeleiteten Erfahrungswissen der Arbeitsplanung*, Institut für Werkzeugmaschinen und Betriebstechnik, Karlsruhe, 1992.

[Ferr90] Ferreirinha, P.: *Computer Assited Pre-Calculation in Mechanical Engineering for Designers and Production Planners*, in: Hubka, V.; Kostelic, A. (Hrsg.): *19. Proceedings of the 1990 International Conference on Engineering and Design*, 1990, ICED, Dubrovnik.

[FeSi06] Ferstl, O. K.; Sinz, E. J.: *Grundlagen der Wirtschaftsinformatik*, 5. Aufl., Oldenbourg Wissenschaftsverlag, München Wien, 2006.

[FFG02] Fandel, G.; François, P.; Gubitz, K.-M.: *CAD-Marktstudie* - Grundlagen, Methoden, Software, Marktanalyse, 2. Aufl., AIP-Inst., Hagen, 2002.

[FFS11] Fandel, G.; Fistek, A.; Stütz, S.: *Produktionsmanagement*, 2. Aufl., Springer Verlag, Berlin Heidelberg, 2011.

[FGLK06]   Fischer, J. O.; Götze, U.; Leidich, E.; Köhler, S.: *Management von Kosten-wissen im Konstruktionsprozess* - Systemelemente für Industrieunternehmen, S. 275-296, in: VDI (Hrsg.): *Ingenieurswissen effektiv managen*, VDI-Bericht 1964, Düsseldorf, 2006.

[Fied10]   Fiedler, R.: *Controlling von Projekten* - Mit konkreten Beispielen aus der Unternehmenspraxis - Alle Aspekte der Projektplanung, Projektsteuerung und Projektkontrolle, 5. Aufl., GWV Fachverlage, Wiesbaden, 2010.

[Fisc03]   Fischer, J. O.: *Relativkosten-Kataloge als Kosteninformationsinstrumente für Konstrukteure* - Methoden zur Beurteilung und Steigerung der Wirtschaftlichkeit von Relativkosten-Katalogen, Dissertation, TU Chemnitz, Verlag der GUC, Chemnitz, 2003.

[Fisc07]   Fischer, J. O.: *Softwaregestützte Angebotskalkulation mit Kostenfunktionen*, in: ZWF, Jg. 102, H. 4, 2007, S. 233–238.

[Fisc08]   Fischer, J. O.: *Kostenbewusstes Konstruieren* - Praxisbewährte Methoden und Informationssysteme für den Konstruktionsprozess, 1. Aufl., Springer Verlag, Berlin, 2008.

[Fisc09]   Fischer, F.: *Modell eines integrierten Managements der Informationssysteme im Engineering*, 1. Aufl., Sierke Verlag, Göttingen, 2009.

[FKSH93]   Fischer, J.; Koch, R.; Schmidt-Faber, B.; Hauschulte, K.-B.: *Gemeinkosten vermeiden durch entwicklungsbegleitende Prozesskostenkalkulation* - Ein Ansatz zur konstruktionssynchronen Prognose von Produktlebenszyklus-kosten, S. 259–274, in: Horváth, P. (Hrsg.): *Marktnähe und Kosteneffizienz schaffen* - Effektives Controlling für neue Führungsstrukturen, Schäffer-Poeschel, Stuttgart, 1993.

[FNS99]   Fichtner, D.; Nestler, A.; Schulz, G.: *Wissensakquisition für Schnittwerte mit neuronalen Netzen*, VDI-Verlag, Band 304, Düsseldorf, 1999.

[Frau11]   Schuh, Günther; Boos, W.; Kuhlmann, K.; Ziskoven, Fraunhofer-Institut für Produktionstechnologie IPT: *Modularer Werkzeugkasten*, Jg. 1. Internationales Kolloquium Werkzeugbau mit Zukunft. Wiesbaden, 2011.

[Frei01]   Freidank, C.-C.: *Kostenrechnung* - Einführung in die begrifflichen, theoretischen, verrechnungstechnischen sowie planungs- und kontrollorientierten Grundlagen des innerbetrieblichen Rechnungswesens und einem Überblick über neuere Konzepte des Kostenmanagements, 7. Aufl., Oldenbourg Wissenschaftsverlag, München Wien, 2001.

[Fres68]   Frese, E.: *Kontrolle und Unternehmensführung*, Gabler Verlag, Wiesbaden, 1968.

[Frie09]   Friedl, B.: *Kostenmanagement,* Lucius & Lucius, Stuttgart, 2009.

[FrKa02]   Franz, K.-P.; Kajüter, P.: *Kostenmanagement* - Wertsteigerung durch systematische Kostensteuerung, 2. Aufl., Schäffer-Poeschel, Stuttgart, 2002.

[FrSc12]   Friedli, T.; Schuh, G.: *Wettbewerbsfähigkeit der Produktion an Hochlohnstandorten*, 2. Aufl., Springer Verlag, Berlin Heidelberg, 2012.

[Gais93]   Gaiser, B.: *Schnittstellencontrolling bei der Produktentwicklung* - Entwicklungszeitverkürzung durch Bewältigung von Schnittstellenproblemen, Vahlen, München, 1993.

[Gans08]   Gansauge, L.: *Konzept zur Standardisierung von Zerspanungsprozessen in der Einzelfertigung mit dem Ziel der Kostenoptimierung*, Diplomarbeit; TU Chemnitz, 2008.

[Gans09]   Gansauge, L.: *Intelligentes Werkzeugmanagement*, in: Schuh, G.; Klocke, F.: *Werkzeugbau mit Zukunft* - Internationales Kolloquium Werkzeugbau mit Zukunft, Wiesbaden, 2009.

[Gans13]   Gansauge, L.: *Methodik zur Industrialisierung der Einzelfertigung am Beispiel des Werkzeug- und Formenbaus*, Dissertation, TU Chemnitz, Chemnitz, 2013.

[GBD09]   Gausemeier, J.; Brökelmann, J.; Dettner, D.: *Fertigungsprozessplanung für graduierte Bauteile*, in: ZWF, Jg. 104, H. 11, 2009, S. 976-981.

[Geis09]   Geisler, F.: *Datenbanken* - Grundlagen und Design, 3. Aufl., mitp, Heidelberg [u.a.], 2009.

[GeMü01]   Gehle, M.; Müller, W.: *Wissensmanagement in der betrieblichen Praxis*, Datakontext Fachverlag, Frechen, 2001.

[GFF90]   Gottlob, G.; Frühwirth, T.; Fleischanderl, G.: *Expertensysteme*, Springer Verlag, Wien New York, 1990.

[GFS96]   Gausemeier, J.; Fink, A.; Schlake, O.: *Szenario-Management* – Planen und Führen mit Szenarien, 2. Aufl., Hanser Verlag, München, 1996.

[GKKL14a] Götze, U.; Kochan, C.; Köhler, S.; Leidich, E.: *Integrierte Daten-, IT- und Prozessanalyse im Rahmen des Stammdaten- und Geschäftsprozessmanagements*, in: Mittelstand-Digital Wissenschaft trifft Praxis, 2. Ausgabe, 2014, S. 34-41.

[GKKL14b] Götze, U.; Köhler, S.; Kochan, C.; Leidich, E.: *Integriertes Stammdaten- und Geschäftsprozessmanagement und sein Beitrag zu Industrie 4.0*, in: Müller, E. (Hrsg.): *Produktions- und Arbeitswelt 4.0 - Aktuelle Konzepte für die Praxis?*, Tage des Betriebs- und Systemingenieurs, Bd. 15, 2014, TBI2014, 07.11.2014, Chemnitz.

[GKM10] Götze, U.; Krönert, S.; Mikus, B.: *Kennzahlensysteme als Instrumente des Produktionscontrollings*, in: Der Betriebswirt, Jg. 51, H. 2, 2010, S. 10-17.

[GLK12] Götze, U.; Leidich, E.; Konarsky, M.: *IT-gestütztes Kosteninformationssystem als Instrument des Produktkostenmanagements am Beispiel des Werkzeug- und Formenbaus*, in: Controlling - Zeitschrift für erfolgsorientierte Unternehmenssteuerung, Jg. 24, H. 4/5, 2012, S. 261-269.

[GLWK14] Götze, U.; Leidich, E.; Wächtler, A.; Konarsky, M.; Köhler, S.; Haferkorn, F.; Kochan, C.; Knabe, A.; Zieschang, P.: *Entwicklungsstand des Stammdaten- und Geschäftsprozessmanagements in KMU - Ergebnisse einer Befragung*, GUC - Gesellschaft für Unternehmensrechnung und Controlling, Chemnitz Lößnitz, 2014.

[GöBl04] Götze, U.; Bloech, J.: *Investitionsrechnung* – Modelle und Analysen zur Beurteilung von Investitionsvorhaben, 4. Aufl., Springer Verlag, Berlin Heidelberg, 2004.

[Goet78] Goetze, H.: *Kostenplanung technischer Systeme am Beispiel der Werkzeugmaschine*, Dissertation, TU Berlin, Verlag der TU Berlin, Berlin, 1978.

[GoBö78] Gorbauch, S.; Böhm, G.: *Konstruktionsrichtlinien für Schneid und Umformwerkzeuge*, Chemnitz, 1978.

[GöHe14] Gömeringer, R.; Heinzler, M.: Tabellenbuch Metall, 46. Aufl., Verlag Europa-Lehrmittel, 2014.

[Götz10] Götze, U.: *Kostenrechnung und Kostenmanagement*, 5. Aufl., Springer Verlag, Berlin Heidelberg, 2010.

[GRM07]   Gansauge, L.; Riedel, R.; Müller, E.: *Prozessstandardisierung in der Einzel-fertigung* - Optimierung der Auftragsabwicklung durch Prozessmanagement und konsequente Standardisierung am Beispiel des Formenbaus, in: wt werkstatttechnik online, Jg. 97, H. 4, 2007, S. 279-283.

[GrSt11]   Groche, P.; Steitz, M.: *Prozesskettenverkürzung im Werkzeugbau*, in: wt werkstatttechnik online, Jg. 101, H. 10, 2011, S. 655-659.

[Grön91]   Gröner, L.: *Entwicklungsbegleitende Vorkalkulation*, Springer Verlag, Berlin [u.a.], 1991.

[Gros74]   Grosse-Oetringhaus, W. F.: *Fertigungstypologie unter dem Gesichtspunkt der Fertigungsablaufplanung*, Duncker & Humblot, Berlin, 1974.

[Günt97]   Günther, T.: *Neuentwicklungen der Kostenrechnung* - Eine Antwort auf geänderte Fragestellungen, S. 97-120, in: Freidank, Carl-Christian (Hrsg.): *Kostenmanagement* - Aktuelle Konzepte und Anwendungen, Springer Verlag, Berlin Heidelberg, 1997.

[Gute83]   Gutenberg, E.: *Grundlagen der Betriebswirtschaftslehre I* - Die Produktion, Springer Verlag, Berlin Heidelberg, 1983.

[Haas95]   Haasis, S.: *Integrierte CAD-Anwendungen* - Rationalisierungspotentiale und zukünftige Einsatzgebiete, Springer Verlag, Berlin [u.a.], 1995.

[Habe93]   Habenicht, W.: *Einflussgrößen der Produktion*, S. 3376-3388, in: Wittmann, Waldemar (Hrsg.): *Handwörterbuch der Betriebswirtschaft*, 5. Aufl., Bd. 1, Schäffer-Poeschel, Stuttgart, 1993.

[HaBr08]   Haberstock, L.; Breithecker, V.: *Kostenrechnung 1* - Einführung mit Fragen, Aufgaben, einer Fallstudie und Lösungen, 13. Aufl., Erich Schmidt Verlag, Berlin, 2008.

[Hans05]   Hansen, H. R.: *Wirtschaftsinformatik 1*, 9. Aufl., Lucius & Lucius, Stuttgart, 2005.

[Hans06]   Hansmann, K.-W.: *Industrielles Management*, 8. Aufl., Oldenbourg Wissenschaftsverlag, München [u.a.], 2006.

[HaPr12]   Haunerdinger, M.; Probst, H.-J.: *BWL leicht gemacht* - Die wichtigsten Instrumente und Methoden der Unternehmensführung, 2. Aufl., Redline Verlag, München, 2012.

[Hax56]   Hax, K.: *Industriebetrieb*, S. 243-257, in: Beckrath, E. (Hrsg.): *Handwörterbuch der Sozialwissenschaften*, Stuttgart Tübingen, 1956.

[Hein95]   Heine, A.: *Entwicklungsbegleitendes Produktkostenmanagement* - Gestaltung des Führungssystems am Beispiel der Automobilindustrie, Dt. Univ.-Verlag, Wiesbaden, 1995.

[HeSt09]   Heinrich, L. J.; Stelzer, D.: *Informationsmanagement* - Grundlagen, Aufgaben, Methoden, 9. Aufl., Oldenbourg Wissenschaftsverlag, München, 2009.

[HcMö08]   Hermann, J.; Möser, M.: *Reverse Engineering* - Vom Objekt zum Modell, in: Allgemeine Vermessungsnachrichten, H. 5, 2008.

[HGS97]   Horváth, P.; Gleich, R.; Scholl, K.: *Vergleichende Betrachtung der bekanntesten Kalkulationsmethoden für das kostengünstige Konstruieren*, S. 111-131, in: Männel, W. (Hrsg.): *Frühzeitiges Kostenmanagement*, Kalkulationsmethoden und DV-Unterstützung, Gabler Verlag, Wiesbaden, 1997.

[HHR11]   Heinrich, L. J.; Heinzl, A.; Riedl, R.: *Wirtschaftsinformatik* - Einführung und Grundlegung, 4. Aufl., Oldenbourg Wissenschaftsverlag, München Wien, 2011.

[Hild10]   Hildebrandt, M.: *Entwicklung eines Leitfadens zur Implementierung der Prozesskostenrechnung in der Siebenwurst Werkzeugbau GmbH Zwickau*, Bachelorarbeit an der TU Chemnitz, Chemnitz, 2010.

[HNS12]   Hofmann, H.; Neugebauer, R.; Spur, G.: *Handbuch Umformen*, 2. Aufl., Carl Hanser Verlag, München, 2012

[Hoit93]   Hoitsch, H.-J.: *Produktionswirtschaft* - Grundlagen einer industriellen Betriebswirtschaftslehre, 2. Aufl., Vahlen, München, 1993.

[HoMa89]   Horváth, P.; Mayer, R.: *Prozesskostenrechnung* - Der neue Weg zu mehr Kostentransparenz und wirkungsvolleren Unternehmensstrategien, in: Controlling - Zeitschrift für erfolgsorientierte Unternehmenssteuerung, Jg. 1, H. 4, 1989, S. 214-219.

[HoMa93]   Horváth, P.; Mayer, R.: *Prozesskostenrechnung* - Konzeption und Entwicklung, in: Kosten-rechnungspraxis, H. 2, 1993, S. 15-28.

[HoMö07]   Horváth, P.; Möller, K.: *Konstruktionsbegleitende Kalkulation* - Methoden und IT-Unterstützung, S. 1245-1270, in: Hausladen, Iris; Achleitner, Ann-Kristin; Abdelkafi, Nizar; Wildemann, Horst (Hrsg.): *Management am Puls der Zeit*, Strategien, Konzepte und Methoden: Festschrift für Univ.-Prof. Dr. Dr. h. c. mult. Horst Wildemann zum 65. Geburtstag, 1. Aufl., TCW-Transfer-Centrum, München, 2007.

[Hönn12] Hönn, M.: *Ein Vorgehensmodell zur Verbesserung des Zielbildungsprozesses in der Produktentwicklung*, Dissertation, Otto-von-Guericke Universität Magdeburg, Shaker Verlag, Aachen, 2012.

[Horv09] Horváth, P.: *Controlling*, 11. Aufl., Vahlen, München, 2009.

[Horv15] Horváth&Partners: *Prozesskosten mit dem „PM X" professionell managen*, http://www.horvath-partners.com/de/kompetenz/funktionale-kompetenz/organisation-prozesse/pm-x/, [13.02.2015].

[Humm93] Hummel, S.: *Entscheidungsorientierter Kostenbegriff* - Identitätsprinzip und Kostenzurechnung, in: Zeitschrift für Betriebswirtschaft, Jg. 53, H. 12, 1993, S. 1204-1209.

[HuMä95] Hummel, S.; Männel, W.: *Kostenrechnung 1* - Grundlagen, Aufbau und Anwendung, 4. Aufl., Gabler Verlag, Wiesbaden, 1995.

[Hung11] Hungenberg, H.: *Strategisches Management in Unternehmen* - Ziele - Prozesse - Verfahren, 6. Aufl., Gabler Verlag, Wiesbaden, 2011.

[Hung12] Hungenberg, H.: *Strategisches Management in Unternehmen* - Ziele - Prozesse - Verfahren, 7. Aufl., Gabler Verlag, Wiesbaden, 2012.

[Jung04] Jung, B.: *NURBS* - Non Uniform Rational B-Splines: Freiformflächen und deren Triangulierung, Stuttgart, 2004.

[Jurk04] Jurklies, I.: *Generierung und Bewertung von Prozessketten für den Werkzeug- und Formenbau*, Dissertation, TU-Chemnitz, Shaker Verlag, Aachen, 2004.

[Kajü00] Kajüter, P.: *Proaktives Kostenmanagement* - Konzeption und Realprofile, Dt. Univ.-Verlag, Wiesbaden, 2000.

[Kale13] Kalenberg, F.: *Kostenrechnung* - Grundlagen und Anwendung, 3. Aufl., Oldenbourg Wissenschaftsverlag, München, 2013.

[Kalu14] Kaluf, L..: *Price Indexes Signaling Economic and Financial Imbalance*, in: AICE - Italian Association for Total Cost Management (Hrsg.): ICEC 2014 - IX World Congress, Re-Engineering Total Cost Management, FAST - federation of Scientific and Technical Associations, 2014, ICEC 2014, 20.-22.10.2014, Milano.

[KBL13] Krallmann, H.; Bobrik, A.; Levina, O.: *Systemanalyse im Unternehmen* - Prozessorientierte Methoden der Wirtschaftsinformatik, 6. Aufl., Oldenbourg Wissenschaftsverlag GmbH, München, 2013.

[KGL14]   Konarsky, M.; Götze, U.; Leidich, E.: *An IT-based cost information system for cost planning and monitoring in customized single-unit production*, in: AICE - Italian Association for Total Cost Management (Hrsg.): ICEC 2014 - IX World Congress, Re-Engineering Total Cost Management, FAST - federation of Scientific and Technical Associations, 2014, ICEC 2014, 20.-22.10.2014, Milano.

[Kech11]   Kech, C.: *UML 2* - Das umfassende Handbuch, 4. Aufl., Galileo Press, Bonn, 2011.

[Kele06]   Kelety, I. A. E. M. A. E.: *Towards a Conceptual Framework for Strategic Cost Management* - The Concept, Objectives and Instruments, Dissertation, TU Chemnitz, Chemnitz, 2006.

[KFJK94]   Koch, R.; Fischer, J.; Jakuschona, K.; Kou-I, S.; Hauschulte, K.-B.: *Konstruktionsbegleitende Kalkulation auf Basis eines Prozesskostenansatzes*, in: Konstruktion, Jg. 46, H. 12, 1994, S. 427–433.

[Kilg69]   Kilger, W.: Betriebliches *Rechnungswesen*, S. 833-946, in: Jacob, Herbert; Busse von Colbe, Walther (Hrsg.): *Allgemeine Betriebswirtschaftslehre in programmierter Form*, Gabler Verlag, Wiesbaden, 1969.

[KiSt01]   Kistner, K.-P.; Steven, M.: *Produktionsplanung* - Mit 33 Tabellen, 3. Aufl., Physica-Verlag, Heidelberg, 2001.

[Kleu13]   Kleuker, S.: *Grundkurs Software-Engineering mit UML* - Der pragmatische Weg zu erfolgreichen Softwareprojekten, 3. Aufl., Springer Verlag, Wiesbaden, 2013.

[Klot07]   Klotzbach, C.: *Gestaltungsmodell für den industriellen Werkzeugbau*, Shaker Verlag, Aachen, 2007.

[KMU06]   Kemper, H.-G.; Mehanna, W.; Unger, C.: *Business Intelligence: Grundlagen und praktische Anwendungen* - Eine Einführung in die IT-basierte Managementunterstützung, 2. Aufl., Friedr. Vieweg & Sohn Verlag, Wiesbaden, 2006.

[KMOW09]   Kiener, S.; Maier-Scheubeck, N.; Obermaier, R.; Weiß, M.: *Produktions-Management* - Grundlagen der Produktionsplanung und -steuerung, 8. Aufl., Oldenbourg Wissenschaftsverlag, München, 2009.

[Knob99]   Knoblach, J.: *Beitrag zur rechnerunterstützten verursachungsgerechten Angebotskalkulation von Blechteilen mit Hilfe wissensbasierter Methoden*, Dissertation, Friedrich-Alexander Universität, Erlangen-Nürnberg, 1999.

[KöGö10]   Köhler, S.; Götze, U.: *Management von Kostenwissen im Rahmen der integrierten Produktentwicklung* - Konzeption und beispielhafte Umsetzung, in: Grote, Karl-Heinrich (Hrsg.): KT2010, *Herausforderungen für die Produkt- und Prozessinnovation*, docupoint Verlag GmbH, Magdeburg, 2010, 8. Gemeinsames Kolloquium Konstruktionstechnik 2010, 07.-08.10.2010, Magdeburg.

[Köhl12]   Köhler, S.: *Kostenorientiertes Wissensmanagement in den Konstruktionsprozessen des Maschinenbaus*, 1. Aufl., Verlag der GUC, Chemnitz, 2012.

[KoLe11]   Konarsky, M.; Leidich, E.: *Projektbegleitende Kalkulation komplexer Produkte der Auftragsfertigung*, in: Krause, D. (Hrsg.): *Design for X*, TuTech Verlag, Hamburg, 2011, 22. Symposium, 11.-12.10.2011, Tutzing.

[Köni94]   König, D.: *Wissensbasierte Techniken zur automatisierten Arbeitsplanerstellung*, Dissertation, TU Dortmund, VDI-Verlag, Düsseldorf, 1994.

[Köni95]   König, T.: *Konstruktionsbegleitende Kalkulation auf der Basis von Ähnlichkeitsvergleichen*, Dissertation, TU Münster, Eul, Bergisch Gladbach, 1995.

[Kona08]   Konarsky, M.: *Untersuchungen der Werkzeugfertigung für Alu-Druckgussteile bei der Christian Karl Siebenwurst GmbH & Co KG mit dem Ziel der Standardisierung und der Kostenoptimierung*, Diplomarbeit, TU Chemnitz, Chemnitz, 2008.

[Krcm10]   Krcmar, H.: *Informationsmanagement*, 5. Aufl., Springer Verlag, Heidelberg Dordrecht London New York, 2010.

[Kosi58]   Kosiol, E.: *Kritische Analyse der Wesensmerkmale des Kostenbegriffs*, in: Kosiol, Erich; Schlieper, Friedrich (Hrsg.): *Betriebsökonomisierung durch Kostenanalyse* - Absatzrationalisierung und Nachwuchserziehung, Festschrift für Rudolf Seyffert zu seinen 65. Geburtstag, 1958, Köln Opladen.

[KSSF06]   Klocke, F.; Schuh, G.; Sauer, A.; Fricker, I.; Klotzbach, C.: *Werkzeugbau in China* - Chance oder Bedrohung?, Eigendruck WZL Aachen GmbH, Aachen, 2006.

[KSSH08]   Kloock, J.; Sieben, G.; Schildbach, T.; Homburg, C.: *Kosten- und Leistungsrechnung*, 10. Aufl., Lucius & Lucius, Stuttgart, 2008.

[KuDo93]   Kurbel, K.; Dornhoff, P.: *Aufwandsschätzung für Softwareentwicklungsprojekte mit Hilfe fallbasierter Wissensverarbeitung*, in: Zeitschrift für Betriebswirtschaft, Jg. 63, H. 10, 1993, S. 1047-1065.

[KüLo91]   Küting, K.; Lorson, P.: *Grenzplankostenrechnung versus Prozesskostenrechnung*, in: Betriebs-Berater, 1991, S. 1421-1433.

[Kümp96]   Kümper, R.: *Ein Kostenmodell zur verursachungsgerechten Vorkalkulation*, Shaker Verlag, Aachen, 1996.

[Kurb92]   Kurbel, K.: *Entwicklung und Einsatz von Expertensystemen* - Eine anwendungsorientierte Einführung in wissensbasierte Systeme, 2. Aufl., Springer Verlag, Berlin, 1992.

[KVP07]   Kilger, W.; Vikas, K.; Pampel, J.: *Flexible Plankostenrechnung und Deckungsbeitragsrechnung*, 12. Aufl., Gabler Verlag, Wiesbaden, 2007.

[KWN09]   Klocke, F.; Willms, H.; Nau, B.: *Generierung von Fertigungsfolgen* - Rahmensystem zur Auslegung von kostenoptimalen und prozessstabilen Fertigungsketten, in: Industrie Management, Jg. 25, H. 1, 2009, S. 49-52.

[Lack89]   Lackes, R.: *EDV-orientiertes Kosteninformationssystem* - Flexible Plankostenrechnung und neue Technologien, Gabler Verlag, Wiesbaden, 1989.

[Lehn09]   Lehner, F.: *Wissensmanagement* - Grundlagen, Methoden und technische Unterstützung, 4. Aufl., Carl Hanser Verlag, München [u.a.], 2009.

[LGK14]   Leidich, E.; Götze, U.; Konarsky, M.: *Stammdatenqualität als Erfolgsfaktor für den Produktentstehungsprozess* - Entwicklung von praxistauglichen Methoden und Instrumenten zur Verbesserung der Stammdaten- und Prozessqualität in KMU, in: ZWF, Jg. 109, H. 6, 2014, S. 389-391.

[LGRK11]   Leidich, E.; Götze, U.; Ruffert, J.; Konarsky, M.: *Produktkostenmanagement im Werkzeug- und Formenbau*, in: ZWF, Jg. 106, H. 11, 2011, S. 873-877.

[Lind08]   Lindemann, U.: *Konzeptentwicklung und Gestaltung technischer Produkte*, Springer Verlag, Berlin Heidelberg, 2008.

[Lipk09]   Lipke, W.-H.: *Earned Schedule* - An Extension to Earned Value Management for Managing Schedule Performance, Lulu.com, North Charleston, 2009.

[Litk07]   Litke, H.-D.: *Projektmanagement* - Methoden, Techniken, Verhaltensweisen, evolutionäres Projektmanagement, 5. Aufl., Carl Hanser Verlag, München, 2007.

[LüBl91]   Lücke, W.; Bloech, J.: *Investitionslexikon*, 2. Aufl., Vahlen, München, 1991.

[Mach93]   Macharzina, K.: *Unternehmensführung* - Das internationale Management-wissen: Konzepte, Methoden, Praxis, Gabler Verlag, Wiesbaden, 1993.

[Mada00]   Madauss, B.: *Handbuch Projektmanagement* – Handlungsanleitung für Industriebetriebe, Unternehmensberater und Behörden, 6. Aufl., Schäffer-Poeschel Stuttgart, 2000.

[MaUn08]   Matthiessen, G.; Unterstein, M.: *Relationale Datenbanken und Standard-SQL* - Konzepte der Entwicklung und Anwendung, 4. Aufl., Addison-Wesleley, München [u.a.], 2008.

[Mein03]   Meinsen, S.: *Konstruktivistisches Wissensmanagement* - Wie Wissensarbeiter ihrer Arbeit organisieren, Dissertation, Universität Paderborn Weinheim [u. a.], 2003.

[Menz13]   Menze, S.: *Projekt-Controlling mit Earned Value und Earned Schedule*, in: Controlling & Management, H. 3, 2013, S. 68–76.

[Mert07]   Mertens, P.: *Integrierte Informationsverarbeitung 1* - Operative Systeme in der Industrie, 16. Aufl., Gabler Verlag, Wiesbaden, 2007.

[Meye01]   Meyer, S.: *Verarbeitung unscharfer Informationen für die fallbasierte Kostenschätzung im Angebotsengineering*, Verlag der GUC, Chemnitz, 2001.

[MHK11]   Möller, K.; Hülle, J.; Kahle, S.: *Kennzahlencockpits zur Steuerung und zum Monitoring der Standardisierung*, in: ZWF, Jg. 106, H. 10, 2011, S. 741–745.

[MiVo85]   Miller, J. G.; Vollmann, T. E.: The Hidden Factory, in: Harvard Business Review, H. 5, 1985, S. 142-150.

[Moel14]   Moeller, E.: *Handbuch Konstruktionswerkstoffe* - Auswahl, Eigenschaften, Anwendung, 2. Aufl., Carl Hanser Verlag, München, 2014.

[Morb11]   Morbey, G. (Hrsg.): *Datenqualität für Entscheider in Unternehmen* – Ein Dialog zwischen einem Unternehmenslenker und einem DQ-Experten, Gabler Verlag, Wiesbaden, 2011.

[Mumm04]   Mumm, A.: *Angebote schnell bearbeiten mit Kalkulationssoftware* - Umformwerkzeuge, in: Blech InForm, H. 5, 2004, S. 64-66,

[NDBS06]   Niazi, A.; Dai, J. S.; Balabani, S.; Seneviratne, L.: *Product Cost Estimation* - Technique Classification and Methodology Review, in: Journal of Manufacturing Science and Engineering, Jg. 128, H. 2, 2006, S. 563-575.

[Nebl11]   Nebl, T.: *Produktionswirtschaft*, 7. Aufl., Oldenbourg Wissenschaftsverlag, München, 2011.

[Nort11]   North, K.: *Wissensorientierte Unternehmensführung* - Wertschöpfung durch Wissen, 5. Aufl., Gabler Verlag, Wiesbaden, 2011.

[ÖBF10]   Österle, H.; Becker, J.; Frank, U. et al.: *Memorandum zur gestaltungsorientierten Wirtschaftsinformatik,* in: Zeitschrift für betriebswirtschaftliche Forschung. Heft 11, 2010, S. 664-669.

[PfRo11]   Pfetzing, K.; Rohde, A.: *Ganzheitliches Projektmanagement*, 4. Aufl., Verlag Dr. Götz Schmidt, Gießen, 2011.

[Pick89]   Pickel, H.: *Kostenmodelle als Hilfsmittel zum kostengünstigen Konstruieren*, Carl Hanser Verlag, München, 1989.

[PlRe06]   Plinke, W.; Rese, M.: *Industrielle Kostenrechnung* - Eine Einführung, 7. Aufl., Springer Verlag, Berlin Heidelberg, 2006.

[Plüm03]   Plümer, T.: *Logistik und Produktion*, 1. Aufl., Oldenbourg Wissenschaftsverlag, München, 2003.

[Pref07]   Prefi, T.: *Qualitätsmanagement in der Produktentwicklung*, in: Pfeifer, T.; Schmitt, R.: *Masing Handbuch Qualitätsmanagement*, 5. Aufl., Carl Hanser Verlag, München, 2007.

[PRR10]   Probst, G.; Raub, S.; Romhardt, K.: *Wissen managen* - Wie Unternehmen ihre wertvollste Ressource optimal nutzen, 6. Aufl., Gabler Verlag, Wiesbaden, 2010.

[PSB04]   Pfeifer, T; Schmitt, R.; Bernards, M, Prefi, T.; Falk, G.: *Tore zum Himmel*, in: Qualität und Zuverlässigkeit, Jg. 49, H. 9, 2004, S. 20-23.

[ReEg06]   Reinsch, S.; Eger, M.: Leitfaden zur Verknüpfung von Angebotskalkulation und Lebenszykluskostenrechnung für Erzeugnisse des Werkzeug- und Formenbaus, in: FQS-DGQ, Band 84-06, Frankfurt am Main, 2006.

[REFA02]   REFA Verband für Arbeitsgestaltung, Betriebsorganisation und Unternehmensentwicklung e. V.: *Ausgewählte Methoden zur Prozessorientierten Arbeitsorganisation,* REFA, Darmstadt, 2002.

[ReKr96]   Rehäuser, J.; Krcmar, H.: Wissensmanagement in Unternehmen, Lehrstuhl für Wirtschaftsinformatik, Univ. Hohenheim, Stuttgart, 1996.

[Reic11]   Reichmann, T.: Controlling mit Kennzahlen - Die systemgestützte Controlling-Konzeption mit Analyse- und Reportinginstrumenten, 8. Aufl., Vahlen, München, 2011.

[Reis01]   Reischl, C.: Simulation von Produktkosten in der Entwicklungsphase, Dissertation, TU München, München, 2001.

[Rieb65]   Riebel, P.: *Typen der Markt- und Kundenproduktion in produktions- und absatzwirtschaftlicher Sicht*, in: Schmalenbachs Zeitschrift für betriebswirtschaftliche Forschung, Jg. 17, H. 1, 1965, S. 663-685.

[Röme90]   Römer, G.: *Projekt-Controlling* - Ein Leitfaden zur Planung, Steuerung und Kontrolle von Projekten, Schäffer-Poeschel, Stuttgart, 1990.

[Rösl05]   Rösler, M.: *Kontextsensitives Kosteninformationssystem zur Unterstützung frühzeitiger Produktkostenexpertisen im Angebotsengineering*, Verlag der GUC, Chemnitz, 2005.

[Roth90]   Rothley, J.: *Modellaufbau und Modellierung*, in: Forschungszentrum Informatik (FZI) (Hrsg.): *CAD und NC-Schnittstellen für Geometrie und Programmaustausch*, VDI-Bildungswerk, Universität Karlsruhe, 1990.

[Salo06]   Salomon, D.: *Curves and surfaces for computer graphics*, Springer Science+Business Media Inc., New York, 2006.

[Salv07]   Salvador, F.: *Toward a Product System Modularity Construct* - Literature Review and Reconceptualization, in: IEEE Transactions on Engineering Management, Jg. 54, 2007.

[SBG09]   Schuh, G.; Boos, W.; Gaus, F.: *Marktspiegel* - Software-Lösungen für die Werkzeugkalkulation, 2. Aufl., Werkzeugmaschinenlabor WZL der RWTH Aachen, Aachen, 2009.

[SBGS09]   Schuh, G.; Boos, W.; Gaus, F.; Schittny, B.: *Toolmaking for the future* - A Global Study of Today's Situation and Future Trends in the Tooling Industry, Laboratory for Machine Tools and Production Engineering of RWTH, Aachen, 2009.

[SBK12]   Schuh, G.; Boos, W.; Kuhlmann, K.: *Der Werkzeugbau im Wandel*, in: Kunststoffe, Jg. 102, H. 10, 2012, S. 72-78.

[SBKR10a]   Schuh, G.; Boos, W.; Kuhlmann, K.; Rittstieg, M.: *Operative Exzellenz im Werkzeug- und Formenbau*, 1. Aufl., Apprimus Verlag, Aachen, 2010.

[SBRS10b]   Schuh, G.; Boos, W.; Rittstieg, M.; Schittny, B.: *Vom Werkzeughersteller zum globalen Dienstleister*, in: ZWF, Jg. 105, H. 5, 2010, S. 416-420.

[Scha91]   Schaele, M.: *Erstellen und Bewerten von Konzepten zur rechnerintegrierten Produktion im Werkzeug- und Formenbau*, Reihe 2: Fertigungstechnik Nr. 214, VDI-Verlag, Fortschritts-Berichte VDI, 1991.

[Scha92]   Schaal, S.: *Integrierte Wissensverarbeitung mit CAD* - Am Beispiel der konstruktionsbegleitenden Kalkulation, Carl Hanser Verlag, München Wien, 1992.

[ScHa09]   Schmitt, R.; Hammers, C.: Improving the product development process with information flow oriented quality gates, in: International Journal of Total Quality Management & Excellence, Jg. 37, H. 3, 2009, S. 221-229.

[Schä78]   Schäfer, E.: *Der Industriebetrieb* - Betriebswirtschaftslehre der Industrie auf typologischer Grundlage, 2. Aufl., Gabler Verlag, Wiesbaden, 1978.

[Sche09]   Schemm, J. W.: *Zwischenbetriebliches Stammdatenmanagement* - Lösungen für die Datensynchronisation zwischen Handel und Konsumgüterindustrie, Springer Verlag, Berlin Heidelberg, 2009.

[Schi02]   Schindler, M.: *Wissensmanagement in der Projektabwicklung* – Grundlagen, Determinaten und Gestaltungskonzepte eines ganzheitlichen Projektwissensmanagements, 3. Aufl., Josef EUL Verlag, Lohmar-Köln, 2002.

[Schm48]   Schmalenbach, E.: *Pretiale Wirtschaftslenkung*, 2. Bd., Industrie- und Handelsverlag, Bremen-Horn, 1948.

[Schm08]   Schmidt, C.: *Konfiguration überbetrieblicher Koordinationsprozesse in der Auftragsabwicklung des Maschinen- und Anlagenbaus*, Shaker Verlag, Aachen, 2008.

[Schm10]   Schmidt, A.: *Entwicklung einer Methode zur Stammdatenintegration*, Logos Verlag, Berlin, 2010.

[Schn92]   Schneider, D.: *Investition, Finanzierung und Besteuerung*, 7. Aufl., Gabler Verlag, Wiesbaden, 2010.

[Schn10]   Schneider, T.: *Automatisierte Akquisition von erfahrungsbasiertem Fertigungswissen im Werkzeug- und Formenbau*, Dissertation, TU Chemnitz, Chemnitz, 2010.

[Scho98]   Scholl, K.: *Konstruktionsbegleitende Kalkulation*: Computergestützte Anwendung von Prozeßkostenrechnung und Kostentableaus, 1. Aufl., Vahlen, München, 1998.

[Schu01]   Schumann, F. J.: *Methoden und Werkzeuge zur Integration der kundengerechten Wertgestaltung in die Konzeptphase des Produktentwicklungsprozesses*, Dissertation, TU Chemnitz, Chemnitz, 2001.

[Schu09]   Schuh, G.: *Genial einfache Werkzeuge* - eine Antwort auf die Krise?, in: Fraunhofer-Institut für Produktionstechnologie IPT (Hrsg.): Werkzeugbau mit Zukunft, Bd. 1, 2009, Internationales Kolloquium Werkzeugbau mit Zukunft, Wiesbaden.

[Schu98]   Schuh, G.: *Nährungsverfahren für zukünftige Produkt- und Auftragskosten*, in: Kostenrechnungspraxis, H. 6, 1998, S. 381-389.

[Schü11]   Schürmeyer, J. T.: Interdependenzorientierte Angebotskalkulation für den Werkzeug- und Formenbau, PZH Produktionstechnisches Zentrum, Garbsen, 2011.

[ScKa95]   Schuh, G.; Kaiser, A.: *Kostenmanagement in Entwicklung und Produktion mit der Ressourcenorientierten Prozesskostenrechnung*, S. 369-381, in: Männel, W. (Hrsg.): *Prozesskostenrechnung*, Kostenrechnungs-Praxis, Gabler Verlag, Wiesbaden, 1995.

[ScKü11]   Schweitzer, M.; Küpper, H.-U.: *Systeme der Kostenrechnung*, 10. Aufl., Vahlen, München, 2011.

[ScSt12]   Schuh, G.; Stich, V.: *Produktionsplanung und -steuerung 1*: Grundlagen der PPS, 4. Aufl., Springer Verlag, Berlin, 2012.

[Seid93]   Seidenschwarz, W.: *Target Costing* - Marktorientiertes Zielkostenmanagement, Vahlen, München, 1993.

[SGZ12]   Scheuch, R.; Gansor, T.; Ziller, C.: *Master Data Management* - Strategie, Organisation, Architektur, 1. Aufl., DPunkt-Verlag, Heidelberg, 2012.

[Sieb15a]   Siebenwurst Werkzeugbau GmbH: *Kunden*, http://www.siebenwurst-wzb.com/kundenliste.php, [14.08.2015].

[Sieb15b]   Siebenwurst Werkzeugbau GmbH: *Unternehmen* - Historie, http://www.siebenwurst-wzb.com/historie.php, [14.08.2015].

[Sieb15c]   Siebenwurst Werkzeugbau GmbH: *Jahresabschluss zum Geschäftsjahr vom 01.01.2013 bis zum 31.12.2013*, Lagebericht im Geschäftsjahresverlauf 2013, Bundesanzeiger [05.03.2015], S. 1.

[Simo08]   Simon, W.: *Managementtechniken*, 2. Aufl., GABAL Verlag, Offenbach, 2008.

[SMB08]   Schicker, G.; Mader, F.; Bodendorf, F.: *Product Lifecycle Cost Management (PLCM)* - Status Quo, Trends und Entwicklungsperspektiven im PLCM - eine empirische Studie, Universität Erlangen-Nürnberg: Wirtschaftsinformatik II, Nürnberg, 2008.

[Sonde07]   Sondermann, J. P.: *Interne Qualitätsanforderungen und Anforderungsbewertung*, in: Pfeifer, T.; Schmitt, R.: *Masing Handbuch Qualitätsmanagement*, Carl Hanser Verlag, München, 2007.

[SSS05]   Schuh, G.; Schleyer, C.; Sauer, A.: *Erfolgreicher Werkzeugbau in Deutschland* - Die richtige Positionierung sichert das Überleben deutscher Werkzeug- und Formenbaubetriebe, in: wt werkstatttechnik online, Jg. 95, H. 11/12, 2005, S. 877-881.

[SSPK13b]   Schuh, G.; Schmitt, R.; Pitsch, M.; Kühn, T.; Hienzsch, M.: *"Kostengünstigere" Werkzeuge durch Lebenszyklusbetrachtung*, in: ZWF, Jg. 108, H. 12, 2013, S. 972-975.

[SSS14]   Schuh, G.; Stich, V.; Scheibmayer, M.: *Stammdatenmanagement in der produzierenden Industrie*, FIR e.V. an der RWTH, Aachen, 2014.

[StHa05]   Stahlknecht, P.; Hasenkamp, U.: *Einführung in die Wirtschaftsinformatik*, 11. Aufl., Springer Verlag, Berlin Heidelberg New York, 2005.

[Stär11]   Stärk, J.: *Die Beziehung von Auftragsfertigung und Einzelfertigung* - eine produktionswirtschaftliche Betrachtung, S. 177-202, in: Kleine, A. (Hrsg.): Business Excellence in Produktion und Logistik, Festschrift für Prof. Dr. Walter Habenicht, Gabler Research, 1. Aufl., Gabler Verlag, Wiesbaden, 2011.

[Stie98]   Stiel, C.: *Featurebasiertes Gestalten von Produkten mit Freiformgeometrien*, in: Fraunhofer IPK (Hrsg.): Berichte aus dem Produktionstechnischen Zentrum Berlin, Fraunhofer IRB Verlag, Berlin, 1998.

[SVKP13]   Schuh, G.; Varnhagen, V.; Kuhlmann, K.; Pitsch, M.; Komorek, N.; Bechthold, J.; Stich, C.; Lauenstein, C.: *Fokus Automobilindustrie* - Digitale Wertschöpfungsnetzwerke im Werkzeugbau, 1. Aufl., Apprimus Verlag, Aachen, 2013.

[Ulri95]   Ulrich, K.: *The Role of Product Architecture in the Manufacturing Firm*, in: Research Policy, Jg. 24, 1995.

[Ulri06]   Ulrich, F.: *Towards a Pluralistic Conception of Research Methods in Information Systems Research*, ICB Research Report, No. 7, Universität Duisburg-Essen, 2006.

[Ulri09]   Ulrich, F: Die *Konstruktion möglicher Welten als Chance und Herausforderung der Wirtschaftsinformatik*, S. 161–173, in: Becker, J.; Krcmar, H.; Niehaves, B. (Hrsg.): *Wissenschaftstheorie und gestaltungsorientierte Wirtschaftsinformatik,* Physica-Verlag, Heidelberg, 2009.

[UlPr95]   Ulrich, H.; Probst, G. J. B.: *Anleitung zum ganzheitlichen Denken und handeln* - ein Brevier für Führungskräfte, 4. Aufl., Haupt Verlag AG, Bern 1995.

[VaWe06]   Vajna, S.; Weber, C.: *Einführung und Einsatz von CAD-Systemen*, in: CAD-CAM-Report, H. 7, 2006, S. 14-21.

[Vay13]   Vay, H.: *Vorgehensmodell zum Projekt-Risikomanagement im Anlagenbau*, Dissertation, TU Chemnitz, Wissenschaftliche Schriftenreihe des Instituts für Betriebswissenschaften und Fabriksysteme, Chemnitz, 2013.

[VBHW09]   Vajna, S.; Bley, H.; Hehenberger, P.; Weber, C.; Zeman, K.: *CAx für Ingenieure* - Eine praxisbezogene Einführung, 2. Aufl., Springer Verlag, Berlin Heidelberg, 2009.

[VDI 03]   VDI 2218: [2003-03]: *Informationsverarbeitung in der Produktentwicklung -* Feature-Technologie, Beuth Verlag, Düsseldorf.

[VDI 08]   VDI Nachrichten: *Werkzeug- und Formenbau sieht noch Marktchancen*, in: VDI Nachrichten, H. 50.

[VDI 78]   VDI-Richtlinie 2815-Blatt 5 [1978-05]: *Begriffe für die Produktionsplanung und -steuerung* - Betriebsmittel, Beuth Verlag, Düsseldorf.

[VDI 87]   VDI-Richtlinie 2235: [1987]: *Wirtschaftliche Entscheidungen beim Konstruieren*, VDI Verlag, Düsseldorf.

[VDI 98]   VDI Richtlinie 2225 [11-1998]: *Technisch-Wirtschaftliches Konstruieren*, VDI Verlag, Düsseldorf.

[VDMA06]   VDMA: Informationen für Unternehmer und Führungskräfte 2006: Kennzahlenkompass, Maschinenbau Verlag, Frankfurt, 2006

[VDMA14]   VDMA: Werkzeugbau in Deutschland, 24.04.2015, https://www.form-werkzeug.de/news/vdma/artikel/werkzeugbau-in-deutschland-1017244.html [27.10.2015].

[VWSS94]   Vajna, S.; Weber, C.; Schlingensiepen, J.; Schlottmann, D.: *CAD/CAM für Ingenieure* - Hardware, Software, Strategien, Vieweg+Teubner Verlag, Braunschweig Wiesbaden, 1994.

[Webe03]   Weber, V.: *Dynamisches Kostenmanagement in kompetenzzentrierten Unternehmensnetzwerken*, Dissertation, TU München, München, 2003.

[Webe96]   Weber, C.: *What is a Feature and What is its Use?* - Results of FEMEX Working Group I, in: Roller, Dieter (Hrsg.): *Mechatronics* - Advanced Development Methods and Systems for Automotive Products, 1996, Proceedings of 29th international Symposium on Automotive Technology an Automation (ISATA), 03.-06.06.1996, Florence (ITA).

[Wede01]   Wedekind, H.: *Bestandsdaten, Bewegungsdaten, Stammdaten*, in: Mertens, P.; Back, A. (Hrsg.): *Lexikon der Wirtschaftsinformatik*, 4. Aufl., Springer Verlag, Berlin New York, 2001.

[Weid91]   Weidenhaupt, T. M.: *Grundlagen von Expertensystemen*, S. 9–30, in: Biethahn, Jörg; Hoppe, Uwe (Hrsg.): *Entwicklung von Expertensystemen* - Eine Einführung, Gabler Verlag, Wiesbaden, 1991.

[WeKr99]   Weber, C.; Krause, F.-L.: *Features mit System* - die neue Richtlinie VDI 2218, in: VDI (Hrsg.): Informationsverarbeitung in der Konstruktion ´99 - Beschleunigung der Produktentwicklung durch EDM/PDM- und Feature-Technologie, VDI Verlag, Düsseldorf, 1999, München.

[WeSc14]   Weber, J.; Schäffer, U.: *Einführung in das Controlling*, 14. Aufl., Schäffer-Poeschel, Stuttgart, 2014.

[West02]   Westekemper, M.: *Methodik zur Angebotspreisbildung* - am Beispiel des Werkzeug- und Formenbaus, Dissertation, Rheinisch-Westfälischen Technischen Hochschule, Aachen, 2002.

[Widm62]   Widmer, H. U.: *Kostenprognose mit mathematisch statistischen Methoden für Angebotskalkulationen und Budget*, Dissertation, ETH Zürich, Zürich, 1962.

[Wien12]   Wiendahl, H.-H.: *Auftragsmanagement der industriellen Produktion* - Grundlagen, Konfiguration, Einführung, Springer Verlag, Berlin Heidelberg, 2012.

[Wink12]   Winkler, S.: *Generierung von Teilarbeitsgängen im Rahmen eines durchgängigen Ansatzes zur automatischen Arbeitsplanerstellung*, Dissertation, TU Chemnitz, Chemnitz, 2012.

[WKGH11] Wenger, W.; Kleine, A.; Geiger, M. J.; Habenicht, W.: *Business Excellence in Produktion und Logistik* - Festschrift für Prof. Dr. Walter Habenicht, 1. Aufl., Gabler Verlag, Wiesbaden, 2011.

[WKWI94]   WKWI: *Profil der Wirtschaftsinformatik* - Ausführungen der Wissenschaftlichen Kommission der Wirtschaftsinformatik, in: Wirtschaftsinformatik, Jg. 36, H. 1, 1994, S. 80-81.

[WMKL12]   Weyrich; Michael; Klein, P.; Löwen, U.; Schäffler, T.; Vollmar, J.: *Knowledge based Engineering in der Anwendung* - Anwendungen und Trends wissensbasierter Engineeringmethoden und Werkzeuge, in: Industrie Management, Jg. 28, H. 3, 2012, S. 39-42.

[Wolf94]   Wolfram, M.: *Feature-basiertes Konstruieren und Kalkulieren*, Carl Hanser Verlag, München Wien, 1994.

[WRN09]   Wiendahl, H.-P.; Reichardt, J.; Nyhuis, P.: *Handbuch Fabrikplanung* - Konzept, Gestaltung und Umsetzung wandlungsfähiger Produktionsstätten, Carl Hanser Verlag, München, 2009.

[Wübb84]   Wübbenhorst, K. L.: *Konzept der Lebenszykluskosten* - Grundlagen, Problemstellungen und technologische Zusammenhänge, Darmstadt, 1984.

[YIMT90]   Yoshikawa, T.; Innes, J.; Mitchell, F.; Tanaka, M.: *Cost Tables* - A Foundation of Japanese Cost Management, in: Journal of Cost Management, H. 3, 1990, S. 30–36.

[Zäpf82]   Zäpfel, G.: *Produktionswirtschaft* - Operatives Produktions-Management, De Gruyter, Berlin [u.a.], 1982.

[Zenz99]   Zenz, A.: *Strategisches Qualitätscontrolling* - Konzeption als Metaführungsfunktion, Dt. Univ.-Verlag, Wiesbaden, 1999.

ANLAGENVERZEICHNIS

Anlage 1: Definition Werkzeugsatz – Werkzeug – Systembaugruppe – Werkzeugkomponentengruppe – Werkzeugkomponente – Bearbeitungselemente

Im Rahmen dieser Arbeit wird unter einem *Werkzeugsatz* ein System von ein oder mehreren zur Herstellung eines Kundenartikels eingesetzten *Werkzeugen*/FHM verstanden. Die Werkzeuge/FHM bestehen jeweils aus mind. einer sog. *Systembaugruppe*. Diese umfasst eine oder mehrere Werkzeugkomponentengruppen. Als Synonym für Baugruppen stellt eine *Werkzeugkomponentengruppe* eine Menge von Werkzeugkomponenten (mind. eine) dar. Eine Werkzeugkomponente wiederum entspricht einem Einzel- bzw. Bauteil eines FHM. Eine *Werkzeugkomponente* ist daher ein technisch beschriebener, nach einem bestimmten Arbeitsablauf zu fertigender bzw. gefertigter, nicht zerlegbares physischer Bestandteil eines FHM. Entsprechend des Arbeitsablaufs zur Herstellung der Werkzeugkomponenten besteht dieses aus verschiedenen Bearbeitungselementen. Diese können ihrerseits in komplexe und einfache *Bearbeitungselemente* unterschieden werden. *Komplexe Bearbeitungselemente* bestehen aus mind. einem untergeordneten einfachen Bearbeitungselement. Zu den *einfachen Bearbeitungselementen* gehören im Rahmen der Herstellung von FHM u. a. Bohrungen, Taschen, Nuten, Rippen, Dome, Freiformflächen. Die gesamte in dieser Arbeit verwendete Begriffshierarchie zur Produktstruktur eines Werkzeugsatzes zeigt nachfolgende Begriffshierarchie zur Produktstruktur eines Werkzeugsatzes unter Verwendung der Martin-(Krähenfuss-)Notation.

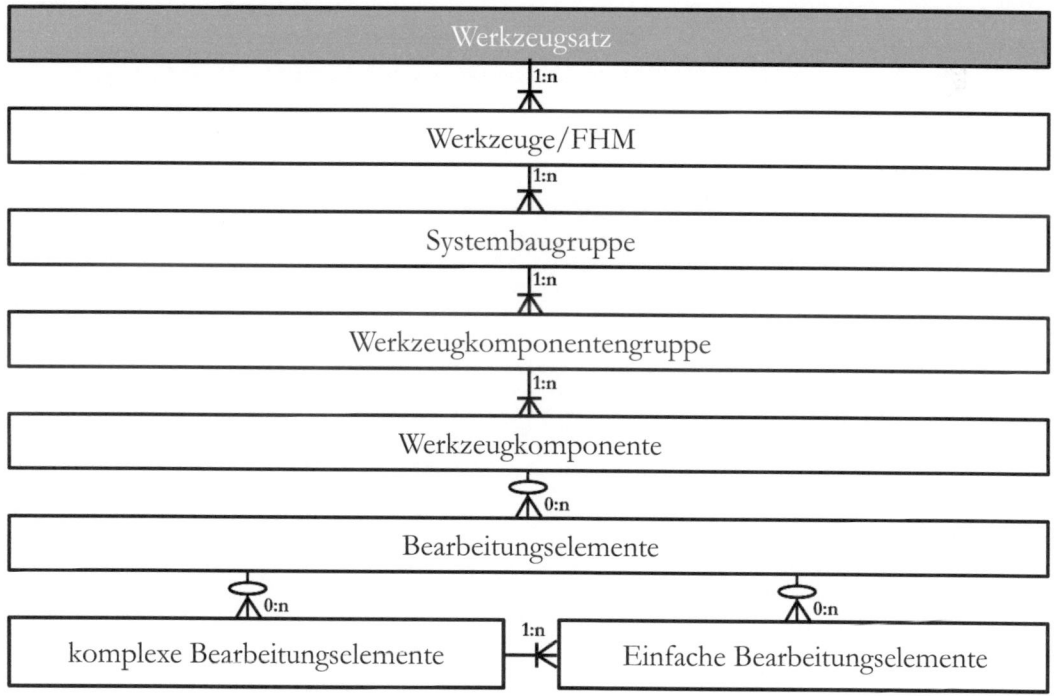

Anlage 2: Einteilung ur- und umformender FHM[17]

```
                    ┌─────────────────────────────┐
                    │  Ur- und Umformwerkzeuge    │
                    └─────────────────────────────┘
        Ein                                          Mehrere
     Werkstück je                                    Werkstücke
        Hub                                           je Hub

   ┌──────────────┐                          ┌──────────────┐
   │  Einfach-    │                          │  Mehrfach-   │
   │  werkzeug    │                          │  werkzeug    │
   └──────────────┘                          └──────────────┘

   ┌──────────────────┐                   ┌──────────────────────┐
   │ Durchführung einer│                  │ Durchführung mehrerer │
   │ Fertigungsoperation│                 │ Fertigungsoperationen │
   └──────────────────┘                   └──────────────────────┘

                    ┌──────────────┐        ┌──────────────┐
                    │ An mehreren  │        │  An einer    │
                    │ Arbeitsstellen│       │ Arbeitsstelle│
                    └──────────────┘        └──────────────┘

        ┌──────────────┐   ┌──────────────┐
        │Weitertransport│  │Weitertransport│
        │als Einzelteil │  │ im Halbzeug  │
        └──────────────┘   └──────────────┘

                          ┌──────────────┐   ┌──────────────┐
                          │   Folge-     │   │  Gesamt-     │
                          │  werkzeug    │   │  werkzeug    │
                          └──────────────┘   └──────────────┘

  ┌────────┐  ┌────────┐  ┌────────┐ ┌────────┐  ┌────────┐ ┌────────┐
  │ Einzel-│  │ Stufen-│  │ Folge- │ │ Folge- │  │Gesamt- │ │Gesamt- │
  │werkzeug│  │werkzeug│  │schneid-│ │verbund-│  │schneid-│ │verbund-│
  │        │  │        │  │werkzeug│ │werkzeug│  │werkzeug│ │werkzeug│
  └────────┘  └────────┘  └────────┘ └────────┘  └────────┘ └────────┘
```

---

[17] in Anlehnung an [GoBö78]

Anlage 3: Parametrisches Modell einer Schieberbaugruppe[18]

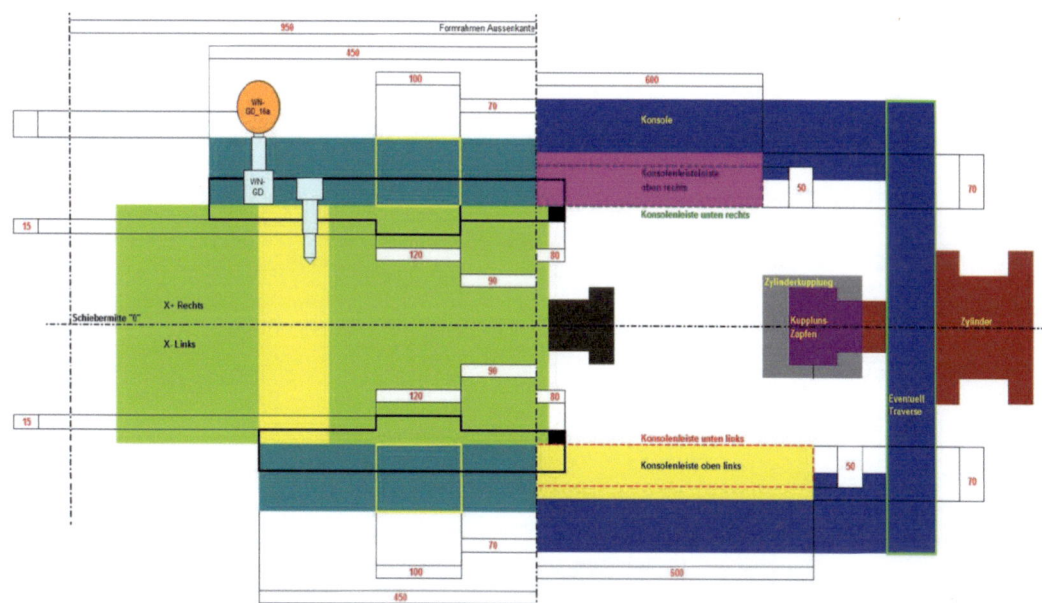

Mit dem Ziel die Anzahl an Varianten zu begrenzen können parametrische Modelle genutzt werden. Diese bilden die geometrischen Größen und Abhängigkeiten in Form von Parametern und Referenzbedingungen in einer parametrisch-assoziativen Konstruktionsvorlage im CAD-System ab. Innerhalb jeder Variante kann die Parametrik genutzt werden, um die Geometrie und Größe der Komponenten zu variieren. Stellvertretend für andere Komponenten des WuF ist oben ein parametrisches Modell einer Schieberbaugruppe dargestellt. Der Konstrukteur kann nun durch festlegen der variablen Parameter eine komplexe Baugruppe wie z. B. eine Schieberbaugruppe oder auch ein ganzes FHM konfigurieren. Die Modellierung des dazugehörigen 3D-Volumenmodells erfolgt automatisiert auf Basis der Eingabewerte. Neben der damit verbundenen Variantenbeherrschung wird eine Steigerung der Effizienz in der Konstruktion, eine Reduktion von Fehlern erreicht. Zudem können für den Einkauf, die Kalkulation sowie die Arbeitsplanung und CNC-Programmierung die geometrischen Parameter direkt und automatisiert aus dem parametrischen Modell extrahiert werden.

---

[18] Quelle: [Gans13]

Anlage 4: Grundschema der differenzierten Zuschlagskalkulation[19]

	Kostenart		ausgewählte Beispiele
	Materialeinzelkosten	Material-kosten	Kosten für Rohstoffe, Halbzeuge und Teile
+	Materialgemeinkosten		Kosten für Beschaffung, Lagerhaltung
+	Fertigungseinzelkosten	Fertigungs-kosten	Kosten für Akkord-/Fertigungslöhne
+	Fertigungsgemeinkosten		Kosten für Abschreibungen, Zinsen, Personalkosten des Meisters, AV
+	Sondereinzelkosten der Fertigung		Kosten für Gussmodell, Konstruktionszeichnung, Vorrichtungen
=	**Herstellkosten**		
+	Verwaltungsgemeinkosten	Verwaltungs-und Vertriebs-kosten	Personalkosten im Bereich Buchhaltung, Geschäftsführung
+	Vertriebsgemeinkosten		Personalkosten im Bereich Vertrieb, Kataloge
+	Sondereinzelkosten des Vertriebs		Kosten für Transport, Verpackung, Werbung
=	**Selbstkosten**		

Anlage 5: Übersicht Controlling-Konzeptionen[20]

	Gruppe 1			Gruppe 2		
Controlling als:	Betrieb von Führungsteilsystemen			Partielles Einwirken auf Führungsabläufe		
Konzeption	**Typ I** Informations-versorgungs-orientiert	**Typ II** Regelungs-orientiert	**Typ III** Führungs-prinziporien-tiert	**Typ IV** Begrenzt führungs-gestaltend	**Typ V** Umfassend koordinations-orientiert	**Typ VI** Metaführungs-orientiert
Vertreter	Reichmann	Baum	Bramsemann	Horváth	Küpper	Weber/Schäffer
Inhalt	Controlling entspricht dem Informations-system (IS)	Controlling als spezifische Form von Planung u. Kontrolle unter Einbeziehung des IS	Controlling als Synonym für Führung	Controlling als Koordination von Planung, Kontrolle und Informations-versorgung	Controlling als Koordination des gesamten Führungssystems	Controlling als übergeordnete Führungsebene
Instrumente	– Finanz-rechnung – Investitions-rechnung – Kennzahlen/-systeme – IBA	– Planung – Budgetierung – Ergebnis-kontrolle – Zielkontrolle	– Planung & Kontrolle – Informa-tions-versorgung – Organisa-tion	– Planung – Budgetierung – Ergebnis-kontrolle – Ziel-kontrolle	– Koordination/Kontrolle – Standardisie-rung/Program-mierung – Abweichungs-analyse – IBA	– Koordination – Planung & Kontrolle – Informations-versorgung – Organisation
Übergreifende Koordinie-rungs-instrumente	– Zentrale Führungssysteme – Vorgabe von Budgets – Kennzahlen – Verrechnungs-/Lenkpreise					

---

[19] Quelle: In Anlehnung an [CFG09] und [Götz10]
[20] Quelle: In Anlehnung an [Zenz99]

Anlage 6: Bestimmungsformeln zur Hauptzeitenermittlung

Für die Hauptzeitbestimmung der Teilbearbeitung können, gegliedert nach den Fertigungsverfahren, folgende allgemeine Bestimmungsformeln verwendet werden [Fisc08], [HNS12], [GöHe14]:[21]

1) Fräsen: $t_h = \frac{L*i}{n*f} = \frac{L*i*\pi*d_f}{v_c*f_z*z}$

2) Drehen ($n = const.$): $t_h = \frac{L*i}{n*f} = \frac{L*\pi*d_a}{v_c*f}$, $mit \quad i = \frac{d-d_i}{2*a_p}$

3) Drehen ($v_c = const.$): $t_h = \frac{L*\pi*d_e*i}{v_c*f}$, $mit \quad i = \frac{d-d_i}{2*a_p}$ (Längsrunddrehen)

$$d_e(L\ddot{a}ngsrunddrehen) = d - a_p * (i + 1); d_e(Querplandrehen) = \frac{d+d_i}{2} + l_a$$

4) Gewindedrehen: $t_h = \frac{L*i*g}{P*n} = \frac{L*h*g}{P*a_p}$

5) Bohren: $t_h = \frac{L*q}{n*f}$, $mit \quad n = \frac{v_c}{\pi*d}$

6) Schleifen (Längsrundschleifen): $t_h = \frac{L*i}{n*f} = \frac{L*i*\pi*d_a}{v_f*f}$

7) Schleifen (Flachschleifen): $t_h = \frac{i}{n} * \left(\frac{B}{f} + 1\right)$, $mit \ i = \frac{t}{a_p} + 2 \ und \ n = \frac{v_f}{L}$

8) Sägen (Bandsäge): $t_h = \frac{L*i}{v_f}$

---

[21] Symbole bzw. Kurzzeichen siehe Kurzzeichenverzeichnis.

Anlage 7: Gründe für Kostenabweichungen[22]

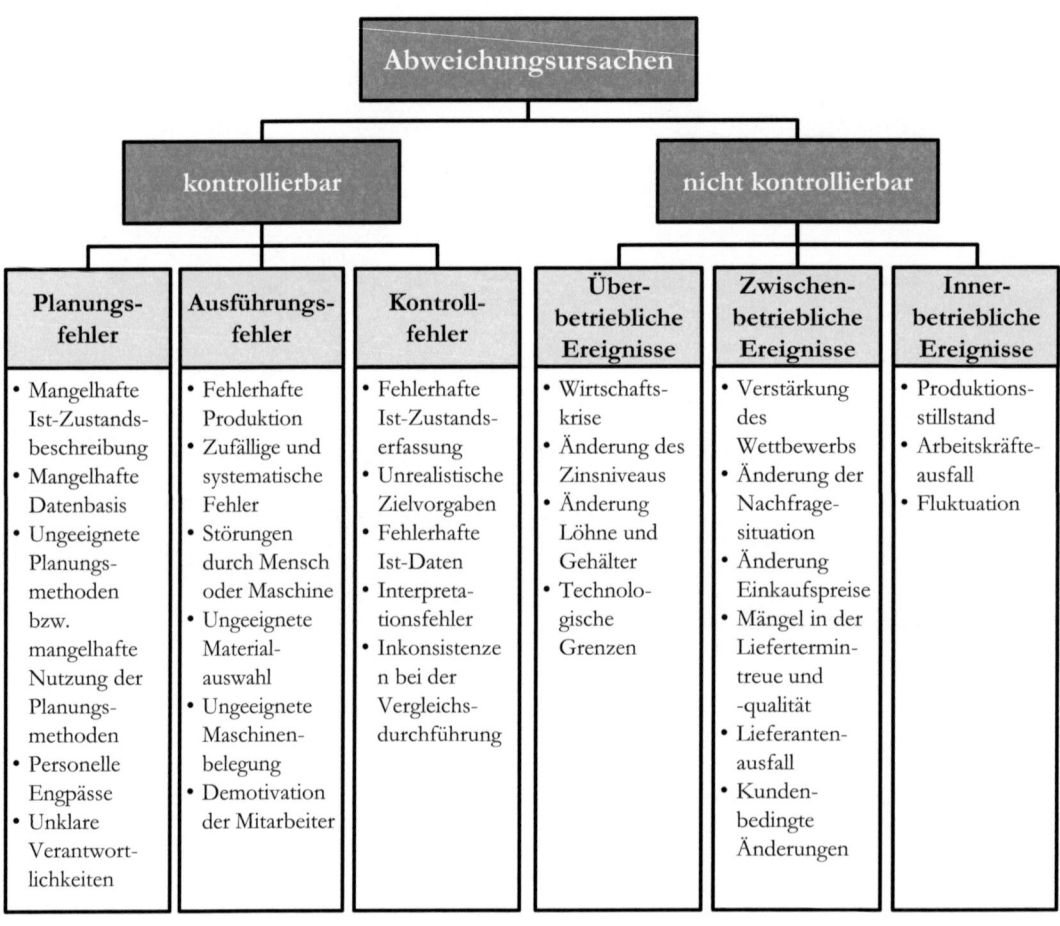

Anlage 8: Auswahl von Kennzahlen für das Produktkostenmanagement

	Kennzahl	Berechnung
Kosten	Ist-Kosten*	
	Plan-Kosten*	
	Soll-Kosten*	
	Verbrauchsabweichung*	= Ist-Kosten – Soll-Kosten
	Beschäftigungsabweichung*	= Soll-Kosten – Verrechnete Plankosten
	Kostenabweichung I	= Ist-Kosten – Verrechnete Plankosten
	Zielkostenerreichungsgrad*	= Zielkosten / Standardkosten
	Plankostenabweichung*	= (Plan-Kosten – Ist-Kosten) / Plan-Kosten
	Fertigstellungswert**	= Budget * prozentualer Arbeits-/Projektfortschritt
	Kosteneffizienz**	= Fertigstellungswert / Ist-Kosten
	Planabweichung**	= Fertigstellungswert – Plan-Kosten
	Kostenabweichung II**	= Fertigstellungswert – Ist-Kosten
	Wertschöpfungstiefe	= Eigenfertigung / (Eigenfertigung + Fremdbezug)
	Projekt-Umsatzrentabilität**	= (Umsatz – Ist-Kosten) / Umsatz
Zeit	Ist-Prozesszeit*	
	Plan-Prozesszeit*	
	Anzahl Planaktualisierungen**	
	Durchlaufzeit**	= Liefertermin - Starttermin
	Planabweichung*	= Ist-Prozesszeit – Plan-Prozesszeit
	Zeitverzug**	= Kumulierte Prozesszeit / Durchlaufzeit
	Ablaufparallelität**	= Kumulierte Prozesszeit / Effektive Prozesszeit
	Planaktualisierungsintervalle**	= bisherige Projektlaufzeit / Anzahl Planaktualisierungen
	Zeiteffizienz**	= Fertigstellungswert / Plan-Kosten
	Anteil ablaufbedingter Wartezeiten**	= Kumulierte Prozesszeit / Durchlaufzeit
Leistung	Ist-Leistung**	
	Plan-Leistung**	
	Projektfortschritt**	= Ist-Leistung / Plan-Leistung
	Arbeitsproduktivität**	= Ist-Leistung / Ist-Prozesszeit
	Reklamationsquote**	= Summe der vom Kunden reklamierten Bestellungen / Summe aller Bestellungen

* Projekt-, Produkt und/oder Komponentenebene / ** Projektebene

Anlage 9: Verwendete Symbolik und Notation in UML Klassendiagrammen[23]

Symbolik / Notation	Erläuterung
Klasse1 -Attribut1 -Attribut2 +Methode1()	*Objektklasse* mit Angaben von Attributen (Eigenschaften) und der Klasse zugeordnete Methoden bzw. Funktionen/Prozeduren.
Generelle Klasse ◁— Spezielle Klasse	*Generalisierung* ist eine gerichtete Beziehung zwischen einer generelleren und einer spezielleren Klasse.
Klasse1 —1———1..*— Klasse2	*Assoziation*: Ein Objekt der Klasse1 steht mit 1 bis * Objekten der Klasse2 in Beziehung. Gleichzeitig stehen 1 bis * Objekte der Klasse2 mit 1 Objekt der Klasse1 in Beziehung.
Klasse1 ◇—1———1..*— Klasse2	Die *Aggregation* beschreibt eine Beziehung zwischen einem Ganzen (Klasse1) und seinen Teilen (Klasse 2).
Klasse1 ◆—1———1..*— Klasse2	Die *Komposition* ist ein Spezialfall der Aggregation. Die Teile (Klasse 2) können nicht ohne das Ganze existieren können (Existenzabhängigkeit).
Klasse1 ◄—1———1..*— Klasse2	Bei der *gerichteten Assoziation* greift Klasse 1 auf Objekte in Klasse2 zurück. Klasse2 dagegen greift nicht auf Objekt der Klasse1 zu.
Assoziationsklasse1	Eine *Assoziationsklasse* klassiert eine Beziehung zwischen zwei Klassen,
Assoziationsklasse1	Mit einer *n-ären Assoziationsklasse* werden Beziehungen zwischen n Klassen klassiert.

---

[23] Quelle: [Kech11]

Anlage 10: Konzeptionelles Datenbankmodell - Modul II

Anlage 11: Integrierte Daten-, IT- und Prozessanalyse[24]

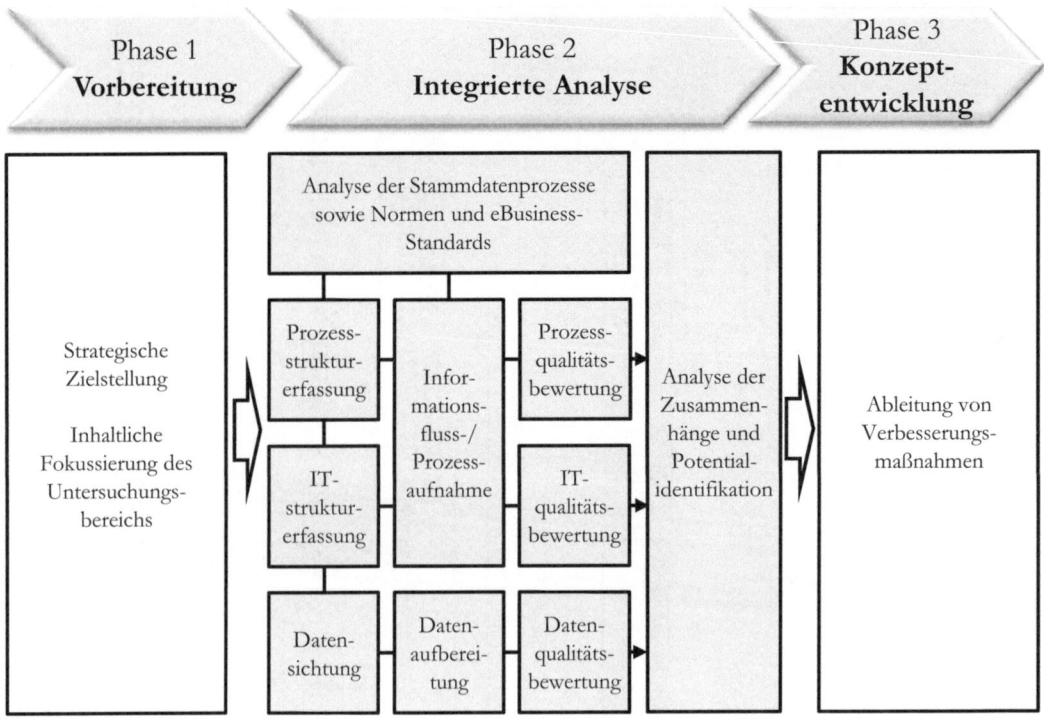

---

[24] Quelle: [GKKL14a]

Anlage 12: Unternehmensspezifisches Oktogon des Produktkostenmanagements am Beispiel der Siebenwurst Werkzeugbau GmbH

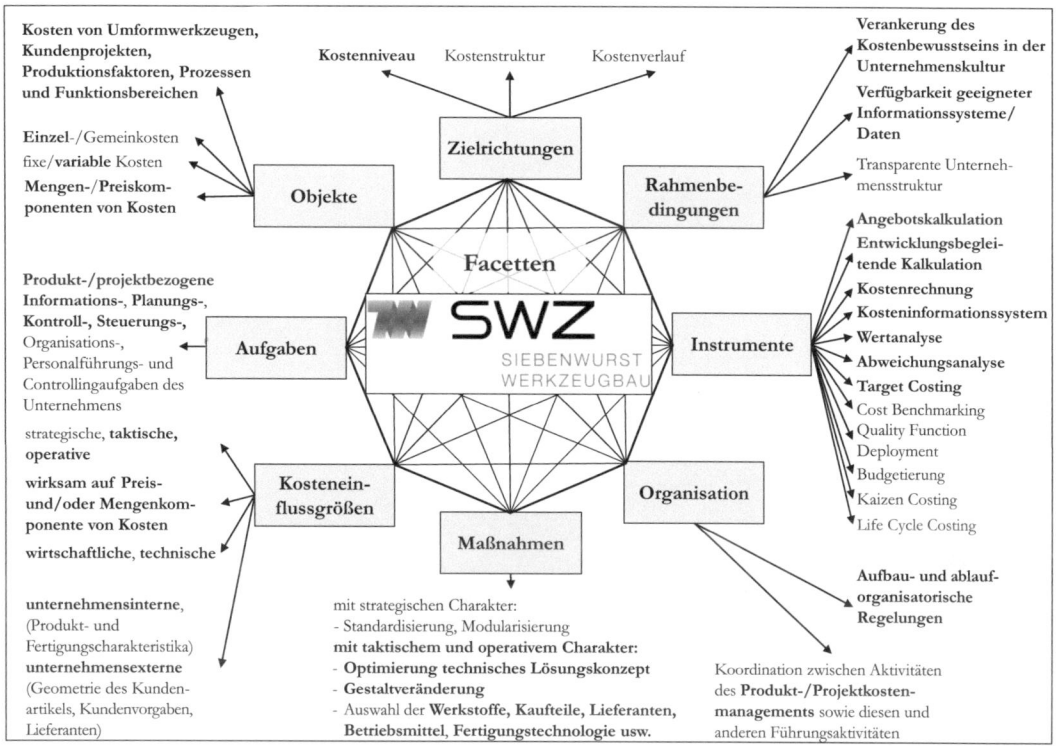

Kosten von Umformwerkzeugen, Kundenprojekten, Produktionsfaktoren, Prozessen und Funktionsbereichen

Einzel-/Gemeinkosten
fixe/**variable** Kosten
Mengen-/Preiskomponenten von Kosten

Produkt-/projektbezogene Informations-, Planungs-, Kontroll-, Steuerungs-, Organisations-, Personalführungs- und Controllingaufgaben des Unternehmens

strategische, **taktische, operative**

wirksam auf Preis- und/oder Mengenkomponente von Kosten

wirtschaftliche, technische

unternehmensinterne, (Produkt- und Fertigungscharakteristika) **unternehmensexterne** (Geometrie des Kundenartikels, Kundenvorgaben, Lieferanten)

Kostenniveau   Kostenstruktur   Kostenverlauf

Verankerung des
Kostenbewusstseins in der Unternehmenskultur
Verfügbarkeit geeigneter Informationssysteme/ Daten
Transparente Unternehmensstruktur

Angebotskalkulation
Entwicklungsbegleitende Kalkulation
Kostenrechnung
Kosteninformationssystem
Wertanalyse
Abweichungsanalyse
Target Costing
Cost Benchmarking
Quality Function Deployment
Budgetierung
Kaizen Costing
Life Cycle Costing

Zielrichtungen

Objekte

Facetten

SWZ
SIEBENWURST
WERKZEUGBAU

Rahmenbedingungen

Instrumente

Aufgaben

Kosteneinflussgrößen

Organisation

Maßnahmen

mit strategischen Charakter:
- Standardisierung, Modularisierung
mit taktischem und operativem Charakter:
- **Optimierung technisches Lösungskonzept**
- **Gestaltveränderung**
- Auswahl der **Werkstoffe, Kaufteile, Lieferanten,** Betriebsmittel, Fertigungstechnologie usw.

Aufbau- und ablauforganisatorische Regelungen

Koordination zwischen Aktivitäten des **Produkt-/Projektkostenmanagements** sowie diesen und anderen Führungsaktivitäten

Anlage 13: Prozessaufnahme Angebotsbearbeitung (SWZ)

Angebotsvorklärung

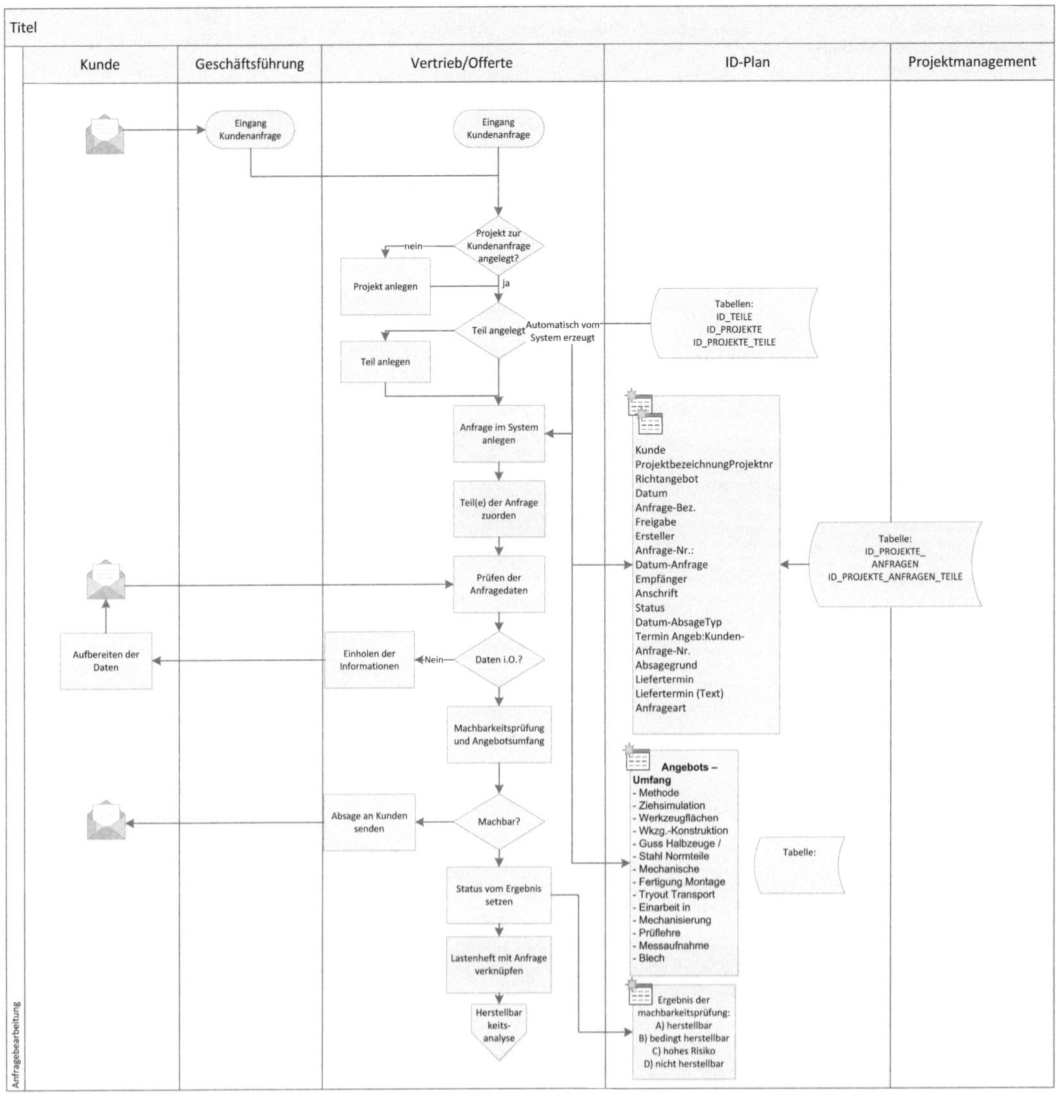

Angebotsengineering

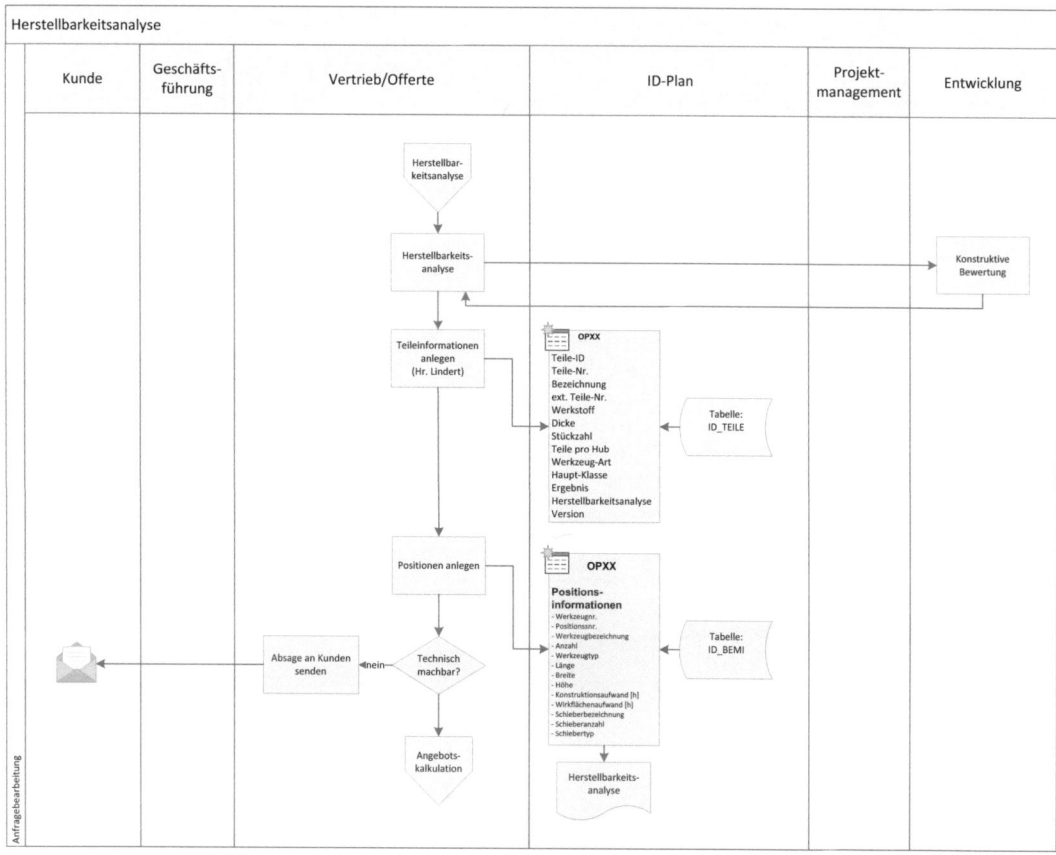

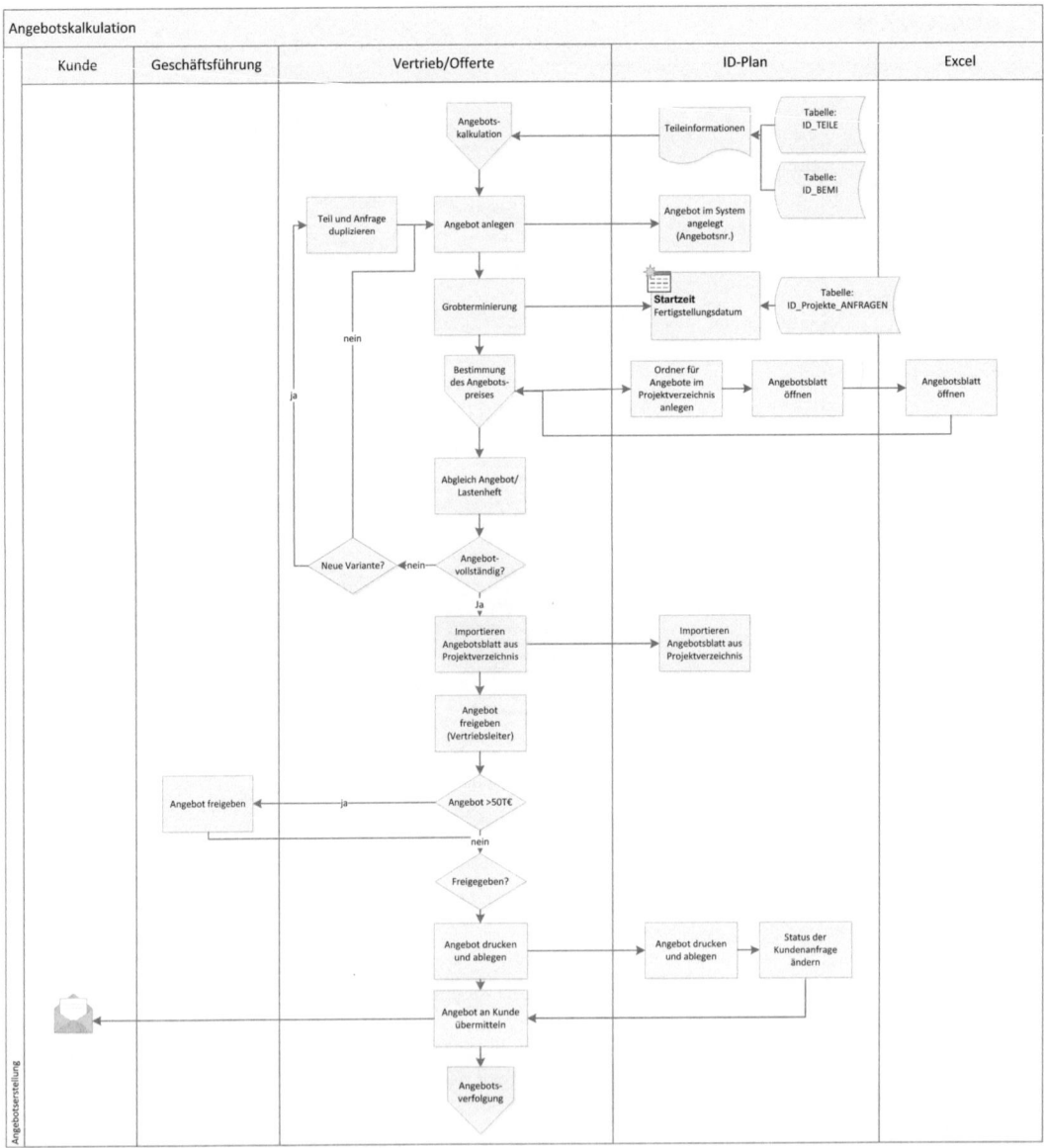

Angebotsverfolgung

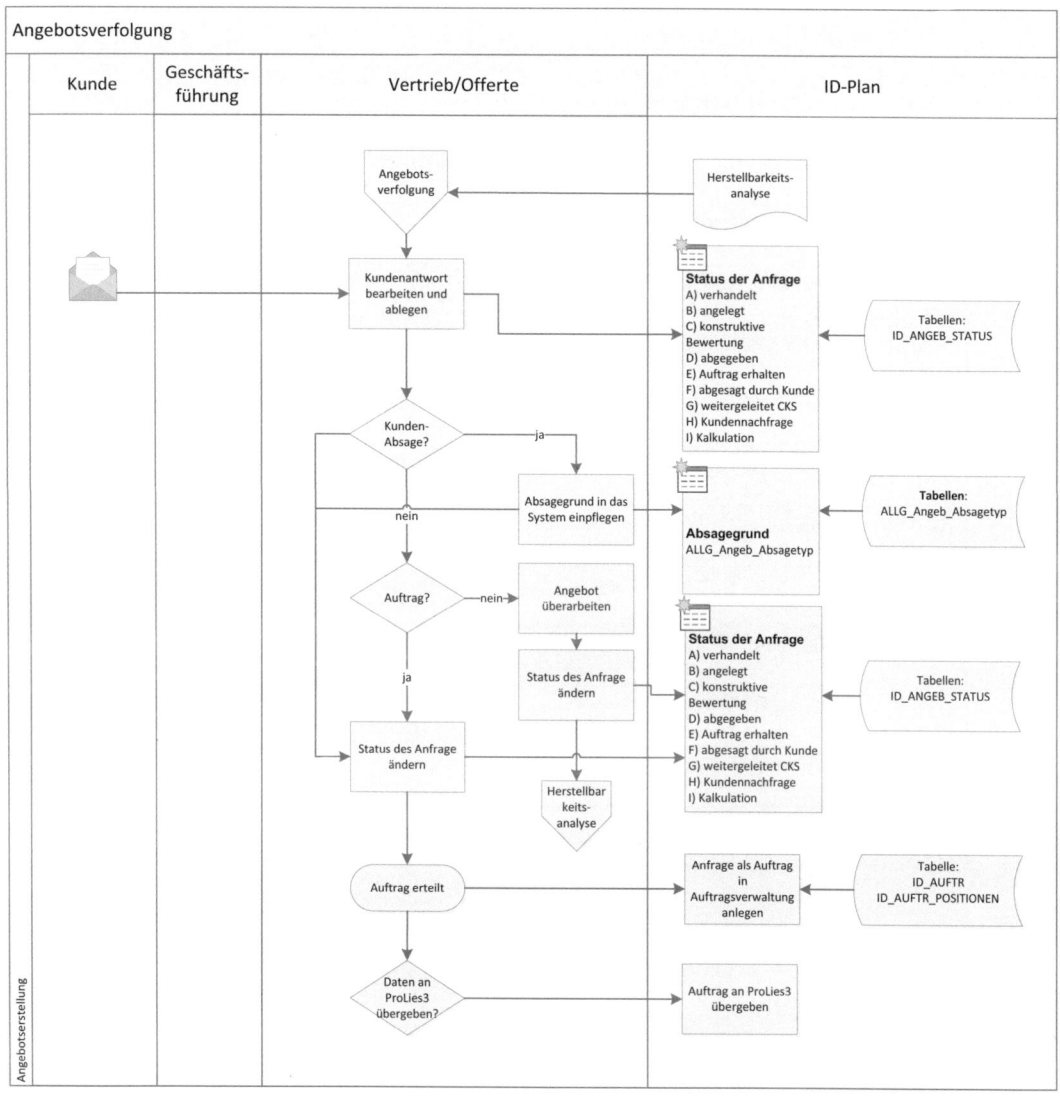

Anlage 14: Meilensteine in der Projektabwicklung (SWZ)

Nr.	Kürzel	Bezeichnung
1	Start	Auftragseingang
2	SE	Start für Entwicklung (Freigabe Methodenplanung, Ziehanlage/-simulation)
3	FK	Methodenfreigabe für Konstruktion
4	FM	Freigabe Modellbau
5	AK	Konstruktionsabschluss
6	AE	Abschluss Engineeringleistung (Konstruktion und Wirkflächen)
7	1.ME	1. Materialeingang (Eingang Guss, Grundkörper und Stahlplatten, Aufbauplatten)
8	AAM	Abschluss Aufbau und Montage
9	Zieh	Abnahme Ziehteile, Platine
10	wTeil	Werkzeugfallende Teile
11	AWzk	Abnahme Werkzeug
12	TB	Teilbemusterung
13	ÜK	Übergabe an Kunde

Anlage 15: Rumpfstrukturstücklisten Blechumformung (SWZ)

Hauptelemente	Werkzeugarten					
	Platinen-schnitt	Zieh-werkzeug	Press-werkzeug	Schneid-werkzeug	Nachform-werkzeug	Pressbe-schnitt
Kopfplatte	X	X	X	X	X	X
Grundplatte	X	X	X	X	X	X
Oberteil	X	X	X	X	X	X
Unterteil	X	X	X	X	X	X
Niederhalter			X	X	X	X
Blechhalter		X				
Federboden					X	
Ziehstempel		X				
Formaufsatz	X		X			
Schneidaufsatz				X		X
Hebering						X
Matrize	X	X				
Messer			X	X	X	X

X…Hauptelement ist Bestandteil der Rumpfstrukturstückliste einer Werkzeugart

Anlage 16: Produktkalkulation Presswerkzeug (SWZ)

SWZ
SIEBENWURST
WERKZEUGBAU

Angebotskalkulation HK Pos 10

Kunde:	K	Info Teil	
Teil-Nr.	0	Material:	Al.-Leg DBL 4951.60
Teilbezeichnung	Tunnel vorn links	Dicke	0,5 mm genoppt
Posnr	Pos 10		
Werkzeugklasse	Presswzg		
Werkzeuggröße ca.	L B H		
Abmessungen	1600 1400 750		

Werkzeugbenennung	h-Satz SK	Pos 10 Anz. h	Pos 10 EUR	Manipulator abs. [h]	Manipulator abs. [€]	Manip. rel. +/- [€ %]	Summe in €
Exportmodelle			2.660 €		2.700 €		2.700 €
Guß / Stahl			9.166 €			-5%	8.708 €
Kaufteile / Material			1.975 €		2.000 €		2.000 €
Laserhärten, härten			0 €				0 €
Beschichtung			0 €				0 €
Schieber			0 €				0 €
Drahtschneiden (mittel)			0 €				0 €
Senkerodieren (klein)			0 €				0 €
Grund-, Kopfplatten			0 €				0 €
Leerstationen			0 €				0 €
Mechanisierung			0 €				0 €
Prüflehre			0 €				0 €
Messaufnahme			0 €				0 €
Fremdkonstruktion			0 €				0 €
Kaufteile / Material / Fremdl.			**13.801 €**				**13.408 €**
Materialgemeinkosten			867 €				842 €
NC-Programmierung		24 h	647 €				647 €
Fräsen 5-Achs (groß)		0 h	0 €				0 €
Fräsen CNC (klein)		40 h	1.548 €				1.548 €
Fräsen CNC (mittel)		300 h	13.536 €				13.536 €
Drehen / Schleifen		18 h	518 €				518 €
Summe mech. Fertigung		**382 h**	**16.249 €**				**16.249 €**
Pressen (klein) Pyxtus o. Bed.		6 h	62 €				62 €
Pressen (mittel) Exner/500er o. Bed.		0 h	0 €				0 €
Pressen (groß) 1.600t o. Bed.		0 h	0 €				0 €
Pressen (Hydroform) o. Bed.		0 h	0 €				0 €
Steinbichler Laserscanner (m. Bed.)		4 h	194 €				194 €
Messen 3D (m. Bed.)		2 h	105 €				105 €
Bankarbeit Aufbau		42 h	937 €				937 €
Bankarbeit Tryout		150 h	3.627 €				3.627 €
Schweißen (WZB)		10 h	368 €				368 €
Summe Bankfertigung		**214 h**	**5.293 €**				**5.293 €**
Methode / Simulation		0 h	0 €				0 €
Konstruktion		76 h	3.317 €				3.317 €
Wirkflächen		160 h	7.251 €				7.251 €
Summe Konstruktion		**236 h**	**10.568 €**				**10.568 €**
Projektmanagement	3%	29 h	1.377 €	25 h			2.551 €
Fertigungsgemeinkosten			7.367 €				7.625 €
Summe Fertigungskosten			**39.477 €**				**39.735 €**
Werkzeugkosten Pos 10 HK		**832 h**	**54.144 €**				**53.984 €**

Anlage 17: Projektkalkulation Tunnel vorn links (SWZ)

SWZ SIEBENWURST WERKZEUGBAU

Angebotskalkulation SK 100001

Firma:	K		L	B	H	Gewicht	Beschreibung
Teilbezeichnung:	Tunnel vorn links	Pos 10	1600	1400	750	6763 Kg	Presswzg
Teil-Nr.:	123	Pos 20	1600	1400	900	5364 Kg	Schneidwzg
Stückzahl:	100.000	Pos 30	1800	1300	750	7262 Kg	Nachformwzg
Teile/ Hub:	1 li und 1re Teil /Hub	Pos 40					
Werkstoff:	Al.-Leg DBL 4951.60	Pos 50					
Dicke:	0,5 mm genoppt	Pos 60					
Stufen:	3	Pos 70					
Eingang	26.08.2015	Pos 80					
Ausgang	27.08.2015	Pos 90					
		Pos 100					

19.389 Kg

Target Pricing 250.000,00 €   ☐ ja ☑ nein ☑ h ☐ €/h

Werkzeugbenennung	h-Satz	Pos 10 Anz. h	Pos 10 EUR	Pos 20 Anz. h	Pos 20 EUR	Pos 30 Anz. h	Pos 30 EUR	Pos 40 Anz. h	Pos 40 EUR	Pos 50 Anz. h	TMZ / Einarbeit Anz. h	TMZ / Einarbeit EUR	Manip. abs + /- [€]	Manip. rel. +/- [%]	Summe in €
Exportmodelle			2.700		3.769		0		0			0			6.469
Guß / Stahl			8.708		12.000		12.000								32.708
Kaufteile / Material			2.000		3.000		8.000								13.000
Laserhärten, härten			0		0		0		0			0			0
Beschichtung			0		0		0		0			0			0
Schieber			0		0		0		0			0			0
Drahtschneiden (mittel)			0		0		0		0			0			0
Senkerodieren (klein)			0		0		0		0			0			0
Grund-, Kopfplatten			0		0		0		0			0			0
Leerstationen			0		0		0		0			0			0
Mechanisierung			0		0		0		0			0			0
Prüflehre			0		0		0		0			0			0
Messaufnahme			0		0		0		0			0			0
Fremdkonstruktion			0		0		0		0			0			0
Transport / Verpackung			500		400		800		0			0			1.700
Reisekosten (D ca. 150 EUR/Tag)			0		0		0		0			0			0
Material/Fremdleistungen VS-Teile			0		0		0		0			0			0
Kaufteile / Material / Fremdl.			13.908		19.169		20.800		0			0		0	53.877
Materialgemeinkosten			873		1.204		1.306		0			0	0 €		3.383
Summe Materialkosten			**14.781**		**20.373**		**22.106**		**0**			**0**			**57.260**
NC-Programmierung		24 h	647	35 h	944	60 h	1.618	0 h	0	0 h	0 h	0			3.208
Fräsen 5-Achs (groß)		0 h	0	40 h	2.770	80 h	5.541	0 h	0	0 h	0 h	0			8.311
Fräsen CNC (klein)		40 h	1.548	150 h	5.807	140 h	5.419	0 h	0	0 h	0 h	0			12.774
Fräsen CNC (mittel)		300 h	13.536	160 h	7.219	400 h	18.048	0 h	0	0 h	0 h	0			38.803
Drehen / Schleifen		18 h	518	20 h	575	40 h	1.150	0 h	0	0 h	0 h	0			2.243
Summe mech. Fertigung		**382 h**	**16.249**	**405 h**	**17.315**	**720 h**	**31.776**	**0 h**	**0**	**0 h**	**0 h**	**0**		**0 €**	**65.340**
Pressen (klein) Pyxtus o. Bed.		6 h	62	25 h	259	20 h	207	0 h	0	0 h	0 h	0			527
Pressen (mittel) Exner/500er o. Bed		0 h	0	5 h	117	5 h	117	0 h	0	0 h	0 h	0			234
Pressen (groß) 1.600t o. Bed.		0 h	0	0 h	0	0 h	0	0 h	0	0 h	0 h	0			0
Pressen (Hydroform) o. Bed.		0 h	0	0 h	0	0 h	0	0 h	0	0 h	0 h	0			0
Steinbichler Laserscanner (m. Bed.)		4 h	194	5 h	242	0 h	0	0 h	0	0 h	0 h	0			436
Messen 3D (m. Bed.)		2 h	105	5 h	263	30 h	1.577	0 h	0	0 h	0 h	0			1.944
Bankarbeit Aufbau		42 h	937	200 h	4.460	80 h	1.784	0 h	0	0 h	0 h	0			7.181
Bankarbeit Tryout		150 h	3.627	150 h	3.627	200 h	4.836	0 h	0	0 h	0 h	0			12.090
Schweißen (WZB)		10 h	368	12 h	441	10 h	368	0 h	0	0 h	0 h	0			1.177
Summe Bankfertigung		**214 h**	**5.293**	**402 h**	**9.409**	**345 h**	**8.888**	**0 h**	**0**	**0 h**	**0 h**	**0**		**0 €**	**23.590**
Methode / Simulation		0 h	0	10 h	453	20 h	906	0 h	0	0 h	0 h	0			1.360
Konstruktion		76 h	3.317	140 h	6.110	230 h	10.037	0 h	0	0 h	0 h	0			19.463
Wirkflächen		160 h	7.251	40 h	1.813	95 h	4.305	0 h	0	0 h	0 h	0			13.369
Summe Konstruktion		**236 h**	**10.568**	**190 h**	**8.376**	**345 h**	**15.249**	**0 h**	**0**	**0 h**	**0 h**	**0**		**0 €**	**34.192**
Projektmanagement	3,0%	54 h	2.551	34 h	1.578	48 h	2.237	0 h	0	0 h	0 h	0			6.366
Fertigungsgemeinkosten			7.625		8.069		12.793		0			0			28.487
Summe Fertigungskosten			**39.735**		**43.169**		**68.706**		**0**			**0**			**151.610**
Summe Werkzeug HK		**832 h**	**54.516**	**997 h**	**63.542**	**1.410 h**	**90.813**	**0 h**	**0**	**0 h**	**0 h**	**0**		**0 €**	**208.870**
Verwaltungsgemeinkosten			4.585		5.344		7.637		0			0			17.566
Vertriebsgemeinkosten			1.282		1.495		2.136		0			0			4.914
Summe Werkzeug SK			**60.383**		**70.381**		**100.586**		**0**			**0**			**231.350**

Bestätigung		Bemerkungen:		Gewinn	10%	23.135
Name	Kalkulator A					
Firma	SWZ			**Angebotspreis**		**254.485**
Datum	27.08.2015					

Anlage 18: UML Klassendiagramm der Funktionsgruppe „Fallbasis" (SWZ)

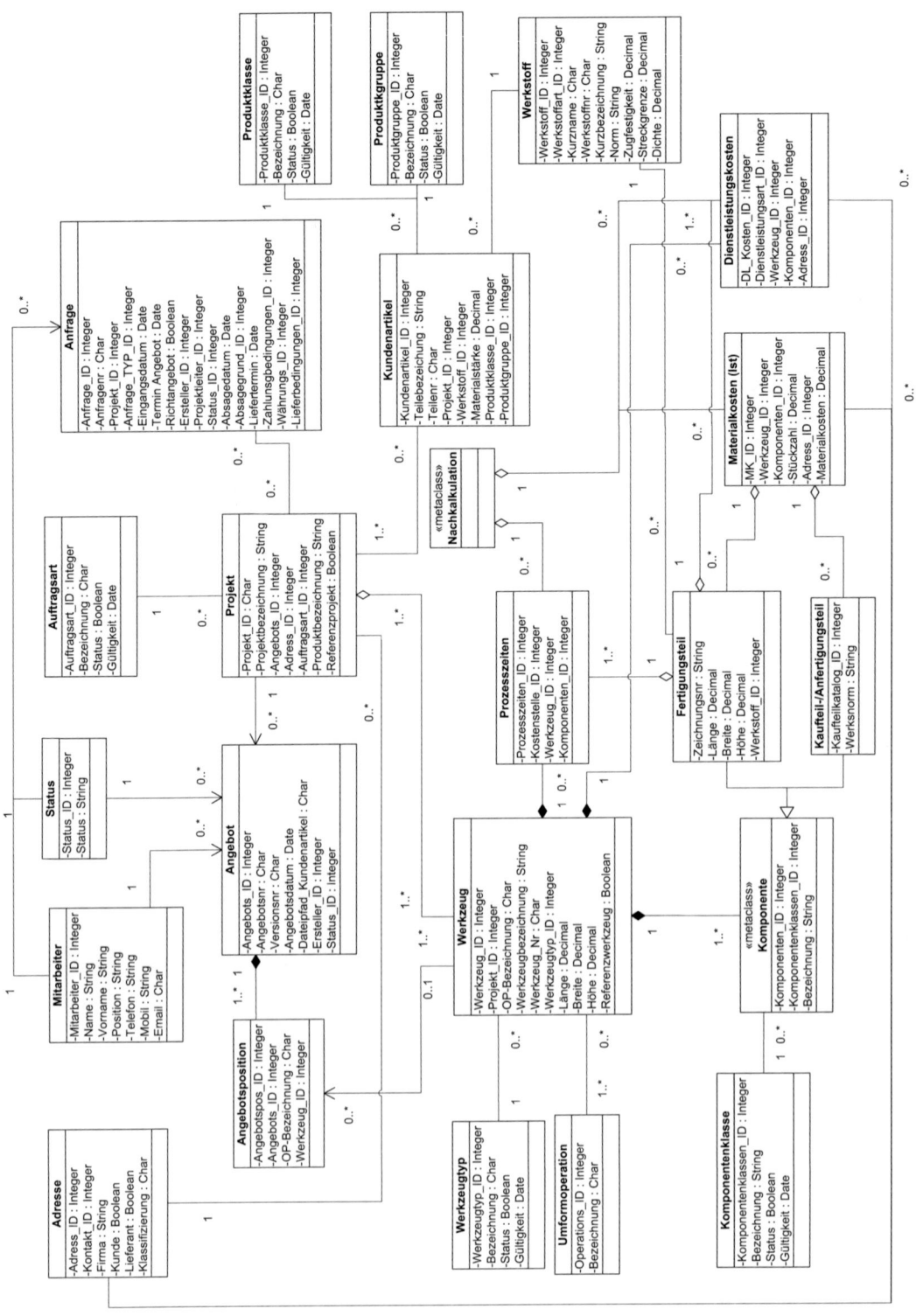

Anlage 19: Integrationsstufen zur IT-Integration der Kosten-/Wissensdatenbasis

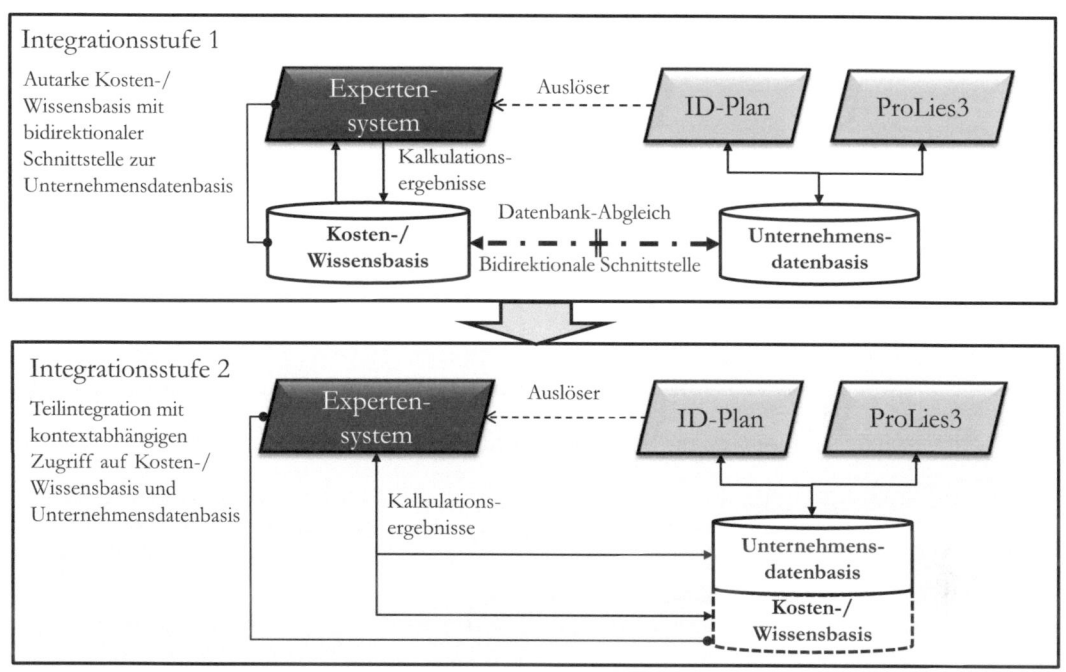

Anlage 20: Beispiel WPKK II (SWZ)

Wertschöpfungsprozesskostenkalkulator II
Kalkulationsmodus:

☐ Grobe Planzeitenkalkulation   ☐ Ist-Prozesszeiten
☑ Detaillierte Planzeitenkalkulation
☐ Fertigungszeitenberechnung

Strukturcode	Produktstrukturelemente (BG_ZSB)	NC-Programmierung	Fräsen (groß)	Fräsen CNC (klein)	Fräsen (mittel)	Drehen / Schleifen	Pressen (klein) Pyxis	Pressen (mittel) o. Bed.	Pressen 50prd. o. Bed.	Pressen (groß) 1.600t o. Bed	Pressen HU/AHU	Steintischler / Laserscanner (in Bed.)	Messen 3D (in Bed.)	Bankarbeit Aufbau	Bankarbeit Tryout	Schweißen (WZB)	Methode / Simulation	Wirkflächen	Konstruktion	Wertschöpfungs-prozesskosten [€/h] -SK
		0 h	20 h	0 h	40 h	0 h	0 h	40 h	0 h	0 h	20 h	0 h		100 h	100 h	120 h	150 h	88 h	25 h	25.109,78 €
01_01_000	− ZSB_Unterteil	50 h	65 h	0 h	20 h	7 h	0 h	0 h	0 h	0 h	0 h	0 h		103 h	22 h	10 h	0 h	60 h	72 h	15.634,10 €
01_01_001	+ Unterteil_OP20	45 h	65 h	0 h	20 h	0 h	0 h	0 h	0 h	0 h	0 h	0 h		0 h	5 h	4 h	0 h	60 h	35 h	11.077,30 €
01_01_002	− Sammler Kaufteile_OP20	0 h	0 h	0 h	0 h	0 h	0 h	0 h	0 h	0 h	0 h	0 h		33 h	2 h	0 h	0 h	0 h	2 h	817,00 €
01_01_002_001	+ Führungsbüchse 1	0 h	0 h	0 h	0 h	0 h	0 h	0 h	0 h	0 h	0 h	0 h		4 h	1 h	0 h	0 h	0 h	0 h	106,42 €
01_01_002_002	+ Führungsbüchse 2	0 h	0 h	0 h	0 h	0 h	0 h	0 h	0 h	0 h	0 h	0 h		4 h	1 h	0 h	0 h	0 h	1 h	145,50 €
01_01_002_003	+ ...	0 h	0 h	0 h	0 h	0 h	0 h	0 h	0 h	0 h	0 h	0 h		25 h	0 h	0 h	0 h	0 h	1 h	565,06 €
01_01_003	− Sammler Anfertigungsteile_OP20	5 h	0 h	0 h	0 h	7 h	0 h	0 h	0 h	0 h	0 h	0 h		70 h	15 h	6 h	0 h	0 h	35 h	3.739,80 €
01_01_003_001	+ Abfallschacht	3 h	0 h	0 h	0 h	2 h	0 h	0 h	0 h	0 h	0 h	0 h		35 h	8 h	3 h	0 h	0 h	10 h	1.561,57 €
01_01_003_002	+ ...	2 h	0 h	0 h	0 h	5 h	0 h	0 h	0 h	0 h	0 h	0 h		35 h	7 h	3 h	0 h	0 h	25 h	2.178,23 €
01_02_000	+ Federboden	30 h	30 h	0 h	75 h	0 h	0 h	0 h	0 h	0 h	0 h	0 h		55 h	25 h	5 h	0 h	0 h	65 h	9.658,65 €
02_01_000	+ Oberteil	20 h	60 h	0 h	15 h	0 h	0 h	0 h	0 h	0 h	0 h	0 h		60 h	50 h	4 h	0 h	0 h	87 h	11.700,22 €
02_02_000	+ Niederhalter	20 h	20 h	0 h	0 h	10 h	0 h	0 h	0 h	0 h	0 h	0 h		45 h	25 h	3 h	0 h	0 h	45 h	5.752,65 €
Summe		120 h	195 h	0 h	75 h	92 h	0 h	40 h	0 h	0 h	20 h	0 h		363 h	222 h	142 h	150 h	148 h	294 h	67.855,40 €

Anlage 21: (Standard-)Maßnahmen zur Senkung des Kostenniveaus (SWZ)[25]

	produktbezogen	projektbezogen	projektübergreifend
Konstruktion	- Auswahl günstigerer Werkstoffe/Kaufteile - kostengerechte Gestaltung der Formelemente - Integral-/Differentialbauweise - …	- Gestaltung des Lösungskonzepts - Gleichteileverwendung in allen Produkten - …	- Standardisierung von Kauf- und Fertigungsteilen - Modularisierung von Baugruppen - …
Arbeitsplanung	- Betriebsmittelauswahl		- Einführung Tool-/Werkzeugmanagement - Innovative Fertigungstechnologien,
	- Fertigungsverfahrensauswahl - Überprüfung Fertigungstoleranzen - …	- Verbesserung der Fertigungsabläufe - …	- …
NC-Program-mierung	- Kostenorientierte Auswahl der Aufspannungen/Werkzeuge - …	- Erstellung NC-Schablonen - …	
Einkauf	- Sammelbestellungen - Lieferantenauswahl - …		- Outsourcing von Grundbearbeitungen - …
	- …	- Teilnahme an Beschaffungsnetzwerken - …	
		- …	- Optimierung der Lagerhaltungsstrategien von Kleinteilen - …

[25] Quelle: Modifiziert übernommen aus [GLK12]

Anlage 22: Modellrechnung zur Bestimmung der Effizienzpotenziale

Globale Annahmen		Einheit
Anzahl Kundenanfragen	1.500	Stk/Jahr
Anzahl Kalkulationen pro Jahr	1.000	Stk/Jahr
Umsatzrendite	2	%
Umsatz	20.000.000	€/Jahr
Projekte über dem Budget	25	%
Umwandlungsquote	5	%
Anzahl Aufträge pro Jahr	50	Stk/Jahr
Durchschnittlicher Kalkulationszinssatz	6	%
Durchschnittliches Auftragsvolumen	400.000	€
Termintreue	80	%
Mittlere Durchlaufzeit	20	Wochen
Stundensatz CAD-Arbeitsplatz (intern)	45	€/h
Stundensatz Kalkulator (intern)	43	€/h
Stundensatz Projektcontroller (intern)	52	€/h
Stundensatz Projektleiter (intern)	57	€/h
Stundensatz Wissensingenieur (extern)	75	€/h
Stundensatz Programmierung (extern)	65	€/h

Auszahlungen	Jahr 1	Jahr 2	Jahr 3	Jahr 4	Jahr 5
Analyse (PT)	15				
Modul I (PT)	120				
Modul II (PT)	50	90			
Modul III (PT)		80			
Daten-/Systempflege (PT)		35	35	35	35
Summe PT	185	205	35	35	35
Personalkosten €	92.600 €	132.900 €	18.200 €	18.200 €	18.200 €

Einzahlungen Modul I	
Nutzung Prozesszeiteneinsparung für Effizienz und Transparenzgewinn	Einheit
Zeiteinsparung pro Angebotskalkulation (Modul I)	6 min/Anfrage
Prozesszeiteneinsparung im Angebotsengineering	100 h/Jahr
Mehr Kundenanfragen bearbeiten	142 Stk
Mehr Aufträge durch mehr Kundenanfragen	0 Aufträge/Jahr
Verbesserte Umwandlungsquote durch Transparenz	10 %
Mehr Aufträge durch höhere Umwandlungsquote	5 Aufträge/Jahr
Mehr Umsatz	2.000.000 €
Mehr Gewinn (bei gleichbleibender Umsatzrendite)	**40.000 €**
Verbesserter Informationsaustausch zw. Vertrieb und Konstruktion	Einheit
Prozesszeiteneinsparung durch Aufbau auf MKK in der Werkzeugentwurfserstellung	3 h/Auftrag
Prozesskosteneinsparung in der Konstruktion	**7.400 €/Jahr**
Gesamtpotenzial (monetär) Modul I	47.400 €/Jahr

Modul II	
Prozesszeiteneinsparung bei der Ist-Kostenermittlung	Einheit
Prozesseffizienz bei der Ist-Kostenermittlung	2 h/Auftrag
Prozesskosteneinsparung im Projektcontrolling	**5.200 €/Jahr**
Steigerung des Kostenbewusstseins	Einheit
Reduktion der Materialkosten um (Kostenanteil 35%)	1 %
Reduktion der Wertschöpfungsprozesskosten um (Kostenanteil 45%)	1 %
Kostensenkungspotenzial	**156.800 €/Jahr**
Gesamtpotenzial (monetär) Modul II	**162.000 €/Jahr**

Modul III	
Verbesserte Zielkosteneinhaltung	Einheit
Mehraufwand Kostenanalyse	10 h/Auftrag
Mehraufwand Kostensteuerung	30 h/Auftrag
Reduktion der Gesamtkosten um	1 %
Kostensenkungspotenzial	**92.000 €/Jahr**
Verbesserte Termineinhaltung	Einheit
Mehraufwand Terminüberwachung/-steuerung	5 h/Auftrag
Anzahl der überschrittenen Aufträge	10 Aufträge/Jahr
Mittlere Überziehungszeit	4 Wochen
Reduktion Anzahl überschrittener Aufträge	50 %
Reduktion mittlere Überziehungszeit	2 Wochen
Reduktion Vertragsstrafen (0,5% pro Woche bis max. 6% pro Woche)	25.900 €/Jahr
Gesamtpotenzial (monetär) Modul III	**117.900 €/Jahr**

Übersicht Effizienzpotenziale

Modul	Effizienzpotenzial	€/Jahr
I	Nutzung Prozesszeiteneinsparung für Effizienz und Transparenzgewinn	40.000 €
I	Verbesserter Informationsaustausch zw. Vertrieb und Konstruktion	7.400 €
II	Prozesszeiteneinsparung Ist-Kostenermittlung	5.200 €
II	Steigerung des Kostenbewusstseins (Kostensenkung)	156.800 €
III	Verbesserte Zielkosteneinhaltung	92.000 €
III	Verbesserte Termineinhaltung	25.900 €
Summe		**327.300 €**
Verbesserung der Umsatzrendite von 2% auf (bei gleichbleibendem Umsatz)		**3,6 %**

LEBENSLAUF

Zur Person

Name: Michael Konarsky

Geboren am: 23.12.1981 in Dresden

Familienstand: verheiratet, 1 Kind

Staatsangehörigkeit: deutsch

Schulische und Akademische Ausbildung

1994 –2001   Allgemeine Hochschulreife am
                                „Bertha-von-Suttner" Gymnasium in Berlin

10/2002 – 11/2008   Studium zum Wirtschaftsingenieurwesen in der
                                Fachrichtung Maschinenbau (TU Chemnitz)
                                Abschluss: Diplom (TU), Prädikat: sehr gut)

Beruflicher Werdegang

11/2008 – 01/2015   Wissenschaftlicher Mitarbeiter an der Professur
                                Konstruktionslehre der TU Chemnitz.
                                Forschungsgruppenleiter für Integrierte Produkt-
                                entwicklung.

02/2015 – 06/2015   Cost Analyst im Cost Engineering der IAV GmbH
                                (Chemnitz)

10/2015 – 12/2016   Projektleiter Cost Engineering bei der MBtech
                                Group GmbH & Co KGaA (Sindelfingen)

Seit 01/2017   Manager Cost Engineering bei der Jungheinrich AG
                                (Hamburg)